经管类应用型人才培养实训系列教材

谢 清 许 卉 主 编

覃钰路 邓海虹 李林秋 卢昱璇 副主编
吉 翔 兰丽娟 卢 欢

云税务实训教程

（第二版）

Yunshuiwu Shixun Jiaocheng

东北财经大学出版社
Dongbei University of Finance & Economics Press
大连

图书在版编目（CIP）数据

云税务实训教程 / 谢清，许卉主编 . —2 版 . —大连：东北财经大学出版社，2024.4

（经管类应用型人才培养实训系列教材）

ISBN 978-7-5654-5154-6

Ⅰ.云⋯　Ⅱ.①谢⋯ ②许⋯　Ⅲ.税收管理–中国–教材　Ⅳ.F812.423

中国国家版本馆 CIP 数据核字（2024）第 040025 号

东北财经大学出版社出版

（大连市黑石礁尖山街 217 号　邮政编码　116025）

网　　址：http://www.dufep.cn

读者信箱：dufep@dufe.edu.cn

大连天骄彩色印刷有限公司印刷　东北财经大学出版社发行

幅面尺寸：185mm×260mm　　　字数：560 千字　　　印张：26

2024 年 4 月第 2 版　　　　　　　2024 年 4 月第 1 次印刷

责任编辑：孙　平　章北蓓　　　　　责任校对：吴　奂

封面设计：张智波　　　　　　　　　版式设计：原　皓

定价：64.00 元

教学支持　售后服务　　联系电话：（0411）84710309

版权所有　侵权必究　　举报电话：（0411）84710523

如有印装质量问题，请联系营销部：（0411）84710711

第二版前言

党的二十大以来，税务部门聚焦纳税人缴费人需求，积极推动各项税费支持政策落实落地，不断优化税收服务举措，以实际行动贯彻落实党的二十大精神。

党的二十大把收入分配作为一个要重点解决的问题，金税四期是一个重要手段。2023年1月1日金税四期正式上线，目前试点地区有广东、山东、河南、山西、内蒙古、重庆等，2024年将全面推开。

为了更好地与市场接轨，为社会培养与时俱进的人才，本书根据高等院校培养高素质应用型、技能型人才的任务目标，针对会计、税收、财务管理、审计、金融等经济管理岗位对涉税纳税申报表填报工作的实际需要，根据税法的最新规定和金税四期的管控方法，基于涉税工作全过程，以解决纳税申报表填报问题为导向，通过实验任务来驱动实操，安排教学内容。

本书介绍了税务理论基础，企业办税流程，增值税防伪税控系统，发票管理，增值税纳税申报，消费税纳税申报，所得税纳税申报，印花税纳税申报，城市维护建设税、教育费附加纳税申报，房产税纳税申报，城镇土地使用税纳税申报，车船税纳税申报，资源税纳税申报，土地增值税纳税申报等内容，其中各税种的纳税申报是本书重点内容。

本书具有以下特色：

1. 实操性强。本书根据税法的最新规定，以税务法规为指引，结合最新企业会计准则，针对企业涉税工作过程，按照实际作业操作来设计章节内容；以实验任务为导向，通过实验任务驱动来组织内容与编写案例，实现了理论教学与实践教学的一体化；能有效助力学生全面了解涉税实用知识、工作流程和作业操作，进一步锻炼学生解决实际问题的能力，为今后工作打下坚实的基础。

2. 针对性强。本书针对企业会计开票员、办税员、申报员岗位，依据企业纳税工作过程，总结了各岗位15个项目任务，并对完成这些任务必须了解的实用税务理论知识、流程和操作进行了介绍。每章设有实验目的和要求、实验知识准备、内容和资料、实验步骤等，既增强了学生学习的针对性，又强化了实践操作，锻炼和提高学生的职业能力。

3. 重点突出。本书从高等教育的实际要求出发，综合考虑工作中必需的知识结构和操作技能需求，以让学生真正掌握实践技能为目的，以"必需、够用"为原则，在简要阐述相关税收法律知识的基础上，以企业纳税工作中的办税流程、发票开具、应纳税额计算、纳税申报填报为重点内容。

4. 实践性强。本书注重实践操作能力训练，为了让学生掌握实际工作所需知识，每章均配有实例和技能训练题，并附有答案，具有较强的实用性和可操作性。本书理论结合实践，以实训任务案例为导向，注重涉税操作和纳税申报表填报操作，配有任务和答案，具有很强的自学性、指导性和可操作性，可作为高等院校会计、税收、财务管理、审计、金融等相关专业的教材，也可作为相关从业人员的学习、培训教材或参考用书。

　　本书由谢清、许卉担任主编，覃钰路、邓海虹、李林秋、卢昱璇、吉翔、兰丽娟、卢欢担任副主编，在编写过程中借鉴吸收了国内外税收专业教材、税务实训系统和税务部门的先进经验和优秀成果，得到了蒙丽珍教授的悉心指导以及相关作者、同行和编辑的热心帮助，在此一并表示诚挚感谢。由于编者学识水平有限，书中难免有疏漏和不足之处，敬请广大读者批评指正。

编　者

2024 年 1 月

目 录

课程导入

企业在日常经营过程中需依法办理各种涉税事宜，而繁杂琐碎的申报工作对于非专业人士而言难度较高，因此企业通常交由专业的办税人员去办理，由企业的财务部门或者专职的开票员、办税员、报税员进行每月经营的发票开具、纳税申报、涉税申请等涉税工作的处理。一个专业的企业办税人员能够快速掌握涉税工作操作精要，用最短的时间了解和掌握办税工作中最基本、最实用的技能，并将其准确运用到实际工作中，帮助企业按时、按质完成相关税务要求的各项工作。

党的二十大以来，税务部门聚焦纳税人缴费人需求，积极推动各项税费支持政策落实落地，不断优化税收服务举措，以实际行动贯彻落实党的二十大精神。党的二十大把收入分配作为一个要重点解决的问题，金税四期是一项重要手段。2023年1月1日金税四期正式上线，目前试点地区有广东、山东、河南、山西、内蒙古、重庆，2024年将全面推开。为了更好地与市场接轨，为社会培养与时俱进的人才，本书根据税法的最新规定和金税四期的管控方法，以税务局涉税工作要求为指引，结合最新企业会计准则，针对企业涉税工作过程，按照实际作业操作来设计章节内容，以实验任务为导向，通过实验任务驱动组织内容与编写案例，安排实践教学内容，实现了理论教学与实践教学的一体化，助力学员全面了解涉税实用知识、工作流程和作业操作，锻炼学员解决实际问题的能力，为走入社会上岗工作打下坚实的基础。

本书针对企业会计、开票员、办税员岗位职责要求和涉税工作流程进行设计，主要内容包括税务理论基础、企业办税流程、增值税防伪税控系统、企业发票管理以及各税种的纳税申报表填报。本书理论结合实践，以实训任务案例为导向，注重涉税操作和纳税申报表填报操作，配有任务和答案，具有很强的自学性、指导性和操作性。

通过对本课程的学习和训练，学员将具备下列工作能力：

1.熟悉新设企业开业税务登记、税种认定登记、税种核定等涉税工作流程；

2.熟悉税务局发票领购、管理，熟练使用税控开票系统进行发票开具、抄报；

3.掌握企业的月度、季度、年度完成企业经营涉及税种的纳税申报表填报和申报操作。

基础知识准备

本章导读

企业办税人员掌握涉税工作操作的前提首先是要了解办税工作中有关税收的法律法规。其次，要明晰按时、按质完成相关税务要求的各项工作，第一步就是需要了解有关企业办税流程及税务登记的基础知识。

本章首先介绍有关办税实务需要了解的税收的法律法规以及企业办税的流程；其次开启通向企业纳税的第一步——有关税务登记的内容和有关业务程序的基础知识。

预习思考1：如何理解税收取之于民、用之于民这句话？

预习思考2：新办纳税人的办税流程是怎样的？

第一节 税收基础知识

> **思政案例导入**
>
> 近日，某区税务局走进某附小，为贴合小学生的认知水平，课堂上播放了"熊出没"系列动画片《铁面税官》，为孩子们带去了一堂生动活泼的税收小课堂："什么是税？""为什么需要纳税？""税收都用在了哪里？"……这些问题的答案你都知道吗？

依法纳税是每个企业和公民应尽的义务。企业办税人员应掌握有关税收法律法规，以便能够按时、正确、规范地办理涉税相关业务，并能按国家税法的具体要求开展工作。

一、税收的基本概念与起源

【税收】是指国家为了向社会提供公共产品、满足社会共同需要，按照法律的规定，参与社会产品的分配，强制、无偿取得财政收入的一种规范形式。税收历来是国家财政收入的主要来源。

（一）税收的起源

税收，历史上又称租税、捐税或赋税，是人类发展到一定阶段的产物，伴随着国家的产生而产生。在我国古代的第一个奴隶制国家夏朝，最早出现的财政征收方式是"贡"，即臣属将物品进献给君王，"贡"是税的雏形。"赋"是国家对关口、集市、山地、水面等征集的收入总称。有历史典籍可查的对土地产物的直接征税，始于公元前594年（鲁宣公十五年）鲁国实行的"初税亩"，按平均产量对土地征税。后来，"赋"和"税"就往往并用了，统称赋税。

（二）税收的本质

税收是国家赖以生存的基础，税收是国家为满足社会公共需要，凭借公共权力，按照法律所规定的标准和程序，参与国民收入分配，强制取得财政收入所形成的一种特殊分配关系。它体现了一定社会制度下国家与纳税人在征收、纳税的利益分配上的一种特定分配关系。

（三）税收用在了哪里

税收取之于民也用之于民。税收是国家（政府）公共财政最主要的收入形式和来源，国家运用税收筹集财政收入，按照国家预算的安排，有计划地用于国家的财政支出，为社会提供公共产品和公共服务，发展科学、技术、教育、文化、卫生、环境保护和社会保障等事业，改善人民生活，加强国防和公共安全，为国家的经济发展、社会稳定和人民生活提供强大的物质保障。比如铁路、公路等基础设施建设，社会救济，发展文教科学卫生事业等，这些都需要税收的支持。

二、我国税制的基本内容

【税种】指一个国家税收体系中的具体税收种类，根据征税对象的不同可将税收划分成不同的种别。税种是基本的税收单元。税收种类主要分为五大类：流转税、所得税、财产税、资源税、特定行为税。我国现行的税种共18个（2016年5月1日起，全面推行"营改增"；2018年1月1日起施行环保税），分别是：增值税、消费税、企业所得税、个人所得税、资源税、城市维护建设税、房产税、印花税、城镇土地使用税、土地增值税、船舶吨税、车辆购置税、关税、耕地占用税、契税、烟叶税、环保税。

【税收制度要素】是指构成税收范畴的基本因素，包括纳税人、征税对象和税率。税收要素是规范征纳双方权利与义务的法律规范的具体表现。

【征税对象】又称课税对象、征税客体，是指税法规定的对什么征税，是征纳税双方权利义务共同指向的客体或标的物，是区别一种税与另一种税的重要标志。如消费税的征税对象是消费税条例所列举的应税消费品，房产税的征税对象是房屋等。征税对象是税法最基本的要素，因为它体现着征税的最基本界限，决定着某一种税的基本征税范围。征税对象按其性质的不同，通常可划分为流转额、所得额、财产、资源、特定行为等五大类，通常也因此将税收分为相应的五大类，即流转税或称商品和劳务税、所得税、财产税、资源税和特定行为税。

【税率】是对征税对象的征收比例或征收额度。税率是计算税额的尺度，也是衡量税负轻重与否的重要标志。我国现行的税率主要有比例税率、超额累进税率、超率累进税率、定额税率。

【纳税环节】是指税法规定的征税对象在从生产到消费的流转过程中应当缴纳税款的环节。纳税环节有广义和狭义之分。广义的纳税环节指全部课税对象在再生产中的分布情况，即生产环节（如资源税）、流通环节（如增值税）、拥有环节（如房产税）、分配环节（如所得税）。狭义的纳税环节特指应税商品在流通转让过程中应纳税的环节。

【纳税期限】是指税法规定的关于税款缴纳时间方面的限定。税法关于纳税期限的规定：纳税义务发生时间、纳税期限、缴库期限。企业需要按照税法规定按期申报、缴纳税款，如有特殊情况须提前进行延期申报申请，无故不申报，税务部门会依据税法要求进行处罚。

【纳税地点】是指税法规定纳税人申报纳税的地点，主要适用于涉及两地申报纳税的税种。如集体和个体建筑安装企业，在承包工程的所在地纳税；代收、代缴或代扣税款的，在代收代缴代扣单位所在地纳税，等等。规定纳税人申报纳税的地点，既有利于税务机关实施税源控管，防止税收流失，又便利纳税人缴纳税款。

【税收优惠】是指国家运用税收政策在税收法律、行政法规中规定对某一部分特定企业和课税对象给予减轻或免除税收负担的一种措施。如税法规定的企业所得税的税收优惠方式包括免税、减税、加计扣除、加速折旧、减计收入、税额抵免等。

【减税免税】是指根据税法和政策规定，对某些纳税人或课税对象的照顾或鼓励措施。减税是对应征税款减征其一部分，属于针对某些纳税人的特殊情况给予减轻税负的优惠规定；免税是对应缴税款全部予以免征，属于对某些纳税人的特殊情况给予免除税负的一种优惠规定。

【加计扣除】是指按照税法规定，在实际发生数额的基础上，再加成一定比例，作为计算应纳税所得额时的扣除数额的一种税收优惠措施。

【加速折旧】是指政府为鼓励特定行业或部门的投资，允许纳税人在固定资产投入使用初期提取较多的折旧，以提前收回投资。

【减计收入】是指企业以《资源综合利用企业所得税优惠目录》规定的资源作为主要原材料，生产国家非限制和禁止并符合国家和行业相关标准的产品取得的收入，减按90%计入收入总额。

【税额抵免】是指企业购置并实际使用《环境保护专用设备企业所得税优惠目录》、《节能节水专用设备企业所得税优惠目录》和《安全生产专用设备企业所得税优惠目录》规定的环境保护、节能节水、安全生产等专用设备的，该专用设备的投资额的10%可以从企业当年的应纳税额中抵免；当年不足抵免的，可以在以后5个纳税年度结转抵免。

【抵免限额】是指税收抵免的最高限额，即对跨国纳税人在外国已纳税款进行抵免的限度。

【税额抵扣】又称"税额扣除""扣除税额"，是指纳税人按照税法规定，在计算缴纳税款时对于以前环节缴纳的税款准予扣除的一种税收优惠。由于税额抵扣是对已缴纳税款的全部或部分抵扣，是一种特殊的免税、减税，因而又称为税额减免。

【税额转出】是将那些按税法规定不能抵扣，但购进时已作抵扣的进项税额如数转出，在数额上是一进一出，进出相等。

【起征点】又称"征税起点"，是指税法规定对课税对象开始征税的最低界限，收入未达到起征点的低收入者不纳税，收入超过起征点的高收入者按全部课税对象纳税。

【免征额】亦称"免税点"，税法规定课税对象中免予征税的数额，无论课税对象的数额大小，免征额的部分都不征税，仅就其余部分征税。

起征点和免征额的区分：前者是达到或超过的就其全部数额征税，未达到不征税，而后者是达不到的不征税，达到或超过的均按扣除该数额后的余额计税。

【一般计税】一般纳税人销售货物，提供加工修理修配劳务，销售服务、无形资产或者不动产适用一般计税方法计税。一般计税方法有抵扣的过程，而简易计税方法没有。

【简易计税】即增值税一般纳税人，因行业的特殊性，无法取得原材料或货物的增值税进项发票，按照进销项的方法核算增值税应纳税额后税负过高，因此对特殊的行业采取按照简易征收率征收增值税的方法。一般纳税人在特定情况下可以选择简易计税方法计税。小规模纳税人提供应税服务适用简易计税方法计税。

【免抵退税】是指生产企业出口货物劳务使用的退税方法，是生产企业出口货物，出口免税，进项税金在抵减内销销项后退税。"免"，是指对生产企业出口的货物劳务，免征企业生产销售环节的增值税；"抵"，是指生产企业出口的货物劳务所耗用原材料、零部件等应予退还的进项税额，抵顶内销货物的应纳税款；"退"，是指生产企业出口的货物劳务在当期内因应抵顶的进项税额大于应纳税额而未抵顶完的税额，经主管退税机关批准后，予以退税。财税〔2012〕39号文规定：生产企业出口自产货物和视同自产货物及对外提供加工修理修配劳务，以及列名生产企业出口非自产货物，免征增值税，相应的进项税额抵减应纳增值税税额（不包括适用增值税即征即退、先征后退政策的应纳增值税税额），未抵减完的部分予以退还。

【免退税】是指不具有生产能力的外贸企业出口货物劳务使用的退税方法。不具有生产能力的出口企业（以下称外贸企业）或其他单位出口货物劳务，免征增值税，相应的进项税额予以退还。

【免税】是外贸企业出口货物，出口免税，进项税金实行退税。

【差额征税】是以差额作为销售额，确认缴纳增值税，即纳税人以实际取得的全部价款和价外费用扣除支付给其他纳税人的规定项目金额后的余额为销售额计算缴纳增值税。主要适用于金融商品转让、旅游服务、航空运输服务、经纪代理服务、客运场站服务、劳务派遣服务、人力资源外包服务、融资租赁服务、融资性售后回租服务，建筑服务以及房地产企业销售房地产项目等。全面营改增后，对增值税来说，计算销售额基本的原则仍是全部价款和价外费用，但在试点过渡政策中，有一些允许差额征税的规定。需要注意的是，差额征税的规定是正列举，只有列明的项目才允许差额征税，没列明的则不允许。

【即征即退】指对按税法规定缴纳的税款，由税务机关在征税时部分或全部退还纳税人的一种税收优惠。企业需要先申报，再由税务机关进行税款的退还。与出口退税先征后退、投资退税一并属于退税的范畴，其实质是一种特殊方式的免税和减税。目前，中国采取即征即退政策仅限于缴纳增值税的个别纳税人。即征即退对企业来说，更加优惠一些，因为即征即退的产品，企业在销售时是可以开具增值税专用发票的，一方面企业自身用于该应税项目的进项税是可以抵扣的，另一方面对方企业也可以凭专票进行抵扣。

【留抵退税】是对现在还不能抵扣、留着将来才能抵扣的"进项"增值税，予以提前全额退还。

【先征后退】是指对按税法规定缴纳的税款，由税务机关征收入库后，再由税务机关或财政部门按规定的程序给予部分或全部退税或返还已纳税款的一种税收优惠，属退税范畴，其实质是一种特定方式的免税或减免规定。先征后退具有严格的退税程序和管理规定，但税款返还滞后，特别是在一些财政比较困难的地区，存在税款不能及时返还甚至政策落实不到位的问题。外贸企业出口一般采用先征后退。

【投资退税】是吸引外来投资的一项税收优惠措施。根据《中华人民共和国中外合资经营企业所得税法》的规定，外国合营者将分得的税后利润再投资于本合营企业或中国境内的其他中外合营企业，以及用于同中国的公司、企业举办新的合营企业，期限不少于五年者，经税务机关审查批准后，可退还再投资部分已纳所得税额的40%（不包括已纳的地方所得税）。外国合营者将再投资退还的税款汇出国外，不再缴纳10%的汇出所得税。

【查账征收】指税务机关按照纳税人提供的账表所反映的经营情况，依照适用税率计算缴纳税款的方式。适用于账簿、凭证、会计等核算制度比较健全，能够据以如实核算生产经营情况，正确计算应纳税款的纳税人。

【核定征收】是由税务机关根据纳税人情况，在正常生产经营条件下，对其生产的应税产品查实核定产量和销售额，然后依照税法规定的税率征收税款的征收方式。主要适用于纳税人的会计账簿不健全，资料残缺难以查账，或者因其他原因难以准确确定纳税人应纳税额的情形。但是，某些行业目前是不允许核定征收的，投资行业、影视行业、房地产及中介行业，税法另有规定。

【委托代征】是指受托单位按照税务机关核发的代征证书的要求，以税务机关的名义向纳税人征收零散税款的一种税款征收方式。这种方式的适当使用有利于控制税源，方便征纳双方，降低征收成本。

【代扣代缴】是指依照税法规定，负有扣缴税款义务的法定义务人，在向纳税人支付款项时，从所支付的款项中直接扣收税款的一种税款征收方式。代扣代缴的目的是对零星分散、不易控制的税源实行源泉控制，如个人所得税。

【代收代缴】指负有收缴税款义务的法定义务人，对纳税人应纳的税款进行代收代缴的一种税款征收方式。即由与纳税人有经济业务往来的单位和个人向纳税人收取款项时，依照税收的规定收取税款。这种方式一般适用于税收网络覆盖不到或很难控制的领域，如受托加工应缴消费税的消费品，由受托方代收代缴消费税。

【自核自缴】也称"三自纳税"，是指纳税人按照税务机关的要求，在规定的缴款期限内，根据其财务会计情况，依照税法规定，自行计算税款，自行填写纳税缴款书，自行向开户银行缴纳税款，且税务机关对纳税单位进行定期或不定期检查的一种税款征收方式。

【查定征收】指由税务机关根据纳税人的从业人员、生产设备、原材料损耗等因素，在正常生产经营条件下，对其生产的应税产品，查实核定产量、销售额并据以征收税款的一种方式。适用于生产规模较小、账册不健全、产品零星、税源分散的小型厂矿和作坊。

【查验征收】指税务机关对纳税人的应税商品，通过查验数量，按市场一般销售单价计算其销售收入，并据以征税的方式。适用于对城乡集贸市场中的临时经营者和机场、码头等场所的经销商的课税。

【定期定额征收】指对一些营业额、所得额不能准确计算的小型工商户，经过自报评议，由税务机关核定一定时期的营业额和所得税附征率，实行多税种合并征收方式。核定征收适用于以下几种情况：依照《中华人民共和国税收征收管理法》可以不设置账簿的；依照《中华人民共和国税收征收管理法》应当设置账簿但未设置的；擅自销毁账簿或者拒不提供纳税资料的；虽设置账簿，但账目混乱或者成本资料、收入凭证、费用凭证残缺不全，难以查账征收的；发生纳税义务，未按照规定的期限办理纳税申报，经税务机关责令限期申报，逾期仍不申报的；关联企业不按照独立企业之间的业务往来收取或支付价款、费用，而减少其应纳税的收入或者所得额的。

【准予扣除项目】指纳税人每一纳税年度发生的与取得收入有关的、合理的支出，包括成本、费用、税金、损失和其他支出。

【税前扣除限额】是按税法规定的标准扣除的成本、费用和损失额。

【结转扣除】指企业所得税税前扣除费用中准予结转的项目。例如，企业发生的职工教育经费支出，不超过工资薪金总额8%的部分，准予在计算企业所得税应纳税所得额时扣除；超过部分，准予在以后纳税年度结转扣除。

【组成计税价格】是指按照计税价格应当包含的因素计算合成的计税价格。我国对绝大部分产品都按包含流转税金的实际交易价格计税。

【纳税调增调减】是企业进行企业所得税年度汇算清缴工作时，为了解决会计工作上账面收入、成本、费用与税法规定存在差异的问题所做出的调增和调减的行为。比如，在会计上有可以扣除的费用，但是税法上不认可，那么就需要作调增处理；在税法上可以扣除的一些费用，在会计上却无法确定，那么就可以进行调减处理。纳税调增的项目包括：税法规定不允许扣除的项目，企业已计入当期费用但超过税法规定扣除标准的金额等，如超过税法规定标准的工资支出、业务招待费支出、税收罚款滞纳金、非公益性捐赠支出等。纳税调减的项目包括：按税法规定允许弥补的亏损、税收优惠项目和准予免税的项目，比如5年内未弥补完的亏损、国债的利息收入等。

【纳税申报】是指纳税人、扣缴义务人在发生法定纳税义务后，按照税法或税务机关相关行政法规所规定的内容，在申报期限内，以书面形式向主管税务机关提交有关纳税事项及应缴税款的法律行为。一般企业都会涉及的税种有如下7个：增值税、城市维护建设税、教育费附加、地方教育费附加、印花税、个人所得税、企业所得税。新企业在领取营业执照后须在30日内前往税务机关进行税务登记，次月就要申报纳税。企业申报纳税的一般步骤是：第一步，纳税人到税务局登记；第二步，进行税务认定，核定企业应纳税种、税目，确认企业征收税款的方式等；第三步，向税务机关购买税控盘和领购发票；第四步，自行到税务机关报送纳税资料或网上申报纳税；第五步，取得完税证明。

三、常见税种简介

【增值税】是对增值额缴税，是全国99%的企业都需要缴纳的基于商品或服务的增值额征的一种流转税税种。一般纳税人月报，享受进项抵扣优惠政策。小规模纳税人季报，在月销售额不超过10万元或者季销售额不超过30万元的情况下可享受免征增值税政策。

【城市维护建设税】是以纳税人实际缴纳的增值税、消费税税额为计税依据，依法计征的一种税。是我国为了加强城市的维护建设，扩大和稳定城市维护建设资金的来源而对有经营收入的单位和个人征收的一个税种。企业只要缴纳增值税、消费税中任意一个税种都要缴纳城市维护建设税，税率按纳税人所在地分别规定为7%、5%、1%。

【教育费附加】是由税务机关负责征收，同级教育部门统筹安排，同级财政部门监督管理，专门用于发展地方教育事业的预算外资金。凡缴纳增值税、消费税的单位和个人，均为教育费附加的纳费义务人（简称纳费人）。以各单位和个人实际缴纳的增值税、消费税总额的3%计征。

【地方教育附加】是指根据国家有关规定，为实施"科教兴省"战略，增加地方教育的资金投入，促进各省、自治区、直辖市教育事业发展，开征的一项地方政府性基金。以各单位和个人实际缴纳的增值税、消费税总额的2%计征。

【印花税】在中华人民共和国境内书立应税凭证（包括合同、产权转移书据和营业账簿）、进行证券交易的单位和个人，为印花税的纳税人，应当依照2021年6月10日颁布的《中华人民共和国印花税法》规定缴纳印花税。其因采用在应税凭证上粘贴印花税票作为完税的标志而得名。是对合同、凭证、书据、账簿等文件征收的税种，现行印花税采用比例税率，是指应纳税额与应税凭证金额的比例，共分六档，即千分之一、万分之五、万分之三、万分之二点五、万分之零点五和万分之零点三。印花税的税目、税率，依照"印花税税目税率表"执行。

【企业所得税】是对我国内资企业和经营单位的生产经营所得和其他所得征收的一

种税，除了个人独资企业和合伙企业的公司类型以外，其他企业都需要缴纳企业所得税。一般情况下企业所得税税率是利润总额的25%，一些符合条件的高新技术企业、小型微利企业等有相应的税收优惠政策。

【个人所得税】是国家对本国公民、居住在本国境内的个人的所得和境外个人来源于本国的所得征收的一种所得税。纳税是公民的基本义务，企业需要为达到纳税条件的职员代扣代缴个人所得税，目前我国个税的起征点调整为每月5 000元，超过5 000元的分档征收，税率范围在3%~45%。

|第二节| 企业办税流程

思政案例导入

北京白云酒业股份有限公司是一家新成立的企业，公司吴总让公司小李去税务局了解一下新办企业要办理哪些事宜，做好相关准备。小李作为一个财税菜鸟不知道该怎么办，你可以告诉他吗？

国家税务总局网站是以税务总局网站为龙头、省局网站为主体，辐射地市局，分级负责、上下联动，与税务系统现行管理体制相适应的税务网站群，是为社会公众、纳税人和税务干部提供全程、高效、便捷涉税服务的网上税务局。

当遇到涉税问题时，第一时间可以利用互联网浏览器访问国家税务总局网站，在首页找到 "智能咨询"，即可向 "智能小慧" 进行咨询，如图1-1所示。

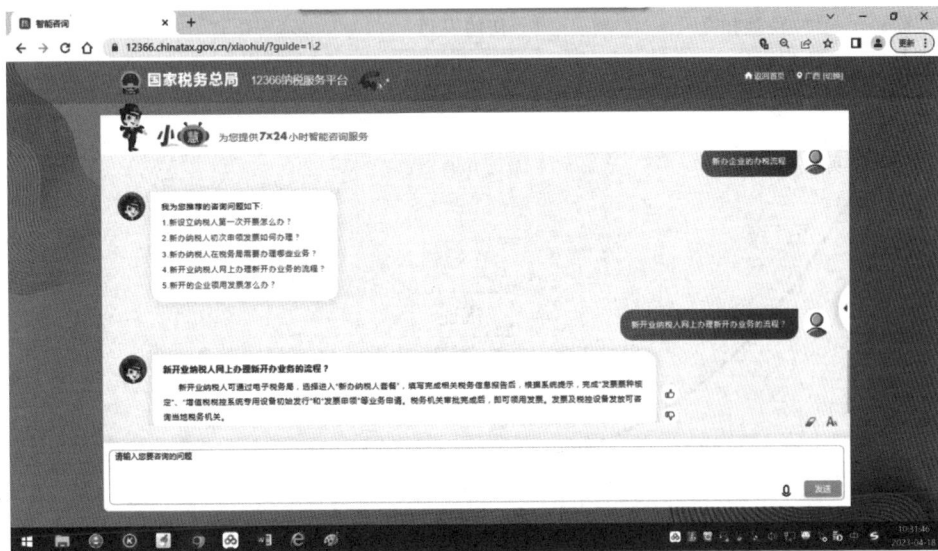

图1-1 "智能小慧"咨询界面

新办纳税人首次办理涉税事宜时，纳税人根据生产经营实际情况选择向税务机关申请办理以下14个涉税事项："多证合一"登记信息确认、税（费）种认定、办税人员实名信息采集、财务会计制度及核算软件备案报告、存款账户账号报告、授权（委托）划缴协议、增值税一般纳税人登记、发票票种核定、增值税专用发票最高开票限额审批、增值税防伪税控系统专用设备初始发行、增值税一般纳税人选择简易办法计算缴纳增值税备案、税收优惠备案、发票领用、电子税务局开户。

企业办税流程如图1-2所示。

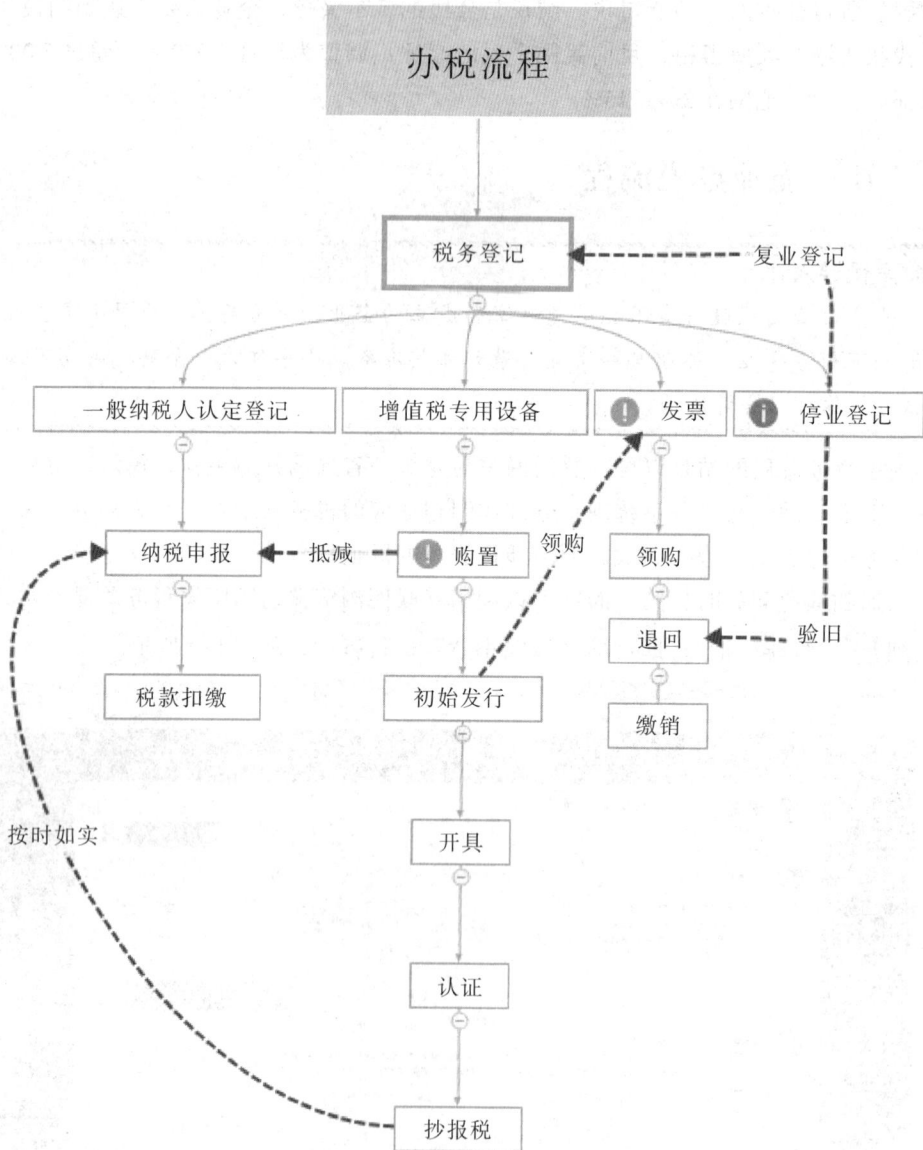

图1-2 办税流程图

上述新办涉税业务办毕后，企业可根据经营情况用防伪税控专用设备和防伪税控开票系统开具增值税发票，并于次月初及时完成发票明细的抄报税；依据相关税法要求填报各类涉及税种的纳税申报表，在申报期限内完成纳税申报和税款缴纳工作。

|第三节| 税务登记基础知识

一、开业税务登记

（一）资料准备和办理流程

1.开业税务登记需准备的材料及相关手续

按有关税务政策法规要求，企业开业税务登记需准备系列材料并办理相关手续，如图1-3所示，包括"'多证合一'登记信息确认表"、公司章程、法人身份证件、统一社会信用代码的纳税人登记证件、办税员证件原件及复印件备查、"财务会计制度及核算软件备案报告书"、"纳税人存款账户账号报告表"及银行开户许可证明复印件、法人和办税员持身份证原件进行实名采集、电子税务局开户、"委托划转税款协议书"签订。

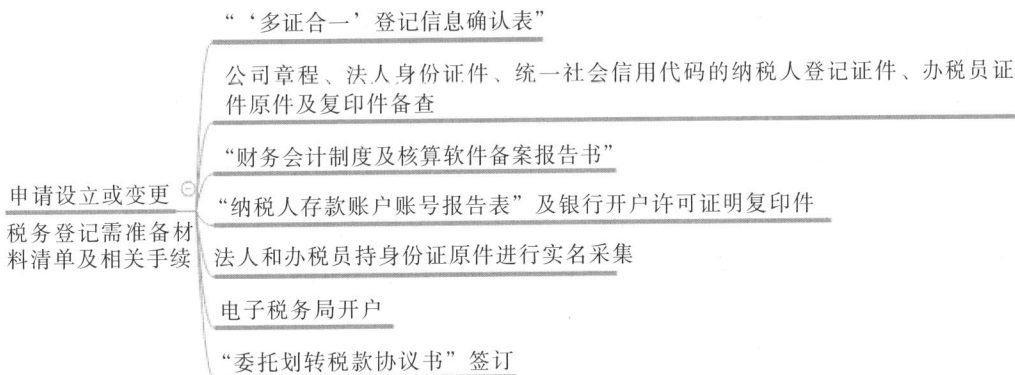

```
                    ┌─ "'多证合一'登记信息确认表"
                    │
                    ├─ 公司章程、法人身份证件、统一社会信用代码的纳税人登记证件、办税员证
                    │   件原件及复印件备查
                    │
                    ├─ "财务会计制度及核算软件备案报告书"
申请设立或变更       │
税务登记需准备材 ────┼─ "纳税人存款账户账号报告表"及银行开户许可证明复印件
料清单及相关手续     │
                    ├─ 法人和办税员持身份证原件进行实名采集
                    │
                    ├─ 电子税务局开户
                    │
                    └─ "委托划转税款协议书"签订
```

图1-3　申请设立或变更税务登记需准备材料清单及相关手续

在具体的操作过程中，需要注意的是，已实行"多证合一、一照一码"登记模式的纳税人，首次办理涉税事宜时，对税务机关依据市场监督管理等部门共享信息制作的"多证合一登记信息确认表"进行确认，对其中不完全的信息进行补充，对不准确的信息进行更正。

【政策依据1-1】《中华人民共和国税收征收管理法》第十五条第一条规定：企业，企业在外地设立的分支机构和从事生产、经营的场所，个体工商户和从事生产、经营的事业单位（以下统称从事生产、经营的纳税人）自领取营业执照之日起三十日内，持有关证件，向税务机关申报办理税务登记。税务机关应当于收到申报的当日办理登记并发给税务登记证件。

【政策依据1-2】《中华人民共和国税收征收管理法实施细则》第十二条规定：从事生产、经营的纳税人应当自领取营业执照之日起30日内，向生产、经营地或者纳税义务发生地的主管税务机关申报办理税务登记，如实填写税务登记表，并按照税务机关的要求提供有关证件、资料。前款规定以外的纳税人，除国家机关和个人外，应当自纳税义务发生之日起30日内，持有关证件向所在地的主管税务机关申报办理税务登记。个人所得税的纳税人办理税务登记的办法由国务院另行规定。税务登记证件的式样，由国家税务总局制定。

已取得统一社会信用代码的法人和其他组织，其纳税人识别号使用18位的"统一社会信用代码"，编码规则按照相关国家标准执行。

未取得统一社会信用代码的个体工商户以及以居民身份证、回乡证、通行证、护照等有效身份证明办理税务登记的纳税人，其纳税人识别号由"身份证件号码"+"2位顺序码"组成。以统一社会信用代码、居民身份证、回乡证、通行证、护照等为有效身份证明的临时纳税的纳税人，其纳税人识别号由"L"+"统一社会信用代码"或"L"+"身份证件号码"组成，作为系统识别，不打在对外证照上。对已设立但未取得统一社会信用代码的法人和其他组织，以及自然人等其他各类纳税人，其纳税人识别号的编码规则仍按照《国家税务总局关于发布纳税人识别号代码标准的通知》（税总发〔2013〕41号）规定执行。

2.开业税务登记的具体流程

开业税务登记流程，包括提交申请、税务登记岗受理及审核、是否重复登记三个环节，操作流程如图1-4所示。

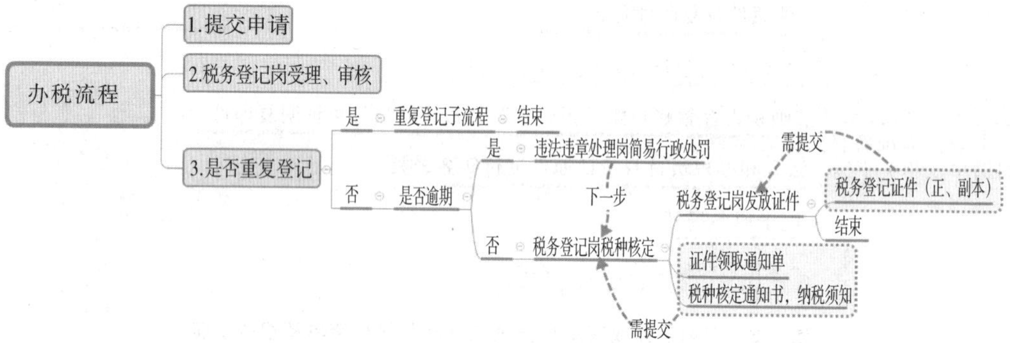

图1-4　开业税务登记办税审理流程

开业税务登记的具体流程包括：登记信息确认（设立登记）→实名采集（人脸、指纹采集）→电子税务局开户→银行存款账户账号报告→授权（委托）划缴协议→增值税一般纳税人登记→发票票种核定→最高开票限额审批→购买增值税防伪税控系统专用设备→增值税防伪税控系统专用设备初始发行→发票领购，如图1-5所示。

（二）新办纳税人套餐

1.新办纳税人套餐的适用对象

新办纳税人套餐业务仅限于新办单位纳税人申请办理（新办单位纳税人是指已在市场监管部门办理过一照一码营业执照，尚未在税务部门办理税种登记、存款账户账号报告、发票票种核定）；个体纳税人不适用于本套餐。

2.新办纳税人套餐的内容

新办纳税人套餐包含财务会计制度及核算软件备案、存款账户账号报告、增值税一般纳税人登记、购票人维护、发票票种核定、增值税专用发票最高开票限额审批、实名办税、实名制信息采集、发票领用等。

```
                    ┌─────────────────────────────┐
                    │ 1.登记信息确认（设立登记）    │
                    └─────────────────────────────┘
                    ┌─────────────────────────────┐
                    │ 2.实名采集                   │
                    └─────────────────────────────┘
                    ┌─────────────────────────────┐
                    │ 3.电子税务局开户             │
                    └─────────────────────────────┘
                    ┌─────────────────────────────┐
                    │ 4.银行存款账户账号报告       │
                    └─────────────────────────────┘
                    ┌─────────────────────────────┐
┌──────────────┐    │ 5.授权（委托）划缴协议       │
│ 开业税务登记流程 │   └─────────────────────────────┘
└──────────────┘    ┌─────────────────────────────┐
                    │ 6.增值税一般纳税人登记       │
                    └─────────────────────────────┘
                    ┌─────────────────────────────┐
                    │ 7.发票票种核定               │
                    └─────────────────────────────┘
                    ┌─────────────────────────────┐
                    │ 8.最高开票限额审批           │
                    └─────────────────────────────┘
                    ┌─────────────────────────────┐
                    │ 9.购买增值税防伪税控系统专用设备 │
                    └─────────────────────────────┘
                    ┌─────────────────────────────┐
                    │ 10.增值税防伪税控系统专用设备初始发行 │
                    └─────────────────────────────┘
                    ┌─────────────────────────────┐
                    │ 11.发票领购                  │
                    └─────────────────────────────┘
```

图1-5　开业税务登记办税流程

3.新办纳税人资格类型勾选

纳税人可根据自身经营需要，对申请的资格类型（一般纳税人、小规模纳税人）进行勾选，选择是否成为一般纳税人，一般纳税人的生效之日由纳税人自行选择，根据实际经营需要谨慎办理。

纳税人勾选申请成为一般纳税人，适用一般纳税人计税方法进行计税，可自主开具增值税专用发票，在收到增值税专用发票后可按规定抵扣税款，一般纳税人按月进行增值税申报。

纳税人勾选申请成为小规模纳税人，适用简易征收方式进行计税，不能自行开具增值税专用发票（文件规定的住宿业，鉴证咨询业，建筑业，工业，信息传输、软件和信息技术服务业除外），收到增值税专用发票不可抵扣税款，小规模纳税人按季进行增值税申报。依据《国家税务总局关于增值税发票管理等有关事项的公告》（国家税务总局公告2019年第33号），增值税小规模纳税人（其他个人除外）发生增值税应税行为，需要开具增值税专用发票的，可以自愿使用增值税发票管理系统自行开具。选择自行开具增值税专用发票的小规模纳税人，税务机关不再为其代开增值税专用发票。

4.新办纳税人购票类型勾选

纳税人可根据自身经营需要，对申请的购票类型（不购票、普通发票、增值税发票）进行勾选，申请领购发票的纳税人对发票领购数量、单份发票最高开票限额按实际经营情况申请；后续若需要增加发票份数或限额，在完成实名制信息采集后至办税服务大厅办理,或使用电子税务局相应模块进行业务申请办理。

在各省、市电子税务局网站的"新办纳税人套餐"导航入口,可按导航步骤在网上逐步完成新办企业税务登记手续和资料提交。

纳税人阅读新办纳税人套餐办理须知,如图1-6所示,勾选页面下方的"已阅读并同意"后,点击"下一步"按钮,进入业务事项选择页面,具体如图1-7所示。

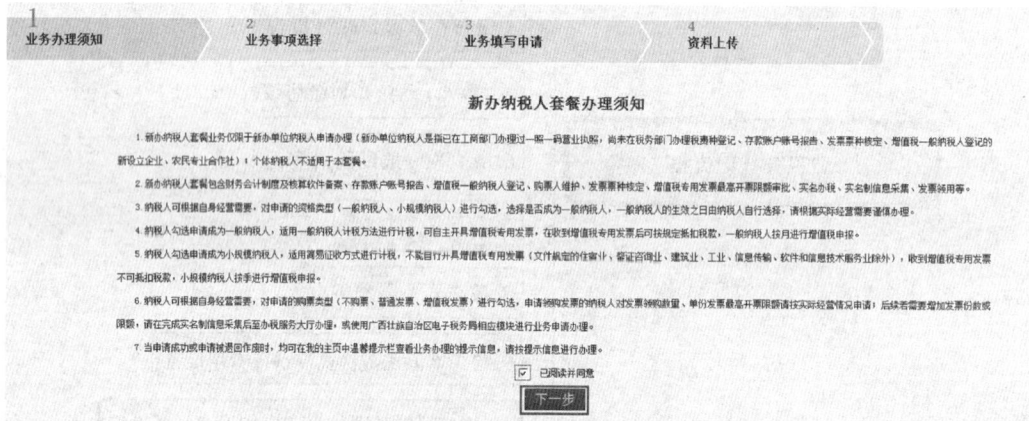

图1-6 新办纳税人套餐办理须知

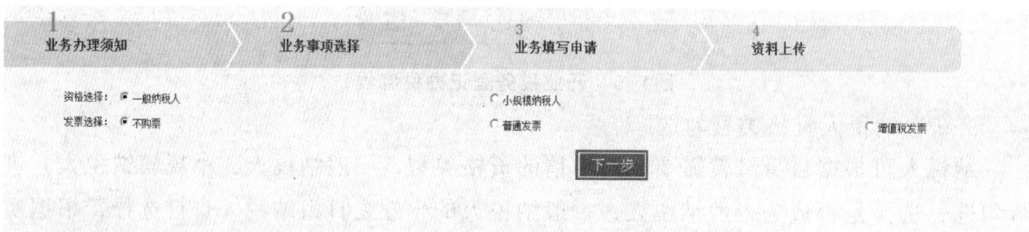

图1-7 新办纳税人业务办理导图

纳税人根据自身实际经营情况进行"资格选择"和"发票选择",选择确认无误后,点击"下一步"按钮,根据业务需要,选择需办理的套餐式服务的业务名称,具体如图1-8所示。

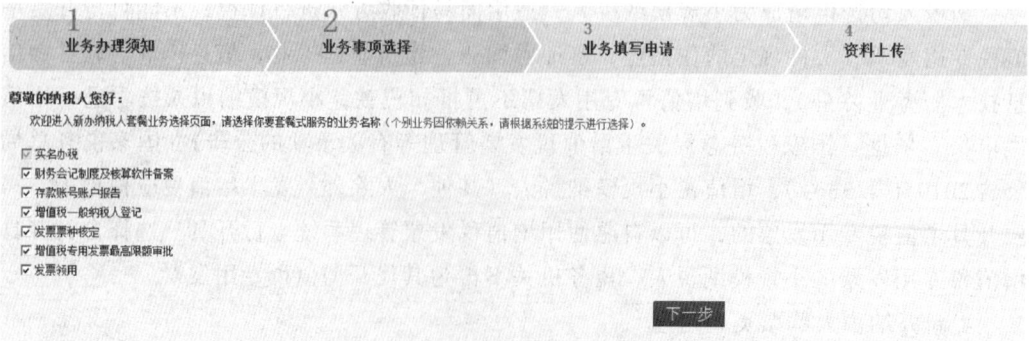

图1-8 新办纳税人业务事项选择导图

(注意:所有业务默认勾选,纳税人可根据需要自行取消勾选)

相关业务勾选无误后，点击"下一步"按钮，进入业务填写申请界面，具体如图1-9所示。

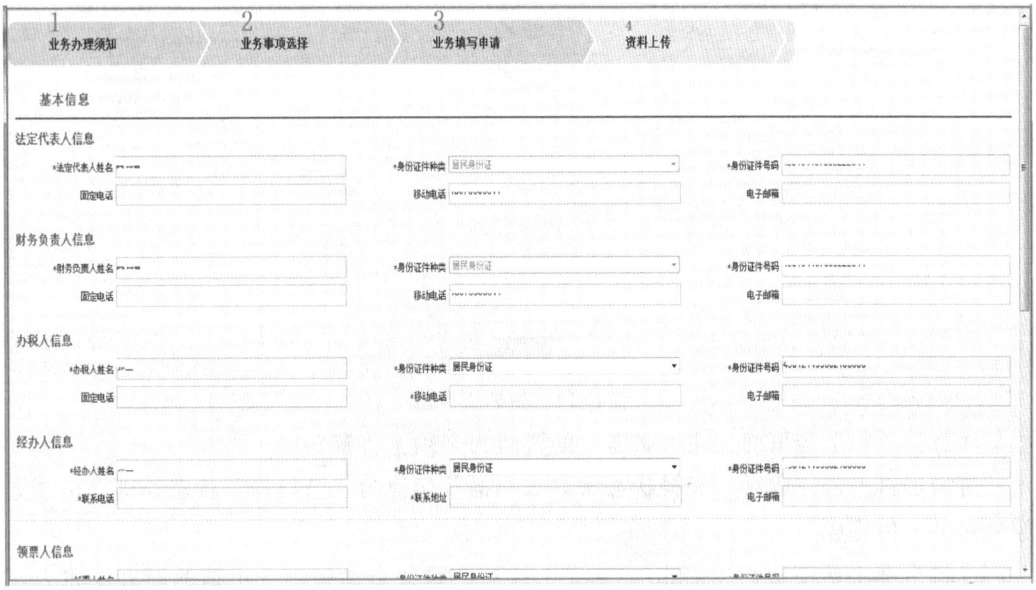

图1-9 新办纳税人业务填写申请

纳税人将"基本信息"补充完整，根据实际业务情况填写相关涉税事项内容，核对信息无误，点击"下一步"按钮，提示"保存成功"，点击"确定"，具体如图1-10所示。

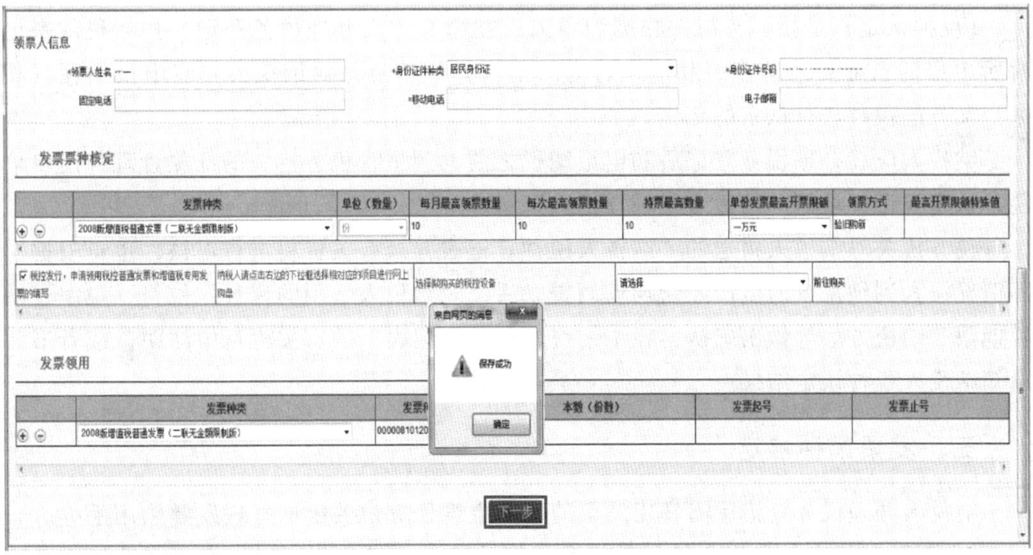

图1-10 领票人信息图

信息填写保存成功后，系统自动跳转至资料采集界面，勾选所需上传的资料，进行影像资料采集，具体如图1-11所示。（"纳税人领用发票票种核定表"可在各省税务局网站的首页→纳税服务→下载中心→表证单书→发票管理类中下载获得）

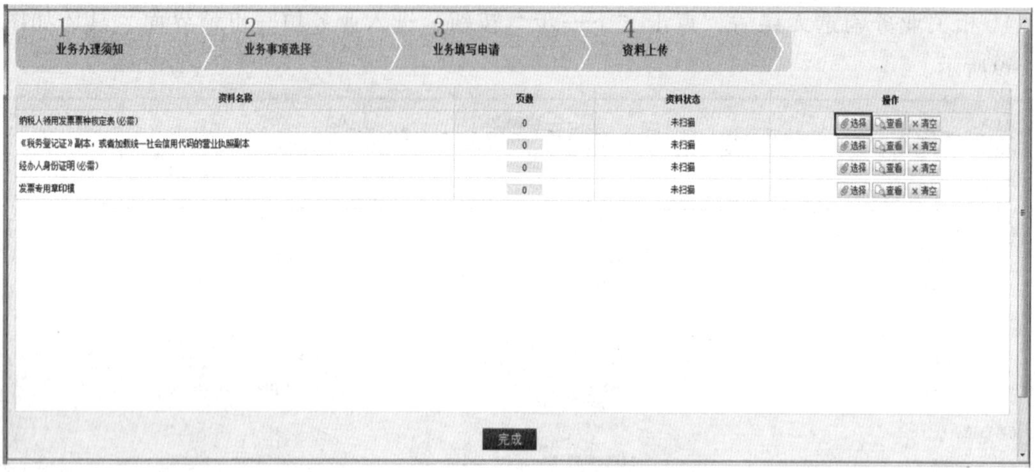

图1-11　资料上传图

注意：资料上传页面标注"必需"的资料为必须上传资料。

所需资料上传完成后，资料状态从"未扫描"切换为"已扫描"状态，则该电子影像资料已上传完成。

资料全部上传完成后，点击"完成"按钮，系统自动弹出"申请的新办纳税人套餐已提交成功，可在主管税务机关受理首次办税补录信息后登录电子税务局查看新办纳税人套餐办理进度"。至此，纳税人端所申请的事项完结，等待税务端受理审批。

二、税种认定登记

【税种认定】是指税务机关根据纳税人、扣缴义务人办理税务登记、扣缴税款登记时所申报的行业、经营范围和应税行为（财产）等信息，对纳税人具有申报纳税（扣缴）义务的税种进行认定的工作。

纳税人应在办理税务登记后和申报纳税之前，到主管税务机关的征收管理部门申请税种认定登记，填写"纳税人税种登记表"。

税务机关对纳税人报送的"纳税人税种登记表"及有关资料进行审核，也可根据实际情况派人到纳税人的生产经营现场调查之后，对纳税人适用的税种、税目、税率、纳税期限、纳税方法等做出确认，在"纳税人税种登记表"的有关栏目中注明，或者书面通知纳税人税种认定结果。

三、发票票种核定

纳税人办理税务登记后需领用发票的，向主管税务机关申请办理发票领用手续。

【发票票种核定】是指主管税务机关根据纳税人的经营范围和规模，确认领用发票的种类、数量、开票限额等事宜。

已办理发票票种核定的纳税人，当前领用发票的种类、数量或者开票限额不能满足经营需要的，可以向主管税务机关提出调整。

【政策依据1-3】《中华人民共和国发票管理办法》第十五条规定：需要领购发票的单位和个人，应当持税务登记证件、经办人身份证明、按照国务院税务主管部门规定式样制作的发票专用章的印模，向主管税务机关办理发票领购手续。主管税务机关根据领购单位和个人的经营范围和规模，确认领购发票的种类、数量以及领购方式，在5个工作日内发给发票领购簿。单位和个人领购发票时，应当按照税务机关的规定报告发票使用情况，税务机关应当按照规定进行查验。

纳税信用A级的纳税人可一次领取不超过3个月的增值税发票用量，纳税信用B级的纳税人可一次领取不超过2个月的增值税发票用量。以上两类纳税人生产经营情况发生变化，需要调整增值税发票用量，手续齐全的，按照规定及时办理。

【政策依据1-4】符合《国家税务总局关于新办纳税人首次申领增值税发票有关事项的公告》（国家税务总局公告2018年第29号）中规定的新办纳税人首次申领增值税发票条件的，主管税务机关应当自受理申请之日起2个工作日内办结。新办纳税人首次申领增值税发票主要包括发票票种核定、增值税专用发票（增值税防伪税控系统）最高开票限额审批、增值税防伪税控系统专用设备初始发行、发票领用等涉税事项。自2018年8月1日起，首次申领增值税发票的新办纳税人办理发票票种核定，增值税专用发票最高开票限额不超过10万元，每月最高领用数量不超过25份；增值税普通发票最高开票限额不超过10万元，每月最高领用数量不超过50份。各省税务机关可以在此范围内结合纳税人税收风险程度，自行确定新办纳税人首次申领增值税发票票种核定标准。

增值税电子普通发票的开票方和受票方需要纸质发票的，可以自行打印增值税电子普通发票的版式文件，其法律效力、基本用途、基本使用规定等与税务机关监制的增值税普通发票相同。增值税电子普通发票的发票代码为12位，编码规则：第1位为0，第2～5位代表省、自治区、直辖市和计划单列市，第6～7位代表年度，第8～10位代表批次，第11～12位代表票种（11代表增值税电子普通发票）。发票号码为8位，按年度、分批次编制。电子发票的号段，由税务后台征管系统同步至增值税电子发票系统，通过增值税电子发票系统赋予纳税人。

纳税人领用电子发票时须使用电子发票服务平台。电子发票服务平台应提供电子发票版式文件的生成、打印、查询和交付等服务。自建和第三方建设的电子发票服务平台应报税务机关备案。

【政策依据1-5】按照《国家税务总局关于小规模纳税人免征增值税政策有关征管问题的公告》（国家税务总局公告2019年第4号）的规定，小规模纳税人月销售额超过10万元的，使用增值税发票管理系统开具增值税普通发票、机动车销售统一发票、增值税电子普通发票。

对于实行纳税辅导期管理的增值税一般纳税人，领购增值税专用发票实行按次限量控制，可以根据纳税人的经营情况核定每次专用发票的供应数量，但每次发放专用发票数量不得超过25份。对纳税信用评价为D级的纳税人，增值税专用发票领用按辅导期一般纳税人政策办理，增值税普通发票的领用实行交（验）旧供新、严格限量供应。

临时到本市以外从事经营活动的单位或者个人，凭所在地税务机关的证明，向经营地税务机关领用经营地的发票。税务机关对外省、自治区、直辖市来本辖区从事临时经营活动的单位和个人领用发票的，可以要求其提供保证人或者根据所领用发票的票面限额以及数量缴纳不超过1万元的保证金，并限期缴销发票。按期缴销发票后，解除保证人的担保义务或者退还保证金。提供保证人或者缴纳保证金的具体范围由税务机关规定。

四、最高开票限额

领用增值税专用发票的增值税一般纳税人和纳入自行开具增值税专用发票范围的增值税小规模纳税人，在完成票种核定后，还需办理增值税专用发票（增值税防伪税控系统）最高开票限额审批事项。2020年2月1日起，增值税小规模纳税人（其他个人除外）发生增值税应税行为，需要开具增值税专用发票的，可以自愿使用增值税发票管理系统自行开具。

纳税人在初次申请使用增值税专用发票以及变更增值税专用发票限额时，须填报"最高开票限额申请单"（"最高开票限额申请单"可在各省税务局网站的首页→纳税服务→下载中心→表证单书→发票管理类中下载获得），并等待税务机关进行实地核查。

新办纳税人首次申领增值税发票主要包括发票票种核定、增值税专用发票（增值税防伪税控系统）最高开票限额审批、增值税防伪税控系统专用设备初始发行、发票领用等涉税事项。

【政策依据1-6】《国家税务总局关于简化增值税发票领用和使用程序有关问题的公告》（国家税务总局公告2014年第19号）规定：一般纳税人申请增值税专用发票最高开票限额不超过10万元的，主管税务机关不需事前进行实地查验。

实行纳税辅导期管理的小型商贸批发企业，领购专用发票的最高开票限额不得超过10万元；其他一般纳税人专用发票最高开票限额应根据企业实际经营情况重新核定。

五、认定的条件及程序

（一）一般纳税人认定的条件及程序

【一般纳税人】是指年应征增值税销售额（以下简称年应税销售额，是指纳税人在连续不超过12个月或四个季度的经营期内累计应征增值税销售额，包括纳税申报销售额、稽查查补销售额、纳税评估调整销售额）超过财政部、国家税务总局规定的小规模纳税人标准的企业和企业性单位。一般纳税人的特点是增值税进项税额可以抵扣销项税额。

年应税销售额未超过规定标准的纳税人，会计核算健全，能够提供准确税务资料的，可以向主管税务机关办理一般纳税人登记。相关报送资料及办税程序见表1-1。

表1-1   增值税一般纳税人认定报送资料及办税程序表

事项名称		报送资料	免填单	必报资料	条件报送资料
报送资料	增值税一般纳税人登记	"增值税一般纳税人登记表"	√	√	
		加载统一社会信用代码的营业执照或登记证件（已进行实名认证的纳税人，可不提供）		√	
		办税人员的有效身份证件原件		√	
	发票票种核定（专票最高开票限额不超过10万元，每月最高领用数量不超过25份，普通发票最高开票限额不超过10万元，每月最高领用数量不超过50份）	"纳税人领用发票票种核定表"	√	√	
		发票专用章印模（首次申请票种核定时提供）			√
		办税人员的有效身份证件原件		√	
	增值税专用发票（增值税防伪税控系统）最高开票限额审批（行政许可事项）（最高开票限额不超过10万元）	"税务行政许可申请表"	√	√	
		"增值税专用发票最高开票限额申请单"	√	√	
		办税人员的有效身份证件原件		√	
		委托提出申请还应报送：（1）代理委托书原件；（2）代理人身份证件			√
	专用设备初始发行	增值税防伪税控系统专用设备		√	
	发票领用	"发票领购簿"		√	
		办税人员的有效身份证件原件		√	
		领用增值税专用发票、机动车销售统一发票、增值税普通发票和增值税电子普通发票的纳税人还应报送增值税防伪税控系统专用设备			√

办理时限	及时办结
办理渠道	办税服务厅电子税务局 ☑ 委托代办 □ 自助办税终端 □
办税流程	增值税一般纳税人登记——发票票种核定——增值税专用发票（增值税防伪税控系统）最高开票限额审批——增值税防伪税控系统专用设备初始发行——发票领用

【政策依据1-7】《国家税务总局关于营业税改征增值税试点增值税一般纳税人资格认定有关事项的公告》（国家税务总局公告2013年第75号）规定：除本公告第三条规定的情形外，营改增试点实施前（以下简称试点实施前）应税服务年销售额超过500万元的试点纳税人，应向国税主管税务机关（以下简称主管税务机关）申请办理增值税一般纳税人资格认定手续。

1.开业满一年的企业

一年增值税销售额（包括出口销售额和免税销售额，以下简称年应税销售额）达到以下规定标准：①工业企业年应税销售额在50万元以上；②商业企业年应税销售额在80万元以上。

2.新办企业

经税务机关测算预计年应税销售额超过小规模企业标准的，可暂认定为一般纳税人，暂认定期最长为1年（自批准之月起满12个月计算）。新办企业申请增值税一般纳税人基本条件：实收资本50万元人民币（按照地方政策而定）。申请人须提供以下资料：

（1）新办工业企业申请增值税一般纳税人资格须报送以下资料：①书面申请报告1份；②"增值税一般纳税人申请认定表"一式三份；③"增值税一般纳税人货物存放场所税务登记表"一式四份；④"增值税一般纳税人档案资料"一式二份；⑤经营场所的所有权证明、租赁合同或协议书复印件1份（非经营者所有的应提供出租者的经营场所所有权证明复印件）；⑥法定代表人和主要管理人员、会计人员居民身份证复印件和会计人员资格证书复印件各1份；⑦营业执照复印件1份；⑧银行存款证明（即注资凭证）复印件1份；⑨有关机构的验资报告1份；⑩公司章程复印件1份；⑪若为企业分支机构则另需提供总机构税务登记证、增值税一般纳税人资质有效证件、董事会决议复印件各1份。

（2）新办商贸企业申请增值税一般纳税人资格须报送以下资料：①书面申请报告1份；②"增值税一般纳税人申请认定表"一式三份；③"增值税一般纳税人货物存放场所税务登记表"一式四份；④"增值税一般纳税人档案资料"一式二份；⑤经营场所的所有权证明、租赁合同或协议书复印件1份（非经营者所有的应提供出租者的经营场所所有权证明复印件）；⑥法定代表人和主要管理人员、会计人员居民身份证复印件和会计人员资格证书复印件各1份；⑦营业执照复印件1份；⑧银行存款证明（即注资凭证）复印件1份；⑨有关机构的验资报告1份；⑩公司章程复印件1份；⑪能证明可以达到增值税一般纳税人认定标准的资料如已签订的购销合同、协议或书面意向复印件各1份；⑫若为企业分支机构则另需提供总机构税务登记证、增值税一般纳税人资质有效证件、董事会决议复印件各1份。

（3）特殊规定：除国家税务总局另有规定外，纳税人一经认定为一般纳税人后，不得转为小规模纳税人。主管税务机关可以在一定期限内对一般纳税人实行纳税辅导期管理，一般纳税人辅导期为半年，半年销售额达到90万元，可以申请转为正式的一般纳税人资格。

（二）小规模纳税人认定的条件和程序

【小规模纳税人】是指年销售额在规定标准以下，并且会计核算不健全，不能按规定报送有关税务资料的增值税纳税人。

【政策依据1-8】根据《中华人民共和国增值税暂行条例》及其实施细则的规定，小规模纳税人的认定标准为：

（1）从事货物生产或者提供应税劳务的纳税人，以及以从事货物生产或者提供应税劳务为主，并兼营货物批发或者零售的纳税人，年应征增值税销售额（以下简称应税销售额）在50万元以下（含本数，下同）的；"以从事货物生产或者提供应税劳务为主"是指纳税人的年货物生产或提供应税劳务的销售额占全年应税销售额的比重在50%以上。

（2）对上述规定以外的纳税人，年应税销售额在80万元以下的。

（3）年应税销售额超过小规模纳税人标准的其他个人按小规模纳税人纳税。

（4）非企业性单位、不经常发生应税行为的企业可选择按小规模纳税人纳税。

小规模纳税人会计核算健全、能够提供准确税务资料的，可以向主管税务机关申请一般纳税人资格认定，不作为小规模纳税人。

《中华人民共和国增值税暂行条例实施细则》（财政部　国家税务总局令第50号）第三十三条规定：除国家税务总局另有规定外，纳税人一经认定为一般纳税人以后，不得转为小规模纳税人。

根据《财政部　税务总局关于统一增值税小规模纳税人标准的通知》（财税〔2018〕33号）的规定，一般纳税人转登记日前连续12个月（以1个月为1个纳税期，下同）或者连续4个季度（以1个季度为1个纳税期，下同）累计应征增值税销售额（以下称应税销售额）未超过500万元，符合条件的纳税人，向主管税务机关填报"一般纳税人转为小规模纳税人登记表"，并提供税务登记证件；已实行实名办税的纳税人，无须提供税务登记证件。一般纳税人转登记为小规模纳税人（以下称转登记纳税人）后，自转登记日的下期起，按照简易计税方法计算缴纳增值税；转登记日当期仍按照一般纳税人的有关规定计算缴纳增值税。自转登记日的下期起连续不超过12个月或者连续不超过4个季度的经营期内，转登记纳税人应税销售额超过财政部、国家税务总局规定的小规模纳税人标准的，应当按照《增值税一般纳税人登记管理办法》（国家税务总局令第43号）的有关规定，向主管税务机关办理一般纳税人登记。转登记纳税人按规定再次登记为一般纳税人后，不得再转登记为小规模纳税人。

（三）小规模纳税人和一般纳税人的区别

依据《中华人民共和国增值税暂行条例实施细则》（财政部　国家税务总局令第50号），小规模纳税人的标准由国务院财政、税务主管部门规定。小规模纳税人发生应税销售行为，实行按照销售额和征收率计算应纳税额的简易办法，并不得抵扣进项税额。应纳税额计算公式：应纳税额=销售额×征收率。

一般纳税人的应纳税额为当期销项税额抵扣当期进项税额后的余额，一般纳税人符合条件可以适用简易计税方法。应纳税额计算公式：应纳税额=当期销项税额−当期进项税额。

一般纳税人与小规模纳税人的区别见表1-2。

表1-2　　　　　　　　　　一般纳税人与小规模纳税人的区别

序号	对比项	一般纳税人	小规模纳税人
1	认定条件	年应征增值税销售额>500万元 能进行健全的会计核算 能按规定报送有关税务资料	年应征增值税销售额≤500万元 不能正确核算进项、销项、应纳税额 不能按规定报送有关税务资料
2	税率	适用13%、9%、6%、0几档税率	适用5%、3%征收率（2021年12月31日前减按1%）
3	发票开具	销售货物、提供应税劳务或服务等，可以开具增值税专用/普通发票	销售货物、提供应税劳务或服务等，一般只能自行开具增值税普通发票。需要开具专用发票的需到税务局代开
4	发票取得	购进货物、应税劳务、服务等可以抵扣进项税，符合条件的，可以适用加计抵减政策	购进货物不予抵扣进项税，不可以适用加计抵减政策
5	财务处理	按价款部分计入成本，税款部分记入"应交税金——应交增值税——进项税"科目	按价税合计计入成本
6	增值税免征额	无免征额	15万元/月，45万元/季度（2021.4.1—2022.12.31适用）
7	应缴税金计算	当期销项税额−当期进项税额	（当期销售额−免征额）×征收率+专票税额
8	计税方法	一般计税法	简易计税法

六、其他税务登记

（一）扣缴税款登记程序

【扣缴税款】是指对拖欠应缴税款并多次催缴无效的纳税人，由税务机关通知其开户银行，从其存款中将应缴税款和应加收的滞纳金、罚款一并扣缴入库的一种强制征收措施。扣缴税款包括代收代缴税款和代扣代缴税款。

（1）扣缴义务人应当自扣缴义务发生之日起30日内，向所在地的主管税务机关申报办理扣缴税款登记。

（2）税务机关按有关规定核发扣缴税款登记证件；对已办理税务登记的扣缴义务人，可以只在其税务登记证件上登记扣缴税款事项，不再发给扣缴税款登记证件。

（3）依法代扣代缴、代收代缴税款是扣缴义务人的一项法定义务，扣缴义务人不得应扣未扣和应收不收税款。

（4）按照税务机关的票证管理规定，领取、使用、保管、缴销有关凭证。

（5）扣缴义务人办理代扣代缴、代收代缴税款报告时，应当如实填写办理代扣代缴、代收代缴税款报告表，并报送办理代扣代缴、代收代缴税款的合法凭证以及税务机关规定的其他有关证件、资料。

（6）纳税人要求扣缴义务人开具代扣代缴、代收代缴税款凭证时，扣缴义务人必须开具。

（7）扣缴义务人依法代扣代缴、代收代缴税款时，纳税人不得拒绝。纳税人拒绝的，扣缴义务人应及时报告税务机关处理。

（8）税务机关应按规定付给扣缴义务人代扣代缴、代收代缴税款手续费。扣缴义务人应扣未扣、应收而不收税款的，应依照《中华人民共和国税收征收管理法》第六十九条的规定承担相应的法律责任。纳税人拒绝扣缴义务人依法代扣代缴、代收代缴税款时，扣缴义务人无权实施强制执行措施征收税款，只能及时报告税务机关处理。代扣代缴、代收代缴税款手续费纳入预算管理，由税务机关依照法律、行政法规的规定付给扣缴义务人。

（二）停业登记程序

实行定期定额征收方式的个体工商户或比照定期定额户进行税款征收管理的个人独资企业需要停业的，应当在停业前向税务机关申报办理停业登记，并提交停业报告；纳税人停业期满不能及时恢复生产经营的，在停业期满前到主管税务机关申报办理延长停业报告。纳税人办理停业税务流程如图1-12所示。

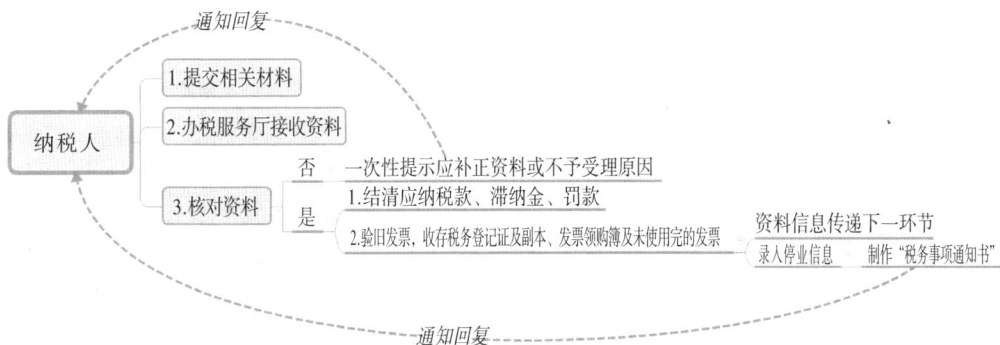

图1-12　停业办税流程

纳税人在申报办理停业登记时，应如实填写"停业申请登记表"，说明停业理由、停业期限、停业前的纳税情况和发票的领、用、存情况，并结清应纳税款、滞纳金、罚款。税务机关应收存其税务登记证件及副本、发票领购簿、未使用完的发票。

纳税人停业期满不能及时恢复生产经营的，应当在停业期满前向税务机关提出延长停业登记申请，并如实填写"停业复业报告书"。

纳税人的停业期限不得超过1年。

【政策依据1-9】《中华人民共和国税收征收管理法》第四十八条规定：纳税人有合并、分立情形的，应当向税务机关报告，并依法缴清税款。纳税人合并时未缴清税款的，应当由合并后的纳税人继续履行未履行的纳税义务；纳税人分立时未缴清税款的，分立后的纳税人对未履行的纳税义务应当承担连带责任。

（三）复业登记程序

已办理停业登记的纳税人应当于恢复生产经营之前，向主管税务机关申报办理复业登记，领回并启用税务登记证件及副本、发票领购簿及发票。

纳税人按申报停业登记时的停业期限准期复业的，应当在停业到期前向主管税务机关申报办理复业登记；纳税人提前复业的，应当在恢复生产经营之前向主管税务机关申报办理复业登记。

纳税人停业期满未按期复业又不申请延长停业的，视为已恢复生产经营，税务机关将纳入正常管理，并按核定税额按期征收税款。

【政策依据1-10】《个体工商户税收定期定额征收管理办法》（国家税务总局令第16号公布，根据2018年6月15日《国家税务总局关于修改部分税务部门规章的决定》修正）第十九条规定：经税务机关检查发现定期定额户在以前定额执行期发生的经营额、所得额超过定额，或者当期发生的经营额、所得额超过定额一定幅度而未向税务机关进行纳税申报及结清应纳税款的，税务机关应当追缴税款、加收滞纳金，并按照法律、行政法规规定予以处理。其经营额、所得额连续纳税期超过定额，税务机关应当按照本办法第十八条的规定重新核定其定额。第二十四条规定：对违反本办法规定的行为，按照《中华人民共和国税收征收管理法》及其实施细则有关规定处理。

纳税人办理复业税务流程如图1-13所示。

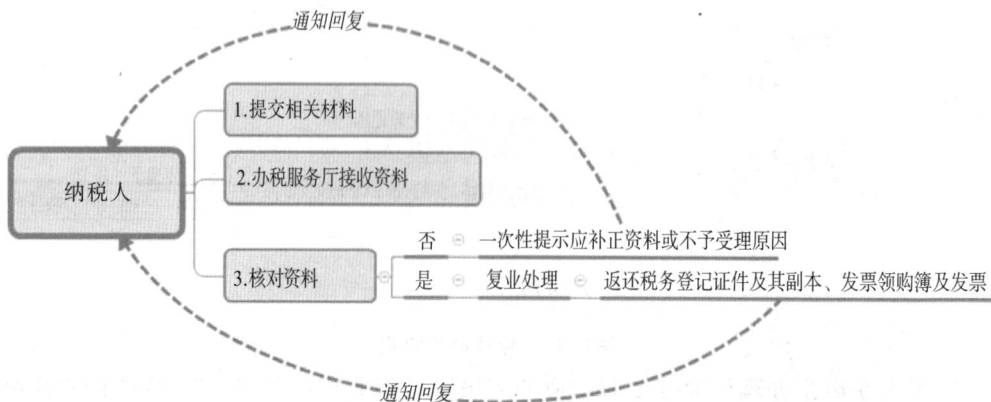

图1-13　复业办税流程

（四）外出经营报验登记程序

从事生产、经营的纳税人到外县（市）临时从事生产、经营活动的，应当持税务登记证副本和所在地税务机关填开的"外出经营活动税收管理证明"，向营业地税务机关报验登记，接受税务管理。

从事生产、经营的纳税人外出经营，在同一地累计超过180天的，应当在营业地办理税务登记手续。

纳税人到外县（市）临时从事生产、经营活动的，应当在外出生产、经营前，持税务登记证到主管税务机关申请开具"外出经营活动税收管理证明"（以下简称"外管证"）。

1.时限

税务机关按照一地一证的原则，发放"外管证"，"外管证"的有效期限一般为30天，最长不得超过180天。

2.程序

纳税人应当在"外管证"注明地进行生产经营前向当地税务机关报验登记，并提交下列证件、资料：

（1）税务登记证副本；

（2）"外管证"。

纳税人在"外管证"注明地销售货物的，除提交以上证件、资料外，应如实填写"外出经营货物报验单"，申报查验货物。

纳税人外出经营活动结束，应当向经营地税务机关填开"外出经营活动情况申报表"，并结清税款、缴销发票。

纳税人应当在"外管证"有效期届满后10日内，持"外管证"回原税务登记地税务机关办理"外管证"缴销手续。

3.电子信息传递、处理

"外管证"开具的电子信息由税务登记管理人员录入联合办证系统，确认无误后传递到另一方税务机关。

接收方税务登记管理人员应及时对接收到的纳税人"外管证"开具信息进行审核确认，对属于本辖区管理的纳税人，通知税源管理岗位人员进行监控，对不属于本辖区管理的纳税人信息，退回上一级税务机关，由上级税务机关进行再次清分。

（五）变更税务登记

一照一码户在市场监督管理部门登记信息发生变更的，向市场监督管理部门申报办理变更登记。税务机关接收市场监督管理部门变更信息，经纳税人确认后更新系统内的对应信息。

一照一码户生产经营地、财务负责人等非监督管理部门登记信息发生变化时，向主管税务机关申报办理变更。

一照一码纳税人信息变更办税流程如图1—14所示。

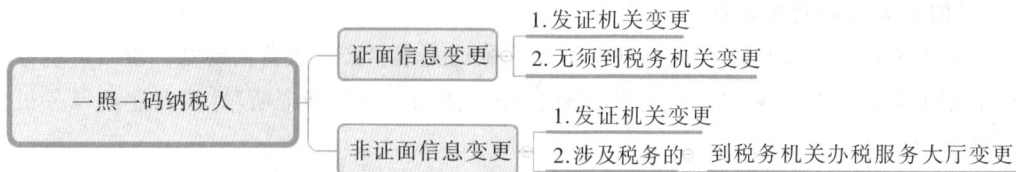

图1-14 一照一码纳税人信息变更办税流程

经办人须携带身份证件原件1份，查验后退回。

经过实名信息验证的办税人员，不再提供登记证件和身份证件复印件等资料。

被调查企业在税务机关实施特别纳税调查调整期间，申请变更经营地址的，税务机关在调查结案前原则上不予办理变更手续。

在省、市电子税务局注册，用企业自己的账号密码登录后，可进行网上税务变更申请。

【政策依据1-11】《中华人民共和国税收征收管理法》第十六条规定：从事生产、经营的纳税人，税务登记内容发生变化的，自办理变更登记之日起30日内或者申请办理注销登记之前，持有关证件向税务机关申报办理变更或者注销税务登记。

【政策依据1-12】《中华人民共和国税收征收管理法实施细则》第十四条规定：纳税人税务登记内容发生变化的，应当自办理变更登记之日起30日内，持有关证件向原税务登记机关申报办理变更税务登记。纳税人税务登记内容发生变化，不需要到市场监管机关或者其他机关办理变更登记的，应当自发生变化之日起30日内，持有关证件向原税务登记机关申报办理变更税务登记。

【政策依据1-13】《税务登记管理办法》（国家税务总局令第7号公布，国家税务总局令第36号、第44号、第48号修改）第十六条规定：纳税人税务登记内容发生变化的，应当向原税务登记机关申报办理变更税务登记。第十七条规定：纳税人已办理变更登记的，应当自变更登记之日起30日内，向原税务登记机关如实提供下列证件、资料，申报办理变更税务登记：（一）工商登记变更表；（二）纳税人变更登记内容的有关证明文件；（三）税务机关发放的原税务登记证件（登记证正、副本和登记表等）；（四）其他有关资料。第十八条规定：纳税人按照规定不需要在市场监管机关办理变更登记，或者其变更登记的内容与工商登记内容无关的，应当自税务登记内容实际发生变化之日起30日内，或者自有关机关批准或者宣布变更之日起30日内，持下列证件到原税务登记机关申报办理变更税务登记：（一）纳税人变更登记内容的有关证明文件；（二）税务机关发放的原税务登记证件（登记证正、副本和税务登记表等）；（三）其他有关资料。第十九条规定：纳税人提交的有关变更登记的证件、资料齐全的，应如实填写税务登记变更表，符合规定的，税务机关应当日办理；不符合规定的，税务机关应通知其补正。第二十条规定：税务机关应当于受理当日办理变更税务登记。纳税人税务登记表和税务登记证中的内容都发生变更的，税务机关按变更后的内容重新发放税务登记证件；纳税人税务登记表的内容发生变更而税务登记证中的内容未发生变更的，税务机关不重新发放税务登记证件。

（六）办理注销税务登记

已实行"一照一码"登记模式的纳税人向市场监督管理部门申请办理注销登记前，须先向税务机关申报清税。清税完毕后，税务机关向纳税人出具"清税证明"，纳税人持"清税证明"到原登记机关办理注销。注销税务登记流程如图1-15所示。

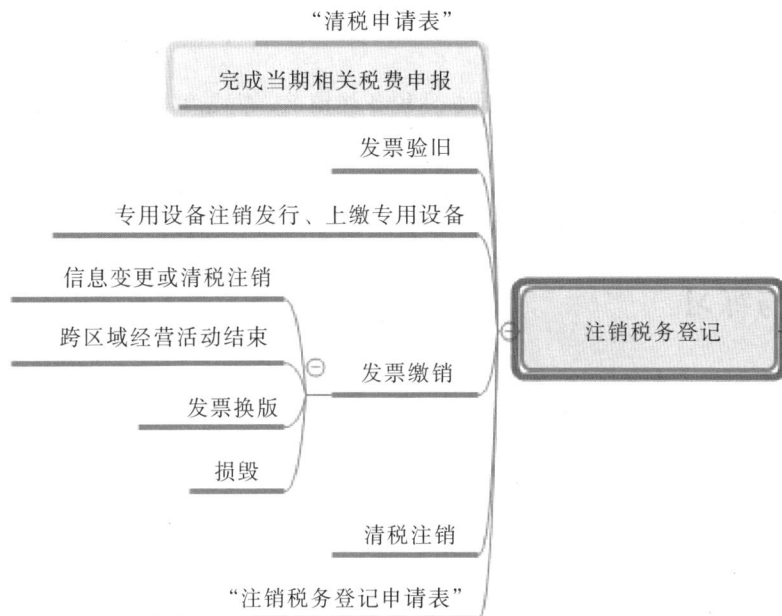

图1-15　注销税务登记流程

"一照一码""两证整合"以外的纳税人发生以下情形的，应向主管税务机关办理注销税务登记，提交 "注销税务登记申请表"：因解散、破产、撤销等情形，依法终止纳税义务的；按规定不需要在市场监督管理机关或者其他机关办理注销登记的，但经有关机关批准或者宣告终止的；被市场监督管理机关吊销营业执照或者被其他机关予以撤销登记的；境外企业在中华人民共和国境内承包建筑、安装、装配、勘探工程和提供劳务，项目完工、离开中国的；外国企业常驻代表机构驻在期届满、提前终止业务活动的；非境内注册居民企业经国家税务总局确认终止居民身份的。

未办理过涉税事宜的纳税人，主动到税务机关办理清税的，税务机关可根据纳税人提供的营业执照及时出具清税文书。经人民法院裁定宣告破产的纳税人，持人民法院终结破产程序裁定书向税务机关申请税务注销的，税务机关应及时出具清税文书。

符合下列条件的纳税人在办理税务注销时，税务机关应提供及时办结服务，采取"承诺制"办理，及时出具清税文书：办理过涉税事宜但未领用发票、无欠税（滞纳金）及罚款的纳税人，主动到税务机关办理清税。对未处于税务检查状态、无欠税（滞纳金）及罚款、已缴销增值税专用发票及防伪税控专用设备，且符合下列情形之一的纳税人：纳税信用级别为A级和B级的纳税人，控股母公司纳税信用级别为A级的M级纳税人，省级人民政府引进人才或经省级以上行业协会等机构认定的行业领军人才等创办的企业，未纳入纳税信用级别评价的定期定额个体工商户，未达到增值税纳税起征点的纳税人。

纳税人申报办理税务注销前，应结清应纳税款、多退（免）税款、滞纳金和罚款，缴销发票和其他税务证件，其中：企业所得税纳税人在办理税务注销前，就其清算所得向税务机关申报并依法缴纳企业所得税；纳税人未办理土地增值税清算手续的，应在申报办理税务注销前进行土地增值税清算；出口企业应在结清出口退（免）税款后，申报办理税务注销。

处于非正常状态的纳税人在申报办理税务注销前，需先解除非正常状态，补办申报纳税手续。

纳税人申报办理税务注销，无须向税务机关提出终止银税三方（委托）划缴协议。税务机关办结税务注销后，银税三方（委托）划缴协议自动终止。

✿ 思考与练习

选择题

1.纳税人必须持有税务登记证件才能办理的涉税事项有（　　）。

A.开立银行账户

B.研究开发费用加计扣除

C.办理增值税纳税申报

D.申请办理延期缴纳税款

E.申请开具外出经营活动税收管理证明

2.下列纳税人，必须办理一般纳税人登记的是（　　）。

A.其他个人

B.非企业性单位

C.不经常发生应税行为的单位

D.年应税销售额超过500万元且经常发生应税行为的工业企业

3.关于增值税一般纳税人认定登记的说法中，正确的有(　　)。

A.一般纳税人认定的年销售额标准是指一个纳税年度的销售额

B.偶然发生的转让不动产的销售额，不计入一般纳税人认定的年应税销售额中

C.纳税人办理一般纳税人资格登记后，连续12个月经营期累计销售额未超过规定标准的，可再转为小规模纳税人

D.不经常发生应税行为的企业可以选择登记为一般纳税人

E.个体户不能登记为一般纳税人

第一章思政案例引导　　　　　　　第一章思考与练习参考答案

增值税防伪税控系统

本章导读

发票是经营活动中所开具或取得的业务凭证，是会计核算和纳税申报的原始依据，也是税务机关执法检查的重要依据。企业的财务人员掌握防伪税控开票系统操作，首先需要办理金税盘购买、发行，之后按实际业务用量进行发票领购、开具。

本章首先对金税工程、增值税防伪税控系统、专用设备等有关名词进行解读，并介绍金税盘初始发行、变更发行、注销发行的流程。其次设计了实训实验指导学员完成企业初始发行金税盘，进行防伪税控开票子系统客户分类、客户信息管理、商品分类、商品信息管理等初始化设置，为开具增值税防伪税控发票做好准备。

预习思考1：什么是金税四期？

预习思考2：什么是增值税防伪税控系统？

| 第一节 | 增值税防伪税控系统基础知识

思政案例导入

吴老板问李彬：听说税务局有个金税四期来了，厉害得不得了，到底这个金税三期、四期是什么，它有多厉害？

李彬说：金税四期可厉害了，通过大数据技术对企业业务状况了如指掌：我们有多少钱，银行卡进账、出账，公司库存有多少，税务局都知道；还知道我们买过几套办公设备、搬过几次地点、换过几辆车、加过多少油、请过多少客……通过同行业比对，就能知道我们公司应该产生多少利润。在大数据管税面前我们都变成透明的了，最了解我们的人不是枕边人，而是金税工程。听说某老板虚开发票，八年

> 了，都没事，金税四期系统上线后被系统预警异常，然后老板"进去了"。现在税务稽查力度越来越大，手段越来越先进。不少企业和老板都因为税务问题被税务局稽查，补缴税款、面临罚款事小，还有些被抓了要承担刑事责任。咱们一直合规经营，老老实实纳税，不用担心金税四期。现在的税收优惠政策相继出台，我们现在好好交税，以后还有机会合理合法地少交税。

一、金税工程

金税工程是经国务院批准的国家级电子政务工程，是国家电子政务"十二金"工程之一，是税收管理信息系统工程的总称；目的是构建覆盖全国的、统一的税收管理信息系统，改进中国的电子税务管理体系，以提高税务工作的效率和便捷性，并为纳税人提供更好的税务服务。自1994年开始，历经金税一期（国家税务总局启动建设增值税专用发票交叉稽核系统）、金税二期（对从开票、认证、报税到稽核、稽查等环节进行全面监控）、金税三期（实现"业务一体化、技术一体化、系统一体化"）、金税四期（实现全方位、全业务、全流程、全智能监控）工程建设，为我国税收工作取得巨大成就和不断进步做出了重要的贡献。

从"进两家门"到"一窗通办""一网通办"，从手写录入到网上申报、自动算税，从纸质发票到电子发票、全电发票……金税工程在一次次完善新时代税收现代化体系中迭代升级。

1995年金税一期上线，其开发的核心目的就是实现发票的真伪查证。

1998—2003年开始实施金税二期，在全国范围内推广了增值税交叉稽查系统和发票协查系统，采用了防伪税控开票系统，税务机关不再需要手工录入发票了，正式让发票进入了防伪控税时代，为"以票治税"打下了坚实的基础。从2003年4月1日开始，手写的发票一律不能作为增值税的抵扣凭证了。

2016年10月，金税三期工程在全国上线，建成了税收业务处理"大平台"，处理全部税收业务服务90%以上，着力打造大数据云平台，首次实现了税收征管数据的全国集中。

2018年，伴随国税地税征管体制改革顺利推进，金税三期国税、地税并库上线工作分批顺利进行。

2019年3月，金税三期全国并库上线，为构建优化高效统一的税收征管体系奠定了坚实的信息化基础。

金税四期于2023年上线，先在全国9个省市试点，2024年全面推开。目前，金税工程已经发展到了第四个阶段，也就是"金税四期"。金税四期的核心是"以数控税"，通过建立纳税人"一人式档案"，进行实时归集和分析，感知风险并自动预警，实现从"人找数"填报到"数找人"确认的转变。

从金税三期上线、优化到金税四期启动，智慧税务建设推动税务执法、服务、监管的理念和方式手段等全方位变革。

金税四期是金税三期的升级版。金税三期实现了对国税、地税数据的合并及统一，其功能是对税务系统业务流程的全监控；而金税四期并不仅仅局限于税务方面，还会纳入"非税"业务，搭建了各部委、人民银行以及商业银行等参与机构之间信息共享和核查的通道，实现了信息共享、信息核查，实现了多维化、全方位的全流程监控，助力国家实现从"以票管税"向"以数治税"分类精准监管转变。

金税三期、四期核心功能如图2-1所示。

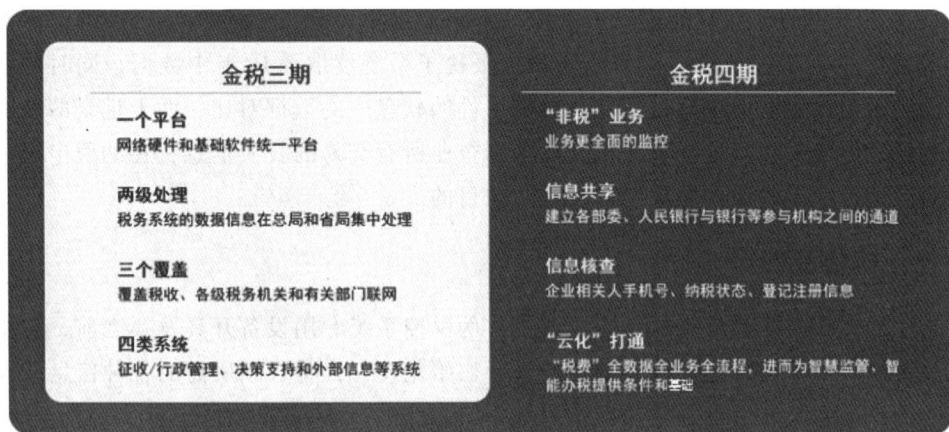

图2-1　金税三期、四期核心功能

二、增值税防伪税控系统

【增值税防伪税控系统】是国家为加强增值税的征收管理，提高纳税人依法纳税的自觉性，及时发现和查处增值税偷、骗税行为而实施的国家金税工程的主要组成部分。

增值税防伪税控系统是1994年由国家税务总局与航天工业总公司等部门，组织力量联合攻关，集计算机、微电子、光电技术和数据加密等技术于一体开发研制的。该系统采用复合式加密认证算法，采用理论上不可破译的一机一密、一次一密的密码体制，具有很强的保密性和安全性。税务部门和企业利用该系统能独立实现发票的防伪认证，不需要联网即可随时随地稽查假发票和大头小尾的"阴阳"票。同时，从该系统的报税子系统取得的存根联数据和认证子系统取得的抵扣联数据将直接进入增值税计算机稽核系统，通过增值税计算机稽核系统，对增值税专用发票信息和纳税申报信息进行全面的交叉比对，及时掌握税源情况和发现增值税税收管理过程中的各种问题，能够遏制利用增值税专用发票违法犯罪行为。

增值税防伪税控系统由四个子系统构成：税务发行子系统、企业发行子系统、防伪开票子系统和认证报税子系统。税务发行子系统的主要功能是对下级税务发行子系统、下级企业发行子系统及下级认证报税子系统进行发行；企业发行子系统的主要功能是对企业开票子系统进行初始发行和向企业发售专用发票；认证报税系统的主要功能是接收企业的抄税数据并对发票的真伪进行辨别。以上三个子系统分别用于各级税务机关。

防伪开票子系统则是专门用于企业开具专用发票，必须通过其主管防伪税控税务机关对其所持有的"税控IC卡和金税卡"进行发行后才能使用。

企业在使用增值税防伪开票子系统开具发票时，该系统将利用防伪开票子系统提供的加密功能，将发票上主要信息（包括开票日期、发票号、购销双方的税务登记号、金额和税额），经数据加密形成防伪电子密码（也称密文）打印在专用发票上，同时也将用于加密的所有信息逐票登录在金税卡的黑匣子中。由于每次交易的重要信息（包括开票日期、发票号、购销双方的税务登记号、金额和税额）都被记录在金税卡的黑匣子中，而黑匣子中的信息只能读出不能修改，企业用税控IC卡抄取黑匣子中的信息再持IC卡到主管税务机关报税，税务机关通过报税子系统读取该IC卡中数据，同时与企业提交的纳税申报表及记录有每笔交易数据文件的软盘中的数据对比，两卡记录的金额与税额和累计值应一致。这样税务机关便得到企业所有交易的真实信息，在纳税申报过程中就有效地控制了税源，即达到"税控"的目的。

三、初始发行

纳税人在初次使用或重新领购增值税防伪税控系统专用设备开具发票之前，需要税务机关对增值税防伪税控系统专用设备进行初始化发行，将开票所需的各种信息载入增值税防伪税控系统专用设备。

初始发行办税流程如图2-2所示：领取增值税防伪税控系统安装使用告知书→在服务单位领购税控系统专用设备→发行窗口发行税控系统专用设备、领取数字证书。

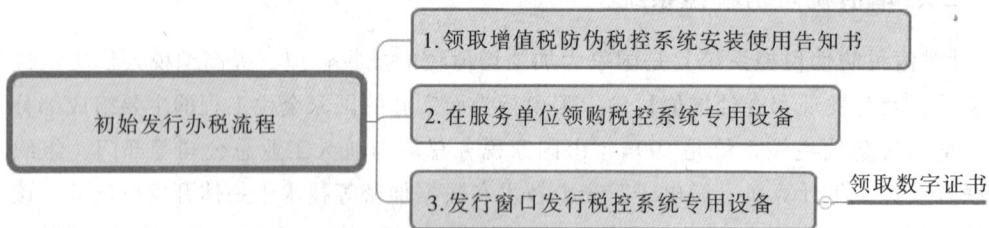

图2-2　初始发行办税流程

【政策依据2-1】《中华人民共和国税收征收管理法》第二十三条规定：国家根据税收征收管理的需要，积极推广使用税控装置。纳税人应当按照规定安装、使用税控装置，不得损毁或者擅自改动税控装置。

【政策依据2-2】《国家税务总局关于修订〈增值税专用发票使用规定〉的通知》（国税发〔2006〕156号）第三条规定：一般纳税人应通过增值税控开票系统（以下简称税控开票系统）使用专用发票。使用，包括领购、开具、缴销、认证纸质专用发票及其相应的数据电文。

税务机关向需使用增值税防伪税控系统的每一位纳税人发放"增值税防伪税控系统安装使用告知书"（以下简称"使用告知书"），告知纳税人有关政策规定和享有的权利。服务单位凭"使用告知书"向纳税人销售专用设备，提供售后服务，严禁向未持有

"使用告知书"的纳税人发售专用设备。

纳税人办理初始发行后，可携带相关资料到税局机关服务窗口领取增值税发票。

使用增值税发票管理系统的纳税人应于每月征收期申报前抄报增值税发票数据。

纳税人取得由服务单位开具的增值税防伪税控系统专用设备销售发票（初次购买）以及相关的技术维护费发票，可以按规定按照发票票面的价税合计全额抵减增值税税款，不足抵减的可结转下期继续抵减。

增值税纳税人使用的税控盘、金税盘、报税盘等税控专用设备丢失、被盗，应及时向主管税务机关报告。

四、变更发行

变更发行办税流程如图2-3所示：增值税发票存根联数据采集→发票验旧→发票退回→丢失被盗税控专用设备处理→增值税防伪税控系统专用设备（初始）变更发行→发票领购。

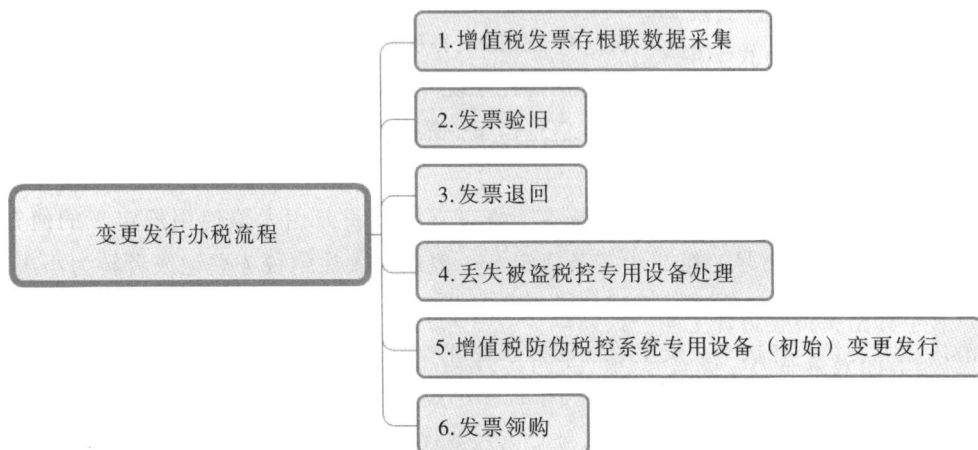

图2-3　变更发行办税流程

纳税人增值税防伪税控系统专用设备载入信息发生变更的，税务机关对金税盘（税控盘）、报税盘及数据库中的信息作相应变更。

增值税防伪税控系统专用设备信息中涉及发票票种、票量、最高开票限额调整的，须进行发票票种调整及增值税专用发票（增值税防伪税控系统）最高开票限额审批。

使用金税盘（税控盘）的纳税人需要增加（减少）分开票机的，必须对原有的主开票机专用设备进行变更。

变更的内容包括：纳税人名称变更；纳税人除名称外其他税务登记基本信息变更；纳税人发行授权信息变更；因纳税人金税盘、税控盘、报税盘损坏，而对其金税盘、税控盘、报税盘进行变更；因纳税人开票机数量变化而进行发行变更；增值税发票管理系统离线开票时限和离线开票总金额变更；购票人员姓名、密码发生变更等。

五、注销发行

注销发行办税流程如图2-4所示：当期相关税（费）种申报→发票验旧→增值税防伪税控系统专用设备注销发行→发票缴销→清税注销。

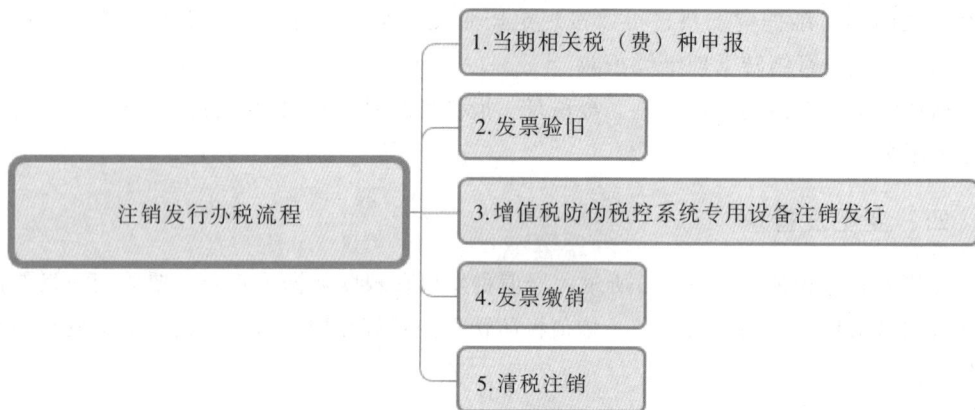

图2-4 注销发行办税流程

纳税人发生清税等涉及增值税防伪税控系统专用设备需注销发行的，税务机关在增值税防伪税控系统中注销纳税人发行信息档案。需收缴设备的，收缴纳税人金税盘（税控盘）、报税盘。

【政策依据2-3】《国家税务总局关于修订〈增值税专用发票使用规定〉的通知》（国税发〔2006〕156号）第二十三条规定：一般纳税人注销税务登记或者转为小规模纳税人，应将专用设备和结存未用的纸质专用发票送交主管税务机关。主管税务机关应缴销其专用发票，并按有关安全管理的要求处理专用设备。

【政策依据2-4】《国家税务总局关于统一小规模纳税人标准等若干增值税问题的公告》（国家税务总局公告2018年第18号）第六条规定：转登记纳税人自转登记日的下期起，发生增值税应税销售行为，应当按照征收率开具增值税发票；转登记日前已作增值税专用发票票种核定的，继续通过增值税发票管理系统自行开具增值税专用发票；销售其取得的不动产，需要开具增值税专用发票的，应当按照有关规定向税务机关申请代开。

注销发行前，应事前办理空白发票的退回或缴销，以及采集已开具增值税发票数据。

纳税人有下列情形之一的，需要上缴增值税防伪税控系统专用设备：依法清税注销、终止纳税义务；减少分开票机；根据国家税务总局的统一部署，需更换新型号防伪税控设备的，其旧型号防伪税控设备需办理注销发行。

纳税人当前使用的增值税防伪税控系统专用设备发生损毁或盗失等情况，若继续使用的，作更换金税设备处理，不再继续使用的，报税务机关备案并办理注销发行。

|第二节|　增值税防伪税控系统设备发行、初始化实验

一、实验目的和要求

实验目的：了解纳税人初始发行以及税控开票系统的初始信息维护。

实验要求：学习税控开票系统使用，包括纳税人档案登记、税控盘初始发行、税控开票系统初始化等工作。

初始化实验流程如图2-5所示。

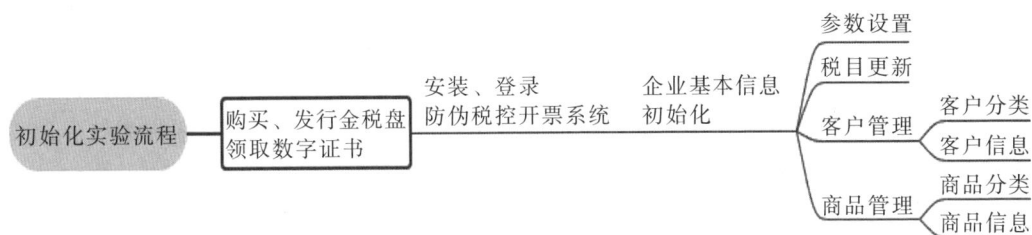

图2-5　初始化实验流程

二、实验知识准备

1.纳税人应通过税控开票系统进行增值税发票开具，因此应先购置防伪税控专用设备。

2.税控业务办理流程：纳税人办理新办企业注册登记、购置防伪税控专用设备、办理专用设备初始发行和获取数字证书、办理票种核定和发票领购、专用设备日常使用和开票、纳税人开票数据申报、税务机关接收申报数据、税务管理核查等。

3.纳税人在防伪税控专用设备服务商处购买专用设备后，凭"最高开票限额申请表""发票领购簿"到主管税务机关办税服务窗口办理初始发行。

4.初始发行是纳税人持防伪税控专用设备到主管税务机关办税服务窗口，由主管税务机关将一般纳税人的有关信息（包括纳税人的信息，税务登记代码，开票限额，购票限额，购票人员姓名、密码，开票机数量及国家税务总局规定的其他信息）通过税控发行子系统授权载入空白税控盘和专用设备的行为。

5.数字证书：主管税务机关在处理纳税人初始发行时，为加强纳税人涉税数据安全授权发放的第三方数字证书，授权完成后将新增数字证书密码告知纳税人。纳税人在正式登录使用税控开票系统时，需要输入此密码进行授权确认后方可使用。

6.税控开票系统是金税工程的重要组成部分，不仅达到了对增值税专用发票防伪和税控的双重功效，而且作为金税工程的数据采集源，为其中的交叉稽核和协查系统提供准确、完整的发票数据。整个税控开票系统分为企业端和税务端两套软件系统。

7.防伪开票子系统的组成：包括通用设备、专用设备和应用软件。通用设备指计算

机和税控打印机，专用设备指税控盘。税控盘主要由加密功能部件、税控黑匣子两个功能部件组成，主要功能：传递企业所购发票的号码和张数；抄取、传递企业授权、纳税数据；进入税控开票系统的"钥匙"。税控盘是一一对应的，任何开票机之间都不能混用，否则将锁死开票机！税控开票子系统是指企业安装使用的，用于增值税专用发票、增值税普通发票、增值税电子发票、机动车发票、二手车发票等发票领、用、存情况的系统。

8.专用设备和技术维护费用抵减政策：根据《财政部　国家税务总局关于增值税防伪税控系统专用设备和技术维护费用抵减增值税额有关政策的通知》（财税〔2012〕15号）的规定，自2011年12月1日起，增值税纳税人购买增值税防伪税控系统专用设备支付的费用以及缴纳的技术维护费（以下称二项费用）可在增值税应纳税额中全额抵减。具体如下：增值税纳税人2011年12月1日（含，下同）以后初次购买增值税防伪税控系统专用设备（包括分开票机）支付的费用，可凭购买增值税防伪税控系统专用设备取得的增值税专用发票，在增值税应纳税额中全额抵减（抵减额为价税合计额），不足抵减的可结转下期继续抵减。增值税纳税人非初次购买增值税防伪税控系统专用设备支付的费用，由其自行负担，不得在增值税应纳税额中抵减。增值税防伪税控系统包括：增值税防伪税控系统、货物运输业增值税专用发票税控系统、机动车销售统一发票税控系统和公路、内河货物运输业发票税控系统。增值税防伪税控系统的专用设备包括金税卡、IC卡、读卡器或金税盘和报税盘；货物运输业增值税专用发票税控系统专用设备包括税控盘和报税盘；机动车销售统一发票税控系统和公路、内河货物运输业发票税控系统专用设备包括税控盘和传输盘。技术维护费按照价格主管部门核定的标准执行。

9.税控装置是指由国家法定机关依法指定企业生产、安装、维修，由国家法定机关依法实施监管，具有税收监控功能和严格的物理、电子保护的计税装置，如电子收款机、电子计程表、税控加油机等。税控装置适用对象主要是以流转额为课税对象的纳税人，即缴纳增值税、消费税的纳税人。安装使用税控装置，最终要达到的目标是运用现代化手段实现自行申报、按期缴纳，同时提高征税工作效率，减少税款流失。税控装置的工作原理是通过"以票控税，票（专用设备）表比对"，加强发票管理来强化税源监控，堵塞征管漏洞。

10.增值税纳税人使用税控收款机的界限划分。从事商业零售的增值税一般纳税人按规定使用税控开票系统开具增值税专用发票，使用税控收款机开具普通发票。商业零售企业以外的所有增值税一般纳税人均通过税控开票系统开具增值税专用发票和普通发票。增值税小规模纳税人使用税控收款机开具普通发票；其需要开具增值税专用发票的，由税务机关使用税控开票系统代开。

11.增值税控开票系统税务端共五个子系统，包括：（1）税务发行子系统，完成对税务机关使用的专用设备的逐级发行；（2）企业发行子系统，完成对企业开票子系统专用设备的发行；（3）发票发售子系统，完成向企业发售发票；（4）报税子系统，用于接收企业报送的报税数据；（5）认证子系统，对企业提交的发票抵扣联进行扫描认证。

三、实验内容和资料

北京白云酒业股份有限公司于 2015 年成立，所属行业为酒、饮料和精制茶制造业，是一般纳税人，经主管税务机关北京市房山区税务局核定该公司采用查账征收的方式按月申报缴纳增值税。开票限额 10 万元，限开 25 份。

（一）企业初始发行

按下列资料内容完成企业初始发行的系统设置实验操作：

公司名称：北京白云酒业股份有限公司；纳税人识别号：00188806ES17111MO4（实验时系统自动生成）；注册地址和电话：北京市房山区悦盛路 116 号，010-99623485；开户银行和账号：中国建设银行房山支行，6123412349876 6966；税款所属时期：当月 1 日至当月 31 日；法定代表人：吴敏；财务负责人：唐芳；办税员：李彬。

（二）客户分类

按下列资料内容完成客户分类的系统设置实验操作：

客户编码——本地客户，01001；客户编码——外地客户，02001。

（三）客户信息

按下列资料内容完成客户信息的系统设置实验操作：

名称：北京市德泰环保科技有限公司；统一社会信用代码：911103056 8316025XR（实验时系统自动生成）；注册地址和电话：北京市七星区五磨大道国家高新区大学科技园 22 房，13601013690；开户行及账号：北京市民生银行七星支行，5632546866577。

名称：北京市瑶城酒家有限公司；统一社会信用代码：911103345376545901（实验时系统自动生成）；注册地址和电话：北京市海淀区学院路 18 号，010-65778765；开户行及账号：建设银行海淀支行，9655342168573321640。

名称：上海小锅锅火锅餐厅；统一社会信用代码：014537655768556783（实验时系统自动生成）；注册地址和电话：上海市江南区江滨路 5 号，021-46338667；开户行及账号：上海市工商银行江南支行，6222022135886354268。

名称：长沙市湖山酒业贸易有限公司；统一社会信用代码：05771230303585698833（实验时系统自动生成）；注册地址和电话：长沙市独秀区金钱巷 15 号，15678395660；开户行及账号：长沙市农业银行独秀支行，3256553555262387456。

名称：长沙市润发贸易有限公司；统一社会信用代码：057725440358321483（实验时系统自动生成）；注册地址和电话：长沙市芙蓉区五一广场嘉顿大厦 5 楼，0731-84370099；开户行及账号：长沙市工商银行芙蓉区支行，6222022155262387456。

名称：广州市佳旺贸易有限公司；统一社会信用代码：02007215440583772439（实验时系统自动生成）；注册地址和电话：广州市华穗路 5 号（招商银行大厦内），020-39280356；开户行及账号：广州市建设银行华穗支行，6000022133792382799。

名称：南宁市晶晶贸易有限公司；统一社会信用代码：07715546763321110051（实

验时系统自动生成）；注册地址和电话：南宁市民族大道 100 号，0771-5501220；开户行及账号：南宁市工商银行民族支行，6222022102012311190。

名称：贵州鸿运酒厂；统一社会信用代码：085154347666146577（实验时系统自动生成）；注册地址和电话：贵阳市乌当区新添大道 77 号，0851-86700913；开户行及账号：贵阳市农业银行乌当支行，1122027706512577172。

名称：青岛贵人糖烟酒股份有限公司；统一社会信用代码：05325544335477661290（实验时系统自动生成）；注册地址和电话：青岛市南区徐州路 51 号，0532-66575662；开户行及账号：青岛市农业银行徐州支行，1122027704332664652。

名称：北京第十届酒博览会组委会；统一社会信用代码：010252311366547653（实验时系统自动生成）；注册地址和电话：北京市朝阳区南四环东路 19 号，010-62559942；开户行及账号：北京市中国银行朝阳区支行，2245033214654463466。

（四）商品分类

按下列资料内容完成商品分类的系统设置实验操作：

分类名称：瓶装白酒，分类编码：BJ001。

分类名称：瓶装纯生啤酒，分类编码：PJ001。

分类名称：瓶装普通啤酒，分类编码：PJ002。

分类名称：袋装米酒，分类编码：MJ001。

分类名称：酒精，分类编码：JJ001。

分类名称：不动产租赁，分类编码：ZL001。

（五）商品信息

按下列资料内容完成商品信息系统设置实验操作。

1. 商品编码——货物（见表 2-1）。

表2-1 商品编码——货物

序号	商品名称	分类	编码	规格型号	单价	税率
1	白云瓶装白酒（52度）	瓶装白酒	PZBJ001	12瓶×500克	240元/箱	13%
2	白云纯生啤酒	瓶装啤酒	PZCSPJ001	24瓶×824ml	40元/箱	13%
3	白云普通啤酒	瓶装啤酒	PZPTPJ001	24瓶×824ml	24元/箱	13%
4	白云米酒	袋装米酒	DZMJ001	48袋×250克	120元/箱	13%
5	白云瓶装白酒（38度）	瓶装白酒	PZBJ002	12瓶×500克	180元/箱	13%
6	白云酒精	酒精	JJ001	散装	500元/吨	13%
7	白云零度啤酒	瓶装啤酒	PZLDPJ001	24瓶×824ml	12元/箱	13%
8	白云瓶装白酒（33度）	瓶装白酒	PZBJ003	12瓶×500克	120元/箱	13%
9	白云瓶装白酒（45度）	瓶装白酒	PZBJ004	12瓶×500克	200元/箱	13%

2.商品编码——服务（见表2-2）。

表2-2 商品编码——服务

序号	商品名称	分类	编码	规格型号	单价	税率
1	仓库租金	不动产租赁	ZL001			9%
2	门面租金	不动产租赁	ZL002			9%

四、实验步骤

1.在模拟税务局（软件显示为"模拟税局"）系统，进行企业发行完成税控设备注册登记。登录模拟税务局系统，用户名：学生学号，密码：123456（如图2-6所示）。

图2-6 税务实训平台

2.进入模拟税务局，录入实验资料中的相关数据，进行税控设备注册登记，如图2-7所示。

图2-7 企业发行界面

3.打开税控开票系统，确定进入"税控发票开票软件"，操作员账号、操作员口令和证书密码为系统默认值（办理防伪税控系统专用设备发行时税务局预设好的数字证书密码），如图2-8、图2-9所示。

图2-8　税控开票系统登录界面

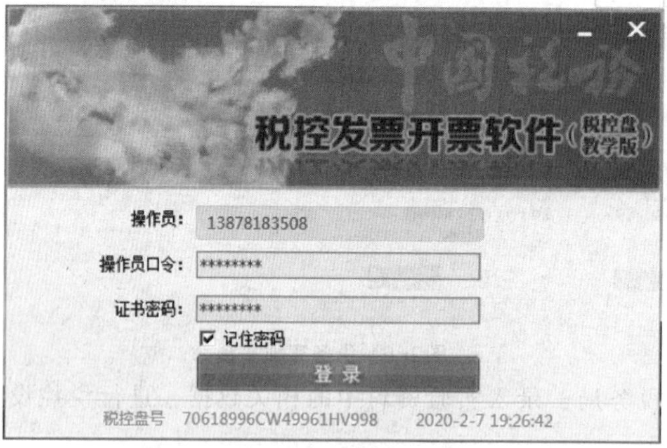

图2-9　操作员登录界面

4.进入开票系统后，可按流程指南进行操作，如图2-10所示。

图2-10　初始化流程指南

5.点击"系统设置"进行初始化设置，包括客户管理、税收商品编码管理、商品管理等，如图2-11所示。

图2-11　客户管理

6.先进入客户分类界面，点击"添加"进行客户分类设置，如图2-12、图2-13所示。

图2-12　客户管理/客户分类

图2-13　添加客户分类

7.添加客户，将实验资料中的客户资料信息逐个添加进系统，如图2-14、图2-15所示。

图2-14　添加客户

图2-15　客户管理

8.打开商品管理界面，设置商品分类，并将实验资料中的商品分类信息逐个添加，如图2-16、图2-17所示。

图2-16　商品分类管理

分类添加　　　　　　　　　　　　　　　　　　　　　×

＊分类编码　BJ001

＊分类名称　瓶装白酒

描述　　　白云瓶装白酒白酒

取消　保存

图2-17　商品分类添加

9.进入商品管理界面，按实验资料逐个添加商品，如图2-18、图2-19所示。

图2-18　商品管理

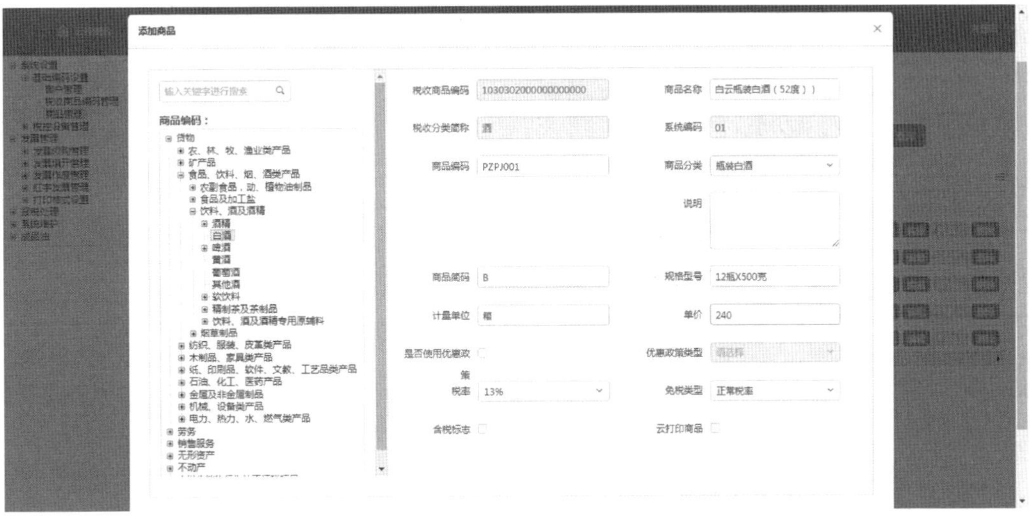

图2-19　添加商品

10.进入税收商品编码管理界面，录入商品信息。

五、实验结果

完成上述实验各项内容，供发票开具实验时使用。

🍁思考与练习

简答题

1.金税四期的核心是什么？

2.增值税防伪税控设备初始发行办税流程是怎样的？

3.增值税防伪税控专用设备和技术维护费用抵减政策规定是怎样的？

第二章思政案例引导

第二章思考与练习参考答案

发票管理

本章导读

企业财务人员必须了解和掌握在经营活动中开具发票的方法和技能，并了解不同发票状态的区别，对发票进行规范性管理。

本章首先介绍了发票的定义，对发票的印制、保管、领购、开具、退回、验旧、缴销等办理流程也做了详细的讲解。其次，针对发票开具、作废、红字、代开等设计了实训实验，并对抄报税、清卡操作做了进一步的指导，帮助学员全面了解发票的管理。

预习思考1：增值税发票，你会开具吗？需要注意哪些细节？

预习思考2：发票备注栏可以随便填吗？该怎么填？

第一节 发票的基础知识

思政案例导入

财务人员唐芳核对一叠付款单据时，发现发票开具有误。这笔采购的货物是年前送到公司的，年后因新冠疫情影响，对方公司（小规模纳税人）是在3月初开工复业的，把开票税率开成1%了。

业务员一脸懵："这发票哪里有问题呢？3月份小规模纳税人的税率不是降为1%了吗？

唐芳解释说："因为这批材料是1月份送来的，只是3月份对账开票，税率应该与实际发生业务相符，所以不应该开成1%，而应按1月份的税法规定税率开成3%。"

最后唐芳向业务员说明情况，退票给对方重新开具。

一、发票的定义

【发票】是指一切单位和个人在购销商品、提供或接受服务以及从事其他经营活动中，所开具或收取的业务凭证，是会计核算的原始依据，也是审计机关、税务机关执法检查的重要依据。由出售方向购买方签发的文本，内容包括向购买者提供产品或服务的名称、质量、协议价格。除了预付款以外，发票必须具备的要素是根据议定条件由购买方向出售方付款，必须包含日期和数量，是会计账务的重要凭证。

【收据】是收付款凭证，发票只能证明业务发生了，不能证明款项是否收付。

为内部审计及核数，每一张发票都必须有独一无二的流水账号码，防止发票重复或跳号。

简单来说，发票就是发生的成本、费用或收入的原始凭证。对于公司来讲，发票主要是公司做账的依据，同时也是缴税的费用凭证；而对于员工来讲，发票主要是用来报销的。

【政策依据3-1】《中华人民共和国税收征收管理法》规定：税务机关是发票主管机关，负责发票的印制、领购、开具、取得、保管、缴销的管理和监督。单位、个人在购销商品、提供或者接受经营服务以及从事其他经营活动中，应当按照规定开具、使用、取得发票。发票分为增值税专用发票（如图3-1所示）、机动车销售统一发票（如图3-2所示）、二手车销售统一发票（如图3-3所示）、增值税普通发票（如图3-4、图3-5所示）和增值税电子普通发票（如图3-6所示）。

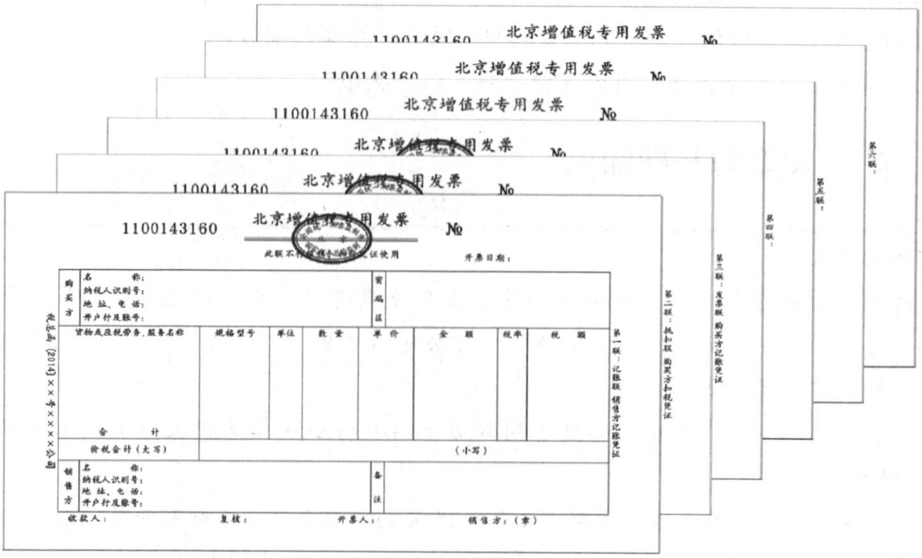

图3-1 增值税专用发票

机动车销售统一发票

发票联

发票代码 144001624660

发票号码 00000000

开票日期

机打代码 机打号码 机器编号		税控码					
购买方名称及身份证号码/组织机构代码		纳税人识别号					
车辆类型		厂牌型号		产地			
合格证号		进口证明书号		商检单号			
发动机号码		车辆识别代号/车架号码					
价税合计		小写					
销货单位名称		电话					
纳税人识别号		账号					
地址		开户银行					
增值税税率或征收率		增值税税额		主管税务机关及代码			
不含税价	小写	完税凭证号码		吨位		限乘人数	

销货单位盖章　　开票人　　备注：一车一票

第一联 发票联（购货单位付款凭证）

（手开无效）

粤国税征票函〔2016〕604号 深圳联印刷服务中心制

图3-2 机动车销售统一发票

二手车销售统一发票

发票联

发票代码 144001627650

发票号码 00000000

开票日期：

机打代码 机打号码 机器编号		税控码			
买方单位/个人		单位代码/身份证号码			
买方单位/个人住址		电话			
卖方单位/个人		单位代码/身份证号码			
卖方单位/个人住址		电话			
车牌照号		登记证号		车辆类型	
车架号/车辆识别代码		厂牌型号		转入地车辆管理所名称	
车价合计（大写）		小写			
经营、拍卖单位					
经营、拍卖单位地址		纳税人识别号			
开户银行、账号		电话			
二手车市场		纳税人识别号			
		地址			
开户银行、账号		电话			
备注：					

开票单位（盖章）　　开票人

第一联 发票联

（手写无效）

粤国税征票函〔2016〕604号 深圳联印刷服务中心制

图3-3 二手车销售统一发票

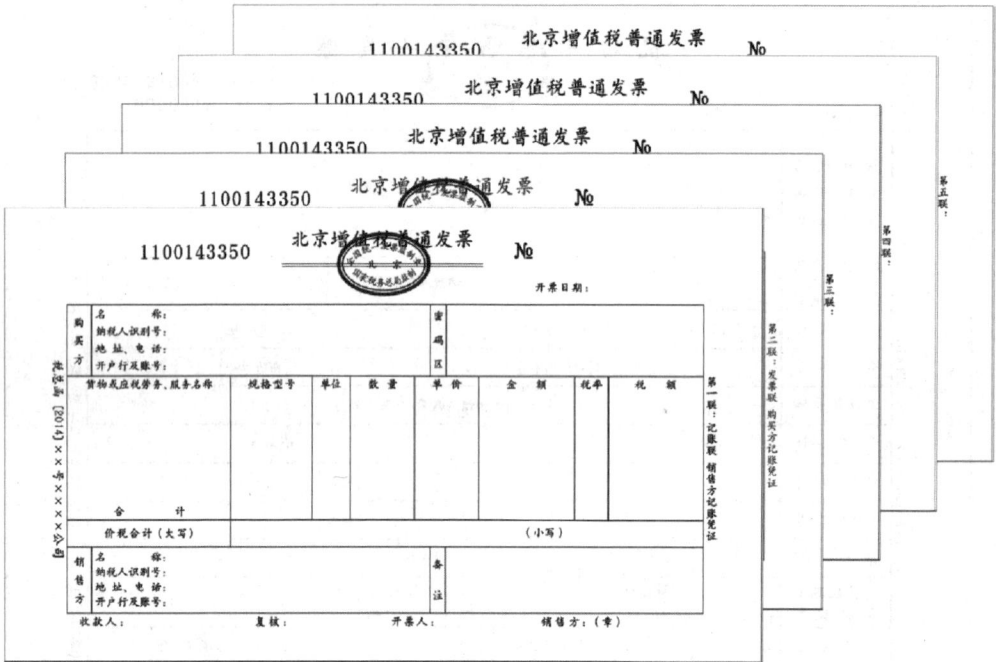

图3-4 增值税普通发票（折叠票）

76mm×177.8mm

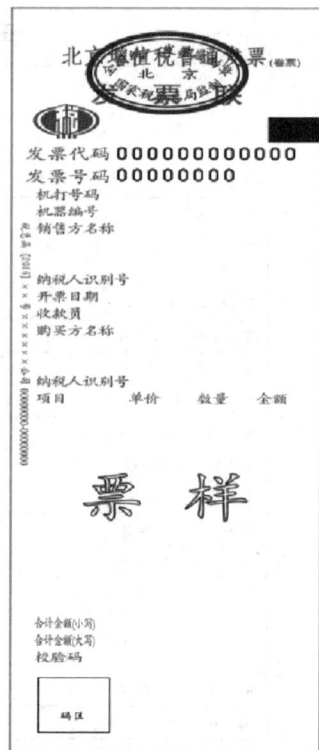

57mm×177.8mm

图3-5 增值税普通发票（卷票）

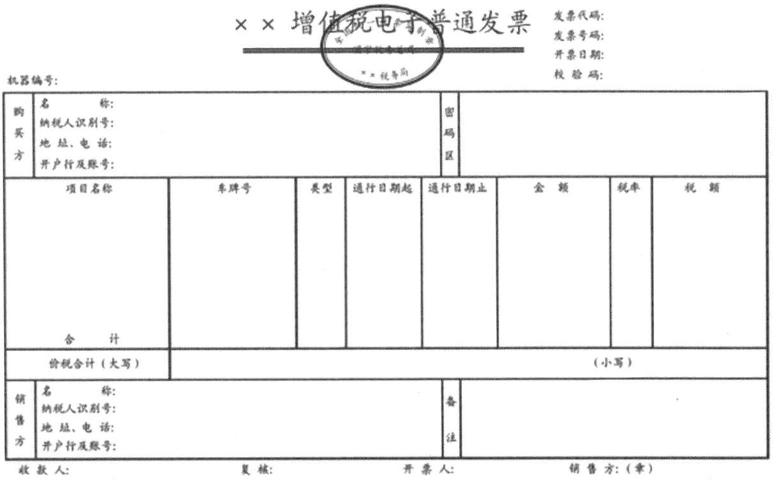

图3-6 增值税电子普通发票

【增值税专用发票】是我国实施新税制的产物，是国家税务部门根据增值税征收管理需要而设定的，专用于纳税人销售或者提供增值税应税项目的一种发票。专用发票既具有普通发票所具有的内涵，同时还具有比普通发票更特殊的作用。它不仅是记载商品销售额和增值税税额的财务收支凭证，而且是兼记销货方纳税义务和购货方进项税额的合法证明，是购货方据以抵扣税款的法定凭证，对增值税的计算起着关键性作用。

【增值税普通发票】主要由增值税小规模纳税人使用，增值税一般纳税人在不能开具专用发票的情况下也可使用增值税普通发票。增值税普通发票由行业发票和专用发票组成。前者适用于某个行业和经营业务，如商业零售统一发票、商业批发统一发票、工业企业产品销售统一发票等；后者仅适用于某一经营项目，如广告费用结算发票、商品房销售发票等。

【电子发票】是信息时代的产物，同普通发票一样，采用税务局统一发放的形式给商家使用，发票号码采用全国统一编码，采用统一防伪技术，分配给商家，在电子发票上附有国家税务总局的签名机制。国家已经明确了电子发票的法律效力、基本用途等都与纸质发票相同，电子发票同样可以报销入账。电子发票的发行和实施，其积极意义不言而喻。对消费者而言，发票是消费者的购物凭证，也是维权的重要依据。而对整个电子商务行业来说，电子发票能使所有电商都规范化运营，同时也能降低更多企业成本。

发票内容一般包括：票头、字轨号码、联次及用途、客户名称、银行开户账号、商（产）品名称或经营项目、计量单位、数量、单价、金额，以及经手人、单位印章、开票日期等。实行增值税的单位所使用的增值税专用发票还应有税种、税率、税额等内容。

1993年1月1日全国实行统一发票后，发票联必须套印"发票监制章"，统一后的"发票监制章"形状为椭圆形，长轴为3厘米，短轴为2厘米，边宽0.1厘米，内环加一细线。上环刻有"全国统一发票监制章"字样，下环刻有"税务局监制"字样，中间刻制监制税务机关所在地省（自治区、直辖市）、市（县）的全称或简称，字体为正楷，印色为大红色，套印在发票联票头中央。

增值税专用发票的基本联次共三联，各联规定的用途如下：第一联为记账联，是销货方核算销售额和销项税额的主要凭证，即销售方记账凭证。第二联为税款抵扣联，是购货方计算进项税额的证明，由购货方取得该联后，按税务机关的规定，依照取得的时间顺序编号，装订成册，送税务机关备查。第三联为发票联，收执方作为付款或收款原始凭证，属于商事凭证，即购买方记账凭证。

增值税普通发票的基本联次一般有两联，即记账联和发票联，比增值税专用发票少了抵扣联。

增值税普通发票（折叠票）由基本联次或者基本联次附加其他联次构成，分为两联版和五联版两种。基本联次为两联：第一联为记账联，是销售方记账凭证；第二联为发票联，是购买方记账凭证。其他联次用途，由纳税人自行确定。纳税人办理产权过户手续需要使用发票的，可以使用增值税普通发票第三联。

增值税普通发票（卷票）分为两种规格：57mm×177.8mm、76mm×177.8mm，均为单联。经税务机关确认，纳税人可通过增值税发票开票软件开具印有本单位名称的增值税普通发票（卷票）。印有本单位名称的增值税普通发票（卷票），由省级税务机关统一招标采购的增值税普通发票（卷票）中标厂商印制，并加印企业发票专用章。使用印有本单位名称的增值税普通发票（卷票）的企业，按照《国家税务总局 财政部关于冠名发票印制费结算问题的通知》（税总发〔2013〕53号）的规定，与发票印制企业直接结算印制费用。

电子发票的基本联次只有一联，供收票方、开票方分别下载使用。

电子发票指按照税务机关要求的格式，使用税务机关确定的开票软件开具的电子收付款凭证。电子发票有两类票面样式：增值税电子普通发票、收费公路通行费增值税电子普通发票。增值税电子普通发票的法律效力、基本用途、基本使用规定等与税务机关监制的增值税普通发票相同。开票方和受票方需要纸质发票的，可以自行打印增值税电子普通发票的版式文件。

收费公路通行费增值税电子发票开具对象为办理ETC卡的客户，共分为两种：一是左上角标识"通行费"字样，且税率栏次显示适用税率或征收率的通行费电子发票；二是左上角无"通行费"字样，且税率栏次显示"不征税"的通行费电子发票。

从事机动车零售业务的单位和个人，在销售机动车（不包括销售旧机动车）收取款项时，开具机动车销售统一发票。机动车销售统一发票为电脑六联式发票：第一联为发票联，是购货单位付款凭证；第二联为抵扣联，是购货单位扣税凭证；第三联为报税联，车购税征收单位留存；第四联为注册登记联，车辆登记单位留存；第五联为记账联，销货单位记账凭证；第六联为存根联，销货单位留存。

自2018年4月1日起，二手车交易市场、二手车经销企业、经纪机构和拍卖企业应当通过增值税发票开票软件开具二手车销售统一发票（如图3-3所示）。二手车销售统一发票"车价合计"栏次仅注明车辆价款。二手车交易市场、二手车经销企业、经纪机构和拍卖企业在办理过户手续过程中收取的其他费用，应当单独开具增值税发票。

销售商品、提供服务以及从事其他经营活动的单位和个人，在发生经营业务收取款项时，收款方向付款方开具发票；特殊情况下由付款方开具发票。

发票使用范围：发票限于领购单位和个人在本省、自治区、直辖市内开具。任何单位和个人未经批准，不得跨规定的使用区域携带、邮寄、运输空白发票。

二、发票的印制

发票准印证由国家税务总局统一监制，由省级税务机关核发，税务机关应当对印制发票企业实施监督管理，对不符合条件的，应当取消其印制发票的资格；全国统一的发票防伪措施由国家税务总局确定，省级税务机关可以根据需要增加本地区的发票防伪措施，并向国家税务总局备案；发票防伪专用品应当按照规定专库保管，不得丢失。次品、废品应当在税务机关监督下集中销毁。全国统一发票监制章是税务机关管理发票的法定标志，其形状、规格、内容、印色由国家税务总局规定；全国范围内发票换版由国家税务总局确定；省、自治区、直辖市范围内发票换版由省级税务机关确定；发票换版时，应当进行公告。监制发票的税务机关根据需要下达发票印制通知书，被指定的印制企业必须按照要求印制；发票印制通知书应当载明印制发票企业名称、用票单位名称、发票名称、发票代码、种类、联次、规格、印色、印制数量、起止号码、交货时间及地点等内容。印制发票企业印制完毕的成品应当按照规定验收后专库保管，不得丢失，废品应当及时销毁。

税务机关根据政府采购的有关规定，发起增值税发票印制公开招投标采购，企业在购买标书时提出发票印制的申请。

具备或符合如下条件的，准予批准：具备或符合上述申请条件，提交资料齐全且符合法定形式的。增值税专用发票通过单一来源采购方式确定，其他发票通过招标方式确定。

【政策依据3-2】《中华人民共和国税收征收管理法》第二十二条规定：增值税专用发票由国务院税务主管部门指定的企业印制；其他发票，按照国务院税务主管部门的规定，分别由省、自治区、直辖市税务机关指定企业印制。未经前款规定的税务机关指定，不得印制发票。

【政策依据3-3】《中华人民共和国发票管理办法》第七条规定：增值税专用发票由国务院税务主管部门确定的企业印制；其他发票，按照国务院税务主管部门的规定，分别由省、自治区、直辖市税务机关确定的企业印制。禁止私自印制、伪造、变造发票。第八条规定：印制发票的企业应当具备下列条件：（一）取得印刷经营许可证和营业执照；（二）设备、技术水平能够满足印刷发票的需要；（三）有健全的财务制度和严格的质量监督、安全管理、保密制度。税务机关应当以招标方式确定印制发票的企业，并发给发票准印证。第十四条规定：各省、自治区、直辖市内的单位和个人使用的发票，除增值税专用发票外，应当在本省、自治区、直辖市内印制；确有必要到外省、自治区、直辖市印制的，应当由省、自治区、直辖市税务机关商印制地省、自治区、直辖市税务机关同意，由印制地省、自治区、直辖市税务机关指定的印制发票的企业印制。禁止在境外印制发票。

三、发票的保管

发票的管理要建章立制，设置台账，定期保存，已开具的发票存根联和发票登记簿及账册应当保存5年，保存期满报经税务机关查验后销毁。

增值税专用发票要专人保管；放在保险柜内；设置领、用、存登记簿；取得的发票抵扣联装订成册；已开具的发票存根联保存5年，期满后报主管税务机关查验后销毁；未经批准，不得跨规定的区域携带、邮寄、运输空白的发票；禁止携带、邮寄、运输空白的发票出入境。

纳税人应设专门地点和场所保管发票。有下列情形之一的，属于未按规定保管增值税专用发票和专用设备：未设专人保管增值税专用发票和专用设备；未按税务机关要求存放增值税专用发票和专用设备；未将认证相符的增值税专用发票抵扣联、认证结果通知书和认证结果清单装订成册；未经税务机关查验，擅自销毁增值税专用发票基本联次。

纳税人发生丢失、被盗增值税专用发票和普通发票时，应于当日书面报告主管税务机关，在报刊和电视等传播媒介上公告声明作废，并接受税务机关处罚。丢失、被盗增值税专用发票的，纳税人应在事发当日书面报告税务机关，并在《中国税务报》上公开声明作废。

【发票收缴】是指用票单位和个人按照规定向税务机关上缴已经使用或者未使用的发票。

【发票销毁】是指由税务机关统一将自己或者他人已使用或者未使用的发票进行销毁。发票销毁首先必须收缴，但收缴的发票不一定都要销毁，一般都要按照法律法规的规定保存一定时期后才能销毁。发票应定期缴销，包括发票收缴和发票销毁。

四、发票领购簿

申请领购发票的单位和个人应当提出购票申请，填写"普通（专用）发票领购簿申请审批表"和"领取增值税专用发票领购簿申请书"，提供经办人身份证明、税务登记证件或者其他有关证明，以及财务印章或者发票专用章的印模，经主管税务机关审核后，发给"发票领购簿"。领购发票的单位和个人凭发票领购簿核准的种类、数量以及购票方式，向主管税务机关领取发票。

税务机关对纳税人资料审核无误后，将核批的发票名称、种类、购票方式等填写在发票领购簿上，同时对发票领购簿号码进行登记。

发票领购簿的内容包括用票单位和个人的名称、所属行业、经济类型、购票方式、核准购票种类、发票名称、领购日期、准购数量、起止号码、违章记录、领购记录、领购人签字（盖章）、核发税务机关（章）等内容。

从事生产经营的纳税人、扣缴义务人必须按照国务院财政税务部门规定的保管期限，保管账簿、记账凭证、完税凭证及其他资料。

（一）领购增值税普通发票

已办理税务登记的纳税人需要使用发票的，应填写发票领购申请表，提出购票申请，凭发票领购簿核准的种类、数量以及购票方式，向主管税务机关领购发票。纳税人应提供以下资料：发票领购簿、专用设备（一般纳税人使用）、财务专用章或发票专用章印模、已用发票存根（初次购买除外，购税控发票携带已开具的最后一张记账联）。

纳税人提供资料完整、各项手续齐全、无违章问题的，税务机关审核无误后应当场办理，收取发票工本费，开具行政性收费票据交付纳税人，并在发票领购簿上打印发票验旧和发票发售记录。纳税人查验所购发票的种类、版别和数量。

依法不需要办理税务登记的单位和个人领购发票的，可以按规定向主管税务机关领购发票。临时到外省（自治区、直辖市）从事经营活动的单位和个人，可以凭本地税务机关开具的外出经营税收管理证明，向经营地主管税务机关申请领购经营地的发票。

对外省来本地从事临时经营活动的单位和个人，税务机关可以要求其提供担保人，或者根据所领购发票的票面限额与数量缴纳1万元以下的保证金，并限期缴销发票。

（二）领购增值税专用发票

一般纳税人凭"发票领购簿"、专用设备和经办人身份证明领购增值税专用发票。

一般纳税人有下列情形的，主管税务机关应暂扣其结存的增值税专用发票和专用设备：

会计核算不健全，不能向税务机关准确提供增值税销项税额、进项税额、应纳税额数据及其他有关增值税税务资料的。其他有关增值税税务资料的内容，由各省、自治区、直辖市和计划单列市税务机关确定。

有《中华人民共和国税收征收管理法》规定的税收违法行为，拒不接受税务机关处理的。

有下列行为之一，经税务机关责令限期改正而仍未改正的：（1）虚开增值税专用发票；（2）私自印制增值税专用发票；（3）向税务机关以外的单位和个人买取增值税专用发票；（4）借用他人增值税专用发票；（5）未按规定开具增值税专用发票；（6）未按规定保管增值税专用发票和专用设备；（7）未按规定申请办理税控开票系统变更发行；（8）未按规定接受税务机关检查。

五、发票领购

纳税人在发票票种核定的范围（发票的种类、领用数量、开票限额）内领用发票。

【政策依据3-4】《中华人民共和国发票管理办法》第十五条规定：需要领购发票的单位和个人，应当持税务登记证件、经办人身份证明、按照国务院税务主管部门规定式样制作的发票专用章的印模，向主管税务机关办理发票领购手续。主管税务机关根据领购单位和个人的经营范围和规模，确认领购发票的种类、数量以及领购方式，在5个工作日内发给发票领购簿。单位和个人领购发票时，应当按照税务机关的规定报告发票使用情况，税务机关应当按照规定进行查验。

使用增值税发票管理系统的纳税人，非首次领用发票前，应联网上传发票开具信息，或到税务机关抄报增值税发票数据，方便进行发票验旧。

纳税信用A级的纳税人可一次领取不超过3个月的增值税发票用量。纳税信用B级的纳税人可一次领取不超过2个月的增值税发票用量。

开具发票的单位和个人应当按照税务机关的规定存放和保管发票，不得擅自损毁。已经开具的发票存根联和发票领用簿，应当保存5年。

对于实行纳税辅导期管理的增值税一般纳税人，1个月内多次领用专用发票的，应从当月第二次领用专用发票起，按照上一次已领用并开具的专用发票销售额的3%预缴增值税，未预缴增值税的，主管税务机关不得向其发放专用发票。

对于实行纳税辅导期管理的增值税一般纳税人领用的专用发票未使用完而再次领用的，主管税务机关发放专用发票的份数不得超过核定的每次领用专用发票份数与未使用完的专用发票份数的差额。

纳税信用D级的纳税人，增值税专用发票领用按辅导期一般纳税人政策办理，普通发票领用实行交（验）旧供新、严格限量供应。

纳税人在运用增值税发票管理系统开具发票时，应认真检查系统中的发票代码、号码与纸质发票是否一致。如发现税务机关错填发票代码、号码的电子信息，应持纸质发票和增值税防伪税控系统专用设备到税务机关办理退回手续。

六、发票开具和作废

思政案例导入

在一次税务局稽查北京白云酒业股份有限公司时，指出存在取得的专票不符合规定的现象。其中提到一笔2019年度的房租200万元，取得的增值税税率9%的专用发票不能进行进项税额抵扣。

财务负责人唐芳询问原因后才知道：由于出租方会计开票时在发票备注栏漏填了不动产的地址，从而导致白云酒业18万元的进项税额无法抵扣！

（一）发票开具

【发票开具】是指法律法规规定在何种情况下开具发票，基于证明商品和资金所有权转移的需要、进行会计核算的需要和进行税收管理的需要，发票应在发生经营业务确认营业收入时由收款方向付款方开具，特殊情况下，由付款方向收款方开具。同时，开具发票的范围与发票使用的范围是一致的。因此，用票人发生非经营性业务时不得开具发票，单位内部各部门间发生业务往来结算款项时亦不得开具发票，可使用内部结算凭证。

1．"都开"的原则

单位和个人凡是发生销售商品、提供服务以及从事其他经营活动，对外发生经营业务收取款项时，收款方均应向付款方开具发票；在特殊情况下，由付款方开具发票（如废旧物资收购、农副产品收购等）。

2．"都要"的原则

所有单位和从事生产、经营活动的个人在购买商品、接受服务以及从事其他经营活动支付款项时，应当向收款方取得发票。并且，取得发票的一方不得要求变更品名和金额。

发票的开具是实现其使用价值、反映经济业务活动的重要环节，发票开具是否真实、完整、正确，直接关系到能否达到发票管理的预期目的。

3．销货方按规定开具发票

销售商、提供服务以及从事其他经营活动的单位和个人，对外发生经营业务收取款项，收款方应当向付款方开具发票；收购单位和扣缴义务人支付款项时，由付款方向收款方开具发票。在发票开具时，要注意以下几点：

（1）销货方在整本发票使用前，要认真检查有无缺页、错号、发票联无发票监制章或印制不清楚等现象，如发现问题应报送税务机关处理。

（2）整本发票开始使用后，应做到按号码顺序填写，填写项目齐全，内容真实，字迹清楚，全部联次一次复写、打印，内容完全一致。填开的发票不得涂改、挖补、撕毁。

（3）开具发票应当按照规定的时限、顺序、栏目，全部联次一次性如实开具，并加盖发票专用章，不得逐联填开。未经税务机关批准，不得拆本使用发票，不得自行扩大专业发票使用范围。（注意：纳税人通过增值税电子发票公共服务平台开具的增值税电子普通发票和增值税电子专用发票，属于税务机关监制的发票，采用电子签名代替原发票专用章，其法律效力、基本用途、基本使用规定等与增值税纸质普通发票和增值税纸质专用发票相同。）

（4）填开发票的单位和个人必须在发生经营业务、确认营业收入时开具发票，未发生业务一律不准开具发票。

（5）销货方应在规定的使用范围内开具发票，不准买卖、转借、转让和代理开具发票。

（6）销货方使用电子计算机开具发票，须经主管税务机关批准，并使用税务机关统一监制的发票，开具后的存根联要按照顺序号装订成册。

4.购买方按规定索取发票

所有单位和从事生产、经营活动的个人在购买商品、接受服务以及从事其他经营活动支付款项时，应当向收款方取得发票。在索取发票过程中，要注意以下几点：

（1）购买方向对方索取发票时，不得要求对方变更货物或应税劳务名称，不得要求改变价税金额。

（2）购买方只能从发生业务的销售方取得发票，不得虚开或代理开具发票。

（3）购买方取得发票后，如发现不符合开具要求的，有权要求对方重新开具。

纳税人进行电子商务必须开具或取得发票。发票要全联一次填写。每份票不论有几联，都必须把全部联次放在一起，一次性复写或打印，以保证各联填开的内容、金额等都保持一致。严禁开具"大头小尾"发票。发票不得跨省、自治区、直辖市使用。发票限于领购单位和个人在本省、自治区、直辖市内开具。除国务院税务主管部门规定的特殊情形外，任何单位和个人不得跨规定的使用区域携带、邮寄、运输空白发票。禁止携带、邮寄或者运输空白发票出入境。所称规定的使用区域是指国家税务总局和省级税务机关规定的区域。跨规定的使用区域携带、邮寄、运输空白发票，以及携带、邮寄或者运输空白发票出入境的，由税务机关责令改正，可以处1万元以下的罚款；情节严重的，处1万元以上3万元以下的罚款；有违法所得的予以没收。开具发票后，如发生销货退回需开红字发票的，必须收回原发票并注明"作废"字样或取得对方有效凭证；发生销售折让的，在收回原发票并注明"作废"后，重新开具发票。

【开具发票注意事项】 开具发票应当按照规定的时限、顺序，逐栏全部联次一次性如实开具，并加盖单位财务专用章。使用电子计算机开具发票必须报主管税务机关批准，并使用税务机关统一监制的机打发票。开具后的存根联应当按照顺序号装订成册，以备税务机关检查。

开具发票的单位和个人应当按照税务机关的规定存放和保管发票，不得擅自损毁。已经开具的发票存根联和发票登记簿，应当保存5年。保存期满，报经税务机关查验后销毁。

所有单位和从事生产、经营活动的个人在购买商品、接受服务以及从事其他经营活动时支付款项，应当向收款方取得发票。取得发票时，不得要求变更品名和金额。

预习思考1要注意：

（1）有交易，但发票开具与实际必须相符。

（2）没有交易，不能虚开发票。

（3）发票明细必须开具到具体的种类。

（4）发票清单必须是从防伪税控系统中打印出来的。

（5）发票"备注栏"必须按规定填写。

（6）发票基本信息必须完整、正确。

（7）发票必须加盖发票专用章。

（8）发票开具时必须选择适用的税率。

（9）发票开具时开票名称必须选择正确的税收编码。

（二）发票使用的注意事项

一般纳税人应通过增值税控开票系统，使用专用发票。使用，包括领购、开具、缴销、认证纸质专用发票及其相应的数据电文。

1.基本规定

一般纳税人销售货物（包括视同销售货物）、应税劳务、根据《中华人民共和国增值税暂行条例实施细则》的规定应当征收增值税的非应税劳务，除另有规定外，必须向购买方开具专用发票。

2.特殊规定

增值税一般纳税人有下列情况，不得开具增值税专用发票：①向消费者销售应税项目；②销售免税项目；③销售报关出口的货物、在境外销售应税劳务；④将货物用于非应税项目；⑤将货物用于集体福利或个人消费；⑥提供非应税劳务（应当征收增值税的除外）、转让无形资产或者销售不动产。向小规模纳税人销售应税项目，可以不开具专用发票。

3.专用发票填开的时间规定

专用发票必须按以下时间要求开具：①采用预收货款、托收承付、委托银行收款结算方式的，为货物发出的当天；②采用交款提货结算方式的，为收到货款的当天；③采用赊销、分期付款结算方式的，为合同约定的收款日期的当天；④将货物交付他人代销，为收到委托人送交的代销清单的当天；⑤设有两个以上机构并实行统一核算的纳税人，将货物从一个机构移送其他机构用于销售，按规定应当征收增值税，为货物移送的当天；⑥将货物作为投资提供给其他单位或个体经营者，为货物移送的当天；⑦将货物分配给股东，为货物移送的当天。

4.销货退回、销售折让的处理

销售货物并向购买方开具专用发票后，如发生退货或销售折让，应按以下规定处理：

（1）购买方在未付货款并且未作账务处理的情况下，须将原发票联和抵扣联退还销售方，销售方在发票联、抵扣联、存根联、记账联注明"作废"字样，按发票注明金额和税额扣减当期销售金额和销项税额。未收到购买方退还的专用发票前，销售方不得扣减当期销项税额。属于销售折让的，销售方按折让后的货款重开专用发票。

（2）一般纳税人取得专用发票后，发生销货退回、开票有误等情形但不符合作废条件的，或者因销货部分退回及发生销售折让的，购买方应向主管税务机关填报"开具红字增值税专用发票申请单"。主管税务机关对其填报的"开具红字增值税专用发票申请单"进行审核通过后出具"开具红字增值税专用发票通知单"。购买方必须暂依"开具红字增值税专用发票通知单"所列增值税税额从当期进项税额中转出，未抵扣增值税进项税额的可列入当期进项税额，待取得销售方开具的红字专用发票后，与留存的"开具红字增值税专用发票通知单"一并作为记账凭证。

一般纳税人销售货物或者提供应税劳务，应向购买方开具专用发票。商业企业一般纳税人零售的烟、酒、食品、服装、鞋帽（不包括劳保专用部分）、化妆品等消费品不得开具专用发票。增值税小规模纳税人需要开具专用发票的，可向主管税务机关申请代开。销售免税货物不得开具专用发票，法律法规及国家税务总局另有规定的除外。

一般纳税人销售货物或者提供应税劳务可汇总开具专用发票。汇总开具专用发票的，同时使用税控开票系统开具"销售货物或者提供应税劳务清单"，并加盖财务专用章或者发票专用章。

专用发票应按下列要求开具：①项目齐全，与实际交易相符；②字迹清楚，不得压线、错格；③发票联和抵扣联加盖发票专用章；④按照增值税纳税义务的发生时间开具。

对不符合上列要求的专用发票，购买方有权拒收。

专用发票由基本联次或者基本联次附加其他联次构成，基本联次为三联：发票联、抵扣联和记账联。其他联次用途，由一般纳税人自行确定。

专用发票实行最高开票限额管理。最高开票限额，是指单份专用发票开具的销售额合计数不得达到的上限额度。最高开票限额由一般纳税人申请，税务机关依法审批。

一般纳税人在开具专用发票当月，发生销货退回、开票有误等情形，收到退回的发票联、抵扣联符合作废条件的，按作废处理；开具时发现有误的，可及时作废。

作废专用发票须在税控开票系统中将相应的数据电文按"作废"处理，在纸质专用发票各联次上注明"作废"字样，全联次留存。

一般纳税人取得专用发票后，发生销货退回、开票有误等情形但不符合作废条件的，或者因销货部分退回及发生销售折让的，购买方应向主管税务机关填报"开具红字增值税专用发票申请单"。

一般纳税人有下列情形之一者，不得领购使用专用发票：会计核算不健全，即不能按会计制度和税务机关的要求准确核算增值税的销项税额、进项税额和应纳税额者；不能向税务机关准确提供增值税销项税额、进项税额、应纳税额数据及其他有关增值税务资料者。上述其他有关增值税务资料的内容，由国家税务总局直属分局确定。有以下行为，经税务机关责令限期改正而仍未改正者：私自印制专用发票；向个人或税务机关以外的单位买取专用发票；借用他人专用发票；向他人提供专用发票；未按要求开具专用发票；未按规定保管专用发票；未按规定申报专用发票的购、用、存情况；未按规定接受税务机关检查。销售的货物全部属于免税项目。

有上列情形的一般纳税人如已领购使用专用发票，税务机关应收缴其结存的专用发票。

5.发票备注的处理（预习思考 2 要注意）

情况一：运输服务开具发票必须备注。

《国家税务总局关于停止使用货物运输业增值税专用发票有关问题的公告》（国家税务总局公告 2015 年第 99 号）规定，增值税一般纳税人提供货物运输服务，使用增值税专用发票和增值税普通发票，开具发票时应将起运地、到达地、车种车号以及运输货物信息等内容填写在发票备注栏中，如内容较多可另附清单。其中铁路运输企业受托代征的印花税税款信息，可填写在发票备注栏中。

情况二：铁路运输企业受托代征的印花税税款信息必须备注。

国家税务总局公告 2015 年第 99 号规定，铁路运输企业受托代征的印花税税款信息，可填写在发票备注栏中。

情况三：提供建筑劳务开具发票必须备注。

国家税务总局公告 2016 年第 23 号规定，提供建筑服务，纳税人自行开具或者税务机关代开增值税发票时，应在发票的备注栏注明建筑服务发生地县（市、区）名称及项目名称。其中异地提供建筑服务的小规模纳税人，由税务局代开增值税专用发票的，备注栏中的内容除了服务发生地县（市、区）和项目名称，还要打印"YD"字样。

情况四：销售或出租不动产开具发票必须备注。

国家税务总局公告 2016 年第 23 号规定，销售不动产，纳税人自行开具或者税务机关代开增值税发票时，应在发票"货物或应税劳务、服务名称"栏填写不动产名称及房屋产权证书号码（无房屋产权证书的可不填写），"单位"栏填写面积单位，备注栏注明不动产的详细地址。出租不动产，纳税人自行开具或者税务机关代开增值税发票时，应在备注栏注明不动产的详细地址。税务机关为跨县（市、区）提供不动产经营租赁服务的小规模纳税人（不包括其他个人），代开增值税发票时，还要在发票备注栏中自动打印"YD"字样。

情况五：差额开票功能开具的发票必须备注。

《国家税务总局关于全面推开营业税改征增值税试点有关税收征收管理事项的公告》（国家税务总局公告 2016 年第 23 号）规定，按照现行政策规定适用差额征税办法缴纳增值税，且不得全额开具增值税发票的（财政部、税务总局另有规定的除外），纳税人自行开具或者税务机关代开增值税发票时，通过新系统中差额征税开票功能，录入含税销售额（或含税评估额）和扣除额，系统自动计算税额和不含税金额，备注栏自动打印"差额征税"字样，发票开具不应与其他应税行为混开。比如劳务派遣公司（安保服务同）、经纪代理服务（人力资源外包服务同）选择差额计税，通过差额开票系统开具的增值税专用发票备注栏要有"差额征税"的字样才是合规的发票。

情况六：预付卡业务开具开票必须备注。

《国家税务总局关于营改增试点若干征管问题的公告》（国家税务总局公告 2016 年第 53 号）规定，单用途卡销售方与售卡方不是同一个纳税人的，销售方在收到售卡方结算的销售款时，应向售卡方开具增值税普通发票，并在备注栏注明"收到预付卡结算款"，不得开具增值税专用发票。多用途卡特约商户收到支付机构结算的销售款时，应向支付机构开具增值税普通发票，并在备注栏注明"收到预付卡结算款"，不得开具增值税专用发票。预付卡业务中，最终销售方收到销售款开具发票时，要在发票备注栏备注"收到预付卡结算款"，且只能开增值税普通发票。

情况七：保险公司代收车船税开具发票必须备注。

《国家税务总局关于保险机构代收车船税开具增值税发票问题的公告》（国家税务总局公告2016年第51号）规定，保险机构作为车船税扣缴义务人，在代收车船税并开具增值税发票时，应在增值税发票备注栏中注明代收车船税税款信息，具体包括：保险单号、税款所属期（详细至月）、代收车船税金额、滞纳金金额、金额合计等。

情况八：互联网物流平台企业代开增值税专用发票试点代开专用发票必须备注。

《国家税务总局关于开展互联网物流平台企业代开增值税专用发票试点工作的通知》（税总函〔2017〕579号）规定：货物运输业小规模纳税人在境内提供货物运输服务，需要开具专用发票的，可以按照《货物运输业小规模纳税人申请代开增值税专用发票管理办法》（国家税务总局公告2017年第55号发布）的有关规定，就近向税务机关自行申请代开专用发票，也可以委托试点企业按照以下规定代开专用发票……（三）试点企业使用自有专用发票开票系统，按照3%的征收率代开专用发票，并在发票备注栏注明会员的纳税人名称和统一社会信用代码（或税务登记证号码或组织机构代码）。

情况九：生产企业代办退税的出口货物开具发票必须备注。

《国家税务总局关于调整完善外贸综合服务企业办理出口货物退（免）税有关事项的公告》（国家税务总局公告2017年第35号）第六条规定，自2017年11月1日起，生产企业代办退税的出口货物，应先按出口货物离岸价和增值税适用税率计算销项税额并按规定申报缴纳增值税，同时向综服企业开具备注栏内注明"代办退税专用"的增值税专用发票（以下称代办退税专用发票），作为综服企业代办退税的凭证。出口货物离岸价以人民币以外的货币结算的，其人民币折合率可以选择销售额发生的当天或者当月1日的人民币汇率中间价。代办退税专用发票上的"金额"栏次须按照换算成人民币金额的出口货物离岸价填写。

温馨提示：新增了"代办退税专用"的增值税专用发票的类型。要求生产企业向综服企业开具的增值税专用发票备注栏内注明"代办退税专用"，作为综服企业代办退税的凭证，不得作为增值税扣税凭证，在发票开具方面要求生产企业"按出口货物离岸价和增值税适用税率计算销项税额并按规定申报缴纳增值税"，一方面避免了生产企业向综服企业开具发票的"销售"形式掩盖了代理服务的实质，另一方面通过对这类特殊增值税专用发票的管理也方便了退税管理。

（三）发票作废

【发票作废】是指操作员对填开发票信息录入错误的已开具发票进行作废。

常见的发票作废情况主要有以下三种：

（1）用票单位和个人开具发票后，如果发生销货退回需开红字发票的，必须收回原发票并注明"作废"字样或者取得对方的有效凭证。

（2）开具发票时发生错误、误填等情况需要重开发票的，可以在原发票上注明"作废"字样后，重新开具。同时，如果专用发票开具后因购货方不索取而成为废票的，也应该按填写有误办理。

（3）发生销售折让的，在收回原发票并注明"作废"字样后，重新开具销售发票；需要注意的是，开具专用发票填写有误的，应当另行开具，并在误填的专用发票上注明"误填作废"四个字。

温馨提示：增值税电子专用发票（以下简称"电子专票"）的载体由税务机关监制的增值税纸质专用发票转变为符合税务机关规定格式的电子文件，一旦开具无法作废。如发生开票有误的情形，可以按照《国家税务总局关于在新办纳税人中实行增值税专用发票电子化有关事项的公告》（2020年第22号）第七条的规定，先开具红字电子专票进行冲红，再按照正确的金额重新开具一张蓝字电子专票即可。

（四）开具红字增值税专用发票的规定

一般纳税人销售货物或者应税劳务，开具增值税专用发票后，发生销售货物退回或者折让、开票有误等情形，应按国家税务总局的规定开具红字增值税专用发票。未按规定开具红字增值税专用发票的，增值税税额不得从销项税额中扣减。

1. 符合作废条件

符合作废条件的（同时符合以下条件），发票注明"作废"，开票软件注明"作废"：收到退回的发票联、抵扣联时间未超过销售方开票当月；销售方未抄税并且未记账；购买方未认证或者认证结果为"纳税人识别号认证不符""专用发票代码、号码认证不符"。

2. 不符合作废条件

（1）购货方已认证，由购货方向主管税务机关填写申请，税务机关返回通知单（一式三联，一联购货方留存，一联由购货方给销货方，一联税务机关留存），将通知单交给销货方，根据销货方的红字发票和通知单作进项税额转出。

（2）认证结果为"纳税人识别号认证不符""专用发票代码、号码认证不符"：申请单应填写相对应的蓝字专用发票信息，其他同上；将通知单交给销货方，进项税不得抵扣，也不作进项税额转出处理。

（3）购货方未认证且所购货物不属于增值税扣税项目范围，由购货方填写申请单，在申请单上填写具体原因以及相对应蓝字专用发票的信息，主管税务机关审核后出具通知单，购货方不作进项税额转出处理。

（4）购货方未认证，由销售方填写申请单。销售方须在专用发票认证期限内向主管税务机关填报申请单，在申请单上填写具体原因以及相对应蓝字专用发票的信息，同时提供由购买方出具的写明拒收理由、具体错误项目以及正确内容的书面材料，主管税务机关审核确认后出具通知单。销售方凭通知单开具红字专用发票。

温馨提示：纳税人开具增值税电子专用发票（以下简称"电子专票"）后，发生销货退回、开票有误、应税服务中止、销售折让等情形，可以开具红字电子专票。相较于红字增值税纸质专用发票开具流程，纳税人在开具红字电子专票时，无须追回已经开具的蓝字电子专票，具有简便易行好操作的优点。具体来说，开具红字电子专票的流程主要可以分为三个步骤。

第一步是购买方或销售方纳税人在增值税发票管理系统（以下简称"发票管理系统"）中填开"开具红字增值税专用发票信息表"（以下简称"信息表"）。根据购买方是否已将电子专票用于申报抵扣，开具"信息表"的方式分为两类。第一类是购买方开具"信息表"。如果购买方已将电子专票用于申报抵扣，则由购买方在发票管理系统中填开并上传"信息表"，在这种情况下，"信息表"中不需要填写相对应的蓝字电子专票信息。第二类是销售方开具"信息表"。如果购买方未将电子专票用于申报抵扣，则由销售方在发票管理系统中填开并上传"信息表"，在这种情况下，"信息表"中需要填写相对应的蓝字电子专票信息。

第二步是税务机关信息系统自动校验。税务机关通过网络接收纳税人上传的"信息表"，系统自动校验通过后，生成带有"红字发票信息表编号"的"信息表"，并将信息同步至纳税人端系统中。

第三步是销售方纳税人开具红字电子专票。销售方在发票管理系统中查询到已经校验通过的"信息表"后，便可开具红字电子专票。红字电子专票应与"信息表"一一对应。

需要说明的是，对于购买方已将电子专票用于申报抵扣的情形，因购买方开具"信息表"与销售方开具红字电子专票可能存在一定时间差，购买方应当暂依"信息表"所列增值税税额从当期进项税额中转出，待取得销售方开具的红字电子专票后，与"信息表"一并作为记账凭证。

3.重新开票的情况

经认证，有下列情形之一的，不得作为增值税进项税额的抵扣凭证，税务机关退还原件，购买方可要求销售方重新开具专用发票：

（1）无法认证。它是指专用发票所列密文或者明文不能辨认，无法产生认证结果。

（2）纳税人识别号认证不符。它是指专用发票所列购买方纳税人识别号有误。

（3）专用发票代码、号码认证不符。它是指专用发票所列密文解译后与明文的代码或者号码不一致。

4.税务机关扣留原件的情况

经认证，有下列情形之一的，暂不得作为增值税进项税额的抵扣凭证，税务机关扣留原件，查明原因，分别情况进行处理：

（1）重复认证。它是指已经认证相符的同一张专用发票再次认证。

（2）密文有误。它是指专用发票所列密文无法解译。

（3）认证不符。它是指纳税人识别号有误，或者专用发票所列密文解译后与明文不一致。

（4）列为失控专用发票。它是指认证时的专用发票已被登记为失控专用发票。

5.销货方开具红字发票的情况

由销货方申请开具负数发票的具体情况如下（前提是发票未认证，发票在180天的认证期内）：

（1）因开票有误购买方拒收专用发票的，销售方须在专用发票认证期限内向主管税务机关填报申请单，并在申请单上填写具体原因以及相对应蓝字专用发票的信息。

（2）因开票有误等原因尚未将专用发票交付购买方的，销售方须在开具有误专用发票的次月内向主管税务机关填报申请单，并在申请单上填写具体原因以及相对应蓝字专用发票的信息，同时提供由销售方出具的写明具体理由、具体错误项目以及正确内容的书面材料。

6.发生销货退回或销售折让的情况

发生销货退回或销售折让的，除按照《国家税务总局关于修订增值税专用发票使用规定的补充通知》的规定进行处理外，销售方还应在开具红字专用发票后将该笔业务的相应记账凭证复印件报送主管税务机关备案。

（1）发票因购货单位信息（包括税号、名称、地址等）输错的，除要提供证明原件之外，还须提供购货单位的税务登记证复印件。

（2）销货方将购货方名称开错，如应开给A公司却开给了B公司的，须发票上开具公司名称的企业出具一份证明，说明发票代码和号码，陈述公司未与销货方发生此笔业务，并承诺此发票为认证抵扣发票；实际应接收发票的购货方出具一份证明，说明公司向销货方购买货物，未收到发票。

（3）购买方公司名称变更的，需要提供对方市场监管部门出具的名称变更书复印件并加盖对方公司公章。

（4）发票单价、数量、品名等开具错误的，除须提供证明之外，还须提供原订单复印件并加盖公章。

（5）发票重复开具的，除提供上述资料外，还须提供以前开具的发票记账联复印件。

7.发票联和抵扣联丢失的处理

一般纳税人丢失已开具专用发票的发票联和抵扣联，如果丢失前已认证相符的，购买方凭销售方提供的相应专用发票记账联复印件及销售方所在地主管税务机关出具的"丢失增值税专用发票已报税证明单"；如果丢失前未认证的，购买方凭销售方提供的相应专用发票记账联复印件到主管税务机关进行认证，认证相符的凭该专用发票记账联复印件及销售方所在地主管税务机关出具的"丢失增值税专用发票已报税证明单"，经购买方主管税务机关审核同意后，可作为增值税进项税额的抵扣凭证。

一般纳税人丢失已开具专用发票的抵扣联，如果丢失前已认证相符的，可使用专用发票发票联复印件留存备查；如果丢失前未认证的，可使用专用发票发票联到主管税务机关认证，专用发票发票联复印件留存备查。

一般纳税人丢失已开具专用发票的发票联，可将专用发票抵扣联作为记账凭证，专用发票抵扣联复印件留存备查。

专用发票抵扣联无法认证的，可使用专用发票发票联到主管税务机关认证。专用发票发票联复印件留存备查。

用于抵扣增值税进项税额的专用发票应经税务机关认证相符（国家税务总局另有规定的除外）。认证相符的专用发票应作为购买方的记账凭证，不得退还销售方。

（五）专用发票的缴销

【专用发票的缴销】是指主管税务机关在纸质专用发票监制章处按"V"字剪角作废，同时作废相应的专用发票数据电文。

被缴销的纸质专用发票应退还纳税人。

【政策依据3-5】《中华人民共和国发票管理办法实施细则》第四章第三十四条规定：开具发票后，如发生销货退回，需开具红字发票的，必须收回原发票并注明"作废"字样或取得对方有效证明；发生销售折让的，在收回原发票并注明"作废"字样后，重新开具销售发票。根据此条，就填写红字发票的处理意见如下：

情况1：接受劳务方未做账务处理，发票可以退回的。

处理1：若发票未缴销，不需开具红字发票。可向接受劳务方索回已开具的发票联，在该发票的所有联次上注明"作废"字样，作为扣减当期劳务收入的凭证，然后按实收款项补开发票。

处理2：若发票已缴销，需开具红字发票。可向接受劳务方索回已开具的发票联，在该发票联注明"作废"字样。根据收回的发票开具红字发票，要求全部联次一次复写，红字发票的存根联、抵扣联和发票联不得撕下，将蓝字专用发票的抵扣联、发票联粘贴在红字专用发票发票联的后面，并在上面注明蓝字、红字专用发票记账联的存放地点，作为开具红字专用发票的依据。

情况2：接受劳务方已做账务处理，发票无法退回的。

已认证通过的情况：①写一份申请报告，加盖公章。②防伪税控系统内开具"红字发票申请单"，打印两份，并将数据导出到U盘内。③带着申请单、U盘、发票原件及复印件、记账凭证复印件到纳税评估科或税管员处，出具调查稿。④将开具好的红字增值税专用发票通知单拿来，寄给开票方，并作进项税额转出处理。

应凭对方复印的发票和有关证明（要有单位公章或消费者个人签字及身份证号码），开具红字发票。要求全部联次一次复写、打印，红字发票的存根联、抵扣联和发票联不得撕下，将提供的资料证明粘贴在红字专用发票发票联的后面。

七、发票代开

（一）代开增值税专用发票

已办理税务登记的小规模纳税人（包括个体经营者）以及国家税务总局确定的其他可以代开增值税专用发票的纳税人发生增值税应税行为、需要开具增值税专用发票时，可向主管税务机关申请代开。

申请代开增值税专用发票的货物运输业小规模纳税人，适用"货物运输业小规模纳税人异地代开增值税专用发票备案"的"申请条件"。

【政策依据3-6】《中华人民共和国发票管理办法》第十六条规定：需要临时使用发票的单位和个人，可以凭购销商品、提供或者接受服务以及从事其他经营活动的书面证明、经办人身份证明，直接向经营地税务机关申请代开发票。依照税收法律、行政法规规定应当缴纳税款的，税务机关应当先征收税款，再开具发票。税务机关根据发票管理的需要，可以按照国务院税务主管部门的规定委托其他单位代开发票。

【政策依据3-7】《中华人民共和国发票管理办法实施细则》（国家税务总局令第25号公布，国家税务总局令第37号、第44号、第48号修改）第十九条规定：办法第十六条所称书面证明是指有关业务合同、协议或者税务机关认可的其他资料。

国家税务总局确定的试点行业小规模纳税人，发生增值税应税行为，需要开具增值税专用发票的，可以自愿使用增值税发票管理系统自行开具；试点行业纳税人销售其取得的不动产，应当向不动产所在地税务机关申请代开增值税专用发票。

经纪人支付佣金费用后，可代代理人或经纪人统一向主管税务机关申请汇总代开增值税普通发票或增值税专用发票。代开增值税发票时，应向主管税务机关出具个人保险代理人的姓名、身份证号码、联系方式、付款时间、付款金额、代征税款的详细清单。主管税务机关为个人保险代理人汇总代开增值税发票时，在备注栏内注明"个人保险代理人汇总代开"字样。

其他个人委托房屋中介、住房租赁企业等单位出租不动产，需要向承租方开具增值税发票的，可以由受托单位代其向主管税务机关按规定申请代开增值税发票。

因开具错误、销货退回、销售折让、服务中止等原因，纳税人需作废已代开增值税发票的，可凭已代开发票在代开当月向原代开税务机关提出作废申请；不符合作废条件的，可以通过开具红字发票处理；对需要重新开票的，税务机关应同时进行新开票税额与原开票税额的清算，多退少补；对无须重新开票的，按有关规定退还增值税纳税人已缴的税款或抵顶下期正常申报税款。

小规模纳税人月销售额未超过10万元（季销售额未超过30万元）的，当期因开具增值税专用发票已经缴纳的税款，在增值税专用发票全部联次追回或者按规定开具红字专用发票后，可以向主管税务机关申请退还。

增值税小规模纳税人在我国境内提供公路或内河货物运输服务，需要开具增值税专用发票的，可在税务登记地、货物起运地、货物到达地或运输业务承揽地（含互联网物流平台所在地）中任何一地，就近向税务机关申请代开增值税专用发票。纳税人应当将营运资质和营运机动车、船舶信息向主管税务机关备案。

申请代开增值税专用发票的货物运输业小规模纳税人，应符合以下条件：

（1）在中华人民共和国境内提供公路或内河货物运输服务，并办理了工商登记和税务登记。

（2）提供公路货物运输服务的（以4.5吨及以下普通货运车辆从事普通道路货物运输经营的除外），取得"中华人民共和国道路运输经营许可证"和"中华人民共和国道路运输证"；提供内河货物运输服务的，取得"国内水路运输经营许可证"和"船舶营业运输证"。

（3）在税务登记地主管税务机关按增值税小规模纳税人管理。

纳税人在"货物运输业代开增值税专用发票缴纳税款申报单"中填写的运输工具相关信息，需与其向主管税务机关备案的信息一致。纳税人提供货物运输服务，使用增值税专用发票和增值税普通发票，开具发票时应将起运地、到达地、车种车号以及运输货物信息等内容填写在发票备注栏中，如内容较多可另附清单。

小规模纳税人转让其取得的不动产，不能自行开具增值税发票的，可向不动产所在地主管税务机关申请代开；纳税人向其他个人转让其取得的不动产，不得开具或申请代开增值税专用发票。小规模纳税人中的单位和个体工商户出租不动产，不能自行开具增值税发票的，可向不动产所在地主管税务机关申请代开增值税发票；纳税人向其他个人出租不动产，不得开具或申请代开增值税专用发票。小规模纳税人销售自行开发的房地产项目，自行开具增值税普通发票。购买方需要增值税专用发票的，小规模纳税人向主管税务机关申请代开。其他个人销售其取得的不动产和出租不动产，购买方或承租方不属于其他个人的，纳税人缴纳增值税等税费后可以向不动产所在地主管税务机关申请代开增值税专用发票。小规模纳税人跨县（市、区）提供建筑服务，不能自行开具增值税发票的，可向建筑服务发生地主管税务机关按照其取得的全部价款和价外费用申请代开增值税发票。

纳税人办理产权过户手续需要使用发票的，可以使用增值税专用发票第六联或者增值税普通发票第三联。

增值税小规模纳税人应在代开增值税专用发票的备注栏上，加盖本单位的发票专用章。

提供运输服务，纳税人代开增值税发票时，应提供起运地、到达地、车种车号以及运输货物信息。提供建筑服务，纳税人代开增值税发票时，应提供建筑服务发生地县（市、区）名称及项目名称。销售不动产，纳税人代开增值税发票时，应在"货物或应税劳务、服务名称"栏填写不动产名称及房屋产权证书号码（无房屋产权证书的可不填写），"单位"栏填写面积单位，应提供不动产的详细地址。出租不动产，纳税人代开增值税发票时，应提供不动产的详细地址。跨县（市、区）提供不动产经营租赁服务、建筑服务的小规模纳税人（不包括其他个人），代开增值税发票时，在发票备注栏中自动打印"YD"字样。

（二）代开增值税普通发票

符合代开条件的单位和个人发生增值税应税行为，需要开具增值税普通发票时，可向主管税务机关申请代开。不能自开增值税普通发票的小规模纳税人销售其取得的不动产，以及其他个人出租不动产，可以向税务机关申请代开增值税普通发票。

申请代开增值税普通发票经营额达不到按次起征点的，只代开不征增值税。根据代开发票记录，属于同一申请代开发票的单位和个人，在一个纳税期内累计开票金额达到按月起征点的，应在达到起征点的当次一并计算征税。2019年1月1日至2021年12月31日，其他个人采取一次性收取租金形式出租不动产取得的租金收入，可在对应的租赁期内平均分摊，分摊后的月租金收入未超过10万元的，在代开增值税普通发票时，可以免征增值税。

小规模纳税人转让其取得的不动产，不能自行开具增值税发票的，可向不动产所在地主管税务机关申请代开。纳税人向其他个人转让其取得的不动产，不得开具或申请代开增值税专用发票。

小规模纳税人中的单位和个体工商户出租不动产，不能自行开具增值税发票的，可向不动产所在地主管税务机关申请代开增值税发票；其他个人出租不动产，可向不动产所在地主管税务机关申请代开增值税发票。

（三）代开作废发票

纳税人代开发票后，发生销货退回或销售折让、开票有误、应税服务中止等情形，需作废已代开增值税发票的，可凭已代开发票在代开当月向原代开税务机关提出作废申请；不符合作废条件的，可以通过开具红字发票方式对原代开发票进行对冲处理。

【政策依据3-8】《中华人民共和国发票管理办法实施细则》（国家税务总局令第25号公布，国家税务总局令第37号、第44号、第48号修改）第二十七条规定：开具发票后，如发生销货退回需开具红字发票的，必须收回原发票并注明"作废"字样或取得对方有效证明。开具发票后，如发生销售折让的，必须在收回原发票并注明"作废"字样后重新开具销售发票或取得对方有效证明后开具红字发票。

【政策依据3-9】根据《国家税务总局关于红字增值税发票开具有关问题的公告》（国家税务总局公告2016年第47号），增值税一般纳税人开具增值税专用发票后，发生销货退回、开票有误、应税服务中止等情形但不符合发票作废条件，或者因销货部分退回及发生销售折让，需要开具红字专用发票的，按以下方法处理：购买方取得专用发票已用于申报抵扣的，购买方可在增值税发票管理新系统中填开并上传"开具红字增值税专用发票信息表"（以下简称"信息表"），在填开"信息表"时不填写相对应的蓝字专用发票信息，应暂依"信息表"所列增值税税额从当期进项税额中转出，待取得销售方开具的红字专用发票后，与"信息表"一并作为记账凭证。购买方取得专用发票未用于申报抵扣，但发票联或抵扣联无法退回的，购买方填开"信息表"时应填写相对应的蓝字专用发票信息。销售方开具专用发票尚未交付购买方，以及购买方未用于申报抵扣并将发票联及抵扣联退回的，销售方可在新系统中填开并上传"信息表"。销售方填开"信息表"时应填写相对应的蓝字专用发票信息。税务机关为小规模纳税人代开专用发票,需要开具红字专用发票的,按照一般纳税人开具红字专用发票的方法处理。纳税人需要开具红字增值税普通发票的,可以在所对应的蓝字发票金额范围内开具多份红字发票。红字机动车销售统一发票须与原蓝字机动车销售统一发票——对应。

八、发票退回

【发票退回】指因发票印制质量、发票发放错误、发票发放信息登记错误、纳税人领票信息电子数据丢失、税控设备故障等原因,税务机关为纳税人办理退票。

如果是购买方退回隔月或隔年的发票,首先购买方在税控发票开票软件填开红字增值税专用发票信息表,打印完成后选择上传红字增值税专用发票信息表,等信息表编号出现后再拿给销售方开具红字发票即可,最后再开正确的发票。

报送资料:(1)"发票领购簿"。(2)退回增值税专用发票、货物运输业增值税专用发票、机动车销售统一发票和增值税普通发票的,应提供金税盘、税控盘、报税盘或IC卡;退回税控收款机发票的,应提供税控收款机用户卡。(3)未使用的空白发票。

发票退回办税流程如图3-7所示。

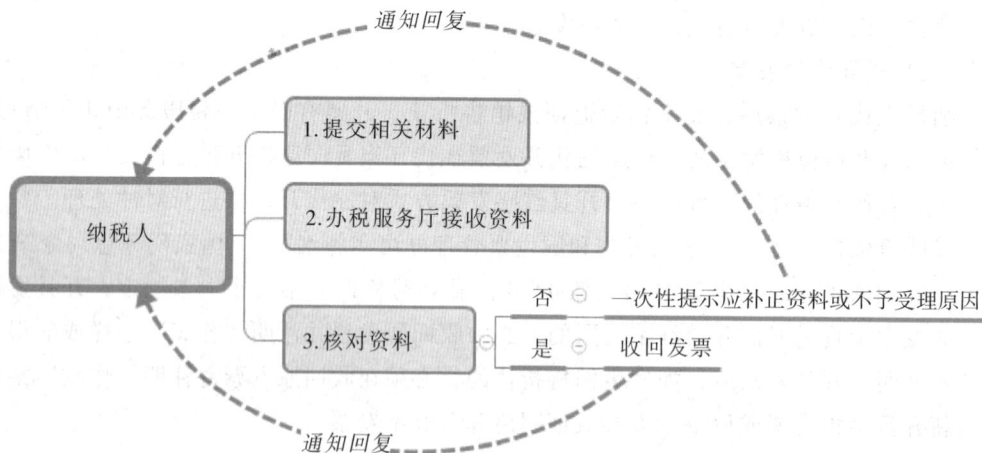

图3-7 发票退回办税流程

九、发票验旧

【验旧购新】是指用票人必须在交验原领购且已使用过的发票存根,经主管税务机关审核无误后,才能领购新发票。另外,交旧购新是指用票人在购买发票时,应将手中原领购且已使用完的发票存根上交主管税务机关,方可领购新发票。纳税人使用发票严格按照"验旧购新"制度办理。增值税专用发票、普通发票使用完后,按要求如实填写"纳税人发票交旧、验旧申请表"到"发票验旧"窗口验旧购新。

纳税人领用发票时,应当按照税务机关的规定报告发票使用情况,税务机关应当按照规定对已开具发票进行验旧(对已开具发票存根联(记账联)、红字发票和作废发票全部联次（使用税控机的同时提供发票使用汇总数据报表）进行验旧）。

取消增值税发票（包括增值税专用发票、增值税普通发票、增值税电子普通发票、机动车销售统一发票、二手车销售统一发票）的手工验旧，税务机关利用增值税发票管理系统等上传的发票数据，通过信息化手段实现增值税发票验旧工作。

【政策依据3-10】《中华人民共和国发票管理办法》第十五条第二款规定：单位和个人领购发票时，应当按照税务机关的规定报告发票使用情况，税务机关应当按照规定进行查验。

【政策依据3-11】《中华人民共和国发票管理办法实施细则》（国家税务总局令第25号公布，国家税务总局令第37号、第44号、第48号修改）第十五条规定：第十五条所称领购方式是指批量供应、交旧购新或者验旧购新等方式。第十七条规定：第十五条所称发票使用情况是指发票领用存情况及相关开票数据。

纳税人应按规定作废发票。发票遗失、损毁的，应向主管税务机关报告处理。

使用增值税发票管理系统的纳税人，应联网上传发票开具信息，不具备联网条件的，可携带存储有申报所属月份开票信息的金税盘、税控盘、报税盘或其他存储介质到税务机关报送其发票开具信息，方便进行发票验旧。

十、发票认证

发票认证一般是指增值税专用发票、货物运输发票的网上认证，是纳税人将增值税专用发票抵扣联和货运发票抵扣联上的主要信息，包括发票代码、发票号码、购货方纳税人识别号、开票日期、金额、税额、发票上的84位密文（不一定84位，以84位为例）、销货方纳税人识别号等信息，进行采集识别，转换为电子信息加密后通过互联网传输给税务机关，经税务机关的防伪税控认证子系统进行84位密文解密还原与发票明文进行自动比对，生成认证结果，并将认证结果回传给纳税人的一种认证方法。

认证过的专用发票，是抵扣的依据。

如果企业已开展网上认证，那么可随时在网上进行认证；如果没有，一般是在月末集中到主管税务机关认证。

十一、抄报税

【抄税】是国家通过金税工程来控制增值税专用发票的过程之一。如果企业是增值税一般纳税人，且需要开具增值税专用发票的，在申请成为暂认定一般纳税人后，须到税务机关指定的单位购买税控专用设备用于开具发票及抄税、购买增值税发票使用。抄税是防伪税控企业开票人员，运用开票子系统的抄税功能，将本开票会计区间内开具的所有增值税发票的数据从金税卡内读入税控IC卡的过程。

抄税时间：防伪税控企业在每个开票会计区间结束以后抄税期第一次启动开票系统时，系统提示企业必须抄税，否则不允许开票，且抄税后要在征期内报税（节假日顺延），逾期不报税的企业将不能开票。遇有节假日可延期报税，但延期报税的时间须由税务机关的报税系统对企业专用设备进行授权后方可生效。如果开票系统安装后未开具加密票的，也必须在开票会计区间结束后进行抄税处理，并向主管税务机关进行"零"报税，否则开票系统将执行锁死功能。

一般是执行了抄税才能报税，而且抄过税后才能开具本月发票。

【报税】是指企业持存有开出的增值税发票七项信息的专用设备及相关纸质材料送到税务机关去或者通过远程抄报税系统进行远程抄报，上传到国家税务总局的增值税发票比对系统数据库中。

十二、清卡

【清卡】指企业每月初申报表发送过去以后，拿专用设备去税务局先抄税后清卡。

清卡具体流程如图3-8所示：①月初金税专用设备在自家开票系统抄税；②15号之前在电子申报系统填好申报表，发送至税务局审核通过；③带上所有专用设备到税务大厅相关窗口办理抄报税，只带专用设备就行了，要记住你企业的税号；④专用设备信息和申报表比对一致后，划款，打印申报表报送税务局。

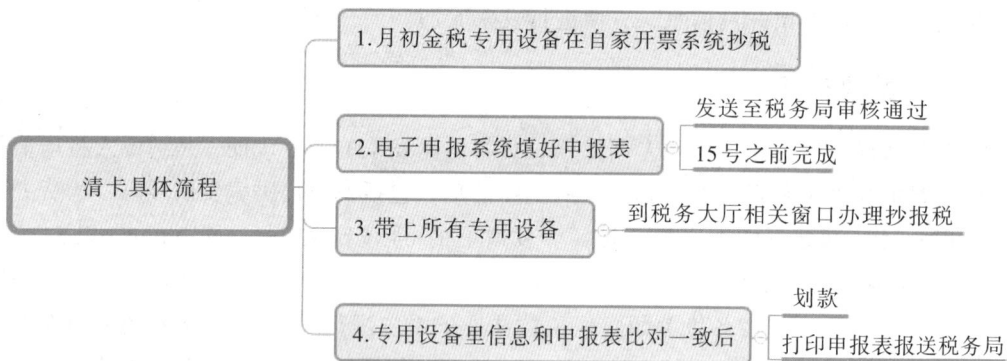

图3-8 清卡具体流程

十三、发票缴销

纳税人因信息变更或清税注销，跨区域经营活动结束，发票换版、损毁等原因按规定需要缴销发票的，到税务机关进行缴销处理。税务机关对纳税人领用的空白发票作剪角处理。

【政策依据3-12】《中华人民共和国发票管理办法》第二十八条规定：开具发票的单位和个人应当在办理变更或者注销税务登记的同时，办理发票和发票领购簿的变更、缴销手续。

【政策依据3-13】《中华人民共和国发票管理办法》第二十九条规定：开具发票的单位和个人应当按照税务机关的规定存放和保管发票，不得擅自损毁。已经开具的发票存根联和发票登记簿，应当保存5年。保存期满，报经税务机关查验后销毁。

【政策依据3-14】《国家税务总局关于修订〈增值税专用发票使用规定〉的通知》

（国税发〔2006〕156号）第二十四条规定：第二十三条所称专用发票的缴销，是指主管税务机关在纸质专用发票监制章处按"V"字剪角作废，同时作废相应的专用发票数据电文。被缴销的纸质专用发票应退还纳税人。

【政策依据3-15】《税务登记管理办法》（国家税务总局令第7号公布，国家税务总局令第36号、第44号、第48号修改）第二十九条规定：纳税人因住所、经营地点变动，涉及改变税务登记机关的，应当在向市场监管机关或者其他机关申请办理变更、注销登记前，或者住所、经营地点变动前，持有关证件和资料，向原税务登记机关申报办理注销税务登记，并自注销税务登记之日起30日内向迁达地税务机关申报办理税务登记。第三十一条规定：纳税人办理注销税务登记前，应当向税务机关提交相关证明文件和资料，结清应纳税款、多退（免）税款、滞纳金和罚款，缴销发票、税务登记证件和其他税务证件，经税务机关核准后，办理注销税务登记手续。第三十三条规定：纳税人外出经营活动结束，应当向经营地税务机关填报"外出经营活动情况申报表"，并结清税款、缴销发票。

纳税人应当按照税务机关的规定存放和保管发票，不得擅自损毁。已开具的发票存根联，应当保存5年。

临时到本省（自治区、直辖市）以外从事经营活动的单位或者个人，向经营地税务机关领用经营地的发票。纳税人跨区域经营活动结束，应当向经营地税务机关结清税款、缴销发票。

开具发票的纳税人应当在办理信息变更（指纳税人因住所、经营地点变动，涉及改变主管税务机关的）或者清税注销的同时，办理发票的缴销手续。

使用增值税发票管理系统的纳税人办理清税注销时，应将结存未用的纸质增值税发票送交主管税务机关进行剪角作废，同时作废相应的发票数据电文。

纳税人应在税务机关通知发票换版时，对领用尚未填开的空白发票进行缴销。

【政策依据3-16】《国家税务总局关于统一小规模纳税人标准等若干增值税问题的公告》（国家税务总局公告2018年第18号）第六条规定：一般纳税人转登记为小规模纳税人，可以继续使用现有增值税防伪税控系统专用设备开具增值税发票，不需要缴销增值税防伪税控系统专用设备和增值税发票。

｜第二节｜　全面数字化的电子发票

为落实中办、国办印发的《关于进一步深化税收征管改革的意见》要求，加大推广使用全面数字化的电子发票（以下简称"数电票"）力度，国家税务总局着手部署了我国全面数字化的电子发票试点工作的推行。自2021年12月1日起，在广东（不含深圳，下同）、内蒙古、上海3地试点地区部分纳税人中开展全电发票试点，试点使用的依托电子税务局搭建的平台称为电子发票服务平台（以下简称"电票平台"）1.0版，实现了56项功能，成功开出第一张"全电"发票。试点纳税人通过电子发票服务平台开具发票的受票方范围为本省（自治区、直辖市）税务局管辖范围内的纳税人。随后，自

2022年4月1日起,在广东地区的部分纳税人中进一步开展全电发票试点,电票平台1.5版成功在广东省上线切换,实现了142项功能,试点纳税人通过电子发票服务平台开具发票的受票方范围为本省(自治区、直辖市)税务局管辖范围内的纳税人。自2022年6月1日起,国家税务总局决定,内蒙古自治区、上海市和广东省试点纳税人通过电子发票服务平台开具发票的受票方范围逐步扩至全国。内蒙古自治区、上海市和广东省3个地区以外的纳税人暂仅作为受票方,分步接收试点纳税人通过电子发票服务平台开具的全电发票、增值税纸质专用发票(以下简称"纸质专票")和增值税纸质普通发票(折叠票,以下简称"纸质普票")。自2022年11月7日起,在北京市的部分纳税人中开展数电票试点,2023年在吉林、河南、深圳、福建、江苏、广西、湖北等地的部分纳税人中开展数电票试点,全国各省市根据试点工作安排逐步纳入开票试点范围。

一、概念

为进一步深化税收征管改革,稳步推进发票电子化改革,降低征纳成本,国家税务总局推出了数电票,使用数电票能提高纳税人发票的使用和管理效率。

数电票是与纸质发票具有同等法律效力的全新发票,不以纸质形式存在,不用介质支撑,无须申请领用、发票验旧及申请增版增量。纸质发票的票面信息全面数字化,将多个票种集成归并为电子发票单一票种。数电票实行全国统一赋码、自动流转交付。

其中,带有"增值税专用发票"字样的数电票,其法律效力、基本用途与现有增值税专用发票相同;带有"普通发票"字样的数电票,其法律效力、基本用途与现有普通发票相同。

二、数电票样式

1.增值税专用发票(如图3-9所示)

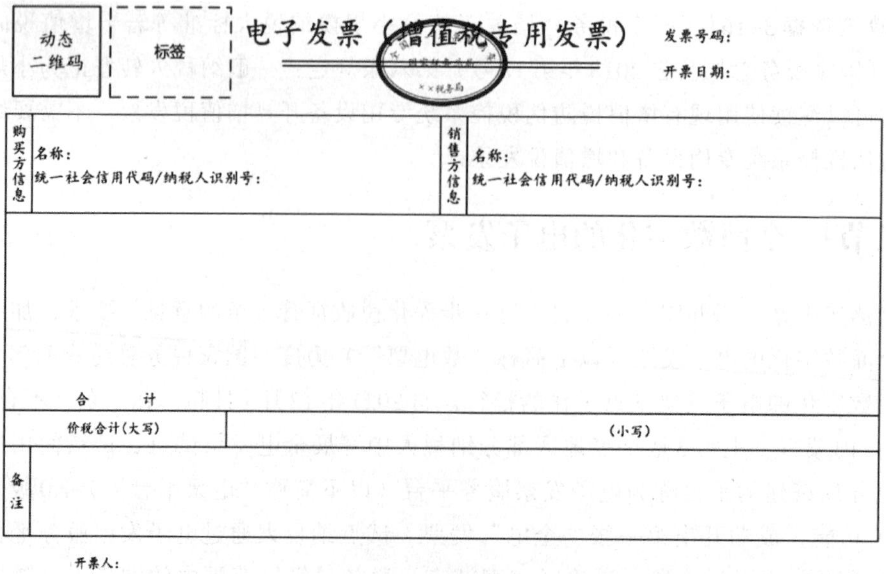

图3-9 增值税专用发票

2.普通发票（如图3-10所示）

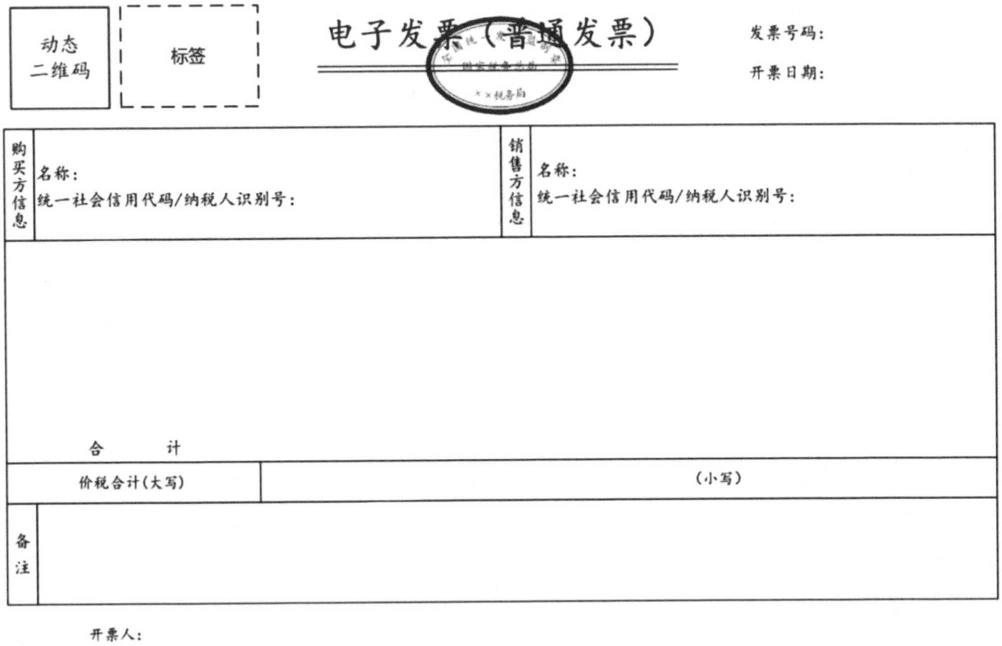

动态二维码　标签

电子发票（普通发票）

发票号码：
开票日期：

购买方信息　名称： 统一社会信用代码/纳税人识别号：	销售方信息　名称： 统一社会信用代码/纳税人识别号：

合　计

价税合计（大写）	（小写）
备注	

开票人：

图3-10　普通发票

3.稀土电子发票（如图3-11所示）

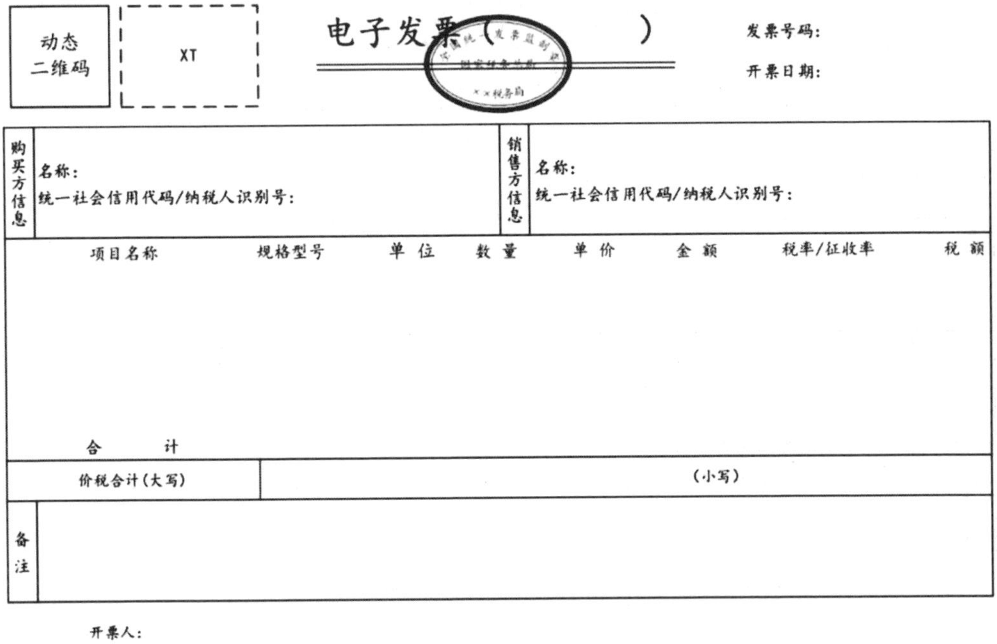

动态二维码　XT

电子发票（　　　）

发票号码：
开票日期：

购买方信息　名称： 统一社会信用代码/纳税人识别号：	销售方信息　名称： 统一社会信用代码/纳税人识别号：

项目名称	规格型号	单位	数量	单价	金额	税率/征收率	税额

合　计

价税合计（大写）	（小写）
备注	

开票人：

图3-11　稀土电子发票

4.建筑服务电子发票（如图3-12所示）

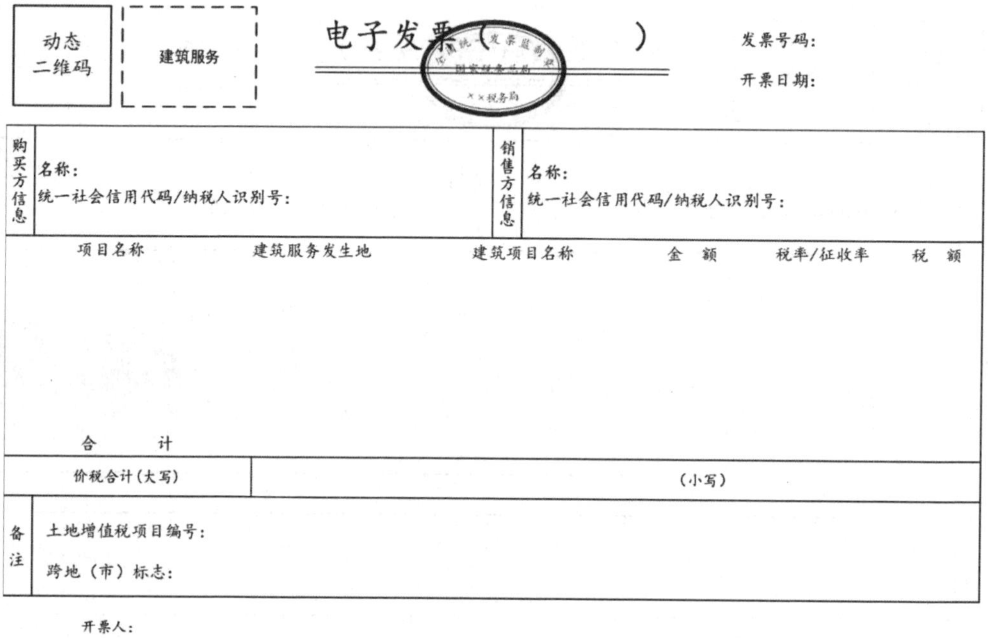

图3-12　建筑服务电子发票

5.旅客运输服务电子发票（如图3-13所示）

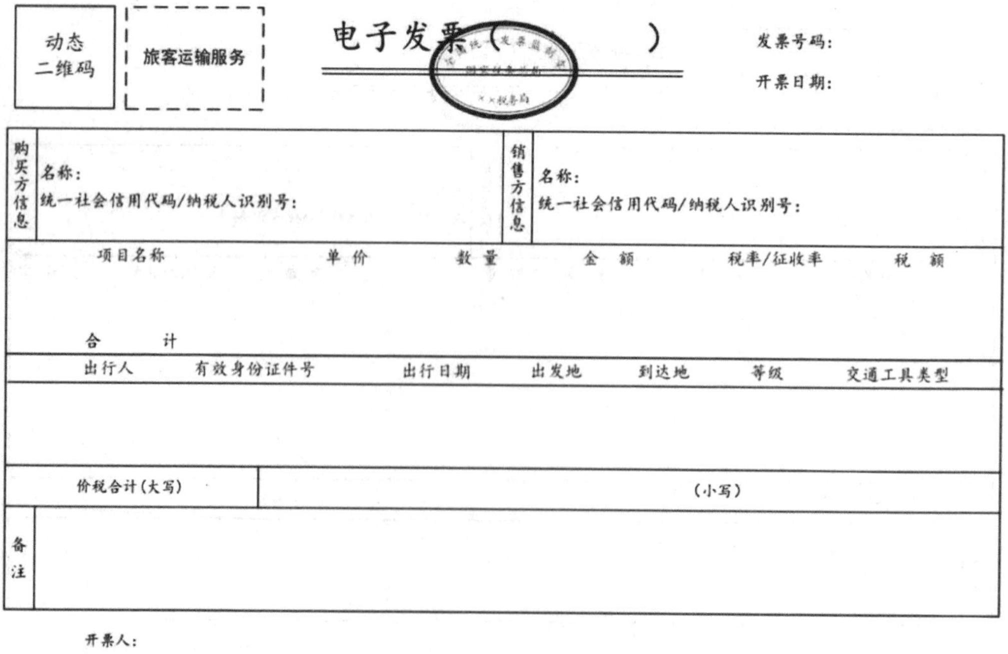

图3-13　旅客运输服务电子发票

6.货物运输服务电子发票（如图3-14所示）

动态二维码	货物运输服务	电子发票（发票联制　××税务局）	发票号码： 开票日期：

购买方信息	名称： 统一社会信用代码/纳税人识别号：		销售方信息	名称： 统一社会信用代码/纳税人识别号：

项目名称	单位	数量	单价	金额	税率/征收率	税额
合　计						

运输工具种类	运输工具牌号	起运地	到达地	运输货物名称

价税合计（大写）	（小写）

备注	

开票人：

图3-14　货物运输服务电子发票

7.不动产销售电子发票（如图3-15所示）

动态二维码	不动产销售	电子发票（发票联制　××税务局）	发票号码： 开票日期：

购买方信息	名称： 统一社会信用代码/纳税人识别号：		销售方信息	名称： 统一社会信用代码/纳税人识别号：

项目名称	产权证书/不动产权证号	面积单位	数量	单价	金额	税率/征收率	税额
合　计							

价税合计（大写）	（小写）

备注	不动产单元代码/网签合同备案编号： 土地增值税项目编号：	不动产地址： 核定计税价格：	跨地（市）标志： 实际成交含税金额：

开票人：

图3-15　不动产销售电子发票

8.不动产经营租赁服务电子发票（如图3-16所示）

图3-16　不动产经营租赁服务电子发票

9.农产品收购电子发票（如图3-17所示）

图3-17　农产品收购电子发票

10.光伏收购电子发票（如图3-18所示）

| 动态
二维码 | 光伏收购 | 电子发票（　　统　发票监制　税　）
国家税务总局
××税务局 | 发票号码：
开票日期： |

| 购买方信息 | 名称：
统一社会信用代码/纳税人识别号： | | 销售方信息 | 名称：
统一社会信用代码/纳税人识别号： |

项目名称	规格型号	单位	数量	单价	金额	税率/征收率	税额
合　计							
价税合计（大写）				（小写）			
备注							

开票人：

图3-18　光伏收购电子发票

11.代收车船税电子发票（如图3-19所示）

| 动态
二维码 | 代收车船税 | 电子发票（　　统　发票监制　税　）
国家税务总局
××税务局 | 发票号码：
开票日期： |

| 购买方信息 | 名称：
统一社会信用代码/纳税人识别号： | | 销售方信息 | 名称：
统一社会信用代码/纳税人识别号： |

项目名称	规格型号	单位	数量	单价	金额	税率/征收率	税额
合　计							
价税合计（大写）				（小写）			

备注	保险单号：	车牌号/船舶登记号：	税款所属期：	车架号：
	代收车船税金额：	滞纳金金额：	金额合计：	

开票人：

图3-19　代收车船税电子发票

12.自产农产品销售电子发票（如图3-20所示）

图3-20 自产农产品销售电子发票

13.差额征税电子发票（差额开票）（如图3-21所示）

图3-21 差额征税电子发票（差额开票）

14. 差额征税电子发票（全额开票）（如图3-22所示）

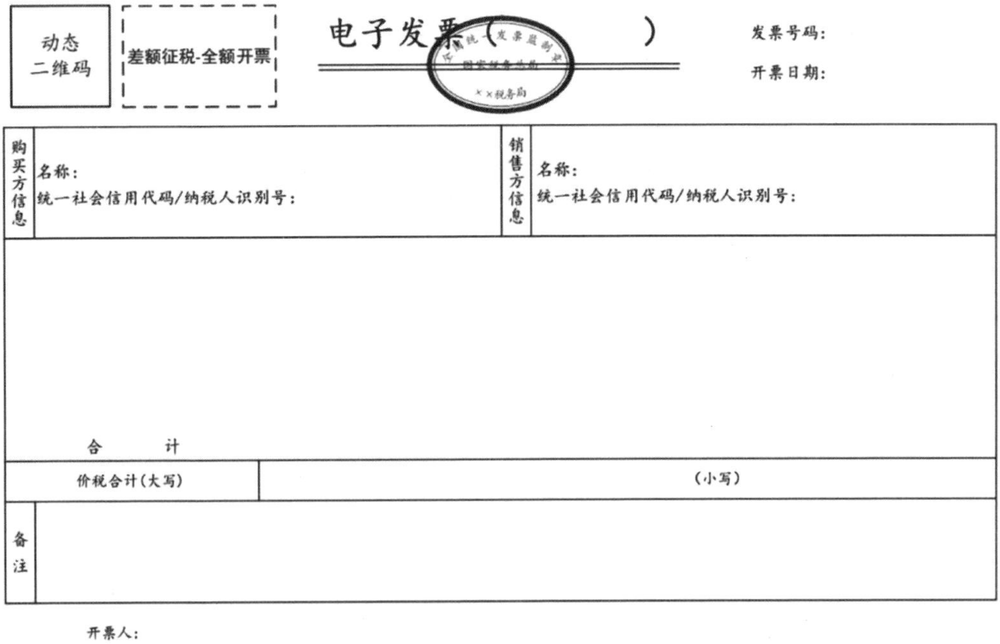

图3-22 差额征税电子发票（全额开票）

15. 成品油电子发票（如图3-23所示）

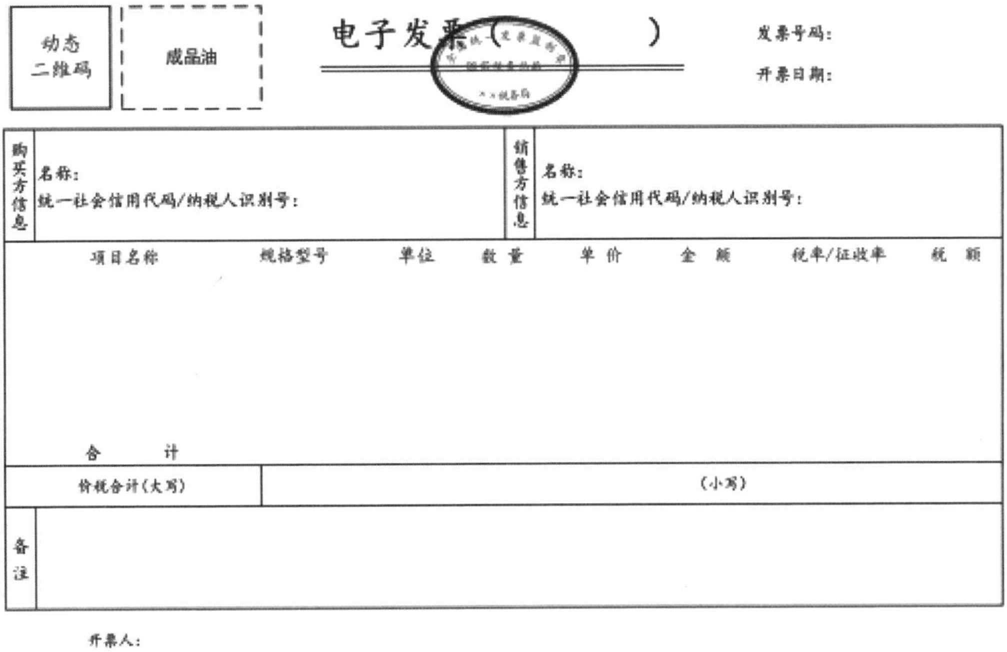

图3-23 成品油电子发票

16.红字发票信息确认单（见表3-1）

表3-1   红字发票信息确认单

销售方	纳税人名称（销方）		购买方	纳税人名称（购方）			
	统一社会信用代码/纳税人识别号（销方）			统一社会信用代码/纳税人识别号（购方）			
开具红字发票确认信息内容	项目名称	数量	单价	金额		税率/征收率	税额
	合计					——	
	一、录入方身份： 1.销售方 □ 2.购买方 □ 二、冲红原因： 1.开票有误 □ 2.销货退回 □ 3.服务中止 □ 4.销售折让 □ 三、对应蓝字发票抵扣增值税销项税额情况： 1.已抵扣 □ 2.未抵扣 □ 对应蓝字发票的代码：_____号码：_____ 四、是否涉及数量（仅限成品油、机动车等业务填写） 涉及销售数量 □ 仅涉及销售金额 □						
红字发票信息确认单编号							

三、开票平台

全面数字化的电子发票开具平台是电子税务局的"电子发票服务平台"。

（一）电子发票服务平台

纳税人需要登录电子税务局，点击"我要办税"→"开票业务"（如图3-24所示），然后通过开票模块选择不同的发票类型，录入开具内容。

图3-24　电子发票服务平台

电子发票服务平台校验通过后，自动赋予发票号码并按不同业务类型生成相应的数电票。需要注意的是，电子发票服务平台提供两种发票开具模式，纳税人可以根据需要选择。

第一种是页面输入模式，即进入页面输入内容完成发票开具。

第二种是扫描二维码模式，纳税人可以通过微信扫描二维码的方式完成发票相关信息预采集。

在开具过程中还有五个便捷功能：

1．"发票草稿"功能

在发票开具过程中，如需暂时保存发票信息，可以选择保存草稿。

2．"销货清单"开具功能

纳税人销售商品种类较多的时候，不再需要开具销货清单，因为数电票的载体为电子文件，无最大开票行数限制，交易项目明细能够在数电票中全部展示。

3．"基础信息维护"功能

纳税人可以通过电子发票服务平台的"基础信息维护"模块来维护项目以及客户的基础信息，不需要每次都手动录入发票的全部票面信息。完成维护后，可在开具发票时选择对应的项目，完成发票信息预填，无须手动录入，减少开票时间。

4．"快捷开票"功能

纳税人可根据实际需求对不同的发票类型、票种标签、特定业务、差额、减按、项目信息、客户信息等内容进行设置，填写完毕后保存为快捷方式，并展示在"蓝字发票开具"二级首页功能的"发票填开"中，后续可直接点击快捷方式进入既定的发票内容页面填写发票信息。

5．"备注"功能

纳税人可以根据所属行业特点和生产经营需要，自行额外增加发票信息，发票备注信息可以在发票开具时直接填写在备注栏，如果超过200字符则通过自定义附加要素录入。

（二）开票员授权

法定代表人、财务负责人可直接使用全电发票相关功能，如需增加其他人员开具全电发票，需要进行开票员授权。

（1）法人、财务负责人或有管理权限的办税员登录省电子税务局网页端，进入首页"我的信息"→"账户中心"→"人员权限管理"→"添加办税人员"，如图3-25所示。

图3-25　账户中心

（2）输入被授权人姓名、证件类型及号码，身份类型选择"开票员"，功能集选择"电票平台"，录入有效期止，点击"确定"，如图3-26所示。

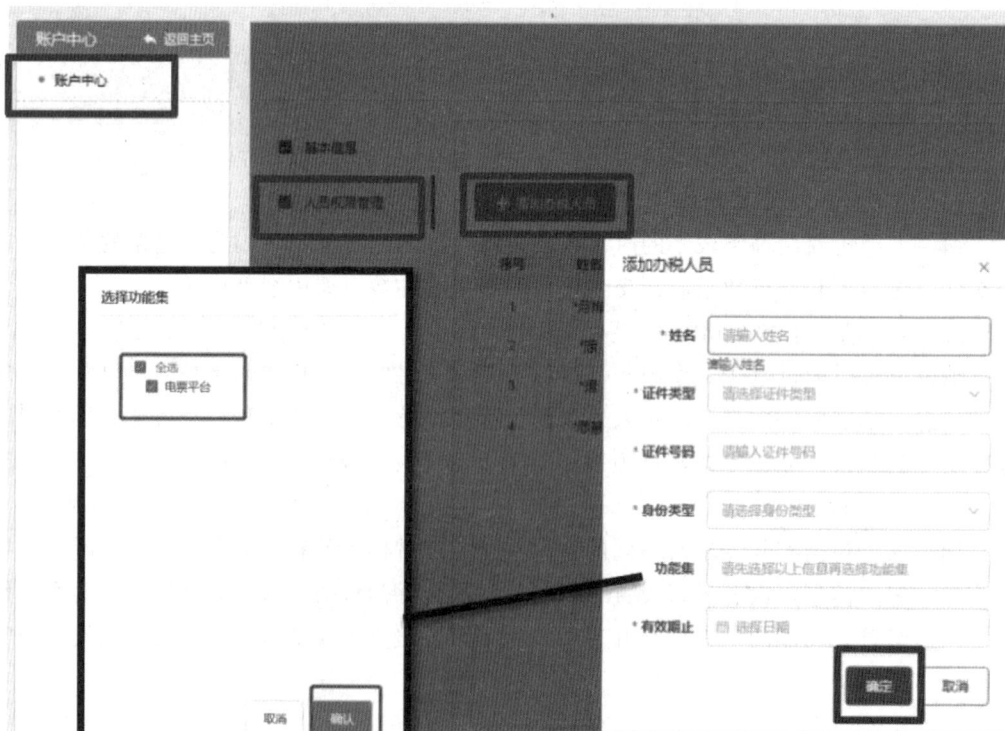

图3-26　添加办税人员

（3）开票员以"个人"身份登录电子税务局，进入"账户中心"→"人员权限管理"，在操作栏点击"确认"，授权成功，如图3-27所示。

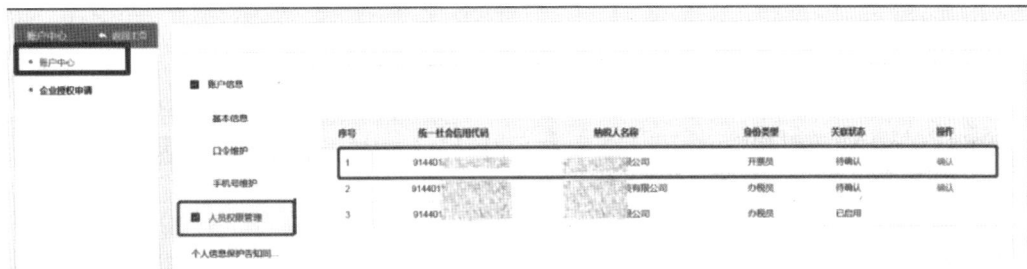

图3-27　人员权限管理

（三）蓝字发票填开

（1）进入路径：省电子税务局→"我要办税"→"开票业务"→"蓝字发票开具"→"立即开票"，如图3-28所示。

图3-28　蓝字发票开具

（2）选择发票票种等信息后，点击"确定"，如图3-29所示。

图3-29　增值税专用发票开具（1）

（3）录入或选择购买方信息、开票项目信息、备注信息（非必录）、经办信息（非必录）后，点击"发票开具"，如图3-30所示。

图3-30 增值税专用发票开具（2）

（4）系统自动进行发票赋码并生成电子发票，显示开票成功提示，发票自动传递至对方税务数字账户，也可进行二维码、邮箱交付或下载操作，如图3-31所示。

图3-31 增值税专用发票开具（3）

（四）红字发票填开

（1）情形一：开票方开具全电发票后，受票方未作用途确认及入账确认的，开票方在电子发票服务平台填开《红字发票信息确认单》后全额开具红字全电发票，无须受票方确认。

登录电子税务局→"我要办税"→"开票业务"→"红字发票开具"；进入红字发票开具的二级首页功能页面，选择"红字发票确认信息录入"，录入相对应的蓝字发票信息后，点击"查询"；在页面点击"提交"，将选中的蓝字发票信息自动带入到页面，《红字发票信息确认单》提交成功后，选择"红字发票开具"，点击对应的确认单，即可开具红字发票，如图3-32至图3-35所示。

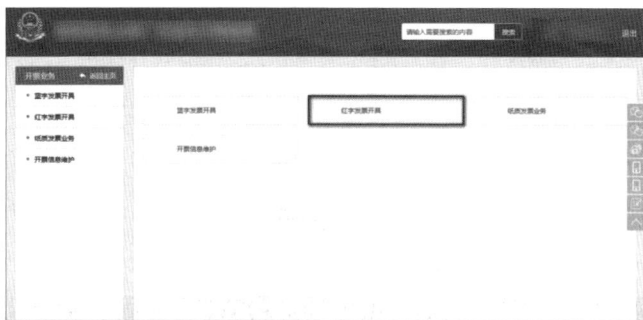

图3-32 红字发票开具（1）

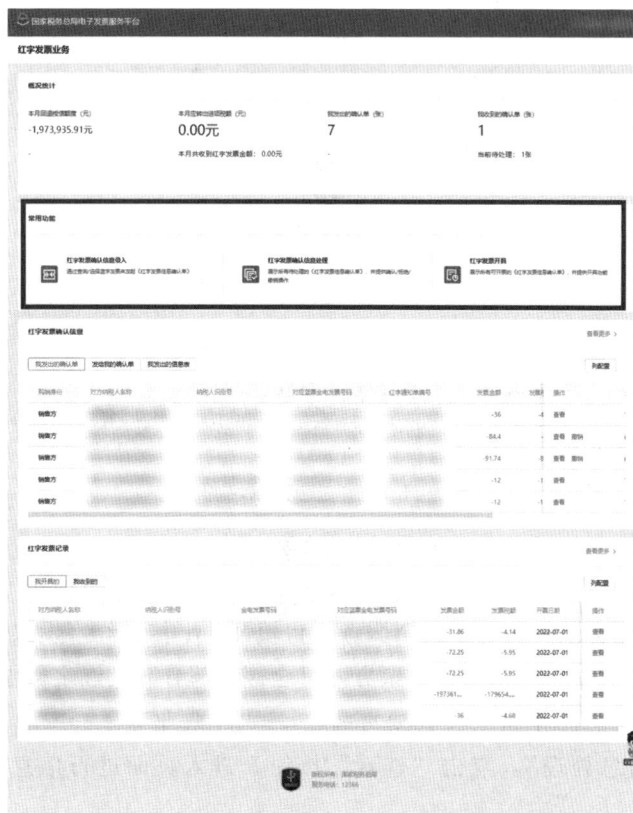

图3-33 红字发票开具（2）

图3-34 红字发票开具（3）

图3-35 红字发票开具（4）

（2）情形二：受票方已进行用途确认或入账确认的，受票方使用"电子发票服务平台"，开票方或受票方均可在电子发票服务平台填开并上传《红字发票信息确认单》，经对方在电子发票服务平台确认后，开票方才可全额或部分开具红字数电发票。

纳税人登录电子税务局→"我要办税"→"开票业务"→"红字发票开具"→"红字发票确认信息处理"。点击"查看"按钮，进入页面进行信息确认，如图3-36至图3-38所示。

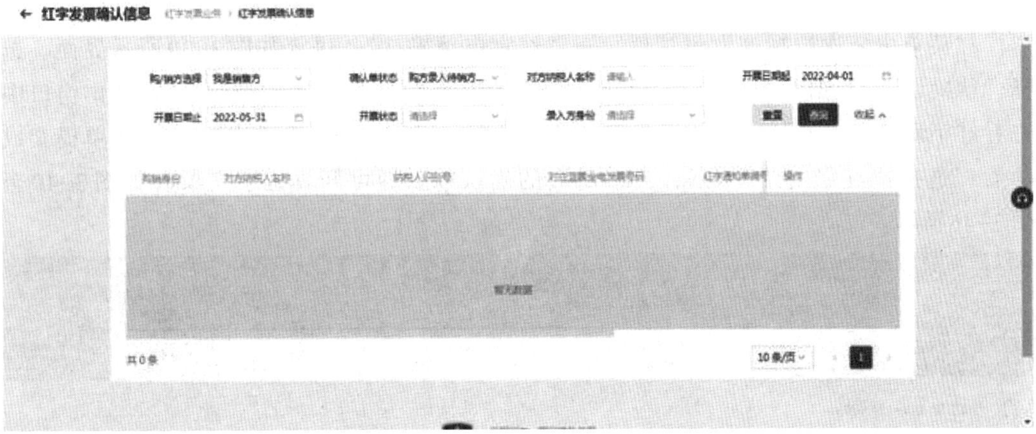

图3-36 红字发票开具（5）

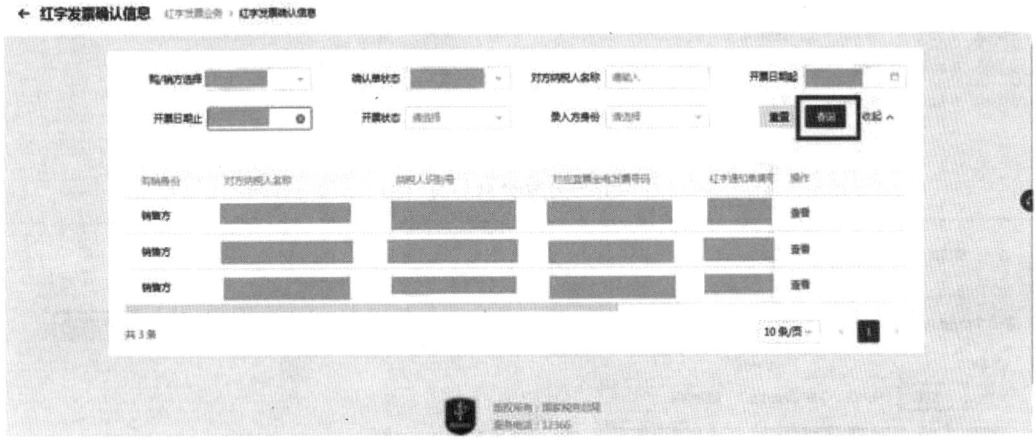

图3-37 红字发票开具（6）

图3-38 红字发票开具（7）

受票方继续使用"增值税发票综合服务平台"，由开票方在电子发票服务平台填开并上传确认单，经受票方在增值税发票综合服务平台确认后，开票方全额或部分开具红字数电发票或红字纸质发票。

在菜单中依次选择"发票管理"→"红字申请确认",进入如图3-39所示界面。选择"待确认",根据发票信息输入发票号码和销方识别号,点击"查询"。在弹出窗口中查看红字发票信息确认单的数据是否正确,向下滑动竖形条,进入界面。确认单提交成功后,选择"红字发票开具",点击对应的确认单,即可开具红字发票,如图3-40至图3-46所示。

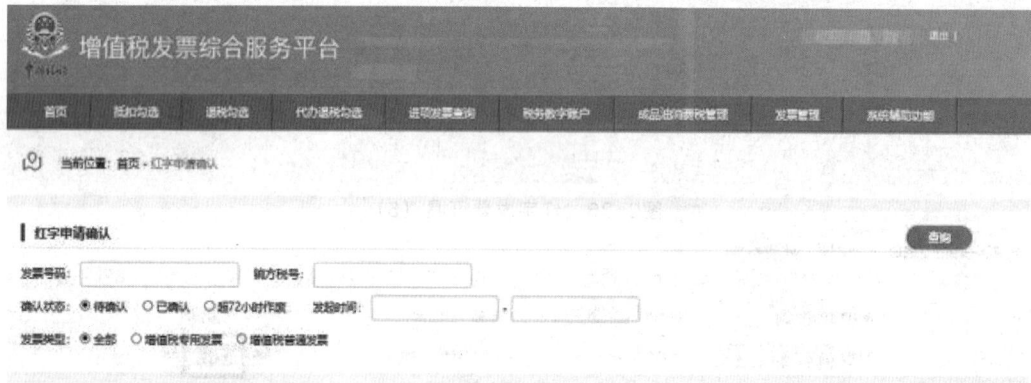

图3-39 红字发票开具(8)

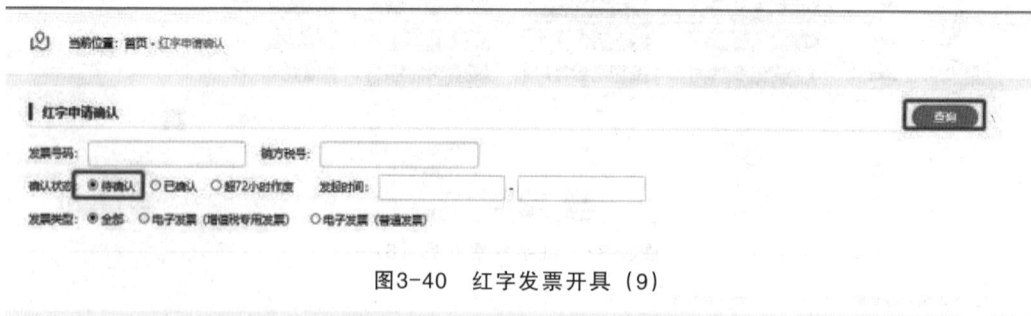

图3-40 红字发票开具(9)

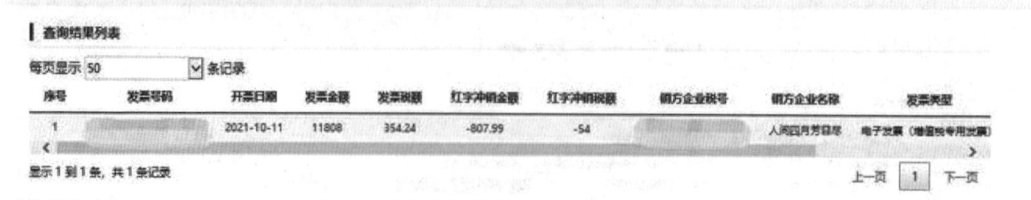

图3-41 红字发票开具(10)

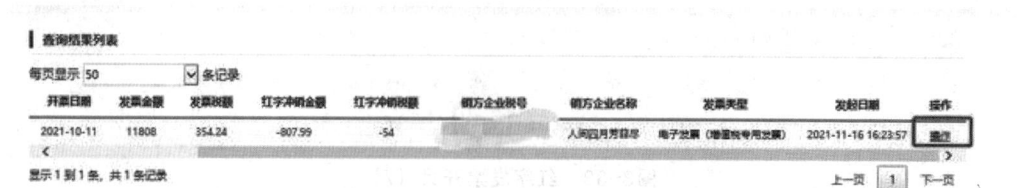

图3-42 红字发票开具(11)

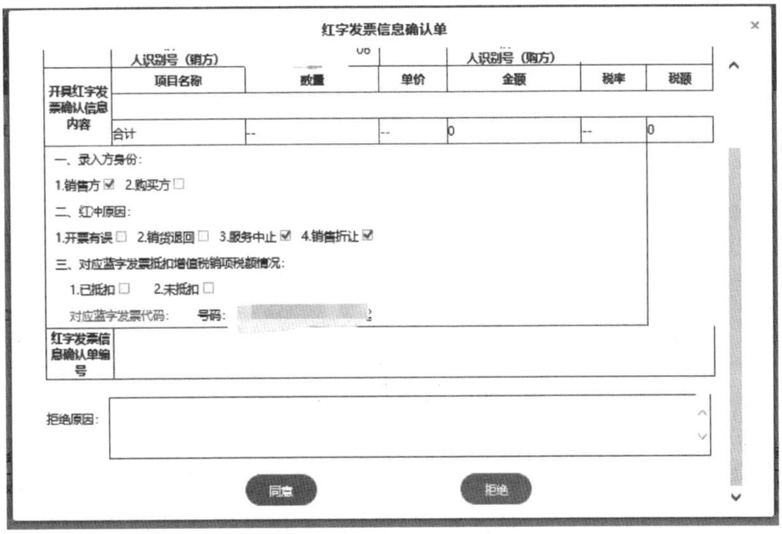

图3-43　红字发票开具（12）

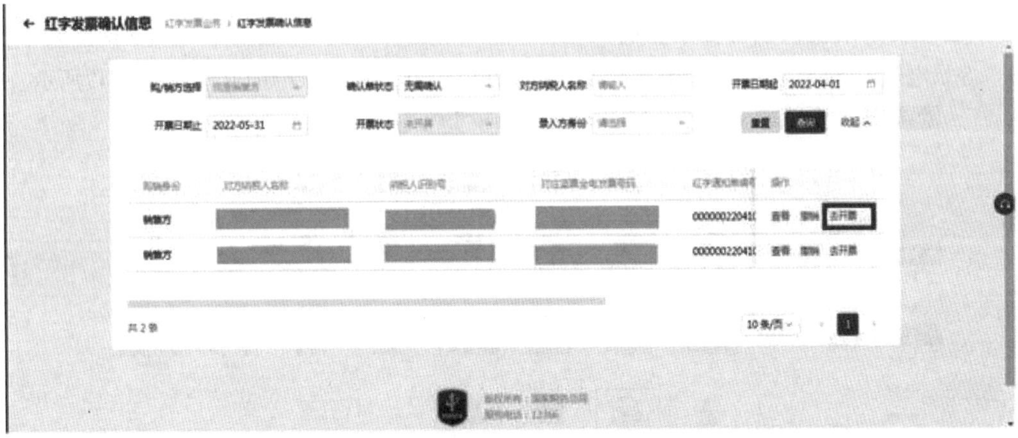

图3-44　红字发票开具（13）

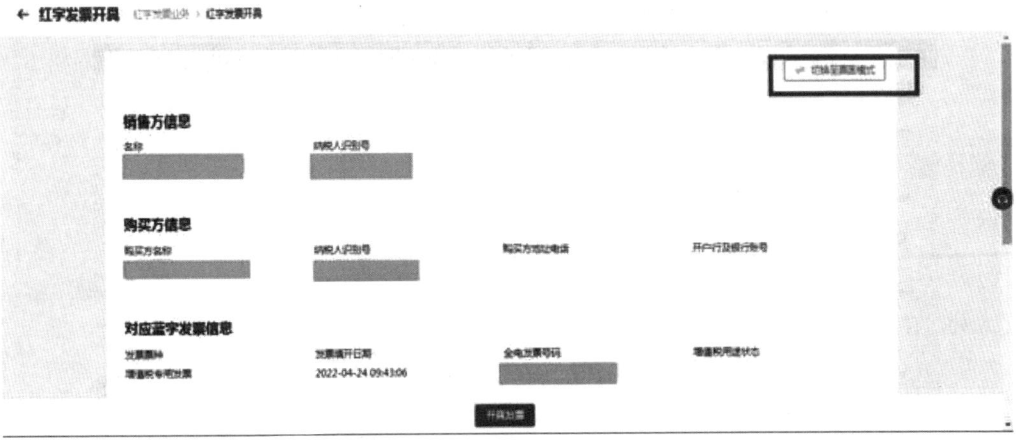

图3-45　红字发票开具（14）

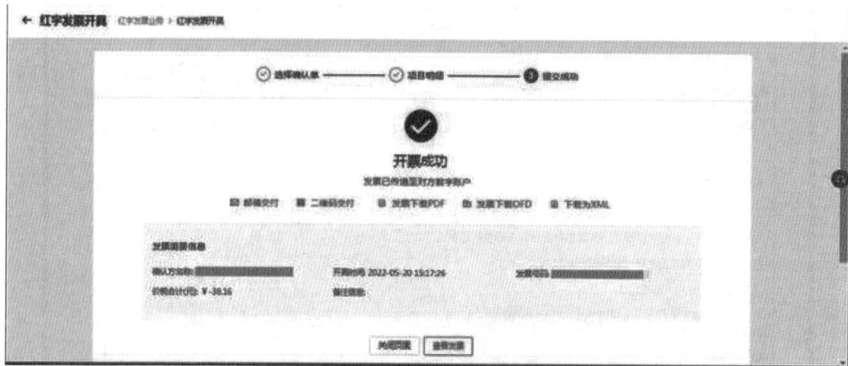

图3-46 红字发票开具（15）

温馨提示：使用全电发票平台开具的发票只能冲红，不能作废；税控开具的普通发票（电子普票和纸质普票），均不能在全电平台发起红字确认信息表；发起的红字发票信息确认单需要对方进行确认，对方超过72小时未进行操作则该红字确认单作废；收购类发票抵扣勾选后发起红字信息无须对方确认，可以直接开具红票。

（五）受票纳税人取得发票和确认

登录电子税务局，功能菜单依次选择"我要办税"→"税务数字账户"，如图3-47所示。

图3-47 我要办税

点击"税务数字账户"→"发票勾选确认"，进入发票勾选确认功能页面，如图3-48所示。

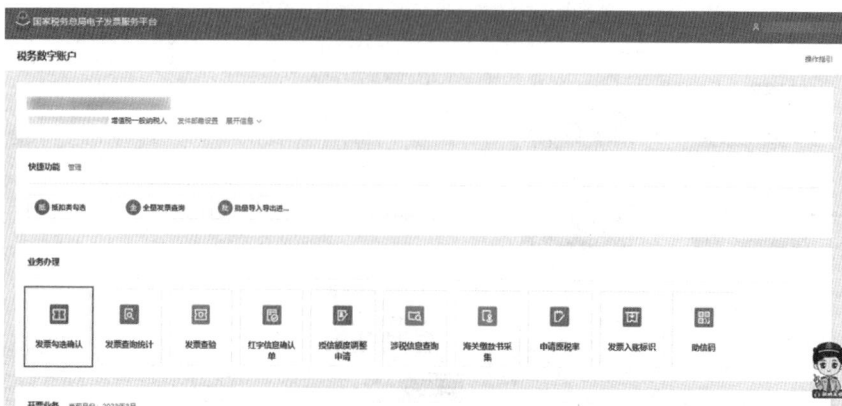

图3-48 发票勾选确认（1）

本页面主要展示"抵扣类勾选""不抵扣勾选""逾期抵扣申请""注销勾选"等功能，如图3-49所示。

图3-49　发票勾选确认（2）

（1）抵扣类勾选。纳税人如需将增值税扣税凭证用于抵扣勾选，应当通过本功能进行操作。

功能菜单依次选择"税务数字账户"→"发票勾选确认"，确定当前税款所属期正确，选择"抵扣类勾选"，进入操作界面，有"发票""海关缴款书""代扣代缴完税凭证"三个页签，如图3-50和图3-51所示。

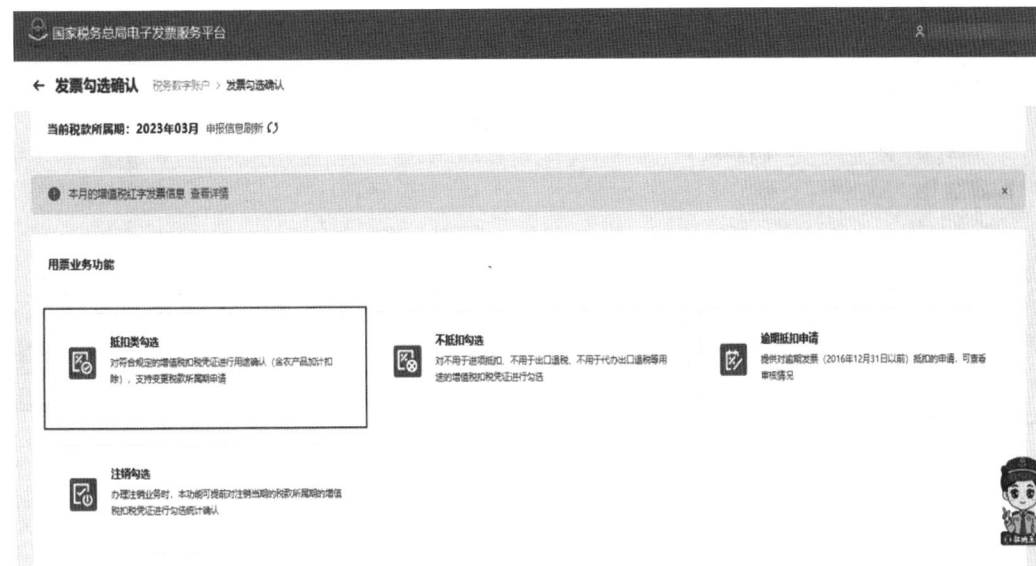

图3-50　发票勾选确认（3）

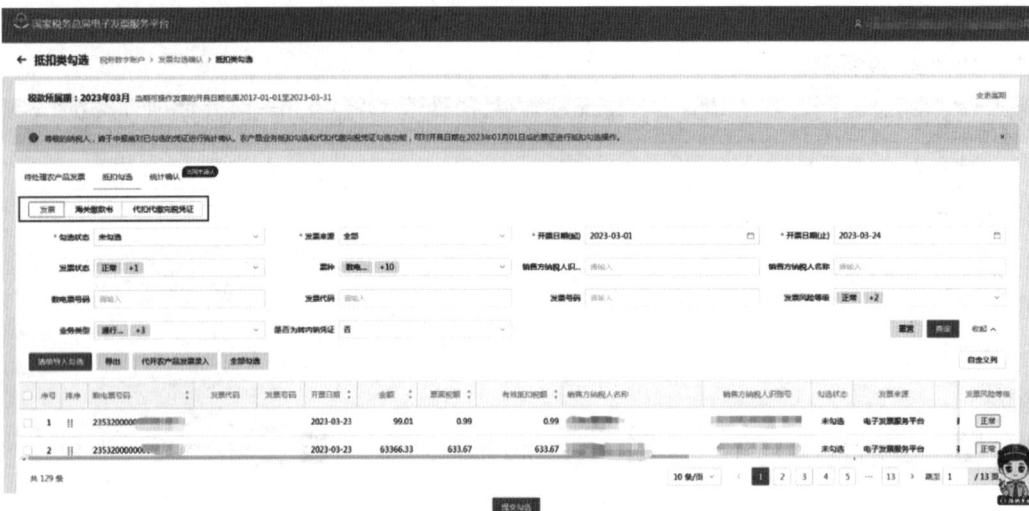

图3-51　发票勾选确认（4）

发票勾选：在"发票"页签下，勾选状态选择"未勾选"，根据需要输入或选择相关查询条件，点击"查询"按钮，在勾选操作区显示符合查询条件的发票，如图3-52所示。

图3-52　发票勾选确认（5）

注意：管理状态为"疑点发票"的发票显示黄色，勾选该类发票时系统将进行相应提示，请谨慎勾选。

选择要勾选的发票信息，点击"提交勾选"按钮，点击"确认"后提示提交成功即完成操作，如图3-53所示。

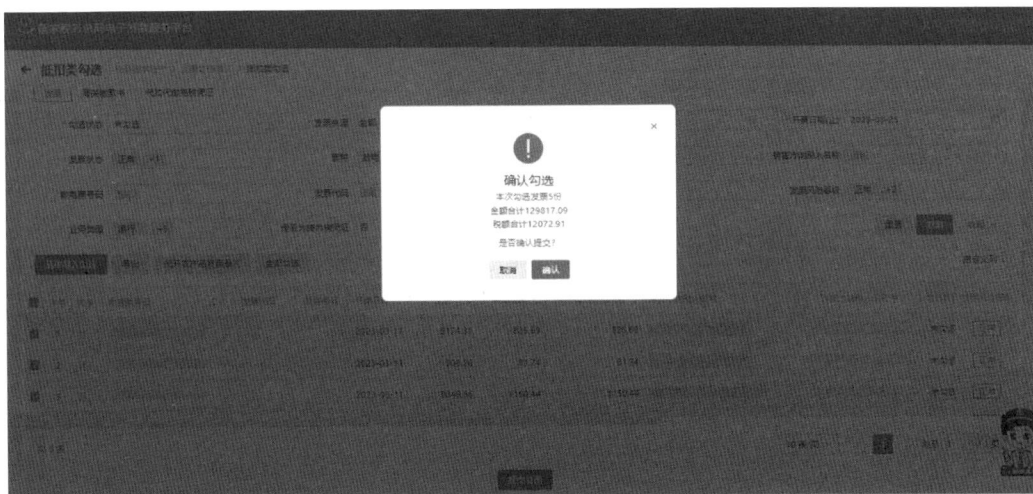

图3-53　发票勾选确认（6）

发票撤销勾选：勾选状态选择"已勾选"，输入或选择相关查询条件，点击"查询"按钮，可查询当前税款所属期已勾选的发票。勾选要撤销的发票信息，点击"撤销勾选"按钮，提示提交成功即完成操作，如图3-54所示。

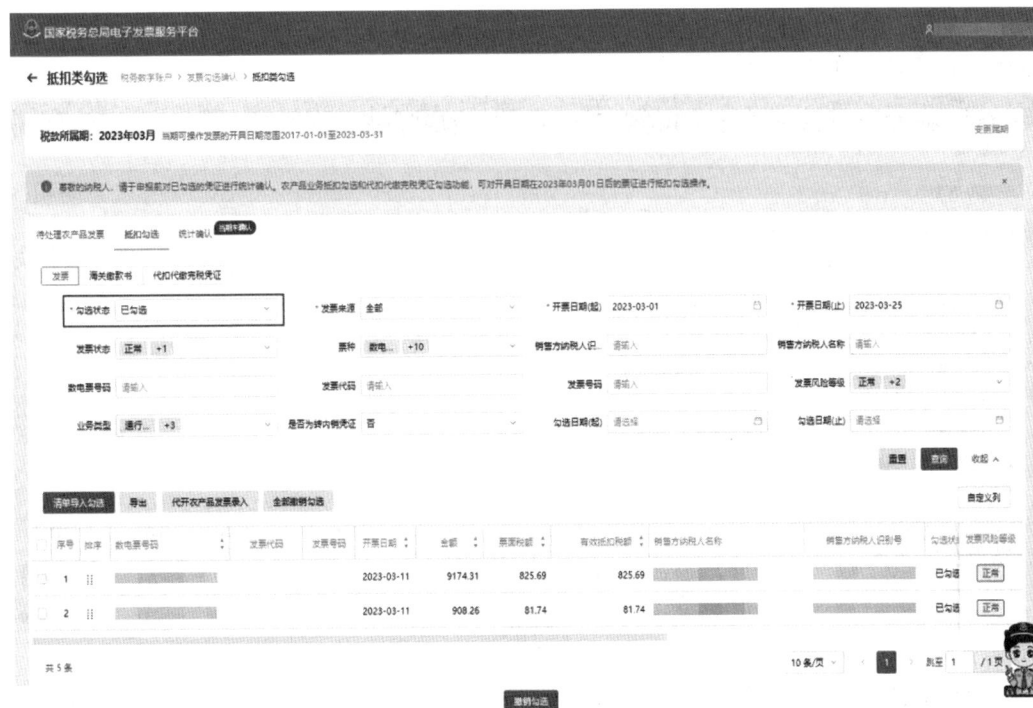

图3-54　发票勾选确认（7）

发票勾选完成后进入统计确认环节：

依次点击"税务数字账户"→"发票勾选确认"→"抵扣类勾选"→"统计确认"，如图3-55所示。

图3-55　发票勾选确认（8）

如果当前税款属期还未生成勾选结果的统计报表，纳税人可点击"申请统计"按钮进行统计。申请统计提交后系统将对纳税人勾选结果进行实时统计。

变更属期：当纳税人符合变更税款所属期操作条件时，纳税人可切换至上一税款所属期，如还存在上一属期未申报的，可逐期变更税款所属期，以便纳税人回到对应属期进行抵扣勾选，如图3-56所示。

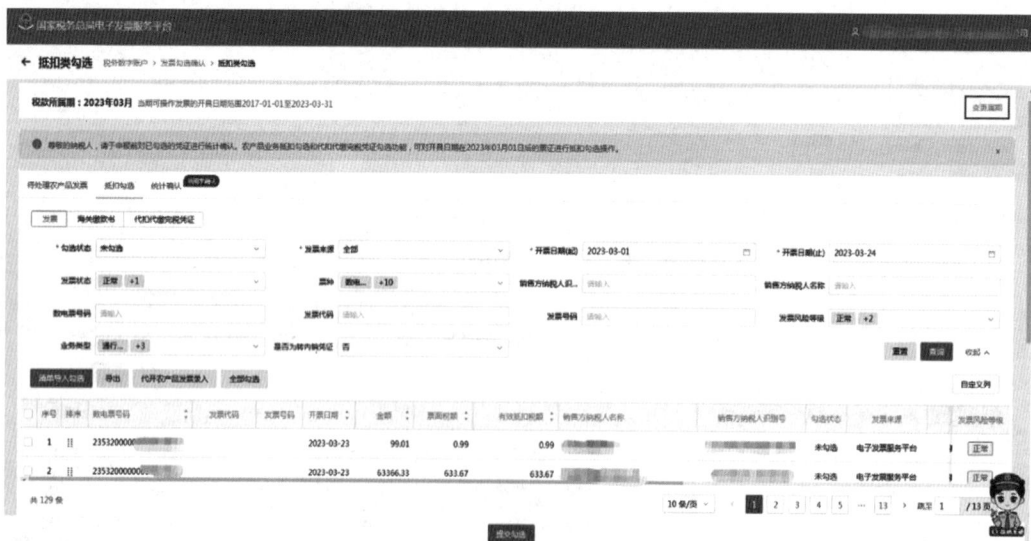

图3-56　发票勾选确认（9）

（2）不抵扣勾选。本功能主要是提供按照税款所属期查询和逐票勾选（支持同时勾选多份发票）的操作，实现纳税人选择相应申报期内用于申报不抵扣的增值税进项发票清单数据、海关缴款书和代扣代缴完税凭证的功能。

功能菜单依次选择"税务数字账户"→"发票勾选确认"→"不抵扣勾选"，如图3-57所示。

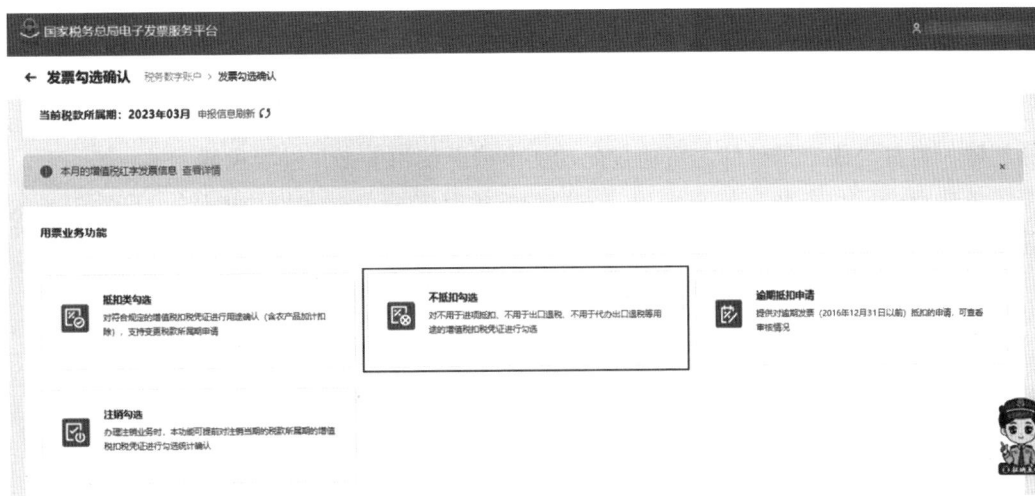

图3-57 发票不抵扣勾选（1）

将勾选状态设置为"未勾选"，选择或输入查询条件，点击查询，选择不需要抵扣的发票（海关缴款书、代扣代缴完税凭证）信息，不抵扣原因选择"添加"，选择"不抵扣原因"，点击"确定"，点击"提交勾选"按钮，完成不抵扣勾选，如图3-58和图3-59所示。

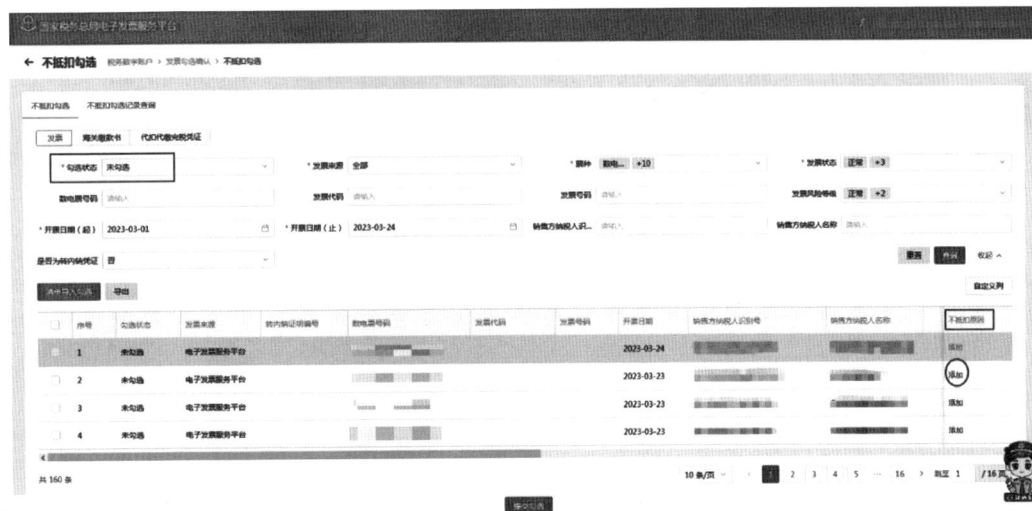

图3-58 发票不抵扣勾选（2）

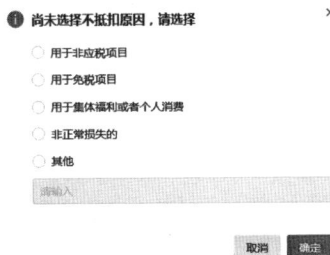

图3-59 发票不抵扣勾选（3）

将勾选状态设置为"已勾选",同样可以进行不抵扣撤销勾选操作。

（3）逾期抵扣申请。纳税人取得2016年12月31日及以前开具的增值税专用发票、海关进口增值税专用缴款书、机动车销售统一发票，超过认证确认、稽核比对、申报抵扣期限，但符合规定条件的，可通过此功能申请继续用于抵扣进项税额。

依次点击"税务数字账户"→"发票勾选确认"→"逾期抵扣申请"。可手工录入需要进行逾期抵扣的发票、海关缴款书信息，如图3-60至图3-62所示。

图3-60　逾期抵扣申请（1）

图3-61　逾期抵扣申请（2）

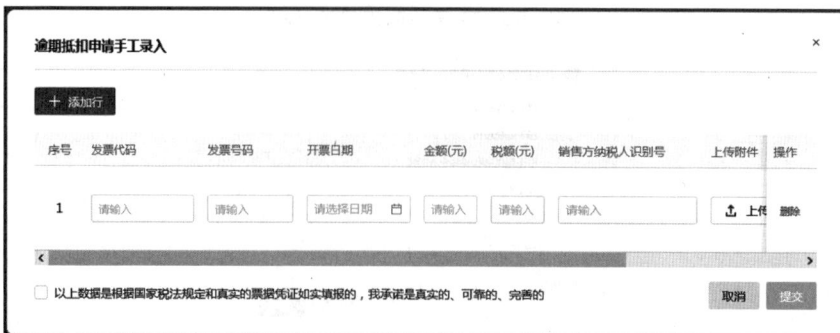

图3-62　逾期抵扣申请（3）

（4）注销勾选。通过注销勾选功能确认当月属期是否需要进行统计确认操作，如果进行统计确认操作，则抵扣勾选完毕后，可以通过统计确认功能进行汇总统计与统计确认。

功能菜单依次选择"我要办税"→"税务数字账户"→"发票勾选确认"→"注销勾选"，如图3-63和图3-64所示。

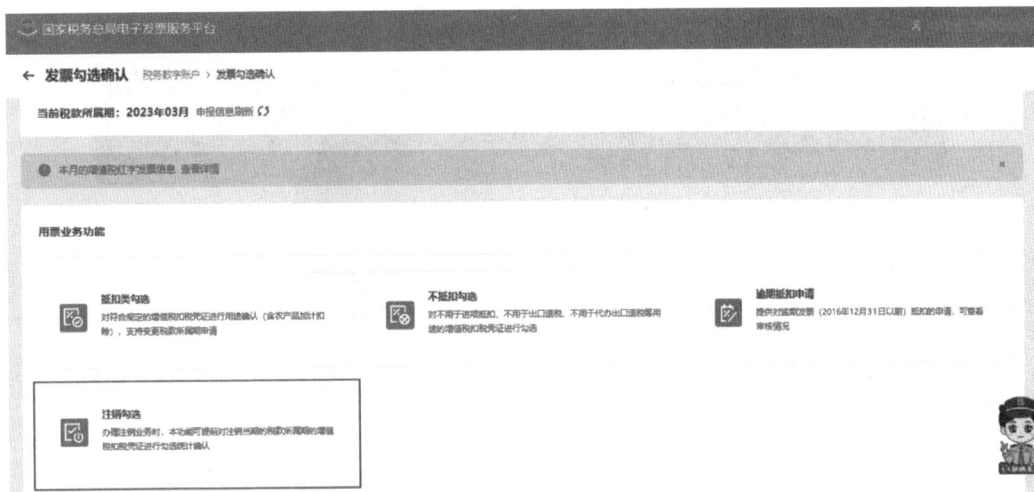

图3-63 注销勾选（1）

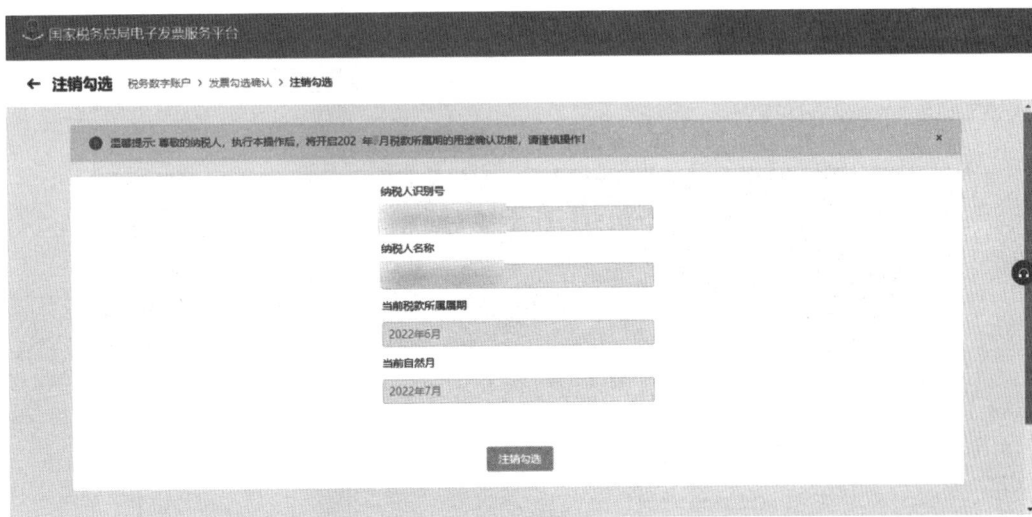

图3-64 注销勾选（2）

点击"注销勾选"按钮，显示"尊敬的纳税人，执行本操作后，您将开启××××年×月税款所属期的用途确认操作，是否继续？请谨慎操作"，点击"是"则操作成功，点击"否"则中止操作。

操作后跳转到抵扣类勾选业务界面，可进行统计确认。

（六）全电发票查验途径

单位和个人可以通过全国增值税发票查验平台（https://inv-veri.chinatax.gov.cn）查验全电发票信息。可以手动输入发票代码及发票号码等基本信息，也可以直接导入。

进入全国增值税发票查验平台。若您为首次查验，需先安装根证书。点击"左侧引导栏"，选择"自动安装"，根据网页提示的步骤进行安装操作（如图3-65至3-67所示）。安装完毕后，重新进入全国增值税发票查验平台，在右侧查验区域，填写您此次要查验的发票信息，点击"查验"。此外，您还可以选择扫描、导入等查验方式。

图3-65　全国增值税发票查验平台（1）

图3-66　全国增值税发票查验平台（2）

图3-67 全国增值税发票查验平台（3）

也可以登录国家电子税务局"各省市税务局"，依次点击"我要办税"→"税务数字账户"，点击"发票查验"进入发票查验界面，就可以选择单张查验和批量查验了。

四、数电票的报销、入账和归档

单位收到的凭证确属电子会计凭证的，无论是否收到电子会计凭证的纸质打印件，均应当主动向开票单位索取电子格式的会计凭证。同时，在进行会计处理时，使用电子会计凭证的纸质打印件作为报销入账归档依据的，必须同时保存该纸质打印件的电子会计凭证原件，即必须保存OFD源文件。拍照、截图、扫描等电子影像件属于电子副本文件，并不是电子会计凭证原件，不能仅以电子副本文件报销入账归档。

（1）电子发票、电子凭证的获取和存储：企业通过邮箱下载、税务局网站下载等渠道获取数电票数字签名的XML数据文件。

（2）票据存储：将获取的数电票存储至发票池，如图3-68所示。对于无报账系统（如报销系统或发票池）支撑文件获取和存储的企事业单位，建议由员工手工下载至本地存储。

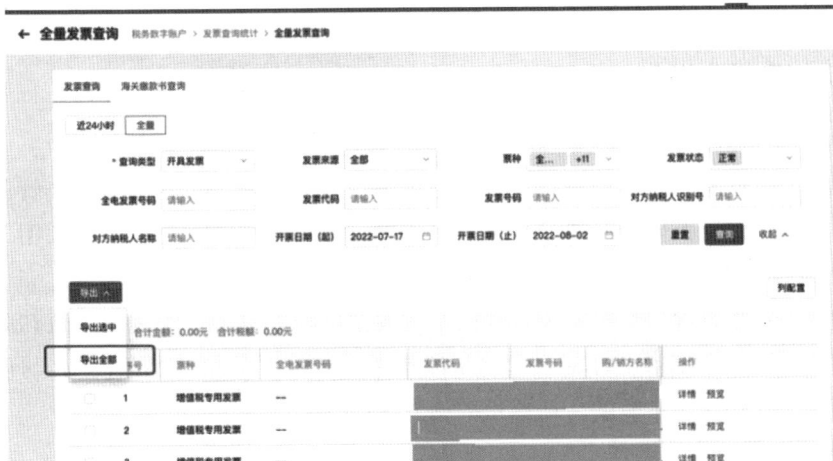

图3-68 发票导出

（3）文件验签、发票验真：在进行报销入账之前，企业需对接收的带数字签名的XML格式的数电票遵从现有的税收征管要求进行发票查验，以保证发票的真实性。只有查验成功的发票才可报销入账，企业记录发票的验真、验签信息。

（4）解析XML文档：自行或调用财政部提供的免费电子凭证工具包解析接收的XML文件，并存入发票池。

（5）查看数电票是否是增值税专票，如果是专票，则进行①和②处理。

① 发票抵扣：数电票关联的业务入账后，依据税务总局的要求进行抵扣处理，抵扣确认后保存到发票池，记录发票的抵扣信息。

② 进项转出：发票进行抵扣后，企业根据发票用途的转变，进行进项转出处理，并将发票转出信息记录到发票池。

（6）资金支付：对于需要付款类业务，可以由资金系统进行业务处理审批后完成资金支付。信息化较好的企业单位按数电票标准的要求根据银行回单填写电子凭证支付状态信息。

（7）会计记账：核算系统根据报销业务信息、数电票的电子凭证信息，同时按照数电票标准的要求填写电子凭证状态信息。

（8）归档准备：企业可设定归档前的文件生成准备时机，自行或借助财政部的免费工具包生成电子凭证-入账信息结构化数据文件，并将记账凭证、报销单、数电票含有数字签名的XML格式电子文件、电子凭证入账信息结构化数据文件等文件打包形成电子会计凭证文件。

（9）会计资料归档：单位需按照财政部的监管要求，按照财政部、国家档案局《会计档案管理办法》（财政部 档案局令第79号）和《关于规范电子会计凭证报销入账归档的通知》（财会〔2020〕6号）的相关要求，参考《电子会计档案管理规范》（DA/T 94—2022）和《行政事业单位一般公共预算支出财务报销电子会计凭证档案管理技术规范》（DA/T 95—2022），将上述电子会计凭证文件进行归档，以备财政部相关监管部门查验。

五、全面数字化电子发票的变化

（一）开票前置环节不同

开票前，税控电子发票需进行票种核定申请，需申领税控设备，需向主管税务机关领用。数电票相较税控电子发票，无须进行税控设备申领，无须进行发票领用。

（二）发票开票限制不同

税控电子发票数量和票面限额管理同纸质发票一样，只能在给定的份数和限额内开具发票。纳税人需要依申请才能对发票增版增量。数电票采用"赋额制"，纳税人可在给定的总额度内开具任意额度与任意份数的发票。

（三）票面展示内容不同

数电票票面更加简洁，数电票删除了税控电子发票票面上的地址栏、银行账户账号栏、发票代码、开票人及密文区，购买方和销售方信息并列展示，更加直观；税控电子发票与数电票发票号码位数不同，数电票号码为20位，含年度、行政区划代码、开具渠道、顺序编码等信息，税控电子发票号码为8位，按年度、分批次编制，取消了校验码、收款人、复核人、销售方（章）；发票密码区不再展示发票密文。

税控电子发票项目有8行的限制，数电票取消了该限制，因而废除了税控电子发票清单开票模式。

数电票特定业务会影响发票展示内容，不同的特定业务展示的发票票面内容不同。

数电票将原备注栏中手工填列、无法采集的内容，设置为固定可采集、可使用的数据项，并展示于票面上。

（四）发票开具平台不同

税控电子发票在公共服务平台上开具，可以离线开票。数电票在电子发票服务平台上开具，仅允许纳税人在线开票，无须进行发票验旧操作。

（五）发票种类构成不同

税控电子发票仅包括增值税电子普通发票和增值税电子专用发票。通过标签化要素化，数电票设计了显性标签和特定要素，将"7+10"种制式发票统一为电子发票，其不仅涵盖了增值税发票，也囊括了机动车发票、二手车发票、航空运输客票电子行程单、铁路电子客票、医疗发票等普通发票，其内涵与外延较之税控电子发票更加丰富。（注意：电子发票服务平台暂不支持开具机动车（含二手车）、通行费等特定业务数电票，其上线时间另行公告）

（六）发票交付手段不同

税控电子发票开具后，开票方需将发票电子数据版式文件（OFD等）通过邮件、短信等方式人工交付给受票方。数电票开具后，发票电子数据文件自动发送至开票方和受票方的税务数字账户，便利交付入账，减少人工收发；并可对各类发票数据进行自动归集，发票数据使用更高效便捷。

（七）版式文件格式不同

税控电子发票电子数据版式文件格式为OFD等格式。数电票电子数据文件增加了国际通行的XML纯数据电文格式，同时保留了OFD、PDF等格式。

六、全面数字化的电子发票的优点

（一）领票流程更简化

开业开票"无缝衔接"。数电票实现"去介质"，纳税人不再需要预先领取税控专用设备；通过"赋码制"取消特定发票号段申领，发票信息生成后，系统自动分配唯一的发票号码；通过"赋额制"自动为纳税人赋予开具金额总额度，实现开票"零前置"。基于此，新办纳税人可实现"开业即可开票"。

（二）开票用票更便捷

一是发票开具渠道更多元。电子发票服务平台全部功能上线后，纳税人可以通过电脑网页端开具数电票。

二是"一站式"服务更便捷。纳税人登录电子发票服务平台后，可进行发票开具、交付、查验以及勾选等系列操作，享受"一站式"服务，无须再登录多个平台完成相关操作。

三是发票数据应用更广泛。通过"一户式""一人式"发票数据归集，加强各税费数据联动，为实现"一表集成"式税费申报预填服务奠定数据基础。

四是满足个性业务需求。数电票破除特定格式要求，增加了XML的数据电文格式，便利交付，同时保留PDF、OFD等格式，降低发票使用成本，提升纳税人用票的便利度和获得感。数电票样式根据不同业务进行差异化展示，为纳税人提供更优质的个性化服务。

五是纳税服务渠道更畅通。电子发票服务平台提供征纳互动相关功能，如增加智能咨询，纳税人在开票、受票等过程中，平台自动接收纳税人业务处理过程中存在的问题并进行智能答疑；增设异议提交功能，纳税人对开具金额总额度有异议时，可以通过平台向税务机关提出。

（三）入账归档一体化

通过制发电子发票数据规范、出台电子发票国家标准，实现数电票全流程数字化流转，进一步推进企业和行政事业单位会计核算、财务管理信息化。

七、全面数字化的电子发票的常见问题

（1）试点纳税人通过什么渠道可以进行数电票信息的查验？

答：单位和个人可以通过全国增值税发票查验平台（https://inv-veri.chinatax.gov.cn）查验数电票信息。同时，试点纳税人还可以通过电子发票服务平台查验数电票信息。

（2）数字化电子发票的试点纳税人，登录电子税务局之后看不到"开票业务"模块，如何处理？

答：如未找到"开票业务"模块，请先检查当前登录身份，如是法定代表人、财务负责人、开票员可以默认使用"开票业务"，如为办税员需由法定代表人或财务负责人为其勾选数电发票业务权限。如登录人员有多身份，可通过"我的信息"→"账户中心"→"身份切换"→"企业办税"进行身份切换。如需调整办税员权限或新增开票员，可通过"用户中心"→"账户中心"→"人员权限管理"来进行操作。注意：新添加的开票员需通过"自然人登录"方式登录电子税务局，在"用户中心"→"账户中心"→"企业授权管理"→"待确认授权"页面进行确认。

（3）试点纳税人开具全电发票的流程是怎样的？

答：试点纳税人登录电子发票服务平台后，通过开票业务模块，选择不同的发票类型，录入开具内容，电子发票服务平台校验通过后，自动赋予发票号码并按不同业务类型生成相应的全电发票。

（4）试点纳税人需要用什么开票软件开具数电发票？

答：试点纳税人通过实名认证后，无须使用税控专用设备即可通过电子发票服务平台开具数电发票，无须进行发票验旧操作。

（5）新办纳税人可以通过电子发票服务平台开具哪些类型的发票？

答：电子发票服务平台支持开具数电票、纸质专票和纸质普票。

新办试点纳税人通过实名验证后，无须使用税控专用设备即可通过电子发票服务平台开具数电票、纸质专票和纸质普票，无须进行发票验旧操作。其中，数电票无须进行发票领用。

（6）试点纳税人使用增值税纸质发票有何规定？

答：试点纳税人可以选择电子发票服务平台或者增值税发票管理系统其中之一开具纸质专票或纸质普票。其中，试点纳税人选择通过电子发票服务平台开具纸质专票或纸质普票，其票种核定、发票领用、发票作废、发票缴销、发票退回、发票遗失损毁等事项仍然按照原规定和流程办理。

（7）数电发票可以申请由税务机关代开吗？

答：不可以，目前税务机关暂不为纳税人代开数电票。

（8）试点纳税人销售商品开具数电发票，如果商品种类较多是否需要开具销货清单？

答：数电发票的载体为电子文件，无最大开票行数限制，交易项目明细能够在全电发票中全部展示，无须开具销货清单。

（9）试点纳税人如何通过电子发票服务平台发起红冲？

答：试点纳税人可登录电子税务局功能菜单，依次选择"开票业务"→"红字发票开具"，或者通过"税务数字账户"→"红字信息确认单"，进入红字发票开具的二级首页功能页面，在主页（红字发票开具页面）常用功能模块中点击"红字发票开具"。

（10）试点纳税人发现当月开具的一张数电票金额填错了，可以作废吗？

答：不可以。数电发票一旦开具无法作废，如果发生开具有误的情形，需要开具红字数电发票冲红

（11）试点纳税人哪种情况下可以申请开通临时开具原适用税率全面数字化的电子发票权限？

答：试点纳税人属于以下四种情形，可以向税务机关申请临时开具原适用税率全电发票权限。①一般纳税人在税率调整前开具的发票有误需要重新开具，且已按照原适用税率开具了红字发票，现重新开具正确的蓝字发票。②一般纳税人在税率调整前发生增值税应税销售行为，且已申报缴纳税款但未开具增值税发票，现需要补开原适用税率增值税发票。③转登记纳税人在一般纳税人期间开具的适用原税率发票有误需要重新开具，且已按照原适用税率开具了红字发票，现重新开具正确的蓝字发票。④转登记纳税人在一般纳税人期间发生增值税应税销售行为，且已申报缴纳税款但未开具增值税发票，现需要补开原适用税率增值税发票。

|第三节| 发票开具实验

一、实验目的和要求

实验目的：了解购买发票的操作步骤和各种业务情况下开具各种发票的操作方法。

实验要求：完成发票购入、开具发票操作。

实验流程如3-69所示。

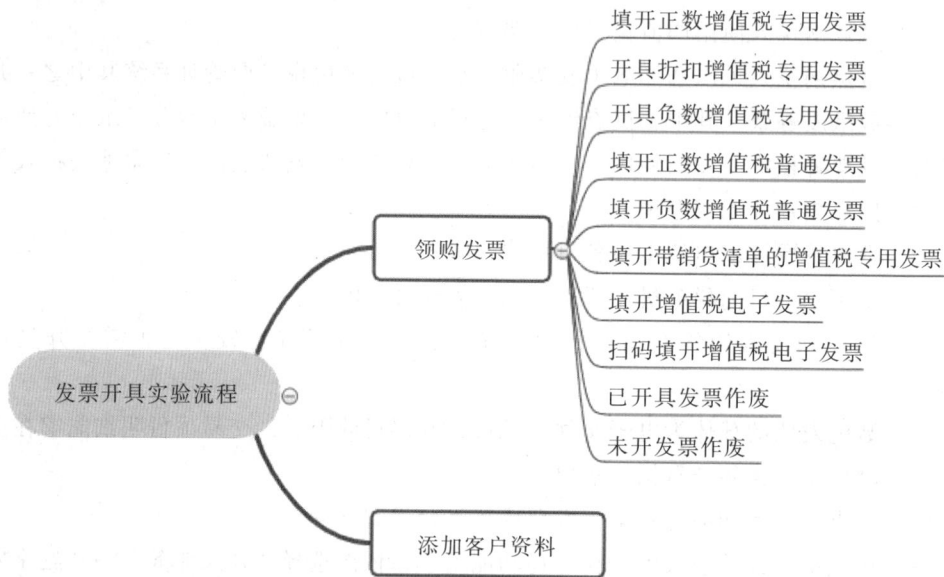

图3-69 发票开具实验流程

二、实验知识准备

1.企业购买税控专用设备后，应先携带税控专用设备到税务机关进行税控专用设备发行，将企业基本信息、税种认定情况、开票最高限额等信息写入税控专用设备，并获取税控专用设备数字证书和证书密码后方能使用。

2.企业去税务局办理完成税控专用设备发行后，在企业的电脑安装税控开票系统，安装完成后通过USB接口插入税控专用设备即可使用。企业日常购票时，带（主）开票机专用设备到税务机关购票，税务机关根据情况决定是否向企业售票。

3.企业购票回来后，将税控专用设备插入电脑USB接口，执行"发票读入"操作，将购买发票的起止号读入到开票系统中，才可正式开具发票。

4.企业有主分开票机时，先用主开票机的专用设备到税务机关去购票，将所购发票的起止号码读入主开票机，然后由主开票机将发票的号码分配到各分开票机的专用设备上，再读入各分开票机。

5.税务端发售的电子发票种类包括增值税专用发票、增值税普通发票、机动车销售统一发票、增值税普通电子发票、增值税普通发票（卷式）、货物运输业专用发票等，使用时需加以区分。

6.增值税专用发票使用范围：一般纳税人销售货物或者提供应税劳务时，应向购买方开具专用发票。商业企业一般纳税人零售的烟、酒、食品、服装、鞋帽（不包括劳保专用部分）、化妆品等消费品不得开具专用发票。增值税小规模纳税人需要开具专用发票的，可向主管税务机关申请代开。增值税小规模纳税人（其他个人除外）发生增值税应税行为，需要开具增值税专用发票的，可以自愿使用增值税发票管理系统自行开具。选择自行开具增值税专用发票的小规模纳税人，税务机关不再为其代开增值税专用发票。销售免税货物不得开具专用发票，法律法规及国家税务总局另有规定的除外。

7.增值税专用发票开具要求：①项目齐全，与实际交易相符；②字迹清楚，不得压线、错格；③发票联和抵扣联加盖发票专用章；④按照增值税纳税义务的发生时间开具。对不符合上列要求的专用发票，购买方有权拒收。一般纳税人销售货物或者提供应税劳务可汇总开具专用发票。汇总开具专用发票的，要同时使用税控开票系统开具"销售货物或者提供应税劳务清单"，并加盖财务专用章或者发票专用章。

8.纳税人在开具专用发票当月，发生销货退回、开票有误等情形，收到退回的发票联、抵扣联符合作废条件的，按作废处理；开具时发现有误的，可及时作废。作废专用发票须在防伪税控开票系统中将相应的数据电文按"作废"处理，在纸质专用发票（含未打印的专用发票）各联次上注明"作废"字样，全联次留存。作废条件需要同时满足以下三点：①收到退回的发票联、抵扣联时间未超过销售方开票当月；②销售方未抄税并且未记账；③购买方未认证或者认证结果为"纳税人识别号认证不符""专用发票代码、号码认证不符"。增值税电子发票开具后不能作废。纳税人开具电子发票后，如发生销货退回、开票有误、应税服务中止等情形的可以开具红字增值税电子普通发票。成品油专用发票开具后不能作废。开具成品油专用发票后，发生销货退回、开票有误以及销售折让等情形的，应按规定开具红字成品油专用发票。已经认证的增值税专用发票不能作废。已抄税发票不能作废。跨月发票不能作废。发票联次不齐全的不能作废。

9.开具红字增值税专用发票信息表要注意：情形一：购买方申请开具。①购买方取得专用发票已用于申报抵扣的，购买方可在增值税发票管理新系统中填开并上传"开具红字增值税专用发票信息表"（以下简称"信息表"），在填开"信息表"时不填写相对应的蓝字专用发票信息，应暂依"信息表"所列增值税税额从当期进项税额中转出，待取得销售方开具的红字专用发票后，与"信息表"一并作为记账凭证。②购买方取得专用发票未用于申报抵扣，但发票联或抵扣联无法退回的，购买方填开"信息表"时应填写相对应的蓝字专用发票信息。情形二：销售方申请开具。销售方开具专用发票尚未交付购买方，以及购买方未用于申报抵扣并将发票联及抵扣联退回的，销售方可在新系统中填开并上传"信息表"。销售方填开"信息表"时应填写相对应的蓝字专用发票信息。主管税务机关通过网络接收纳税人上传的"信息表",系统自动校验通过后,生成带有"红字发票信息表编号"的"信息表",并将信息同步至纳税人端系统中。销售方凭税务机关系统校验通过的"信息表"开具红字专用发票,在新系统中以销项负数开具。需要注意的是,红字专用发票应与"信息表"一一对应。

三、实验内容和资料

(一)领购发票内容和资料

增值税专用发票、增值税普通发票、增值税电子发票各5份。

(二)开具发票内容和资料

1.因发生销售业务,请按资料填开两张正数增值税专用发票。

购买单位:北京市德泰环保科技有限公司;纳税人识别号:9111030568316025XR;注册地址和电话:北京市七星区五磨大道国家高新区大学科技园22房,13601013690;开户银行和账号:民生银行七星支行,5632546866577。

商品信息:酒 白云瓶装白酒(38度),12瓶×500克,150箱,180元/箱; 酒 白云纯生啤酒,24瓶×824毫升,80箱,40元/箱。

备注:支付80%货款。

开票员李彬,复核员唐芳。

购买单位:上海小锅锅火锅餐厅;纳税人识别号:014537655768556783;注册地址和电话:上海市江南区江滨路5号,021-46338667;开户银行和账号:上海市工商银行江南支行,6222022135886354268。

商品信息:酒 白云瓶装白酒(38度),12瓶×500克,450箱,180元/箱。

开票员李彬,复核员唐芳。

2.因发生折扣销售业务,请按资料填开一张带折扣的增值税专用发票。

购买单位:长沙市润发贸易有限公司;纳税人识别号:057725440358321483;注册地址和电话:长沙市芙蓉区五一广场嘉顿大厦5楼,0731-84370099;开户银行和账号:长沙市工商银行芙蓉区支行,6222022155262387456。

商品信息:酒 白云纯生啤酒,24瓶×824毫升,250箱,40元/箱,折扣10%; 酒白云普通啤酒,24瓶×824毫升,1 000箱,24元/箱。

开票员李彬,复核员唐芳。

3.因发生销售业务,请按资料填开一张带销货清单的增值税专用发票。

购买单位:贵州鸿运酒厂;纳税人识别号:085154347666146577;注册地址和电话:贵阳市乌当区新添大道77号,0851-86700913;开户银行和账号:贵阳市农业银行乌当支行,1122027706512577172。

商品信息:酒 白云瓶装白酒(52度),12瓶×500克,100箱,240元/箱;酒白云瓶装白酒(38度),12瓶×500克,120箱,180元/箱;酒 白云纯生啤酒,24瓶×824毫升,

50箱，40元/箱；酒 白云普通啤酒，24瓶×824毫升，20箱，24元/箱；酒精 白云酒精，散装，20吨，500元/箱；酒 白云米酒，48袋×250克，10箱，120元/箱；酒 白云零度啤酒，24瓶×824毫升，110箱，12元/箱；酒 白云瓶装白酒（33度），12瓶×500克，80箱，120元/箱；酒 白云瓶装白酒（45度），12瓶×500克，30箱，220元/箱。

开票员李彬，复核员唐芳。

4.因发生退货业务，请按资料进行红字信息表填写，并上传此表，红字信息表获得审核通过后，填开一张增值税负数发票。

购买单位：上海小锅锅火锅餐厅；纳税人识别号：014537655768556783；注册地址和电话：上海市江南区江滨路5号，021-46338667；开户银行和账号：上海市工商银行江南支行，6222022135886354268。

商品信息：酒 白云瓶装白酒（38度），12瓶×500克，450箱，180元/箱。

开票员李彬，复核员唐芳。

5.为北京第十届酒博览会组委会捐赠了一批酒，开具了增值税普通发票。

购买单位：北京第十届酒博览会组委会；纳税人识别号：010252311366547653；注册地址和电话：北京市朝阳区南四环东路19号，010-62559942；开户银行和账号：北京市中国银行朝阳区支行，2245033214654463466。

商品信息：酒 白云瓶装白酒（52度），12瓶×500克，200箱，240元/箱；酒 白云瓶装白酒（38度），12瓶×500克，500箱，40元/箱。

开票员李彬，复核员唐芳。

6.因销售业务增值税专用发票开具错误，请将此发票作废处理。

购买单位：北京市德泰环保科技有限公司；纳税人识别号：9111030568316025XR；注册地址和电话：北京市七星区五磨大道国家高新区大学科技园22房，13601013690；开户银行和账号：民生银行七星支行，5632546866577。

商品信息：酒 白云瓶装白酒（38度），12瓶×500克，150箱，180元/箱；酒 白云纯生啤酒，24瓶×824毫升，80箱，40元/箱；

备注：支付80%货款。

开票员李彬，复核员唐芳。

四、实验步骤

（一）发票领购

1.企业在办理发票领购时须携带防伪税控专用设备和办税人身份证去税务局窗口办理，税务人员将税控专用设备插入办税电脑读取企业信息后将发票发售信息写入专用设备后将税控专用设备和纸质发票交给企业；实验中只需要进入发票发售界面，即可办理发票领购手续，如图3-70所示。

图3-70 发票发售

2.点击"领购"按钮,进行实验资料相应种类发票的领购操作,如图3-71所示。

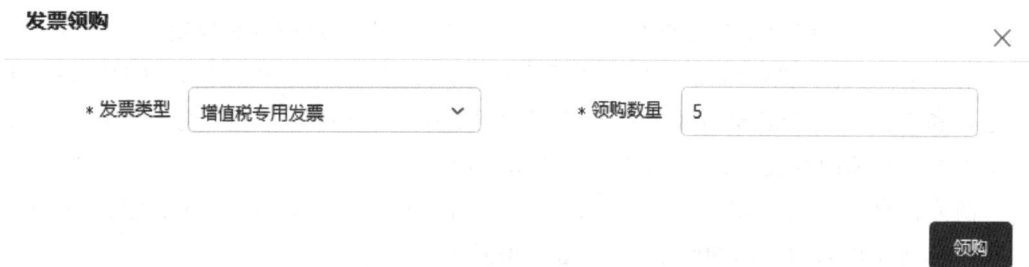

图3-71 发票领购

3.可在税控开票板块的发票管理/库存查询中查看已领购的各类发票是否已入库待使用,如图3-72所示。

图3-72 库存查询

4.将企业的税控专用设备插入企业安装有税控开票系统的电脑,开票员登录后,将购入的发票信息读入税控开票系统。实验中系统会自动完成此步骤,默认购入的发票已读入税控开票系统待使用。

(二)填开正数增值税专用发票

1.在税控开票板块点击发票管理/发票填开管理/增值税专用发票,系统会自动选择待使用发票，开具前需认真阅读弹出框的提示信息"请认真核对装入打印机中的纸质发票的种类、代码、号码是否一致，如一致，可执行开具打印操作；如不一致，请予以更换"，如图3-73所示。如不仔细检查，出现税控开票系统开具的发票与放入打印机的纸质发票不一致，发票开具出来也是无效的，需进行作废处理。

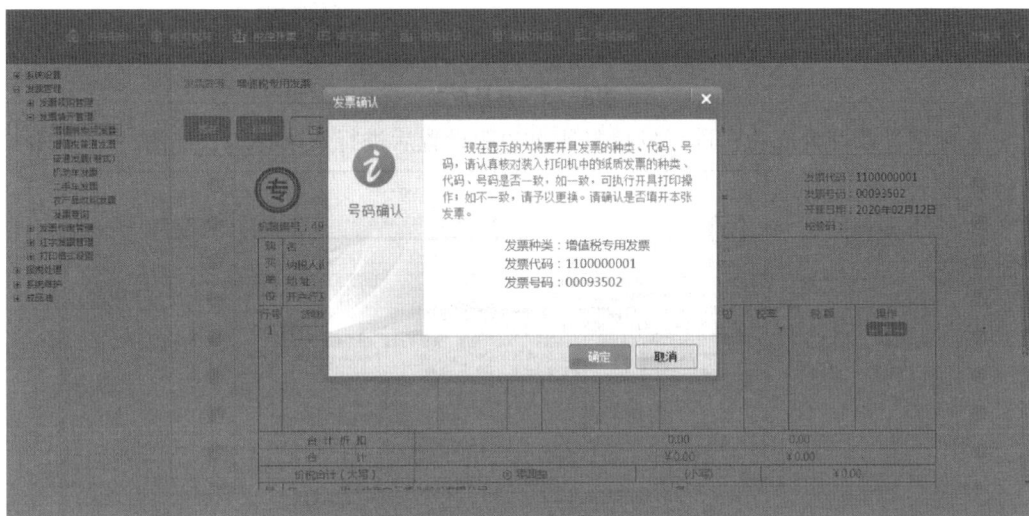

图3-73　发票确认

2.确定发票号码一致后，进入发票填开界面进行填开。点击"…"选择购买单位和货物或劳务/服务名称信息，系统会自动从系统设置区域将事先设置的信息获取供选择；如果没有，则需去系统设置进行添加后选择。点击操作栏下的"+"可以添加多行商品信息，如图3-74所示。

图3-74　增值税专用发票开具

3.发票开具完成后，点击打印按钮，系统提示开具成功，如图3-75所示。

图3-75　开具成功

4.确定发票开具成功，进行发票打印页边距设置后进行发票打印，如图3-76所示。

图3-76　发票打印

5.发票打印完成后可以在发票管理/发票填开管理/发票查询中找到，如图3-77所示。如需开具内容相似的发票，也可以用复制功能快速再开一张，本实验要求在此复制一张以便后续进行已开具发票作废实验。

图3-77　发票查询

（三）填开折扣增值税专用发票

进入发票填开管理/增值税专用发票，填开一张发票，点击操作栏下的 "折"设定商品栏折扣，注意：折扣行选择1行则对1行商品进行折扣，选择2行则对2行商品进行折扣，如图3-78、图3-79、图3-80所示。

图3-78 增值税专用发票开具

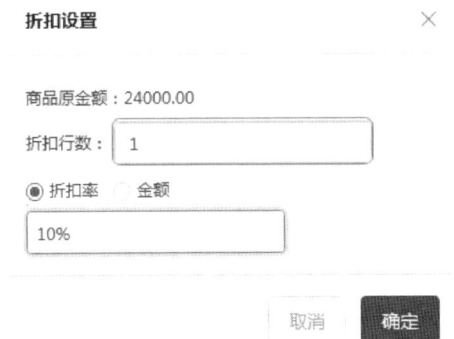

图3-79 折扣设置

图3-80 增值税专用发票折扣开具

（四）填开负数增值税专用发票

1.销售方开具专用发票尚未交付购买方，以及购买方未用于申报抵扣并将发票联及抵扣联退回的，或者购买方取得专用发票未用于申报抵扣，但发票联或抵扣联无法退回等情况发生时，需要开具红字发票，进入发票管理/红字发票管理/红字信息表填开界面中，按照实验资料情况进行红字发票信息填写，并点击"保存"，如图3-81、图3-82、图3-83所示。

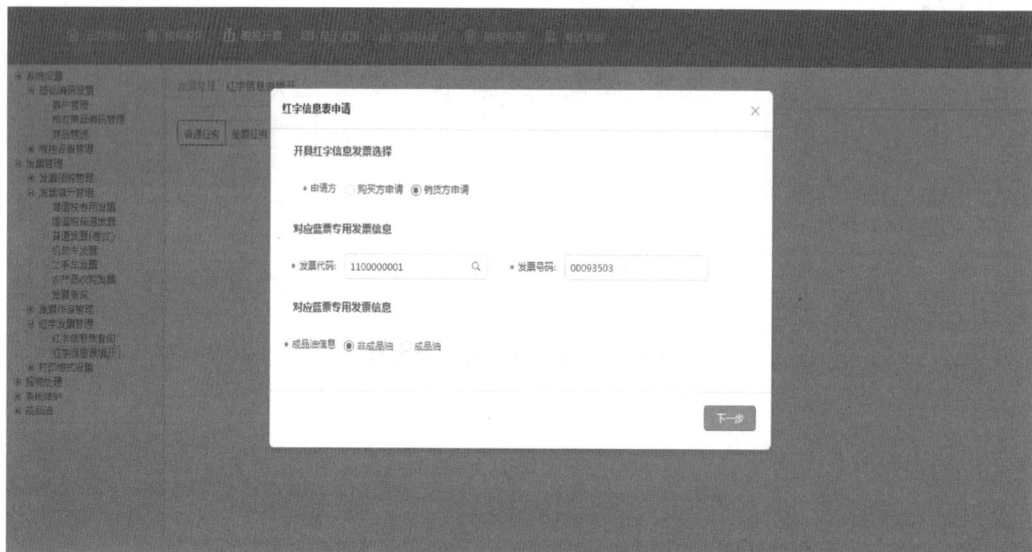

图3-81 红字信息表申请

温馨提示：进行红字信息表申请填写时，注意填写的发票代码和发票号码为开票员实际在系统开过的发票代码和发票号码，不要填图示中的发票代码和发票号码。

图3-82 红字信息表填开

2.红字信息表填开完毕保存后，可在发票管理/红字发票管理/红字信息表查询界面找到对应发票的红字信息记录，点击"上传"按钮，将红字信息表上传到税务机关，系统自动生成红字信息表编号，如图3-84所示。

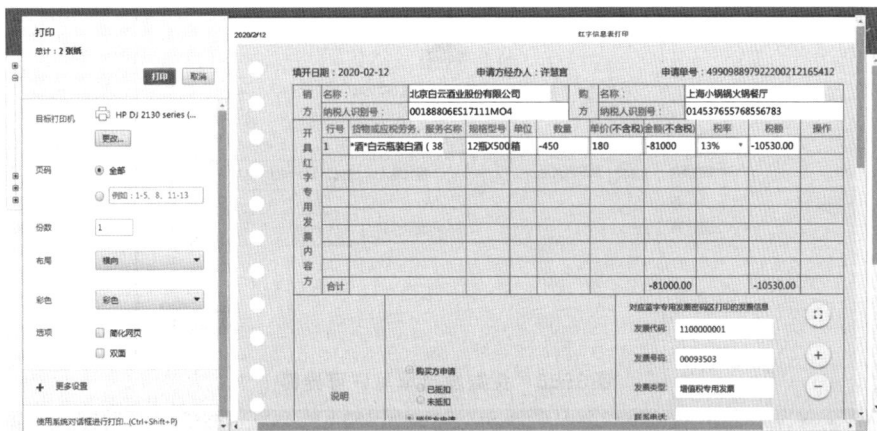

图3-83　红字信息表打印

图3-84　红字信息表查询

3.税务机关审核通过后，红字信息表状态变为"审核通过"，这时就可以去开具负数发票了。进入增值税专用发票开具界面，点击"负数"按钮，进行负数发票开具，如图3-85、图3-86、图3-87和图3-88所示。

图3-85　增值税专用发票负数发票开具

导入开具请上传信息表文件或者手工输入请填写信息表编号   ✕

导入开具

☁
↑
选择红字信息表，仅支持.xml文件

销项正数发票代码、号码

* 信息表编号：5630815446865753 🔍   * 再次输入：5630815446865753

* 发票代码：1100000001   * 发票号码：00093503

下一步

图3-86　负数发票填写许可界面

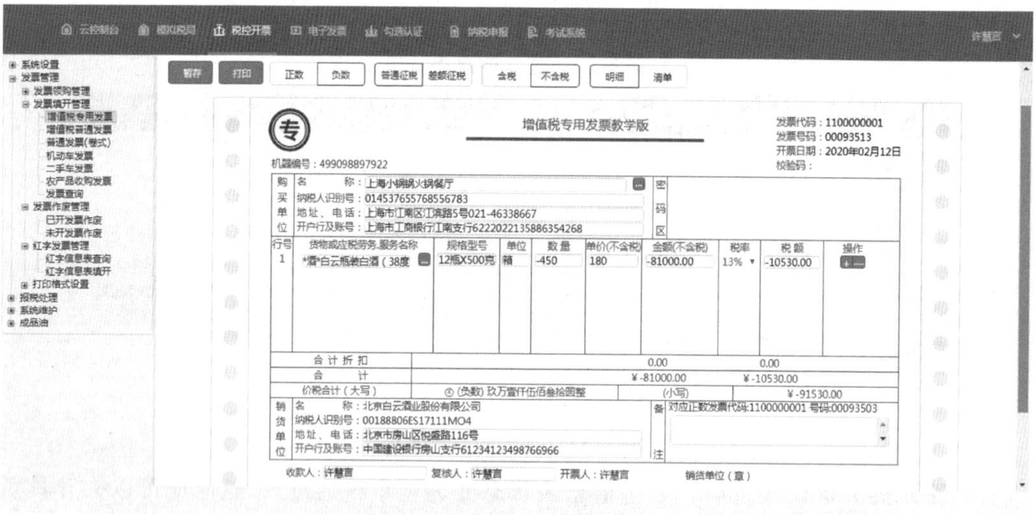

图3-87　负数发票填写界面

图3-88　负数发票

（五）填开正数增值税普通发票

在发票管理/发票填开管理/增值税普通发票开具界面，按实训资料进行增值税普通发票填开，填开方法同增值税专用发票，如图3-89、图3-90所示。

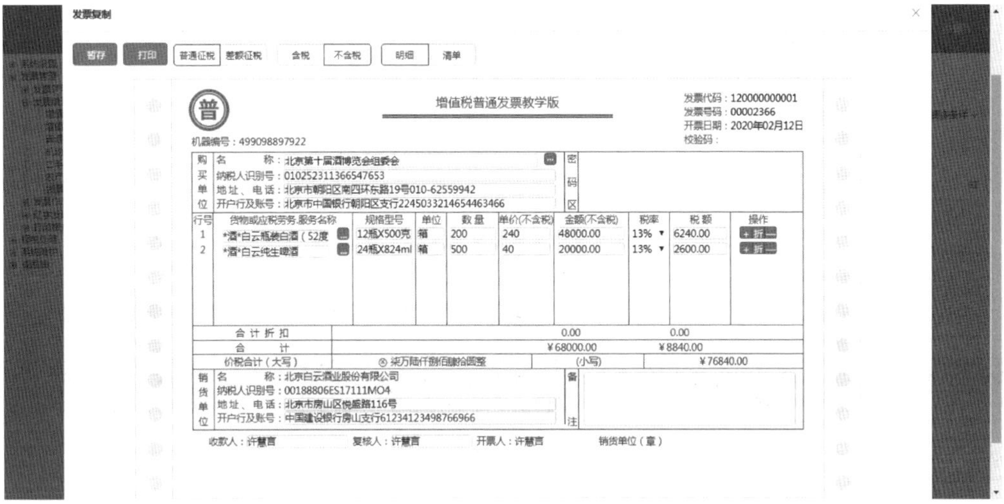

图3-89　增值税普通发票填开

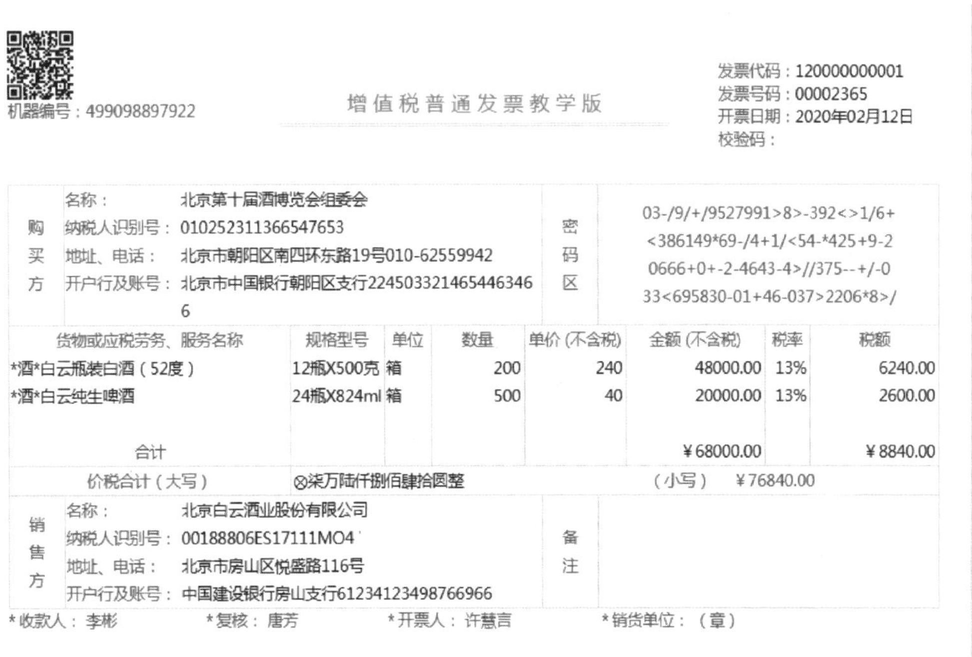

增值税普通发票教学版

机器编号：499098897922

发票代码：120000000001
发票号码：00002365
开票日期：2020年02月12日
校验码：

购买方	名称：北京第十届酒博览会组委会 纳税人识别号：010252311366547653 地址、电话：北京市朝阳区南四环东路19号010-62559942 开户行及账号：北京市中国银行朝阳区支行2245033214654463466	密码区：03-/9/+/9527991>8>-392<>1/6+ <386149*69-/4+1/<54-*425+9-2 0666+0+-2-4643-4>//375--+/-0 33<695830-01+46-037>2206*8>/

货物或应税劳务、服务名称	规格型号	单位	数量	单价（不含税）	金额（不含税）	税率	税额
*酒*白云瓶装白酒（52度）	12瓶X500克	箱	200	240	48000.00	13%	6240.00
*酒*白云纯生啤酒	24瓶X824ml	箱	500	40	20000.00	13%	2600.00
合计					¥68000.00		¥8840.00
价税合计（大写）	⊗柒万陆仟捌佰肆拾圆整				（小写）¥76840.00		

销售方	名称：北京白云酒业股份有限公司 纳税人识别号：00188806ES17111MO4 地址、电话：北京市房山区悦盛路116号 开户行及账号：中国建设银行房山支行61234123498766966	备注

*收款人：李彬　*复核：唐芳　*开票人：许慧言　*销货单位：（章）

图3-90　增值税普通发票

（六）填开负数增值税普通发票

在发票管理/发票填开管理/增值税普通发票开具界面，点击“负数”按钮，输入对应销项正数发票，按实训资料进行负数普通发票填开，开具完成后按“打印”按钮即可，如图3-91、图3-92所示。

图3-91 开票信息填写

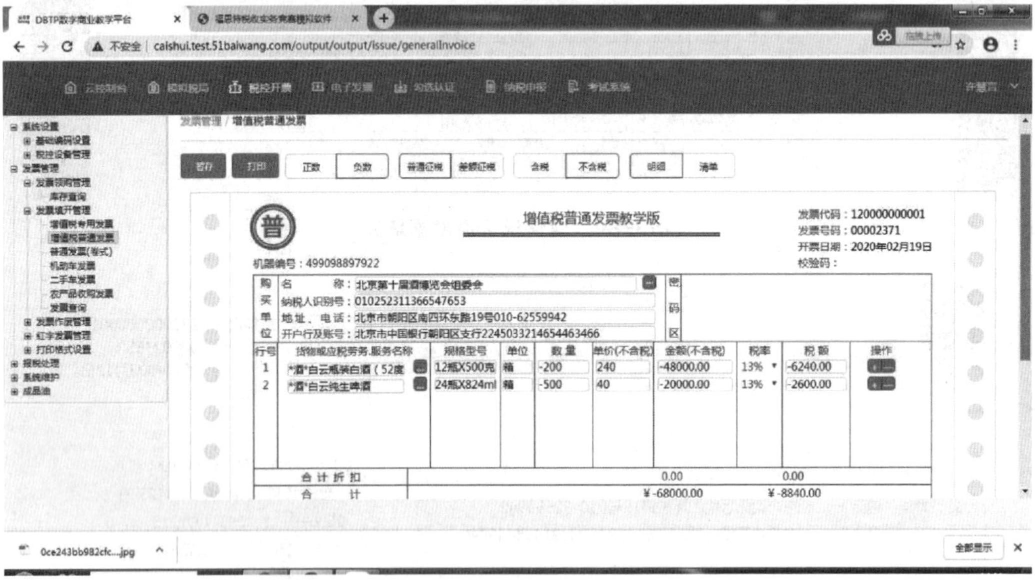

图3-92 增值税普通发票负数发票填开

（七）填开带销货清单的增值税专用发票

当购货单位购买的商品种类较多，并要在一张发票开具时，可以在发票管理/发票填开管理/增值税专用发票界面中点击"清单"按钮后开始进行带有销货清单的发票开具。开具完成后点击"打印"按钮，可以看到增值税专用发票和其销货清单内容，如图3-93、图3-94和图3-95所示。

（八）填开增值税电子发票

1.纳税人可以在税务局发票发售窗口领购增值税电子发票、成品油电子发票、农产品收购发票电子版。

2.领购手续办理完成后，纳税人可在电子发票开票系统的发票领购管理板块下查看领购的发票信息：发票类型代码、发票代码、起始号码、终止号码、份数、发票状态。

3.如已领购的发票有误或过多需退回税务局，纳税人可在电子发票开票系统的发票领购管理板块下发票回收界面执行发票收回功能，将发票退回给税务局。

图3-93 增值税专用发票清单开具

图3-94 带销货清单的增值税专用发票

4.销货单位选择电子发票种类，输入发票关键信息，进行电子发票填开，如图 3-96所示。开票方法和注意事项与一般增值税发票开具一致。

5.电子发票信息填写完毕后，选择邮件推送或二维码推送方式，输入联系人信息：客户邮箱、手机号码，点击"打印"，即可生成电子发票（电子发票票面左上角有个"电"字，专用发票票面左上角有个"专"字）。

6.开具成功（如图3-97所示）后，可在发票查询区域查看、预览电子发票。

清单查看 ✕

销售货物或者提供应税劳务清单

购货单位名称:贵州鸿运酒厂

销货单位名称:北京白云酒业股份有限公司

所属增值税普通发票代码:1100000001　　　　　　　　　　　　　　　　　号码:00093509

序号	货物(劳务)名称	规格型号	单位	数量	单价(不含税)	金额(不含税)	税率	税额
1	*酒*白云瓶装白酒...	12瓶X500克	箱	100	240	24000.00	13%	3120.00
2	*酒*白云瓶装白酒...	12瓶X500克	箱	120	180	21600.00	13%	2808.00
3	*酒*白云纯生啤酒	24瓶X824ml	箱	50	40	2000.00	13%	260.00
4	*酒*白云普通啤酒	24瓶X824ml	箱	20	24	480.00	13%	62.40
5	*酒精*白云酒精	散装	吨	20	500	10000.00	13%	1300.00
6	*酒*白云米酒	48袋X250克	箱	10	120	1200.00	13%	156.00
小计						¥59280.00		¥7706.40

销货单位(章)

注:本清单一式两联:第一联:销方保存;第二联:销售方送交购买方　　　　　　　　　开票日期:2020年02月12日

图3-95　增值税专用发票的销货清单

发票填开 / 增值税电子普通发票

[暂存] [打印]　[正数] [负数]　[普通征税] [差额征税]　[含税] [不含税]　[发票抬头]

填写联系人信息: 客户邮箱 27803721@qq.co　手机号码 13878183508

电　　　　　　　　**增值税电子发票教学版**　　　　发票代码:
　　　　　　　　　　　　　　　　　　　　　　　　　发票号码:
机器编号:499098897922　　　　　　　　　　　　　开票日期:2020年05月16日
　　　　　　　　　　　　　　　　　　　　　　　　　校验码:

购买单位	名　称:北京市德泰环保科技有限公司 ...							密码区	
	纳税人识别号:9111030568316025XR								
	地址、电话:北京市七星区五磨大道国家高新区大学科技园22房								
	开户行及账号:民生银行七星支行5632546866577								

行次	货物或应税劳务.服务名称	规格型号	单位	数量	单价(不含税)	金额(不含税)	税率	税额	操作
1	*金属制品*螺丝刀	L	把	100	3	300.00	13% ▼	39.00	⊕折⊖

| 合　计折　扣 | | 0.00 | 0.00 |
| 合　　　计 | | ¥300.00 | ¥39.00 |

| 价税合计(大写) | ⊗ 叁佰叁拾玖圆整 | (小写) | ¥339.00 |

销货单位	名　称:北京金鑫五金贸易有限公司		备注
	纳税人识别号:28918473TT99499WR069		
	地　址、电话:北京市海淀区中关村壹号		
	开户行及账号:建设银行北京支行62212345678		

图3-96　电子发票开具界面

开具成功 ✕

发票代码: 130000000001, 发票号码: 00005653

[确定]

图3-97　开具成功

（九）扫码填开增值税电子发票

1.购货方用手机扫一扫功能扫描商户开票二维码，扫描后手机自动打开移动开票界面，如图3-98所示。

图3-98　商户开票二维码

2.购货方如实填写相关发票信息：发票抬头、企业税号、企业地址、企业电话、开户银行、开户账号、联系方式、邮箱地址等，开具企业电子发票。或购货方如实填写个人姓名、邮箱地址（实训时填自己的邮箱），开具个人电子发票，开具完毕后购货方邮箱收到电子发票，如图3-99、图3-100所示。

图3-99　扫码开票界面（企业）

温馨提示：移动开票时邮箱地址请写开票员自己的邮箱地址，不要写图示邮箱地址。

图3-100　扫码开票界面（个人）

3.购货方电子发票开票信息填写完成，提交成功后，系统提示"提交成功"，如图3-101所示。

图3-101　扫码开票成功界面

4.销售单位点击电子发票的发票填开界面中的“发票抬头”按钮，可看到购货方提交的电子发票开票信息，双击进入电子发票填开界面，补全购货商品或服务、规格型号、单位、数量、单价以及收款人、复核人等信息，点击“打印”完成电子发票开具，如图3-102、图3-103所示。

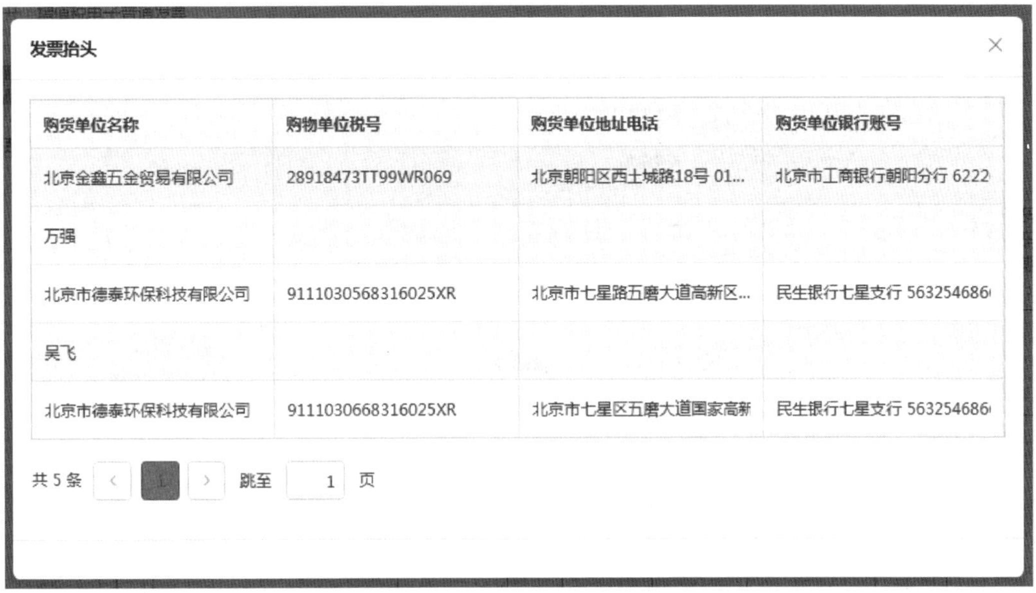

发票抬头

购货单位名称	购物单位税号	购货单位地址电话	购货单位银行账号
北京金鑫五金贸易有限公司	28918473TT99WR069	北京朝阳区西土城路18号 01...	北京市工商银行朝阳分行 6222
万强			
北京市德泰环保科技有限公司	9111030568316025XR	北京市七星路五磨大道高新区...	民生银行七星支行 563254686
吴飞			
北京市德泰环保科技有限公司	9111030668316025XR	北京市七星区五磨大道国家高新	民生银行七星支行 563254686

共5条 < 1 > 跳至 1 页

图3-102 发票抬头选择界面

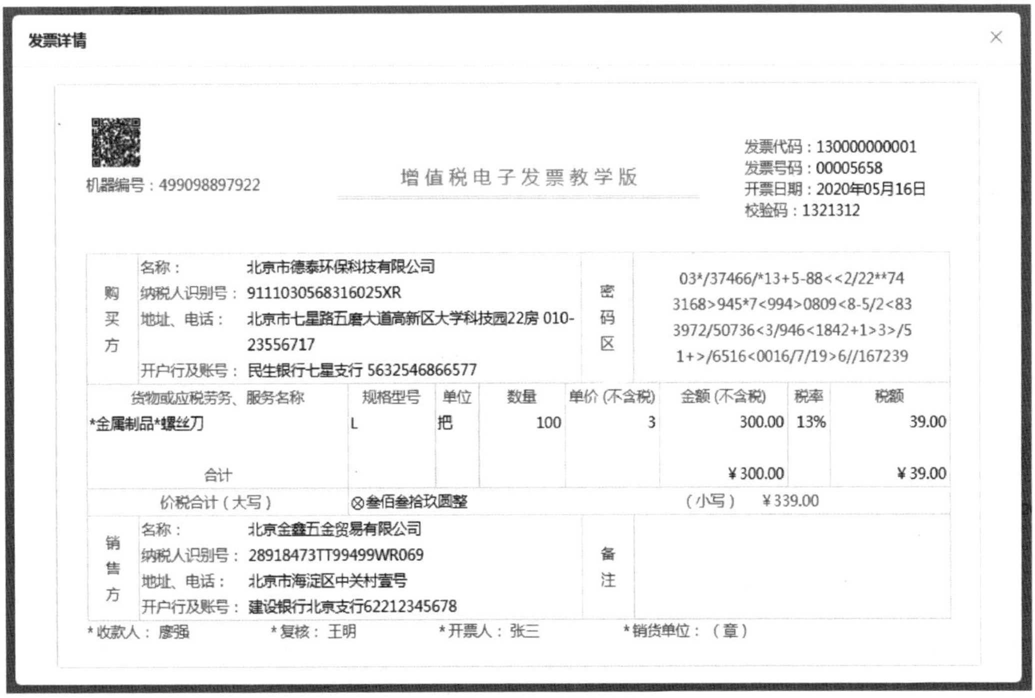

发票详情

机器编号：499098897922

增值税电子发票教学版

发票代码：130000000001
发票号码：00005658
开票日期：2020年05月16日
校验码：1321312

购买方
名称：北京市德泰环保科技有限公司
纳税人识别号：9111030568316025XR
地址、电话：北京市七星路五磨大道高新区大学科技园22房 010-23556717
开户行及账号：民生银行七星支行 5632546866577

密码区
03*/37466/*13+5-88<<2/22**74
3168>945*7<994>0809<8-5/2<83
3972/50736<3/946<1842+1>3>/5
1+>/6516<0016/7/19>6//167239

货物或应税劳务、服务名称	规格型号	单位	数量	单价(不含税)	金额(不含税)	税率	税额
*金属制品*螺丝刀	L	把	100	3	300.00	13%	39.00
合计					¥300.00		¥39.00

价税合计（大写） ⊗叁佰叁拾玖圆整 （小写） ¥339.00

销售方
名称：北京金鑫五金贸易有限公司
纳税人识别号：28918473TT99499WR069
地址、电话：北京市海淀区中关村壹号
开户行及账号：建设银行北京支行62212345678

备注

*收款人：廖强 *复核：王明 *开票人：张三 *销货单位：（章）

图3-103 电子发票详情界面

5.系统将开具完成的电子发票自动发送到预留的客户邮箱，如图3-104、图3-105所示。

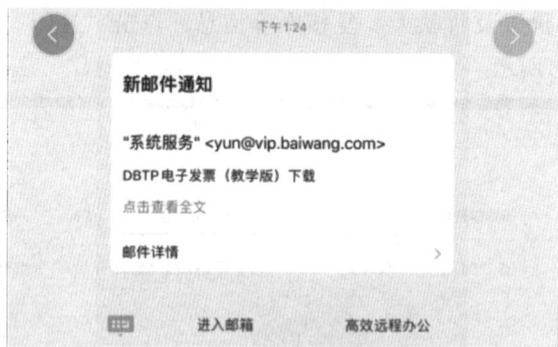

图3-104　邮件通知界面

图3-105　电子发票邮件浏览

（十）已开发票作废

纳税人在开具专用发票当月，发生销货退回、开票有误等情形，收到退回的发票联、抵扣联符合作废条件的，按作废处理；开具时发现有误的，可及时作废。进入发票管理/发票作废管理/已开发票作废界面，可以看到所有已开具的发票信息，在其中找到因开错、退货等原因需作废的发票信息行，查看发票详细信息，确认此发票是需要作废的发票，点击"作废"按钮即可作废此张发票，如图3-106、图3-107和图3-108所示。

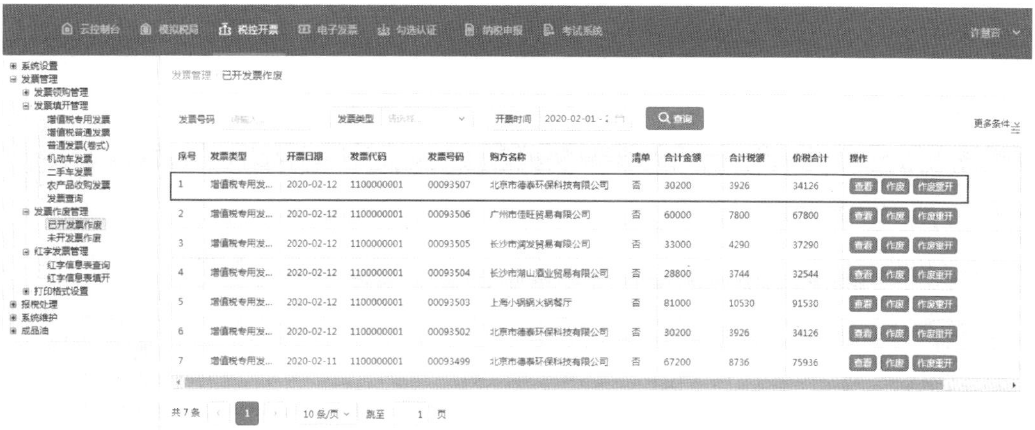

图3-106　已开发票作废

发票详情

作废

机器编号：499098897922

增值税专用发票教学版

发票代码：1100000001
发票号码：00093507
开票日期：2020年02月12日
校验码：

购买方	名称：北京市德泰环保科技有限公司 纳税人识别号：9111030568316025XR 地址、电话：北京市七星区五磨大道国家高新区大学科技园22房13601013690 开户行及账号：民生银行七星支行5632546866577					密码区	03-/9/+/9527991>8>-392<>1/6+ <386149*69-/4+1/<54-*425+9-2 0666+0+-2-4643-4>//375--+/-0 33<695830-01+46-037>2206*8>/	
货物或应税劳务、服务名称	规格型号	单位	数量	单价（不含税）	金额（不含税）	税率	税额	
*酒*白云瓶装白酒（38度）	12瓶X500克	箱	150	180	27000.00	13%	3510.00	
*酒*白云纯生啤酒	24瓶X824ml	箱	80	40	3200.00	13%	416.00	
合计					¥30200.00		¥3926.00	
价税合计（大写）	⊗叁万肆仟壹佰贰拾陆圆整				（小写）¥34126.00			
销售方	名称：北京白云酒业股份有限公司 纳税人识别号：00188806ES17111MO4 地址、电话：北京市房山区悦盛路116号 开户行及账号：中国建设银行房山支行61234123498766966					备注	支付80%货款	

*收款人：许慧言　*复核：许慧言　*开票人：许慧言　*销货单位：（章）

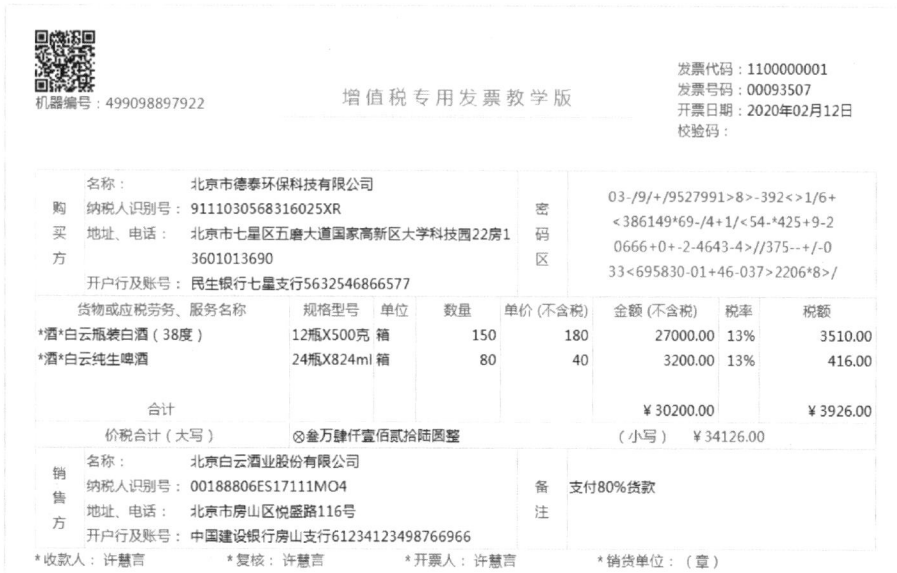

图3-107　发票详情

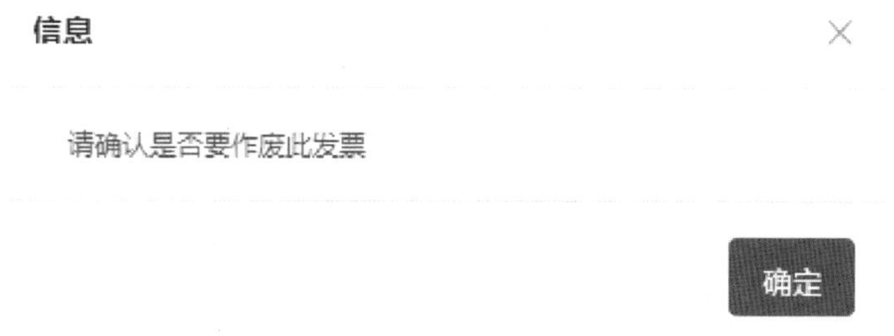

图3-108　发票作废确认界面

完成已开发票作废操作后，进入发票管理/发票填开管理/发票查询界面，可以看到已作废的发票状态为“正数发票作废”，进入发票详情可见发票已被打上作废章，如图3-109、图3-110所示。

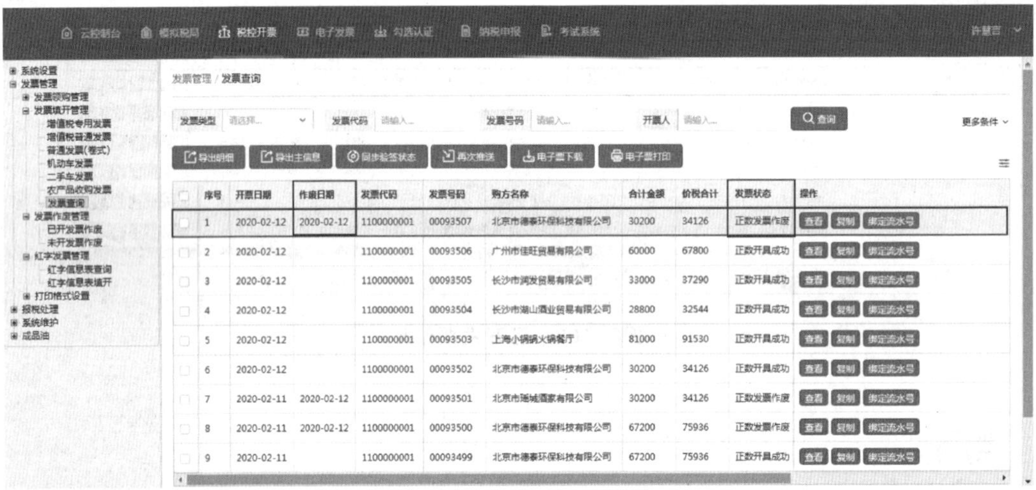

图3-109　发票查询

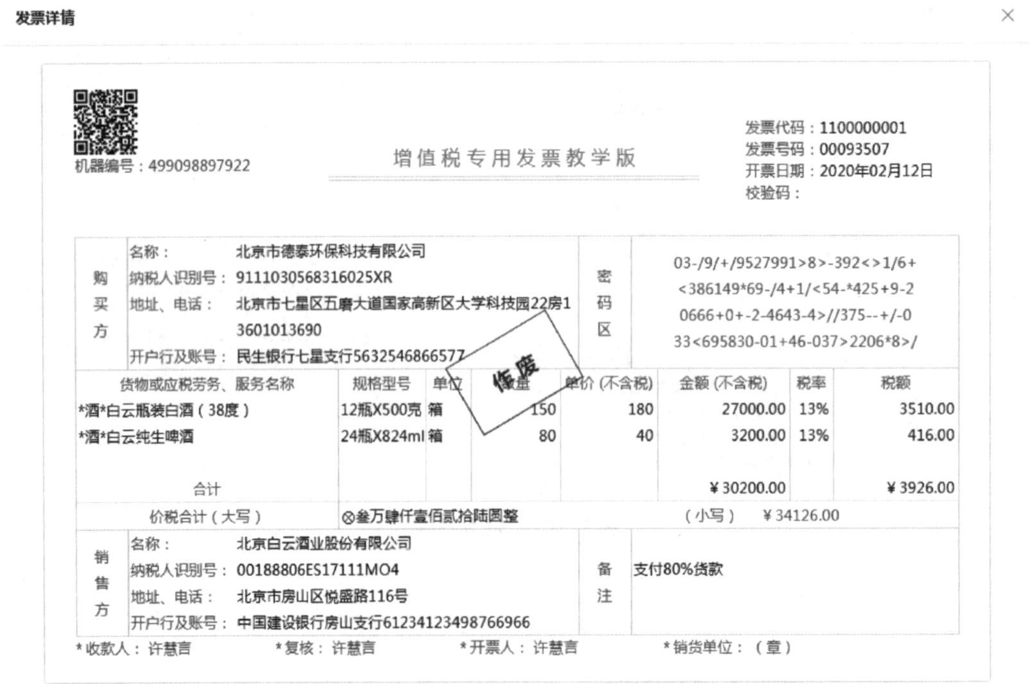

发票详情

机器编号：499098897922

增值税专用发票教学版

发票代码：1100000001
发票号码：00093507
开票日期：2020年02月12日
校验码：

购买方	名称：北京市德泰环保科技有限公司 纳税人识别号：9111030568316025XR 地址、电话：北京市七星区五磨大道国家高新区大学科技园22房13601013690 开户行及账号：民生银行七星支行5632546866577				密码区	03-/9/+/9527991>8>-392<>1/6+ <386149*69-/4+1/<54-*425+9-2 0666+0+-2-4643-4>//375--+/-0 33<695830-01+46-037>2206*8>/		
货物或应税劳务、服务名称	规格型号	单位	数量	单价（不含税）	金额（不含税）	税率	税额	
*酒*白云瓶装白酒（38度）	12瓶X500克	箱	150	180	27000.00	13%	3510.00	
*酒*白云纯生啤酒	24瓶X824ml	箱	80	40	3200.00	13%	416.00	
合计					¥30200.00		¥3926.00	
价税合计（大写）	⊗叁万肆仟壹佰贰拾陆圆整				（小写） ¥34126.00			
销售方	名称：北京白云酒业股份有限公司 纳税人识别号：00188806ES17111MO4 地址、电话：北京市房山区悦盛路116号 开户行及账号：中国建设银行房山支行61234123498766966				备注	支付80%货款		

*收款人：许慧言　*复核：许慧言　*开票人：许慧言　*销货单位：（章）

作废

图3-110　发票详情

（十一）未开发票作废

在发票管理/发票作废管理/未开发票作废界面，点击“未开发票作废”按钮进入空白发票作废界面，获取当前号码后点击“作废”按钮进行作废，如图3-111、图3-112所示。

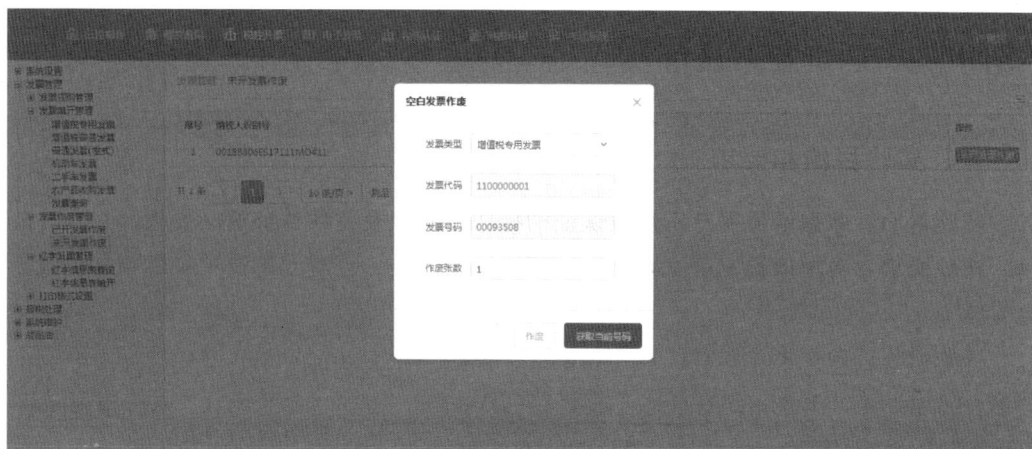

图3-111　空白发票作废

图3-112　空白发票作废确认

在发票管理/发票填开管理/发票查询界面可以找到空白发票作废的记录，如图 3-113 所示。

图3-113　发票查询

五、实验结果

完成上述实验各项内容，即完成各类发票开具实验。

|第四节| 购货发票认证实验

一、实验目的和要求

实验目的：掌握增值税专用发票认证的操作流程以及发票认证的必要性。

实验要求：对增值税专用发票进行增值税网上认证，理解允许进项税额抵扣的发票有哪些。

实验流程如图3-114所示。

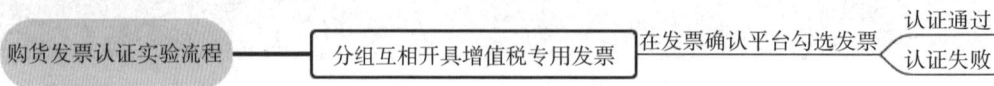

图3-114　购货发票认证实验流程

二、实验知识准备

1.认证，是税务机关通过税控开票系统对专用发票所列数据的识别、确认。专用发票抵扣联无法认证的，可使用发票联到主管税务机关认证，发票联复印件留存备查。增值税一般纳税人取得2017年1月1日及以后开具的增值税专用发票、海关进口增值税专用缴款书、机动车销售统一发票、收费公路通行费增值税电子普通发票（可抵扣的），取消认证确认、稽核比对、申报抵扣的期限。纳税人在进行增值税纳税申报前，应当通过本省（自治区、直辖市和计划单列市）增值税发票综合服务平台的"发票抵扣勾选"功能对上述扣税凭证信息进行用途勾选和确认。

2.认证相符，是指纳税人识别号无误，专用发票所列密文解译后与明文一致。用于抵扣增值税进项税额的专用发票应经税务机关认证相符（国家税务总局另有规定的除外）。认证相符的专用发票应作为购买方的记账凭证，不得退还销售方。

（1）经认证，有下列情形之一的不得作为增值税进项税额的抵扣凭证，税务机关退还原件，购买方可要求销售方重新开具专用发票：无法认证（是指专用发票所列密文或者明文不能辨认，无法产生认证结果）；纳税人识别号认证不符（是指专用发票所列购买方纳税人识别号有误）；专用发票代码、号码认证不符（是指专用发票所列密文解译后与明文的代码或者号码不一致）。

（2）经认证，有下列情形之一的，暂不得作为增值税进项税额的抵扣凭证，税务机关扣留原件，查明原因，分别情况进行处理：重复认证（是指已经认证相符的同一张专用发票再次认证）；密文有误（是指专用发票所列密文无法解译）；认证不符（是指纳税人识别号有误，或者专用发票所列密文解译后与明文不一致）；列为失控专用发票（是指认证时的专用发票已被登记为失控专用发票）。

三、实验内容和资料

1.分组完成本次实验，两人为一组，均卖给对方货物一批：其他机械设备 啤酒生产设备 S150 型，1 套，不含税单价 86 000 元，税额 11 180 元，并开具增值税专用发票。

2.分组完成本次实验，两人为一组，均为对方运送货物一批：运输从对方采购的其他机械设备 啤酒生产设备 S150 型，1 套，支付运输费 20 000 元（不含税）、税额 1 800 元，并开具增值税专用发票。

本月将上述进项专用发票进行勾选认证。

四、实验步骤

1.在税控开票板块的系统设置/商品管理中新增商品：啤酒生产设备，商品编码：PJSC001，型号：S150 型，计量单位：套，不含税单价：86 000 元，税率 13%，如图 3-115 所示。新增商品：运输费，商品编码：YS001，单价 20 000 元（不含税），税率 9%。

图3-115 添加商品

2.在税控开票板块的系统设置/发票管理/增值税发票为对方单位开具一张购买啤酒生产设备的增值税专用发票和一张运输啤酒生产设备的增值税专用发票，如图 3-116、图 3-117 所示。

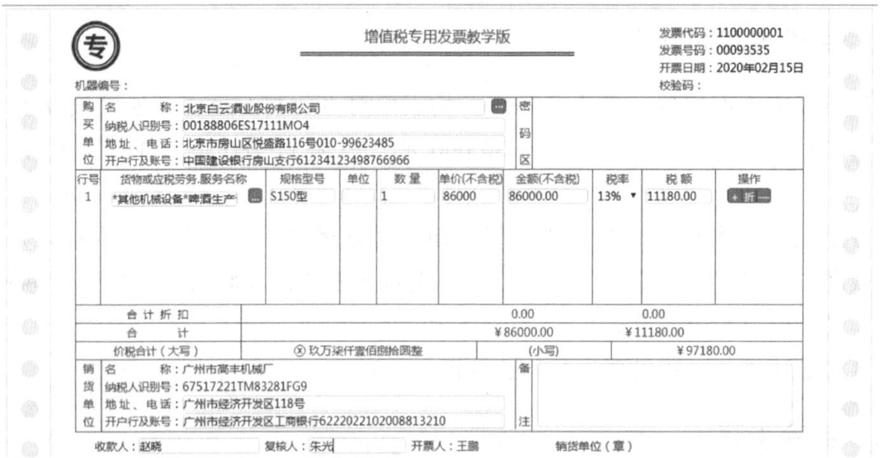

专

增值税专用发票教学版

发票代码：1100000001
发票号码：00093535
开票日期：2020年02月15日
校验码：

机器编号：

购买单位	名　　称：北京白云酒业股份有限公司 纳税人识别号：00188806ES17111MO4 地址、电话：北京市房山区悦盛路116号010-99623485 开户行及账号：中国建设银行房山支行61234123498766966	密码区

行号	货物或应税劳务.服务名称	规格型号	单位	数量	单价(不含税)	金额(不含税)	税率	税额	操作
1	*其他机械设备*啤酒生产	S150型		1	86000	86000.00	13%	11180.00	+ 折 —
合计折扣						0.00		0.00	
合　计						¥86000.00		¥11180.00	
价税合计（大写）	⊗玖万柒仟壹佰捌拾圆整					（小写）		¥97180.00	

销货单位	名　　称：广州市高丰机械厂 纳税人识别号：67517221TM83281FG9 地址、电话：广州市经济开发区118号 开户行及账号：广州市经济开发区工商银行6222022102008813210	备注

收款人：赵晓　复核人：朱光　开票人：王鹏　销货单位（章）

图3-116　发票1

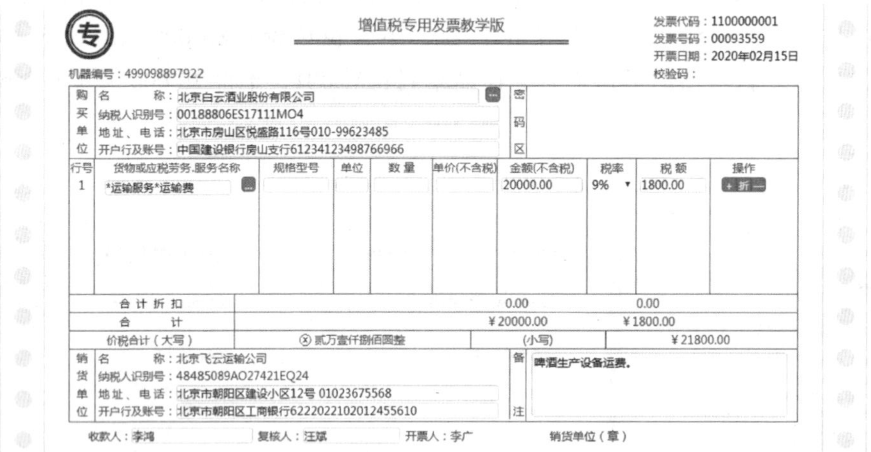

专

增值税专用发票教学版

发票代码：1100000001
发票号码：00093559
开票日期：2020年02月15日
校验码：

机器编号：499098897922

购买单位	名　　称：北京白云酒业股份有限公司 纳税人识别号：00188806ES17111MO4 地址、电话：北京市房山区悦盛路116号010-99623485 开户行及账号：中国建设银行房山支行61234123498766966	密码区

行号	货物或应税劳务.服务名称	规格型号	单位	数量	单价(不含税)	金额(不含税)	税率	税额	操作
1	*运输服务*运输费					20000.00	9%	1800.00	+ 折 —
合计折扣						0.00		0.00	
合　计						¥20000.00		¥1800.00	
价税合计（大写）	⊗贰万壹仟捌佰圆整					（小写）		¥21800.00	

销货单位	名　　称：北京飞云运输公司 纳税人识别号：48485089AO27421EQ24 地址、电话：北京市朝阳区建设小区12号 01023675568 开户行及账号：北京市朝阳区工商银行6222022102012455610	备注：啤酒生产设备运费。

收款人：李鸿　复核人：汪琛　开票人：李广　销货单位（章）

图3-117　发票2

3.在勾选认证板块，登录并进入发票认证/发票勾选界面，选择购方信息进行查询，点击“查询”可查到开给对方单位的增值税专用发票，与收到的纸质发票信息确认一致无误后，在序号前的复选框中打钩，点击“保存”即可，如图3-118、图3-119所示。

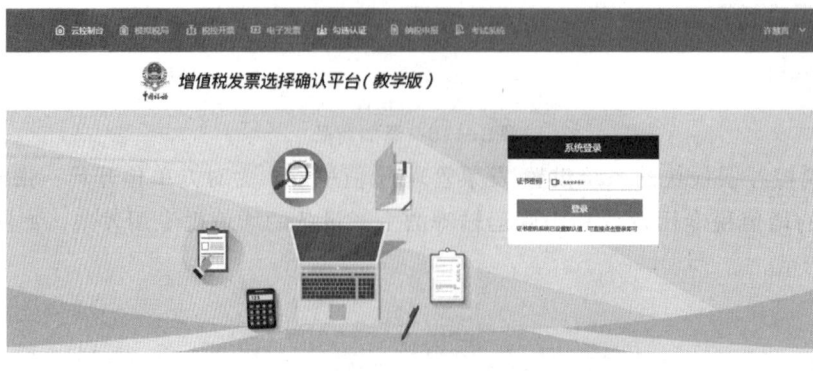

图3-118　增值税发票选择确认平台登录界面

图3-119 发票认证通过界面

4.若发票上明文信息，即发票号码、纳税人识别号等信息，与密文信息核对一致，发票认证通过，提示结果为税务局查验通过，如图3-120所示。

图3-120 专用发票查验通过详情界面

5.若发票上明文信息，即发票号码、纳税人识别号等信息，与密文信息核对不一致，发票认证不通过，提示结果为密文有误。

五、实验结果

完成实验内容中发票的认证，获得认证通过标识。

|第五节| 税控抄报税实验

一、实验目的和要求

实验目的：了解企业使用税控开票系统进行抄税、报税的具体操作，掌握抄税、报税的必要性和抄税、报税时间控制。

实验要求：学习使用税控开票系统进行抄税、报税操作。

实验流程如图3-121所示。

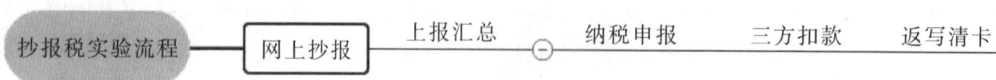

抄报税实验流程 —— 网上抄报 —— 上报汇总 —○— 纳税申报 —— 三方扣款 —— 返写清卡

图3-121 抄报税流程

二、实验知识准备

1.抄税，是把上月开出的发票全部记入税控卡，然后上报到税务部门传入它们的服务器，以此作为该单位计算税额的依据。一般是执行了抄税后才能报税，而且抄过税后才能开具本月发票。

2.防伪税控企业在每个开票会计区间结束以后抄税期第一次启动开票系统时，系统提示企业必须抄税；否则不允许开票，且抄税后要在征期内报税（节假日顺延），逾期不报税的企业将不能开票。

3.报税，是指企业持存有开出的增值税发票七项信息的专用设备及相关纸质材料送到税务机关去或者通过远程抄报税系统进行远程抄报，上传到国家税务总局的增值税发票比对系统数据库中。

4.清卡，是指企业每月初将申报表发送过去以后，拿专用设备去税务局先抄税后清卡。

5.纳税人开具专用发票后应在增值税纳税申报期内向主管税务机关进行报税，在申报所属月份内可分次向主管税务机关报税。

6.因税控专用设备等问题无法报税的，应及时去专用设备服务商处更换专用设备。因硬盘损坏、更换税控盘等原因不能正常报税的，应提供已开具未向税务机关报税的专用发票记账联原件或者复印件，由主管税务机关补采开票数据。

三、实验内容和资料

参见增值税防伪税控系统设备发行、初始化实验，发票开具实验，购货发票认证实验的资料。本实验启动的基础，是上述实验均已完成产生正常的增值税发票数据。

四、实验步骤

1.月初进行抄税、报税工作，正确插入税控专用设备开始抄税（实验中默认已插入）。在税控开票系统中"报税处理/抄税管理/网上抄税"界面，单击不同种类发票的"上报汇总"，如图3-122所示。

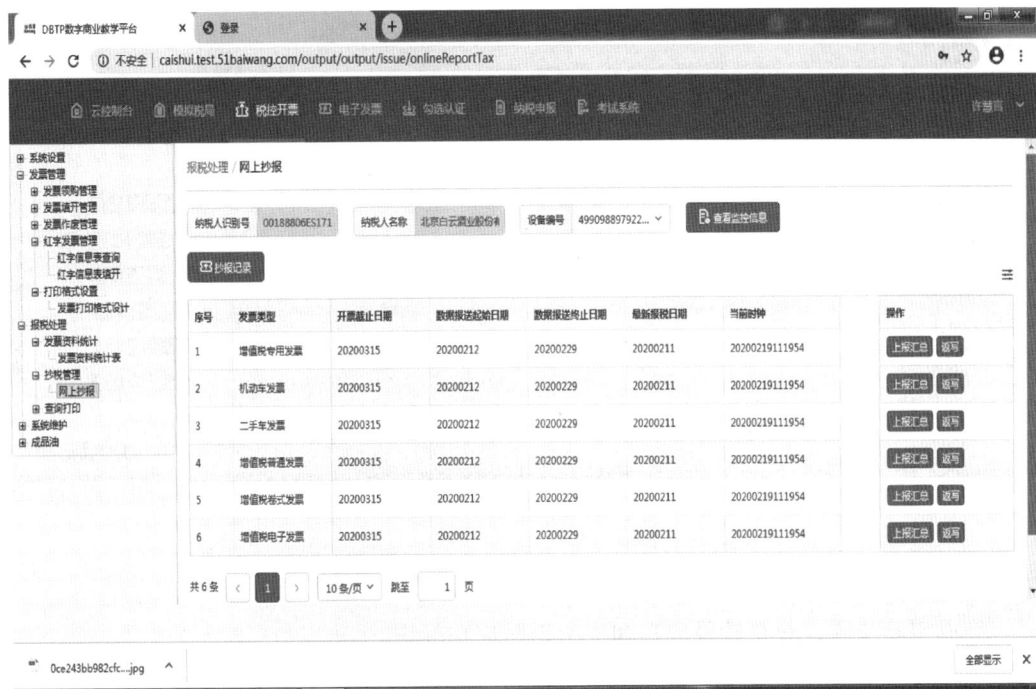

图3-122　网上抄报

2.抄税成功，系统会弹出提示信息"数据抄报成功"，如图3-123所示。如果重复上报，系统会提示"网上抄报失败，失败原因：非征期，不允许抄报"。

图3-123　抄税成功界面

3.发票数据抄税成功后，便可以统计本月发票数据，并于15日前填制完成纳税申报表进行网上申报，网上申报表通过税务局审核后（增值税实时扣款），进入"报税处理/抄税管理/网上抄税"界面，单击不同种类发票的"返写"按钮，完成清卡实验操作，如图3-124所示。

图3-124　清卡返写界面

五、实验结果

完成实验步骤，获得抄税成功和清卡返写成功标识。

🍁 思考与练习

选择题

1.关于发票管理的说法，正确的有（　　）。

A.纳税人申请领购发票需办理行政审批

B.国家机关发生临时经营业务需要使用发票的，可到税务机关代开发票

C.到外省从事临时经营活动需要申请领购发票时，税务机关可收取5万元的保证金

D.未发生经营业务一律不准开具发票

E.向消费者个人提供零星服务的，纳税人可自行决定是否开具发票

2.纳税人支付下列款项取得的增值税普通发票或增值税电子普通发票，发票税率栏填写为"不征税"的有（　　）。

A.支付按差额征税方法缴纳增值税的劳务派遣费

B.支付建筑服务预收款

C.通过政府还贷性收费公路的通行费

D.商业预付卡充值

E.房地产开发企业销售的开发项目的预收款

3.下列纳税人可自行开具增值税专用发票的是（　　　）。

A.月销售额超过10万元（或季销售额超过30万元）的物流辅助业小规模纳税人

B.月销售额超过10万元（或季销售额超过30万元）的鉴证咨询业小规模纳税人

C.月销售额超过10万元（或季销售额超过30万元）的房地产开发小规模纳税人

D.月销售额超过10万元（或季销售额超过30万元）的制造业小规模纳税人

第三章思政案例引导

第三章思考与练习参考答案

纳税申报

本章导读

　　企业报税人员必须了解和掌握纳税申报的法律法规要求，掌握纳税申报的办理流程。

　　本章首先介绍纳税申报的定义，对纳税申报的方式、纳税申报的各种流程、税款征收的方式、税款缴纳的程序进行了详细的讲解，帮助学员全面了解纳税申报相关税务知识和程序。

　　预习思考：什么是纳税申报？为什么要进行纳税申报？

　　思政案例导入

　　北京白云酒业股份有限公司是一家新成立的企业，当地税务部门通知该公司，要求按照有关规定如期、如实报税，缴纳税款。公司吴总说：我们公司刚开张很忙，这个月忘记报税了；而且我们才开张，现在还没有收入，可不可以不报税？没有必要每个月都要报税吧，不报的话会有什么后果？

　　请问：你该如何解答吴总的问题？

| 第一节 | 纳税申报基础知识

一、纳税申报的定义

　　【纳税申报】是指纳税人、扣缴义务人在发生法定纳税义务后，按照税法或税务机关相关行政法规所规定的内容，在申报期限内，以书面形式向主管税务机关提交有关纳税事项及应缴税款的法律行为。

二、纳税申报的方式

目前纳税申报的方式主要有直接申报、电子申报、邮寄申报、委托申报和银行网点申报。

（一）直接申报

直接申报是指纳税人、扣缴义务人、代征人在纳税申报期限内直接到税务部门办理纳税申报，报送代扣代缴、代收代缴税款或委托代征税款报告表。

（二）电子申报

电子申报是指纳税人利用互联网、电话、计算机等，对纳税申报信息实行电子采集，在规定的纳税期限内向税务机关进行纳税申报的方式。

（三）邮寄申报

邮寄申报是指纳税人到主管税务机关办理纳税申报有困难的，经主管税务机关批准，可以使用统一规定的纳税申报特快专递专用信封，通过邮政部门邮寄纳税申报表的方式。纳税人采取邮寄申报，以邮出地的邮戳日期为实际申报日期。

（四）委托申报

委托申报是指纳税人委托中介机构（如税务师事务所）代为纳税申报。

（五）银行网点申报

银行网点申报是在税银联网的基础上，由主管税务机关委托指定银行受理纳税申报和代征税款，小规模纳税人可以同税务机关指定银行签订《委托代缴税款协议》，开设缴税账户，并在规定的申报缴税期限内到开户的缴税银行网点进行申报纳税，或委托银行按照税务机关核定的应纳税额直接划缴入库的一种纳税申报方式。

另外，对实行定期定额缴纳税款的纳税人，可以实行简易申报、简并征期等纳税申报方式。简易申报是指实行定期定额缴纳税款的纳税人在法律、行政法规规定的期限内或者税务机关依据法律、行政法规的规定确定的期限内缴纳税款的，税务机关可以视同申报。简并征期是指实行定期定额缴纳税款的纳税人，经税务机关批准，将纳税期限合并为按季、按半年、按一年的方式缴纳税款，具体期限由省级税务机关根据情况确定。

三、延期申报

【延期申报】指纳税人或代征人经主管税务机关批准，推迟向税务机关报送纳税申报表和有关纳税资料的行为。纳税申报是纳税人必须履行的一项法定手续，没有特殊情况，纳税人必须根据税务机关核定的申报期限按期申报纳税。

纳税人、扣缴义务人按照规定的期限办理纳税申报或者报送代扣代缴、代收代缴税款报告表确有困难，需要延期的，应当向税务机关提出书面延期申请，经税务机关核准，在核准的期限内办理申报。纳税人、扣缴义务人因不可抗力，不能按期办理纳税申报或者报送代扣代缴、代收代缴税款报告表的，应当在不可抗力情形消除后立即向税务机关报告；因其他原因，按照规定的期限办理纳税申报或者报送代扣代缴、代收代缴税款报告表确有困难，需要延期的，应当在申报期限内申请。

按照规定的期限办理纳税申报或者报送代扣代缴、代收代缴税款报告表确有困难，是指因特殊原因不能计算应纳税额所导致的不能按时申报；不可抗力是指人们无法预见、无法避免、无法克服的客观情况，如水灾、火灾、风灾、地震等。

纳税人应当在纳税申报期限届满前提出申请。在纳税期内按照上期实际缴纳的税额或者税务机关核定的税额预缴税款，并在核准的延期内办理税款结算。预缴税额大于实际应纳税额的，税务机关结算退税但不向纳税人计退利息，预缴税额小于应纳税额的，在结算补税时不加收滞纳金。

纳税人经核准延期办理纳税申报的，其随本期申报的财务会计报表报送期限可以顺延。

延期申报注意事项如下：

（1）延期纳税申请必须在申报期之前以书面形式提出。

（2）纳税人客观上确实有特殊困难，如不可抗力、意外事故、国家经济政策调整等。

（3）期限最长不得超过3个月，且在一个纳税年度内同笔税款只能申请延期缴纳一次。

（4）在批准的延长期限内，不加收滞纳金。

四、零申报

在税务机关办理了税务登记的纳税人、扣缴义务人当期未发生应税行为，按照国家税收法律、行政法规和规章的规定，应向税务机关办理零申报手续，并注明当期无应税事项。纳税人进项税零申报，应在申报期内向主管税务机关正常报送纳税申报表及有关资料，并在纳税申报表上注明"零"或"无收入"字样。

通俗地讲，纳税申报的所属期内（如11月申报所属期为10月份）没有发生应税收入（销售额），同时也没有应纳税额的情况，称为零申报。

需要注意的是，连续3个月零申报属于异常申报，将被列入重点关注对象。

五、税款征收方式

【税款征收方式】是指税务机关根据各税种的不同特点、征纳双方的具体条件而确定的计算征收税款的方法和形式。

根据《中华人民共和国税收征收管理法》及其实施细则的规定，税款征收方式主要有以下几种：

【查账征收】指税务机关按照纳税人提供的账表所反映的经营情况，依照适用税率计算缴纳税款的方式。适用于账簿、凭证、会计等核算制度比较健全，能够据以如实核算生产经营情况，正确计算应纳税款的纳税人。

【查定征收】指由税务机关根据纳税人的从业人员、生产设备、原材料消耗等因素，在正常生产经营条件下，对其生产的应税产品，查实核定产量、销售额并据以征收税款的一种方式。适用于生产规模较小、账册不健全、产品零星、税源分散的小型厂矿和作坊。

【查验征收】指税务机关对纳税人的应税商品，通过查验数量，按市场一般销售单价计算其销售收入并据以征税的方式。适用于对城乡集贸市场中的临时经营者和机场、码头等场所的经销商的课税。

【定期定额征收】指对一些营业额、所得额不能准确计算的小型工商户，经过自报评议，由税务机关核定一定时期的营业额和所得税附征率，实行多税种合并征收方式。

【代扣代缴、代收代缴征收】前者是指支付纳税人收入的单位和个人从所支付的纳税人收入中扣缴其应纳税款并向税务机关解缴的行为；后者是指与纳税人有经济往来关系的单位和个人借助经济往来关系向纳税人收取其应纳税款并向税务机关解缴的行为。这两种征收方式适用于税源零星分散、不易控管的纳税人。

【自核自缴】也称"三自纳税"，是指纳税人按照税务机关的要求，在规定的缴款期限内，根据其财务会计情况，依照税法规定，自行计算税款，自行填写纳税缴款书，自行向开户银行缴纳税款，税务机关对纳税单位进行定期或不定期检查的一种税款征收方式。

【委托代征】是指税务机关为了解决税务专管员人力不足的矛盾，根据国家法律法规的授权，并根据加强税款征收，保障国家税收收入实际需要，依法委托给其他部门和单位代为执行税款征收任务的一种税款征收方式。

六、税款缴纳

【税款缴纳】是指纳税人、扣缴义务人依照国家法律、行政法规的规定实现的税款依法通过不同方式缴纳入库的过程。纳税人、扣缴义务人应按税法规定的期限及时足额缴纳应纳税款，以完全彻底地履行应尽的纳税义务。

税款缴纳是纳税人依税法规定的期限，将应纳税款向国库解缴的活动。它是纳税人完成纳税义务的体现，是纳税活动的中心环节。

（一）正常缴纳税款程序

纳税人根据税务机关规定可分别采取"预储划转""现金缴税""支票缴款""税银一体化缴纳"等缴库方式：

（1）"预储划转"缴库方式的程序。纳税人在办税服务厅所设的银行专柜开设"税款预储"账户，在自行计算出应缴税款后，先将应纳税款转入"税款预储"账户，然后持纳税申报表到办税服务厅办理申报缴税手续，由税务机关开具缴款书或完税证，并通知银行将其税款直接从其"税款预储"账户划转国库。

（2）"现金缴税"缴库方式的程序。现金缴税有两种情况：一是纳税人持现金到办税服务厅申报缴税，税务机关填开缴款书或完税证交纳税人，纳税人持现金和缴款凭证到办税服务厅内银行专柜办理缴款；二是纳税人持现金向税务机关缴税，税务机关收款后当即开具完税证，现金于当日由税务机关缴入国库。

（3）"支票缴款"缴库方式的程序。纳税人持纳税申报表和应付税款等额支票向税务机关申报缴税，税务机关审核无误后当即填开完税证交纳税人，支票由税务机关当日集中送交国库办理缴款。

（4）"税银一体化缴纳"缴库方式的程序。纳税人、扣缴义务人在指定银行开设税款解缴专用账户，按期提前存入当期应纳税款，并在规定的期限内由税务机关通知银行直接划解税款，或自行到税务机关指定银行网点缴纳。按实施方式不同，其可分为一般缴税专户缴税、网上实时缴税和批量扣款征收。

纳税人未按照规定期限缴纳税款的，扣缴义务人未按照规定期限解缴税款的，税务机关除责令其限日缴纳外，从滞纳税款之日起，按日加收滞纳税款0.5‰的滞纳金。

（二）延期缴纳税款程序

纳税人因有下列情形，不能按期缴纳税款的，应当在缴纳税款期限届满前提出申请，经省级税务机关批准，可以延期缴纳税款，但是最长不得超过3个月：

（1）因不可抗力，导致纳税人发生较大损失，正常生产经营活动受到较大影响的。

（2）当期货币资金在扣除应付职工工资、社会保险后，不足以缴纳税款的。当期货币资金是指纳税人申请延期缴纳税款之日的资金余额，其中不含国家法律和行政法规明确规定企业不可动用的资金。

需提供的材料包括：

当期货币资金余额情况及所有银行存款账户申请日的对账单：报送加盖开户银行业务章的所有银行存款账户申请日的余额对账单，现金、银行存款、外埠存款和其他货币资金总账科目申请日记录页的复印件。不要求报送其银行存款总账及日记账、现金总账及日记账、外埠存款和其他货币总账及日记账的收付明细交易记录。

"应付职工薪酬"的支出预算：报送税款所属当期计提但仍未支付的"应付职工薪酬"总账科目记录页的复印件，不要求报送其应付工资明细账、职工工资清册等的复印件。

应付社会保险费的支出预算：报送税款所属当期计提但仍未支付的社会保险费记录页的复印件，不要求报送其上期社会保险费缴款凭证的复印件。

申请办理延期缴纳税款的制式文书和承诺函（建议格式），纳税人可登录省级税务机关门户网站下载，或在办税服务厅领用。纳税人需要延期缴纳税款的，应当在缴纳税款期限届满前提出申请。税务机关做出不予行政许可决定的，从缴纳税款期限届满之日起加收滞纳金。

纳税人可选择下列渠道之一，提出延期缴纳税款的税务行政许可申请：

（1）上门申请：直接向国家税务总局（行政审批受理窗口）递交申请文书和资料，提出申请。

（2）网上申请：登录国家税务总局网站办理。

纳税人网上提出延期缴纳税款的税务行政许可申请的，应将纸质的税务申请文书和申请资料加盖公章后，通过上门递交、邮寄或提请主管税务机关办税服务厅代办转报等方式报送行政许可实施机关。

（三）税款的减免税程序

（1）纳税人申请。纳税人应向主管税务机关提出书面申请减免税，并按规定附送有关资料。减免税的申请须经法律、行政法规规定的减税、免税审查批准机关审批。纳税人在享受减免税待遇期间，仍应按规定办理纳税申报。减税、免税期满，纳税人应当自期满次日起恢复正常纳税。

（2）税务机关核算。税务机关收到纳税人的减免税申请后，应进行认真审核。税务机关受理或者不予受理减免税申请的，应当加盖本单位专用印章和注明日期的书面凭证。税务机关做出的减免税审批决定，应当自做出决定之日起10个工作日内送达纳税人。减免税批复未下达前，纳税人应按规定办理申报缴纳税款。

（3）纳税人领取减免税审批申请。纳税人享受减税、免税的条件发生变化时，应当自发生变化之日起15日内向税务机关报告，经税务机关审核后，停止其减税、免税。对不报告又不再符合减税、免税条件的，税务机关有权追回已减免的税款。

|第二节| 纳税申报流程

无论采取哪种申报方式，其流程都基本如下：

（1）到主管税务机关办税服务厅确定纳税申报方式、时间、内容，领取申报表等有关资料。

（2）如实填写纳税申报表或代扣代缴、代收代缴税款报告表。

纳税人、扣缴义务人在主管税务机关确定的申报期限内办理纳税申报，即将纳税申报表及相关资料提交主管税务机关审核，税务机关审核无误后予以开票，并在纳税申报表上加盖纳税申报受理专用章。纳税人在纳税期内没有应纳税款的，应当办理零申报。纳税人享受减税、免税待遇的，在减税、免税期间应当办理减免税申报。

✿思考与练习

选择题

1.甲税务师事务所的税务师代客户乙公司进行纳税申报，申报后因少缴纳税款被税务机关处以罚款，承担该罚款的是（　　）。

A.税务师

B.甲税务师事务所

C.税务师、乙公司、甲税务师事务所

D.乙公司

2.关于延期纳税的说法正确的是（　　）。

A.经县以上税务局（分局）局长批准，可以延期纳税

B.延期纳税最长不得超过60日

C.特殊困难包括当期货币资金和扣除应付账款、应付工资和社会保险费后，不足以缴纳税款的

D.经税务机关批准延期纳税的，在批准的期限内不予加收滞纳金

3.根据期末留抵税额退税试行政策，下列说法正确的是（　　）。

A.纳税人出口货物劳务适用免抵退税办法的，可以在同一申报期内，既申报免抵退税又申请办理留抵退税

B.纳税人在同一申报期内可同时申报享受即征即退政策和留抵退税政策

C.纳税人均可申请期末100%留抵退税

D.纳税人连续6个月增量留抵税额月均20万元即可申请退税

第四章思政案例引导

第四章思考与练习参考答案

增值税纳税申报

本章导读

企业报税人员必须了解增值税的相关知识和法律法规要求，掌握增值税销项、进项应纳税额的计算方法和增值税纳税申报表的填写规则。

本章首先介绍增值税的定义和特点，对增值税的纳税义务人、征税范围、税率、税目、纳税义务发生时间、一般纳税人和小规模纳税人申报的区别进行详细的讲解；其次介绍增值税销项税额、进项税额、进口货物应纳税额的计算方法；最后针对一般纳税人和小规模纳税人分别设计了纳税申报表的填报实训实验，帮助学员全面了解和掌握增值税纳税申报的相关税务知识、程序和方法。

预习思考 1：增值税纳税申报主要做些什么？增值税纳税申报表的数据来自哪里？

预习思考 2：增值税纳税申报前为什么要进行对账差异核对？

预习思考 3：增值税纳税申报有风险吗？有哪些风险？

> **思政案例导入**
>
> 北京白云酒业股份有限公司的吴总跟申报员小李说："我新注册了个公司，但这个公司是先注册而已，暂时还不开展业务，你每个月给我零申报就好了。"
>
> 小李回复说："老板，税务局规定连续三个月零申报就属于异常申报了，会被税务局纳入重点关注对象的。另外，一年内增值税连续三个月或者累计六个月零申报、负申报的企业，纳税信用等级就不能评为 A 级了。"
>
> 请你给吴总提出建议，他到底该怎么做呢？

|第一节| 增值税基础知识

一、概念和特点

（一）增值税的概念

【增值税】是以商品（含应税劳务、服务）在流转过程中产生的增值额作为计税依据而征收的一种流转税。从计税原理上说，增值税是对商品生产、流通、劳务服务中多个环节的新增价值或商品的附加值征收的一种流转税。增值税实行价外税，也就是由消费者负担，有增值才征收，没增值不征收。增值税是对销售货物或者提供加工、修理修配劳务以及进口货物的单位和个人就其实现的增值额征收的一个税种。增值税已经成为中国最主要的税种之一，增值税收入占中国全部税收收入的60%以上，是最大的税种。增值税由税务机关负责征收，税收收入中50%为中央财政收入，50%为地方财政收入。进口环节的增值税由海关负责征收，税收收入全部为中央财政收入。

（二）增值税的特点

增值税实行价外计税的办法。在计税时，作为计税依据的销售额中不包含增值税税额。销售商品时，增值税专用发票上要分别注明增值税税款和不含增值税的价格，以消除增值税对成本、利润、价格的影响。

（1）实行税款抵扣办法。在计算应纳税额时，要扣除商品在以前生产环节已负担的税款，避免重复征税。

（2）道道征税，但不重复征税。

（3）对不同经营规模的纳税人，采取不同的计税方法。

（4）征收范围广泛。从增值税的征税范围看，对从事商品经营和劳务提供的所有单位和个人，在商品增值的各个生产流通环节向纳税人普遍征收。

（5）实行比例税率。虽然增值额对不同行业和不同企业、不同产品来说性质是一样的，原则上对增值额应采用单一比例税率，但为了贯彻一些经济社会政策也会对某些行业或产品实行不同的政策，因此增值税有基本税率和优惠税率等不同比例。

二、纳税义务人

在中华人民共和国境内销售货物或者提供加工、修理修配劳务、进口货物以及销售服务、无形资产或者不动产的单位和个人，为增值税的纳税人。

纳税义务人按照经营规模大小及会计核算是否健全划分为一般纳税人和小规模纳税人两类。一般纳税人可以使用抵扣和开具增值税专用发票，小规模纳税人不能使用抵扣，但可开具增值税专用发票。

中华人民共和国境外的单位或个人在境内提供应税劳务，在境内未设有经营机构的，其应纳税款以境内代理人为扣缴义务人；在境内没有代理人的，以购买者为扣缴义务人。境外单位或者个人在境内销售服务、无形资产或者不动产，在境内未设有经营机构的，以购买方为增值税扣缴义务人。

三、征税范围

（一）一般范围

增值税的征税范围包括销售或进口货物，提供加工及修理修配劳务，销售服务、无形资产与不动产。

（二）特殊项目

（1）货物期货（包括商品期货和贵金属期货），应当征收增值税，在期货实物交割环节纳税；

（2）银行销售金银的业务；

（3）典当业销售死当物品业务；

（4）寄售业销售委托人寄售物品的业务；

（5）集邮商品的生产、调拨及邮政部门以外的其他单位和个人销售集邮商品的业务。

（三）特殊行为

有以下行为的，在增值税法中被视同销售货物，均要征收增值税：

（1）将货物交由他人代销；

（2）代他人销售货物；

（3）将货物从一地移送至另一地（同一县市除外）；

（4）将自产或委托加工的货物用于非应税项目；

（5）将自产、委托加工或购买的货物作为对其他单位的投资；

（6）将自产、委托加工或购买的货物分配给股东或投资者；

（7）将自产、委托加工的货物用于职工福利或个人消费；

（8）将自产、委托加工或购买的货物无偿赠送他人。

（四）免征范围

《中华人民共和国增值税暂行条例》第十五条规定了下列7个项目免征增值税：

（1）农业生产者销售的自产农产品；

（2）避孕药品和用具；

（3）古旧图书；

（4）直接用于科学研究、科学试验和教学的进口仪器、设备；

（5）外国政府、国际组织无偿援助的进口物资和设备；

（6）由残疾人组织直接进口供残疾人专用的物品；

（7）销售自己使用过的物品。

增值税的免税、减税项目由国务院规定，任何地区、部门均不得规定免税、减税项目。

四、税率、税目

（一）税率

从 2019 年 4 月 1 日起，增值税税率调整为 4 档：13%、9%、6%、0。

适用 13% 税率：销售货物或者提供加工、修理修配劳务以及进口货物；提供有形动产租赁服务。

适用 9% 税率：销售不动产、农产品（含粮食）、自来水、暖气、石油液化气、天然气、食用植物油、冷气、热水、煤气、居民用煤炭制品、食用盐、农机、饲料、农药、农膜、化肥、沼气、二甲醚、图书、报纸、杂志、音像制品、电子出版物，转让土地使用权，提供不动产租赁服务、建筑服务、运输服务、邮政服务、基础电信服务。

适用 6% 税率：提供增值电信服务、金融服务、生活服务、现代服务（除租赁服务外），销售无形资产（除土地使用权外）。

适用 0 税率：出口货物等特殊业务。

（二）征收率

小规模纳税人适用征收率，征收率为 3%。[①]

特殊规定：

（1）一般纳税人销售自己使用过的属于《中华人民共和国增值税暂行条例》第十条规定不得抵扣且未抵扣进项税额的固定资产，按照简易办法依照 3% 征收率，减按 2% 征收增值税。

（2）小规模纳税人销售自己使用过的固定资产，减按 2% 征收率征收增值税。

（3）一般纳税人销售自产的下列货物，可选择按照简易办法依照 3% 征收率计算缴纳增值税：

① 县级及县级以下小型水力发电单位生产的电力。小型水力发电单位，是指各类投资主体建设的装机容量为 5 万千瓦以下（含 5 万千瓦）的小型水力发电单位。

② 建筑用和生产建筑材料所用的砂、土、石料。

③ 以自己采掘的砂、土、石料或其他矿物连续生产的砖、瓦、石灰（不含黏土实心砖、瓦）。

④ 用微生物、微生物代谢产物、动物毒素、人或动物的血液或组织制成的生物制品。

⑤ 自来水。

⑥ 商品混凝土（仅限于以水泥为原料生产的水泥混凝土）。

一般纳税人选择简易办法计算缴纳增值税后，36 个月内不得变更。

（4）一般纳税人销售以下物品，暂按简易办法依照 3% 征收率计算缴纳增值税：

① 寄售商店代销寄售物品（包括居民个人寄售的物品在内）；

---

① 《中华人民共和国增值税法（征求意见稿）》中只规定一个增值税征收率，不动产出租和销售不动产适用简易计税的征收率也应为 3%，不再执行 5% 的增值税征收率了。

② 典当业销售死当物品；

③ 经国务院或国务院授权机关批准的免税商店零售的免税品。

五、纳税义务发生时间

对于增值税纳税义务发生时间的界定，总的来讲是"发生应税销售行为的，为收讫销售款项或者取得索取销售款项凭据的当天；先开具发票的，为开具发票的当天。进口货物，为报关进口的当天"。就发生应税销售行为而言，确定其增值税纳税义务发生时间的总原则就是，以"收讫销售款项、取得索取销售款项凭据或者发票开具时间"三者孰先（谁在前）的原则确定。增值税扣缴义务发生时间为被代扣税款的纳税人增值税纳税义务发生的当天。

具体来讲，增值税的纳税义务发生时间包括但不限于以下时点：

（1）纳税人发生销售货物或者加工、修理修配劳务，销售服务、无形资产、不动产的应税销售行为，先开具增值税发票的，为开具发票的当天。

纳税人收取款项但未发生销售货物、应税劳务、服务、无形资产或不动产的行为，按照国家税务总局的规定使用"未发生销售行为的不征税项目"编码开具不征税发票的情形除外。

（2）纳税人采取直接收款方式销售货物，不论货物是否发出，均为收到销售款或者取得索取销售款凭据的当天。

（3）纳税人采取赊销方式销售货物，签订了书面合同的，为书面合同约定的收款日期的当天。

（4）纳税人采取赊销方式销售货物，无书面合同的或者书面合同没有约定收款日期的，为货物发出的当天。

（5）纳税人采取分期收款方式销售货物，签订了书面合同的，为书面合同约定的收款日期的当天。

（6）纳税人采取分期收款方式销售货物，无书面合同的或者书面合同没有约定收款日期的，为货物发出的当天。

（7）纳税人采取预收货款方式销售货物（特定货物除外），为货物发出的当天。

（8）纳税人采取预收货款方式，生产销售生产工期超过12个月的大型机械设备、船舶、飞机等特定货物，为收到预收款或者书面合同约定的收款日期的当天。

（9）纳税人委托其他纳税人代销货物，为收到代销单位的代销清单或者收到全部或者部分货款的当天。未收到代销清单及货款的，为发出代销货物满180天的当天。

（10）纳税人销售加工、修理修配劳务，为提供劳务同时收讫销售款或者取得索取销售款的凭据的当天。

（11）纳税人进口货物，为报关进口的当天。

（12）纳税人发生销售服务、无形资产或者不动产的应税行为，为在其应税行为发生过程中或者完成后收到销售款项的当天。

（13）纳税人销售服务、无形资产或者不动产，签订了书面合同并确定了付款日期的，为书面合同确定的付款日期的当天。

（14）纳税人销售服务、无形资产或者不动产，签订了书面合同但未确定付款日期的，为服务、无形资产转让完成的当天或者不动产权属变更的当天。

（15）纳税人销售服务、无形资产或者不动产，未签订书面合同的，为服务、无形资产转让完成的当天或者不动产权属变更的当天。

（16）纳税人销售（有形动产和不动产）租赁服务采取预收款方式的，为收到预收款的当天。

（17）纳税人销售建筑服务，被工程发包方从应支付的工程款中扣押的质押金、保证金，未开具发票的，以纳税人实际收到质押金、保证金的当天为纳税义务发生时间。

（18）纳税人从事金融商品转让的，为金融商品所有权转移的当天。

（19）金融企业发放贷款后，自结息日起90天内发生的应收未收利息按现行规定缴纳增值税，自结息日起90天后发生的应收未收利息暂不缴纳增值税，待实际收到利息时按规定缴纳增值税。

上述所称金融企业，是指银行（包括国有、集体、股份制、合资、外资银行以及其他所有制形式的银行）、城市信用社、农村信用社、信托投资公司、财务公司、证券公司、保险公司、金融租赁公司、证券基金管理公司、证券投资基金以及其他经人民银行、国家金融监督管理总局、证监会批准成立且经营金融保险业务的机构。

（20）银行提供贷款服务按期计收利息（纳税人提供贷款服务，一般按月或按季结息）的，结息日当日计收的全部利息收入，均应计入结息日所属期（增值税纳税义务发生时间）的销售额，按照现行规定计算缴纳增值税。

（21）纳税人发生下列视同销售货物行为，为货物移送的当天：

① 设有两个以上机构并实行统一核算的纳税人，将货物从一个机构移送其他机构用于销售，但相关机构设在同一县（市）的除外；

② 将自产或者委托加工的货物用于非增值税应税项目；

③ 将自产、委托加工的货物用于集体福利或者个人消费；

④ 将自产、委托加工或者购进的货物作为投资，提供给其他单位或者个体工商户；

⑤ 将自产、委托加工或者购进的货物分配给股东或者投资者；

⑥ 将自产、委托加工或者购进的货物无偿赠送其他单位或者个人。

（22）纳税人发生以下视同销售的情形，为服务、无形资产转让完成的当天或者不动产权属变更的当天：

① 单位或者个体工商户向其他单位或者个人无偿提供服务，但用于公益事业或者以社会公众为对象的除外；

② 单位或者个人向其他单位或者个人无偿转让无形资产或者不动产，但用于公益事业或者以社会公众为对象的除外；

③ 财政部和国家税务总局规定的其他情形。

六、计算应纳税额

应纳增值税税额计算公式分为一般纳税人和小规模纳税人两种情况。

（一）一般纳税人

应纳税额＝当期销项税额－当期进项税额

销项税额＝销售额×税率

销售额＝含税销售额÷（1+税率）

销项税额：是指纳税人销售货物或者提供应税服务按照销售额和增值税税率计算的增值税税额。

进项税额：是指纳税人购进货物或者接受加工、修理修配劳务和应税服务，支付或者负担的增值税税额。

（二）小规模纳税人

应纳税额＝销售额×征收率

销售额＝含税销售额÷（1+征收率）

【政策依据5-1】《中华人民共和国增值税暂行条例》第十一条规定：小规模纳税人发生应税销售行为，实行按照销售额和征收率计算应纳税额的简易办法，并不得抵扣进项税额。应纳税额计算公式：应纳税额＝销售额×征收率。小规模纳税人的标准由国务院财政、税务主管部门规定。

七、销项税额的计算

【销项税额】指纳税人销售货物、劳务、服务、无形资产或者不动产，按照销售额或提供劳务、服务，转让无形资产、不动产收入和规定的税率计算并向购买方收取的增值税税额。销项税额的计算公式为：

销项税额＝销售额×适用税率

从销项税额的定义和公式中我们可以知道，它是由购买方在购买货物、劳务、服务、无形资产或者不动产支付价款时，一并向销售方支付的税额。对于属于一般纳税人的销售方来说，在没有抵扣其进项税额前，销售方收取的销项税额还不是其应纳增值税税额。

销项税额的计算取决于销售额和适用税率两个因素。在适用税率既定的前提下，销项税额的大小主要取决于销售额的大小。增值税适用税率是比较简单的，因而销项税额计算的关键是如何准确确定作为增值税计税依据的销售额。

（一）一般销售方式下的销售额

销售额是指纳税人销售货物、劳务、服务、无形资产或者不动产时向购买方（承受应税劳务也视为购买方）收取的全部价款和价外费用。特别需要强调的是，尽管销项税额也是销售方向购买方收取的，但是增值税采用价外计税方式，用不含税增值（以下简称不含税）价作为计税依据，因而销售额中不包括向购买方收取的销项税额。

价外费用，包括价外向购买方收取的手续费、补贴、基金、集资费、返还利润、奖励费、违约金、滞纳金、延期付款利息、赔偿金、代收款项、代垫款项、包装费、包装物租金、储备费、优质费、运输装卸费以及其他各种性质的价外收费。但下列项目不包括在内：

（1）受托加工应征消费税的消费品所代收代缴的消费税。

（2）同时符合以下条件代为收取的政府性基金或者行政事业性收费：

① 由国务院或者财政部批准设立的政府性基金，由国务院或者省级人民政府及其财政、价格主管部门批准设立的行政事业性收费；

② 收取时开具省级以上财政部门印制的财政票据；

③ 所收款项全额上缴财政。

（3）以委托方名义开具发票，代委托方收取的款项。

（4）销售货物的同时代办保险等而向购买方收取的保险费，以及向购买方收取的代购买方缴纳的车辆购置税、车辆牌照费。

凡随同销售货物或提供应税劳务向购买方收取的价外费用，无论其会计制度如何核算，均应并入销售额计算应纳税额。应当注意，根据国家税务总局的规定，对增值税一般纳税人（包括纳税人自己或代其他部门）向购买方收取的价外费用和逾期包装物押金，应视为含增值税（以下简称含税）收入，在征税时换算成不含税收入，再并入销售额。

按会计准则规定，由于对价外收费一般都不在营业收入科目中核算，而在"其他应付款""其他业务收入""营业外收入"等科目中核算。这样，企业在实务中时常出现对价外收费虽在相应科目中作会计核算，但未核算其销项税额；有的企业则既不按会计核算要求进行收入核算，又不按规定核算销项税额，而是将发生的价外收费直接冲减有关费用科目。因此，应严格核查各项价外收费，进行正确的会计核算和税额核算。

销售额应以人民币计算。纳税人以人民币以外的货币结算销售额的，应当折合成人民币计算。折合率可以选择销售额发生的当天或者当月1日的人民币汇率中间价。纳税人应当在事先确定采用何种折合率，确定后12个月内不得变更。

（二）特殊销售方式下的销售额

在销售活动中，为了达到促销的目的，有多种销售方式，不同销售方式下，销售者取得的销售额会有所不同。对不同销售方式如何确定其计征增值税的销售额，既是纳税人关心的问题，也是税法必须分别予以明确规定的事情。税法对以下几种销售方式分别作了规定：

1.采取折扣方式销售

折扣销售是指销货方在销售货物或应税劳务时，因购货方购货数量较大等原因而给予购货方的价格优惠（例如：购买5件商品，销售价格折扣10%；购买10件商品，销售价格折扣20%等）。根据增值税法律制度的规定，纳税人发生应税行为并向购买方开具增值税专用发票后，由于购货方在一定时期内累计购买货物、劳务、服务、无形资产达到一定数量，或者由于市场价格下降等原因，销货方给予购货方相应的价格优惠或补偿等折扣、折让行为，销货方可按现行《增值税专用发票使用规定》的有关规定开具红字增值税专用发票。这里需要解释的是：

（1）折扣销售不同于销售折扣。销售折扣是指销货方在销售货物或应税劳务后，为了鼓励购货方及早偿还货款而协议许诺给予购货方的一种折扣优待（例如：10天内付款，货款折扣2%；20天内付款，货款折扣1%；30天内全价付款）。销售折扣发生在销货之后，是一种融资性质的理财费用，因此，销售折扣不得从销售额中减除。企业在确定销售额时应把折扣销售与销售折扣严格区分开。

（2）销售折扣又不同于销售折让。销售折让是指企业因售出商品的质量不合格等原因而在售价上给予的减让。对于增值税而言，销售折让实是指纳税人发生应税销售行为后因为劳动成果质量不合格等原因在售价上给予的减让。销售折让与销售折扣相比较，虽然都是在货物销售后发生的，但因为销售折让是由于货物的品种和质量引起销售额的减少，因此，对销售折让可以折让后的货款为销售额。

（3）折扣销售仅限于销售行为价格的折扣，如果销货者将自产、委托加工和购买的货物用于实物折扣的，则该实物款额不能从货物销售额中减除，且该实物应按《中华人民共和国增值税暂行条例实施细则》的规定和"视同销售货物"中的"赠送他人"计算征收增值税。

纳税人发生应税销售行为，如将价款和折扣额在同一张发票上的"金额"栏分别注明的可按折扣后的销售额征收增值税。未在同一张发票"金额"栏注明折扣额，而仅在发票的"备注"栏注明折扣额的，折扣额不得从销售额中减除；未在同一张发票上分别注明的，以价款为销售额，不得扣减折扣额。纳税人发生应税销售行为因销售折让、中止或者退回的，应扣减当期的销项税额（一般计税方法）或销售额（简易计税方法）。

2.采取以旧换新方式销售

以旧换新是指纳税人在销售自己的货物时，有偿收回旧货物的行为。根据增值税法律法规的规定，采取以旧换新方式销售货物的，应按新货物的同期销售价格确定销售额，不得扣减旧货物的收购价格。之所以这样规定，既是因为销售货物与收购货物是两个不同的业务活动，销售额与收购额不能相互抵减，也是为了严格增值税的计算征收，防止出现销售额不实、减少纳税的现象。

但是，考虑到金银首饰以旧换新业务的特殊情况，对金银首饰以旧换新业务，可以按销售方实际收取的不含增值税的全部价款征收增值税。

3.采取还本销售方式销售

还本销售是指纳税人在销售货物后，到一定期限由销售方一次或分次退还给购货方全部或部分价款。这种方式实际上是一种筹资，是以货物换取资金的使用价值，到期还本不付息的方法。增值税法律法规规定，采取还本销售方式销售货物，其销售额就是货物的销售价格，不得从销售额中减除还本支出。

4.采取以物易物方式销售

以物易物是一种较为特殊的购销活动,是指购销双方不是以货币结算,而是以同等价款的货物相互结算,实现货物购销的一种方式。在实务中,有的纳税人以为以物易物不是购销行为,销货方收到购货方抵顶货款的货物,认为自己不是购货;购货方发出抵顶货款的货物,认为自己不是销货。这两种认识都是错误的。正确的方法应当是,以物易物双方都应作购销处理,以各自发出的货物核算销售额并计算销项税额,以各自收到的货物按规定核算购货额并计算进项税额。应注意,在以物易物活动中,应分别开具合法的票据,如收到的货物不能取得相应的增值税专用发票或其他合法票据的,不能抵扣进项税额。

5.包装物押金的税务处理

包装物是指纳税人包装本单位货物的各种物品。纳税人销售货物时另收取包装物押金,目的是促使购货方及早退回包装物以便周转使用。

根据增值税法律法规的规定,纳税人为销售货物而出租出借包装物收取的押金,单独记账核算的,时间在1年以内,又未过期的,不并入销售额征税,但对因逾期未收回包装物不再退还的押金,应按所包装货物的适用税率计算销项税额。

上述规定中,"逾期"是指按合同约定实际逾期或以1年为期限,对收取1年以上的押金,无论是否退还均并入销售额征税。当然,在将包装物押金并入销售额征税时,需要先将该押金换算为不含税价,再并入销售额征税。对于个别包装物周转使用期限较长的,报经税务机关确定后,可适当放宽逾期期限。国家税务总局国税发〔1995〕192号文件规定,从1995年6月1日起,对销售除啤酒、黄酒外的其他酒类产品而收取的包装物押金,无论是否返还以及会计上如何核算,均应并入当期销售额征税。对销售啤酒、黄酒所收取的押金,按上述一般押金的规定处理。另外,包装物押金不应混同于包装物租金,纳税人销售货物同时发生收取包装物租金的情况,包装物租金收取之时就应该考虑销项税额的征纳问题。

6.直销企业的税务处理

直销企业先将货物销售给直销员,直销员再将货物销售给消费者的,直销企业的销售额为其向直销员收取的全部价款和价外费用。直销员将货物销售给消费者时,应按照现行规定缴纳增值税。

直销企业通过直销员向消费者销售货物,直接向消费者收取货款,直销企业的销售额为其向消费者收取的全部价款和价外费用。

7.贷款服务的销售额

贷款服务,以提供贷款服务取得的全部利息及利息性质的收入为销售额。银行提供贷款服务按期计收利息的,结息当日计收的全部利息收入,均应计入结息日所属期的销售额,按照现行规定计算缴纳增值税。自2018年1月1日起,资管产品管理人运营资管产品提供的贷款服务以2018年1月1日起产生的利息及利息性质的收入为销售额。

8.直接收费金融服务的销售额

直接收费金融服务，以提供直接收费金融服务收取的手续费、佣金、酬金、管理费、服务费、经手费、开户费、过户费、结算费、转托管费等各类费用为销售额。

9.发卡机构、清算机构和收单机构提供银行卡跨机构资金清算服务

以上机构提供银行卡跨机构资金清算服务按照以下规定执行：

（1）发卡机构以其向收单机构收取的发卡行服务费为销售额，按照此销售额开具增值税发票。

（2）清算机构以其向发卡机构、收单机构收取的网络服务费为销售额，并按照发卡机构支付的网络服务费向发卡机构开具增值税发票，按照收单机构支付的网络服务费向收单机构开具增值税发票。清算机构从发卡机构取得的增值税发票上记载的发卡行服务费，一并计入清算机构的销售额，并由清算机构按照此销售额向收单机构开具增值税发票。

（3）收单机构以其向商户收取的收单服务费为销售额，并按照此销售额向商户开具增值税发票。

（三）按差额确定销售额

虽然原营业税的征税范围全行业均纳入了增值税的征收范围，但是目前仍然有无法通过抵扣机制避免重复征税的情况存在，因此引入了差额征税的办法，解决纳税人税收负担增加问题。以下项目属于按差额确定销售额：

（1）金融商品转让的销售额。金融商品转让，按照卖出价扣除买入价后的余额为销售额。转让金融商品出现的正负差，按盈亏相抵后的余额为销售额。若相抵后出现负差，可结转下一纳税期与下期转让金融商品销售额相抵，年末时仍出现负差的，不得转入下一个会计年度。

证券公司、保险公司、金融租赁公司、证券基金管理公司、证券投资基金以及其他经人民银行、国家金融监督管理总局、证监会批准成立且经营金融保险业务的机构发放贷款后，自结息日起90天内发生的应收未收利息按现行规定缴纳增值税，自结息日起90天后发生的应收未收利息暂不缴纳增值税，待实际收到利息时按规定缴纳增值税。金融商品的买入价，可以选择按照加权平均法或者移动加权平均法进行核算，选择后36个月内不得变更。

金融商品转让，不得开具增值税专用发票。单位将其持有的限售股在解禁流通后对外转让的，按照以下规定确定买入价：

① 上市公司实施股权分置改革时，在股票复牌之前形成的原非流通股股份，以及股票复牌首日至解禁日期间上述股份孳生的送、转股，以该上市公司完成股权分置改革后股票复牌首日的开盘价为买入价。

② 公司首次公开发行股票并上市形成的限售股，以及上市首日至解禁日期间由上述股份孳生的送、转股，以该上市公司股票首次公开发行（IPO）的发行价为买入价。

③ 因上市公司实施重大资产重组形成的限售股，以及股票复牌首日至解禁日期间

由上述股份孳生的送、转股，以该上市公司因重大资产重组股票停牌前一交易日的收盘价为买入价。

自2018年1月1日起，资管产品管理人运营资管产品发生的部分金融商品转让业务，转让2017年12月31日前取得的股票（不包括限售股）、债券、基金、非货物期货，可以选择按照实际买入价计算销售额，或者以2017年最后一个交易日的股票收盘价（2017年最后一个交易日处于停牌期间的股票，为停牌前最后一个交易日收盘价）、债券估值（中债金融估值中心有限公司或中证指数有限公司提供的债券估值）、基金份额净值、非货物期货结算价格作为买入价计算销售额。

（2）经纪代理服务的销售额。经纪代理服务，以取得的全部价款和价外费用，扣除向委托方收取并代为支付的政府性基金或者行政事业性收费后的余额为销售额。向委托方收取的政府性基金或者行政事业性收费，不得开具增值税专用发票。

（3）融资租赁和融资性售后回租业务的销售额。

① 经人民银行、国家金融监督管理总局或者商务部批准从事融资租赁业务的试点纳税人（包括经上述部门备案从事融资租赁业务的试点纳税人），提供融资租赁服务，以取得的全部价款和价外费用，扣除支付的借款利息（包括外汇借款和人民币借款利息）、发行债券利息和车辆购置税后的余额为销售额。

② 经人民银行、国家金融监督管理总局或者商务部批准从事融资租赁业务的试点纳税人提供融资性售后回租服务，以取得的全部价款和价外费用（不含本金），扣除对外支付的借款利息（包括外汇借款和人民币借款利息）、发行债券利息后的余额作为销售额。

③ 试点纳税人根据2016年4月30日前签订的有形动产融资性售后回租合同，在合同到期前提供的有形动产融资性售后回租服务，可继续按照有形动产融资租赁服务缴纳增值税。

继续按照有形动产融资租赁服务缴纳增值税的试点纳税人，经人民银行、国家金融监督管理总局或者商务部批准从事融资租赁业务的，根据2016年4月30日前签订的有形动产融资性售后回租合同，在合同到期前提供的有形动产融资性售后回租服务，可以选择以下方法之一计算销售额：

方法一：以向承租方收取的全部价款和价外费用，扣除向承租方收取的价款本金，以及对外支付的借款利息（包括外汇借款和人民币借款利息）、发行债券利息后的余额为销售额。

纳税人提供有形动产融资性售后回租服务，计算当期销售额时可以扣除的价款本金，为书面合同约定的当期应当收取的本金。无书面合同或者书面合同没有约定的，为当期实际收取的本金。

试点纳税人提供有形动产融资性售后回租服务，向承租方收取的有形动产价款本金，不得开具增值税专用发票，可以开具普通发票。

方法二：以向承租方收取的全部价款和价外费用，扣除支付的借款利息（包括外汇借款和人民币借款利息）、发行债券利息后的余额为销售额。

方法三：经商务部授权的省级商务主管部门和国家经济技术开发区批准的从事融资租赁业务的试点纳税人，2016 年 5 月 1 日后实收资本达到 1.7 亿元的，从达到标准的当月起按照上述①、②、③点规定执行；2016 年 5 月 1 日后实收资本未达到 1.7 亿元但注册资本达到 1.7 亿元的，在 2016 年 7 月 31 日前仍可按照上述①、②、③点规定执行，2016 年 8 月 1 日后开展的融资租赁业务和融资性售后回租业务不得按照上述①、②、③点规定执行。

（4）航空运输企业的销售额，不包括代收的机场建设费和代售其他航空运输企业客票而代收转付的价款。

自 2018 年 1 月 1 日起，航空运输销售代理企业提供境外航段机票代理服务，以取得的全部价款和价外费用，扣除向客户收取并支付给其他单位或者个人的境外航段机票结算款和相关费用后的余额为销售额。其中，支付给境内单位或者个人的款项，以发票或行程单为合法有效凭证，支付给境外单位或者个人的款项，以签收单据为合法有效凭证，税务机关对签收单据有疑义的，可以要求其提供境外公证机构的确认证明。

航空运输销售代理企业提供境内机票代理服务，以取得的全部价款和价外费用，扣除向客户收取并支付给航空运输企业或其他航空运输销售代理企业的境内机票净结算款和相关费用后的余额为销售额。其中，支付给航空运输企业的款项，以国际航空运输协会（IATA）开账与结算计划（BSP）对账单或航空运输企业的签收单据为合法有效凭证；支付给其他航空运输销售代理企业的款项，以代理企业间的签收单据为合法有效凭证。航空运输销售代理企业就取得的全部价款和价外费用，向购买方开具行程单，或开具增值税普通发票。

航空运输销售代理企业，是指根据《航空运输销售代理资质认可办法》取得中国航空运输协会颁发的"航空运输销售代理业务资质认可证书"，接受中国航空运输企业或通航中国的外国航空运输企业委托，依照双方签订的委托销售代理合同提供代理服务的企业。

（5）试点纳税人中的一般纳税人提供客运场站服务，以其取得的全部价款和价外费用，扣除支付给承运方运费后的余额为销售额。

（6）试点纳税人提供旅游服务，可以选择以取得的全部价款和价外费用，扣除向旅游服务购买方收取并支付给其他单位或者个人的住宿费、餐饮费、交通费、签证费、门票费和支付给其他接团旅游企业的旅游费用后的余额为销售额。

选择上述办法计算销售额的试点纳税人，向旅游服务购买方收取并支付的上述费用，不得开具增值税专用发票，可以开具普通发票。

（7）试点纳税人提供建筑服务适用简易计税方法的，以取得的全部价款和价外费用扣除支付的分包款后的余额为销售额。

（8）房地产开发企业中的一般纳税人销售其开发的房地产项目（选择简易计税方法的房地产老项目除外），以取得的全部价款和价外费用，扣除受让土地时向政府部门支付的土地价款后的余额为销售额。"向政府部门支付的土地价款",包括土地受让人向政府部门支付的征地和拆迁补偿费用、土地前期开发费用和土地出让收益等。

房地产开发企业(包括多个房地产开发企业组成的联合体)受让土地向政府部门支付土地价款后,设立项目公司对该受让土地进行开发,同时符合下列条件的,可由项目公司按规定扣除房地产开发企业向政府部门支付的土地价款:

① 房地产开发企业、项目公司、政府部门三方签订变更协议或补充合同,将土地受让人变更为项目公司。

② 政府部门出让土地的用途、规划等条件不变的情况下,签署变更协议或补充合同时,土地价款总额不变。

③ 项目公司的全部股权由受让土地的房地产开发企业持有。房地产开发企业中的一般纳税人销售其开发的房地产项目(选择简易计税方法的房地产老项目除外),在取得土地时向其他单位或个人支付的拆迁补偿费用也允许在计算销售额时扣除。纳税人按上述规定扣除拆迁补偿费用时,应提供拆迁协议、拆迁双方支付和取得拆迁补偿费用凭证等能够证明拆迁补偿费用真实性的材料。

(9)纳税人转让不动产缴纳增值税差额扣除的有关规定。

①纳税人转让不动产,按照有关规定差额缴纳增值税的,如因丢失等原因无法提供取得不动产时的发票,可向税务机关提供其他能证明契税计税金额的完税凭证等资料,进行差额扣除。

②纳税人以契税计税金额进行差额扣除的,按照下列公式计算增值税应纳税额:

2016年4月30日及以前缴纳契税的:

增值税应纳税额=[全部交易价格(含增值税)-契税计税金额(含营业税)]÷(1+5%)×5%

2016年5月1日及以后缴纳契税的:

增值税应纳税额=[全部交易价格(含增值税)÷(1+5%)-契税计税金额(不含增值税)]×5%

③纳税人同时保留取得不动产时的发票和其他能证明契税计税金额的完税凭证等资料的,应当凭发票进行差额扣除。

(10)试点纳税人按照上述(2)~(9)条的规定从全部价款和价外费用中扣除的价款,应当取得符合法律、行政法规和国家税务总局规定的有效凭证;否则,不得扣除。上述凭证是指:

① 支付给境内单位或者个人的款项,以发票为合法有效凭证。

② 支付给境外单位或者个人的款项,以该单位或者个人的签收单据为合法有效凭证,税务机关对签收单据有疑义的,可以要求其提供境外公证机构的确认证明。

③ 缴纳的税款,以完税凭证为合法有效凭证。

④ 扣除的政府性基金、行政事业性收费或者向政府支付的土地价款,以省级以上(含省级)财政部门监(印)制的财政票据为合法有效凭证。

⑤ 国家税务总局规定的其他凭证。

纳税人取得的上述凭证属于增值税扣税凭证的,其进项税额不得从销项税额中抵扣。

（四）视同发生应税销售行为的销售额确定

纳税人发生应税销售行为的情形，价格明显偏低并无正当理由的，或者发生应税销售行为而无销售额的，由主管税务机关按照下列顺序核定销售额：

（1）按照纳税人最近时期发生同类应税销售行为的平均价格确定。

（2）按照其他纳税人最近时期发生同类应税销售行为的平均价格确定。

（3）按照组成计税价格确定。组成计税价格的公式为：

组成计税价格=成本×（1+成本利润率）

成本利润率由国家税务总局确定。

（五）含税销售额的换算

为了符合增值税作为价外税的要求，纳税人在填写进销货及纳税凭证、进行账务处理时，应分项记录不含税销售额、销项税额和进项税额，以正确计算应纳增值税税额。然而，在实际工作中，常常会出现一般纳税人将销售货物或者应税劳务采用销售额和销项税额合并定价收取的方法，这样就会形成含税销售额。我国增值税是价外税，计税依据中不含增值税本身的数额。在计算应纳税额时，如果不将含税销售额换算为不含税销售额，就不符合我国增值税的设计原则，即仍会导致对增值税销项税额本身的重复征税现象，也会影响企业成本核算过程，如果普遍出现以含税销售额作为计税依据的做法，会在某种程度上造成物价非正常上涨情况的出现。因此，一般纳税人销售货物或者应税劳务取得的含税销售额在计算销项税额时，必须将其换算为不含税的销售额。对于一般纳税人销售货物或者应税劳务，采用销售额和销项税额合并定价方法的，按下列公式计算销售额：

销售额=含税销售额÷（1+增值税税率）

公式中的增值税税率为销售的货物或者应税劳务和应税服务所适用的增值税税率。

八、进项税额的计算

【进项税额】是指纳税人购进货物、加工修理修配劳务、服务、无形资产或者不动产，支付或者负担的增值税税额。

进项税额=不含增值税的价格×增值税税率

根据税法的规定，准予从销项税额中抵扣的进项税额限于下列增值税扣税凭证上注明的增值税税款和按规定的扣除率计算的进项税额：

（1）纳税人购进货物或应税劳务，从销货方取得增值税专用发票抵扣联上注明的增值税税款。

（2）纳税人购进免税农产品所支付给农业生产者或小规模纳税人的价款，取得经税务机关批准使用的收购凭证上注明的价款按10%抵扣进项税额。

（3）购进中国粮食购销企业的免税粮食，可以按取得的普通发票金额按10%抵扣进项税额。

（4）纳税人外购货物和销售货物所支付的运费（不包括装卸费、保险费等其他杂费），按运费结算单据（普通发票）所列运费和基金金额按7%抵扣进项税额。

（5）生产企业一般纳税人购入废旧物资回收经营单位销售的免税废旧物资，可按废旧物资回收经营单位开具的由税务机关监制的普通发票上注明的金额，按10%计算抵扣进项税额。

（6）企业购置增值税控开票系统专用设备和通用设备，可凭借购货所取得的专用发票所注明的税额从增值税销项税额中抵扣。

进项税额转出的规定：

（1）纳税人购进货物或接受应税劳务已经抵扣进项税额，但由于事后改变用途或者由于在产品、产成品等发生非正常损失等原因，出现不得抵扣进项税额的情形时，应作"进项税额转出"处理。

（2）无法准确确定该项进项税额的，按当期该货物或应税劳务的实际成本计算应扣减的进项税额。

（3）一般纳税人兼营免税项目或非应税劳务而无法划分不得抵扣的进项税额的，按下列公式计算不得抵扣的进项税额

$$\text{不得抵扣的进项税额} = \text{当月无法划分的全部进项税额} \times \frac{\text{当月免税项目销售额、非增值税应税劳务营业额合计}}{\text{当月全部销售额、营业额合计}}$$

不得抵扣的情形：

（1）纳税人购进货物或应税劳务，没有按照规定取得并且保存增值税抵扣凭证或增值税扣税凭证上未按规定注明增值税税额及其他有关事项的。

（2）一般纳税人有下列情形之一者，应按销售额依照增值税税率计算应纳税额，不得抵扣进项税额，也不得使用专用发票：

① 会计核算不健全，或者不能够提供准确税务资料的。

② 符合一般纳税人条件，但不申请一般纳税人认定手续的：A.用于非应税项目的购进货物或应税劳务。所谓非应税项目，是指提供非应税劳务、转让无形资产、销售不动产和固定资产在建工程等。纳税人新建、改建、扩建、修缮、装饰建筑物，无论财务上如何核算，均属于固定资产在建工程。B.用于免税项目的购进货物或应税劳务。C.用于集体福利或者个人消费的购进货物或应税劳务。所谓集体福利和个人消费，是指企业内部设置的供职工使用的食堂、浴室、理发室、宿舍、幼儿园等福利设施及其设备、物品等或者以福利、奖励、津贴等形式发给职工个人的物品。D.非正常损失的购进货物。E.非正常损失的在产品、产成品所耗用的购进货物或应税劳务。

【非正常损失】是指生产经营过程中正常损耗以外的损失，包括：

（1）因管理不善造成的货物被盗窃、发生霉烂变质等损失。

（2）其他非正常损失。

外商投资企业生产直接出口的货物中，购买中国原材料所负担的进项税额不予退税，也不得从内销货物的销项税额中抵扣，应作计入成本处理。

增值税一般纳税人取得的防伪税控开票系统开具的增值税专用发票，在自取得该专用发票开具之日起180日内未到税务机关认证的（开票日期为2017年7月1日以后的，认证期限为开票之日起360日内），不得抵扣进项税额；经过认证通过的防伪税控开票系统开具的增值税专用发票，在认证通过当月未按有关规定核算其进项税额并申报抵扣的，不得抵扣进项税额。

纳税人因进货退回或折让而收回的增值税，应从发生进货退回或折让当期的进项税额中扣减。

因购买货物而从销售方取得的各种形式的返还资金，均应依所购货物的增值税税率计算应冲减的进项税额，并从其取得返还资金当期的进项税额中予以冲减。

上述不得抵扣的进项税额，若企业在购进时已结转了增值税进项税额，一经查实，一律作进项税额转出处理。

应纳税额＝当期销项税额－当期进项税额

九、简易计税方法应纳税额的计算

【简易计税方法】又称简易征收，即简易征税办法，是增值税一般纳税人，因行业的特殊性，无法取得原材料或货物的增值税进项发票，所以按照进销项的方法核算增值税应纳税额后税负过高，因此对特殊的行业采取按照简易征收率征收增值税。

简易计税方法是增值税计税方法中的一种，是指按照销售额和增值税征收率计算税额，且不得抵扣进项税额的计税方法。

一般纳税人发生财政部和国家税务总局规定的特定应税行为，可以选择适用简易计税方法计税，但一经选择，36个月内不得变更。小规模纳税人发生应税行为适用简易计税方法的应纳税额，是指按照销售额和增值税征收率计算的增值税税额，不得抵扣进项税额。

应纳税额计算公式：

应纳税额＝销售额×征收率

简易计税方法的销售额不包括其应纳税额，纳税人采用销售额和应纳税额合并定价方法的，按照下列公式计算销售额：

销售额＝含税销售额÷（1+征收率）

纳税人适用简易计税方法计税的，因销售折让、中止或者退回而退还给购买方的销售额应当从当期销售额中扣减。扣减当期销售额后仍有余额造成多缴的税款，可以从以后的应纳税额中扣减。

简易计税的情形：

（1）小规模纳税人发生应税行为，按照3%征收率采用简易计税方法计算增值税应纳税额。

（2）一般纳税人发生的下列应税行为，按照3%征收率采用简易计税方法计算增值税应纳税额：

① 公共交通运输服务。

② 经认定的动漫企业为开发动漫产品提供的动漫设计、制作等服务及在境内转让动漫版权。

③ 电影放映服务、仓储服务、装卸搬运服务、收派服务和文化体育服务。

④ 以 2018 年 4 月 30 日前取得的有形动产为标的物提供的经营租赁服务。

⑤ 2018 年 4 月 30 日前签订的尚未执行完毕的有形动产租赁合同。

⑥ 以清包工方式提供的建筑服务。

⑦ 为甲供工程提供的建筑服务。

⑧ 为建筑工程老项目提供的建筑服务。

⑨ 公路经营企业收取试点前开工的高速公路的车辆通行费。

⑩ 跨县（市）提供建筑服务。

⑪ 提供非学历教育服务。

（3）一般纳税人发生的下列应税行为，按照 5% 征收率采用简易计税方法计算增值税应纳税额：

① 销售 2018 年 4 月 30 日前取得（不含自建）的不动产。

② 销售 2018 年 4 月 30 日前自建的不动产。

③ 房地产开发企业销售自行开发的房地产老项目。

④ 出租 2018 年 4 月 30 日前取得的不动产。

⑤ 提供劳务派遣服务选择差额纳税的。

⑥ 提供安全保护服务选择差额纳税的。

⑦ 提供人力资源外包服务选择适用简易计税方法的。

⑧ 收取 2018 年 4 月 30 日前开工的一级公路、二级公路、桥、闸通行费。

（4）一般纳税人销售自产的下列货物，可以按照 3% 征收率采用简易计税方法计算增值税应纳税额：

① 县级及县级以下小型水力发电单位生产的电力。小型水力发电单位，是指各类投资主体建设的装机容量为 5 万千瓦以下（含 5 万千瓦）的小型水力发电单位。

② 建筑用和生产建筑材料所用的砂、土、石料。

③ 以自己采掘的砂、土、石料或其他矿物连续生产的砖、瓦、石灰（不含黏土实心砖、瓦）。

④ 用微生物、微生物代谢产物、动物毒素、人或动物的血液或组织制成的生物制品。

⑤ 自来水。

⑥ 商品混凝土（仅限于以水泥为原料生产的水泥混凝土）。

（5）一般纳税人销售货物属于下列情形，按照 3% 征收率采用简易计税方法计算增值税应纳税额：

① 寄售商店代销寄售物品。

② 典当业销售死当物品。

③ 一般纳税人的自来水公司销售自来水。

④ 拍卖行取得的拍卖收入。

⑤ 一般纳税人的单采血浆站销售供应非临床用血。

（6）销售固定资产和旧货。

一般纳税人销售自己使用过的不应抵扣且没有抵扣进项税额的固定资产和旧货及小规模纳税人销售自己使用过的固定资产和旧货，按照简易计税办法依照3%征收率减按2%征收增值税。

销售额=含税销售额÷（1+3%）

应纳税额=销售额×2%

不得由税务机关代开增值税专用发票。

十、进口货物应纳税额的计算

纳税人进口货物，按照组成计税价格和规定的税率计算应纳税额，不得抵扣任何税额，其组成计税价格和应纳税额计算公式如下：

组成计税价格=关税完税价格+关税+消费税

或　　组成计税价格=（关税完税价格+关税）÷（1-消费税税率）

应纳增值税税额=组成计税价格×税率

如果进口货物在国内用于销售等生产经营项目，其在进口环节缴纳的增值税可以作为进项税额，在销售后的销项税额中抵扣。进口货物增值税的纳税义务人是进口货物的收货人或办理报关手续的单位和个人。

十一、扣缴计税方法应扣缴税额的计算

境外单位或者个人在境内发生应税行为，在境内未设有经营机构的，扣缴义务人按照下列公式计算应扣缴税额：

应扣缴税额=购买方支付的价款÷（1+税率）×税率

十二、税收优惠

（一）小规模纳税人政策

按照《财政部 税务总局关于明确增值税小规模纳税人减免增值税等政策的公告》（2023年第1号，以下简称1号公告）的规定，现将有关征管事项公告如下：

（1）增值税小规模纳税人（以下简称小规模纳税人）发生增值税应税销售行为，合计月销售额未超过10万元（以1个季度为1个纳税期的，季度销售额未超过30万元，下同）的，免征增值税。

小规模纳税人发生增值税应税销售行为，合计月销售额超过10万元，但扣除本期发生的销售不动产的销售额后未超过10万元的，其销售货物、劳务、服务、无形资产取得的销售额免征增值税。

（2）适用增值税差额征税政策的小规模纳税人，以差额后的销售额确定是否可以享受 1 号公告第一条规定的免征增值税政策。

《增值税及附加税费申报表（小规模纳税人适用）》中的"免税销售额"相关栏次，填写差额后的销售额。

（3）《中华人民共和国增值税暂行条例实施细则》第九条所称的其他个人，采取一次性收取租金形式出租不动产取得的租金收入，可在对应的租赁期内平均分摊，分摊后的月租金收入未超过 10 万元的，免征增值税。

（4）小规模纳税人取得应税销售收入，适用 1 号公告第一条规定的免征增值税政策的，纳税人可就该笔销售收入选择放弃免税并开具增值税专用发票。

（5）小规模纳税人取得应税销售收入，适用 1 号公告第二条规定的减按 1% 征收率征收增值税政策的，应按照 1% 征收率开具增值税发票。纳税人可就该笔销售收入选择放弃减税并开具增值税专用发票。

（6）按照现行规定应当预缴增值税税款的小规模纳税人，凡在预缴地实现的月销售额未超过 10 万元的，当期无须预缴税款。在预缴地实现的月销售额超过 10 万元的，适用 3% 预征率的预缴增值税项目，减按 1% 预征率预缴增值税。

（二）一般纳税人政策

（1）自 2019 年 4 月 1 日起，增值税一般纳税人（以下称纳税人）发生增值税应税销售行为或者进口货物，原适用 16% 税率的，税率调整为 13%；原适用 10% 税率的，税率调整为 9%。

（2）纳税人购进农产品，原适用 10% 扣除率的，扣除率调整为 9%。纳税人购进用于生产或者委托加工 13% 税率货物的农产品，按照 10% 的扣除率计算进项税额。

（3）纳税人取得不动产或者不动产在建工程的进项税额不再分 2 年抵扣，可一次性抵扣。

（4）纳税人购进国内旅客运输服务，符合规定的进项税额允许从销项税额中抵扣。

（5）自 2019 年 4 月 1 日至 2021 年 12 月 31 日，允许符合条件的生产、生活性服务业纳税人按照当期可抵扣进项税额加计 10%，抵减应纳税额。

（6）2019 年 10 月 1 日至 2021 年 12 月 31 日，允许符合条件的生活性服务业纳税人按照当期可抵扣进项税额加计 15%，抵减应纳税额。

（7）自 2019 年 4 月 1 日起，符合条件的纳税人，可以向主管税务机关申请退还增量留抵税额。

（8）自 2019 年 6 月 1 日起，符合条件的部分先进制造业纳税人，可以自 2019 年 7 月及以后纳税申报期向主管税务机关申请退还增量留抵税额。

十三、纳税申报

（一）一般纳税人申报

增值税一般纳税人依照税收法律、法规、规章及其他有关规定，在规定的纳税期限内填报"增值税纳税申报表（一般纳税人适用）"、附列资料及其他相关资料，向税务机关进行纳税申报。

【政策依据5-2】《中华人民共和国税收征收管理法》第二十五条第一款规定：纳税人必须依照法律、行政法规规定或者税务机关依照法律、行政法规的规定确定的申报期限、申报内容如实办理纳税申报，报送纳税申报表、财务会计报表以及税务机关根据实际需要要求纳税人报送的其他纳税资料。

增值税的纳税期限分别为1日、3日、5日、10日、15日、1个月或者1个季度。纳税人的具体纳税期限，由主管税务机关根据纳税人应纳税额的大小分别核定；不能按照固定期限纳税的，可以按次纳税。纳税人以1个月或者1个季度为1个纳税期的，自期满之日起15日内申报纳税；以1日、3日、5日、10日或者15日为1个纳税期的，自期满之日起5日内预缴税款，于次月1日起15日内申报纳税并结清上月应纳税款。纳税人进口货物，应当自海关填发海关进口增值税专用缴款书之日起15日内缴纳税款。纳税期限遇最后一日是法定休假日的，以休假日期满的次日为期限的最后一日；在期限内有连续3日以上法定休假日的，按休假日天数顺延。

银行、财务公司、信托投资公司、信用社、财政部和国家税务总局规定的其他纳税人可选择按季申报。

纳税人自办理税务登记至认定或登记为一般纳税人期间，未取得生产经营收入，未按照销售额和征收率简易计算应纳税额申报缴纳增值税的，其在此期间取得的增值税扣税凭证，可以在登记为一般纳税人后抵扣进项税额。

纳税人当月有增值税留抵税额，又存在欠税的，可办理增值税留抵抵欠业务；纳税人有多缴税金，又存在欠税，可办理抵缴欠税业务。

纳税人享受减税、免税待遇的，在减税、免税期间应当按照规定办理纳税申报，填写申报表及其附表上的优惠栏目。

（二）小规模纳税人申报

增值税小规模纳税人依照税收法律、法规、规章及其他有关规定，在规定的纳税期限内填报"增值税纳税申报表（小规模纳税人适用）"、附列资料和其他相关资料，向税务机关进行纳税申报。

按固定期限纳税的小规模纳税人可以选择以1个月或1个季度为纳税期限，一经选择，一个会计年度内不得变更。增值税小规模纳税人缴纳增值税、消费税、文化事业建设费，以及随增值税、消费税附征的城市维护建设税、教育费附加等税费，原则上实行按季申报。

年应税销售额超过小规模纳税人标准的其他个人按小规模纳税人纳税；原增值税纳税人中非企业性单位、不经常发生应税行为的企业可选择按小规模纳税人规定申报缴纳增值税；营改增纳税人中年应税销售额超过规定标准但不经常发生应税行为的单位和个体工商户可选择按照小规模纳税人纳税。

纳税人享受减税、免税待遇的，在减税、免税期间应当按照规定办理纳税申报，填写申报表及其附表上的优惠栏目。

|第二节| 增值税纳税申报表填报实验

一、一般纳税人的纳税申报实验

（一）实验目的和要求

实验目的：通过本实验操作，熟练掌握相关税法理论和实际结合的方法，掌握一般纳税人增值税应税计算、增值税纳税申报表填写方法，为从事增值税办税业务打下扎实的基础。

实验要求：实验前要充分学习《中华人民共和国增值税暂行条例》，理解相关增值税法规定、增值税纳税申报表及其附列资料表内和表间逻辑关系，实验时务必认真熟悉实验内容和资料，过程中可以互相讨论和学习，要求独立完成申报表的填报实验。

实验流程如图5-1所示。

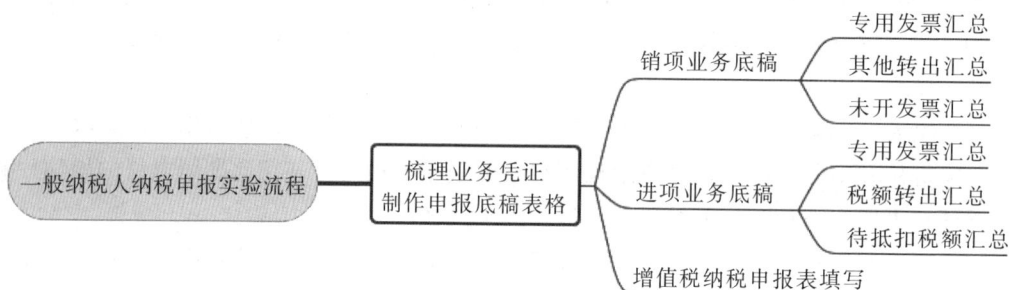

图5-1 一般纳税人纳税申报实验流程

（二）实验知识准备

1.增值税一般纳税人依照税收法律、法规、规章及其他有关规定，在规定的纳税期限内填报"增值税纳税申报表（一般纳税人适用）"、附列资料及其他相关资料，向税务机关进行纳税申报。

2.纳税人享受减税、免税待遇的，在减税、免税期间应当按照规定办理纳税申报，填写申报表及其附表上的优惠栏目。

3.增值税一般纳税人销售货物或者提供应税劳务的应纳税额，应等于当期销项税额抵扣当期进项税额后的余额。

4.在计算应纳税额时会出现当期销项税额小于当期进项税额不足抵扣的情况。根据税法规定，当期进项税额不足抵扣的部分可以结转下期继续抵扣。

5.税法规定：①纳税人为销售货物而出租出借包装物收取的押金，单独记账核算的，时间在1年以内，又未过期的，不计入销售额征税。②对因逾期未收回包装物不再退还的押金，应按包装物的适用税率计算销项税额。其中，"逾期"是指按合同约定实际逾期或以1年为期限，对收取1年以上的押金，无论是否退还均并入销售额征税。在将包装物押金并入销售额征税时，需要先将该押金换算为不含税价，再并入销售额征税。

6. 以物易物是一种较为特殊的购销活动，是指购销双方不是以货币结算，而是以同等价款的货物相互结算，实现货物购销的一种方式。根据税法的规定，以物易物双方都应作购销处理，以各自发出的货物核算销售额并计算销项税额，以各自收到的货物核算购货额并计算进项税额。应注意的是，在以物易物活动中，应分别开具合法的发票，如果收到的货物不能取得相应的增值税专用发票或其他合法发票的，不能抵扣进项税额。

7. 增值税上的视同销售：本质为增值税"抵扣进项并产生销项"的链条终止，比如将货物用于非增值税项目，用于个人消费或者职工福利等。根据现行《中华人民共和国增值税暂行条例实施细则》的规定，以下8种行为视同销售：①将货物交付他人代销；②销售代销货物；③设有两个以上机构并实行统一核算的纳税人，将货物从一个机构移送至其他机构用于销售，但相关机构设在同一县（市）的除外；④将自产、委托加工的货物用于非应税项目；⑤将自产、委托加工或购买的货物作为投资，提供给其他单位或个体经营者；⑥将自产、委托加工或购买的货物用于分配给股东或投资者；⑦将自产、委托加工的货物用于集体福利或个人消费；⑧将自产、委托加工或购买的货物无偿赠送他人。

8. 折扣销售需注意两点：①依据国家税务总局印发的《增值税若干具体问题的规定》（国税发〔1993〕154号），纳税人采取折扣方式销售货物，如果销售额和折扣额在同一张发票上分别注明的，可按折扣后的销售额征收增值税；如果将折扣额另开发票，不论其在财务上如何处理，均不得从销售额中减除折扣额。②如果货物销售者将自产、委托加工或购买的货物用于实物折扣的，该实物货款不能从货物销售额中减除，而应按增值税视同销售货物中的第八项"无偿赠送"另行计算缴纳增值税销项税额。

9. 销货退回或折让的税务处理：因销售货物退回或者折让、应税服务中止或折让而退还给购买方的增值税税额，应从发生退回或者折让当期的销项税额中扣减；发生应税服务中止、购进货物退回、折让而收回的增值税税额，应从当期的进项税额中扣减；如未扣减，造成不纳税或者少纳税的，认定为偷税行为。

10. 一般纳税人销售自己使用过的固定资产，依据《财政部 国家税务总局关于全国实施增值税转型改革若干问题的通知》（财税〔2008〕170号）第四条及《财政部 国家税务总局关于简并增值税征收率政策的通知》（财税〔2014〕57号）第一条：①销售自己使用过的2009年1月1日以后购进或者自制的固定资产，按照适用税率征收增值税。②2008年12月31日以前未纳入扩大增值税抵扣范围试点的纳税人，销售自己使用过的2008年12月31日以前购进或者自制的固定资产，按照3%征收率减按2%征收增值税。③2008年12月31日以前已纳入扩大增值税抵扣范围试点的纳税人，销售自己使用过的在本地区扩大增值税抵扣范围试点以前购进或者自制的固定资产，按照3%征收率减按2%征收增值税；销售自己使用过的在本地区扩大增值税抵扣范围试点以后购进或者自制的固定资产，按照适用税率征收增值税。根据税法的规定，一般纳税人销售自己使用过的旧货（未抵扣过进项税额），适用按简易办法以3%征收率减按2%征收增值税政策。

11. 出口免抵退税。"免"税,是指对生产企业自营出口或委托外贸企业代理出口的自产货物,免征本企业生产销售环节增值税;"抵"税,是指生产企业自营出口或委托外贸企业代理出口的自产货物应予免征或退还的所耗用原材料、零部件等已纳税款抵顶内销货物的应纳税款;"退"税,是指生产企业自营出口或委托外贸企业代理出口的自产货物占本企业当期全部货物销售额 50% 及以上的,在一个季度内,因应抵顶的税额大于应纳税额而未抵顶完时,经主管出口退税业务的税务机关批准,对未抵顶完的税额部分予以退税。增值税一般纳税人,出口货物的征税率为 17%,退税率为 13%。

12. 根据税法的规定,增值税一般纳税人进口货物,如果取得了海关完税凭证上注明的增值税税额,可以凭票抵扣进项税额。

13. 根据现行增值税政策的规定,2019 年 4 月 1 日后,增值税一般纳税人购进农产品,在购入当期,应遵从农产品抵扣的一般规定,按照 9% 计算抵扣进项税额。如果购进农产品用于生产或者委托加工 13% 税率货物,则在生产领用当期,再加计抵扣 1 个百分点,即按照 10% 扣除率计算进项税额。

14. 非正常损失,是指生产、经营过程中正常损耗外的损失,包括自然灾害损失,因管理不善造成货物被盗窃、发生霉烂变质,以及其他不是生产经营过程中发生的正常合理损失外的损失。正常损失,是相对于非正常损失而言的,一般是指因客观因素造成的损失。例如,化学物品因气温升高引起的蒸发、自然灾害引起的损失等。

15. 现行《中华人民共和国增值税暂行条例》第十条规定,非正常损失的购进货物及相关的应税劳务及非正常损失的在产品、产成品所耗用的购进货物或者应税劳务,不得从销项税额中抵扣。企业发生非正常损失的购进货物及相关应税劳务,其进项税额不得从销项税额中抵扣。如果企业在货物发生非正常损失之前,已将该购进货物的增值税进项税额实际申报抵扣,则应当在该批货物发生非正常损失的当期,将该批货物的进项税额予以转出。

(三)实验内容和资料

1. 企业基本资料

北京白云酒业股份有限公司于 2015 年成立,是一般纳税人,经主管税务机关北京市开发区税务局(组织机构代码 010234567)核定该公司采用查账征收的方式按月申报缴纳增值税。代销产品及委托代销产品采用视同买断方式。资料中的所有进项发票均在本期认证相符且在本期申报抵扣,上期留抵税额无须挂账。本期购进的农产品已在本期全部领用于生产应税产品。企业采用成本法核定扣除进项税额,当期允许抵扣的农产品进项税额为 18 680 元。

公司名称:北京白云酒业股份有限公司;纳税人识别号:00188806ES17111MO4(或实验系统自动分配);注册地址和电话:北京市房山区悦盛路 116 号,010-99623485;开户银行和账号:中国建设银行房山支行,6123412349876 6966;税款所属时期:2021 年 9 月 1 日至 2021 年 9 月 30 日。期初未缴税额 419 664.00 元。

法定代表人:吴敏;财务负责人:唐芳;办税员:李彬。

2.涉税业务资料

以该公司当月的涉税业务为例，以仿真票据单证和数据为载体进行列示。

填表日期：2021年10月15日。

部分减免税政策如表5-1所示。

表5-1　　　　　　　　　　　　部分减免税政策代码目录

序号	税种	减免政策大类	减免政策小类	减免政策代码	减免项目名称
1	增值税	支持其他各项事业	其他	01129924	已使用固定资产减征增值税
2	增值税	支持其他各项事业	其他	01129999	自产农产品免征增值税优惠

3.业务发生情况

（1）销售货物开具增值税专用发票，取得销售收入67 200.00元（不含税）。相关原始凭证如图5-2所示。

图5-2　增值税专用发票

（分类归入附表一13%税率货物及加工修理修配劳务，专用发票）

（2）销售货物开具增值税专用发票，取得销售收入30 200.00元（不含税），同时取得货物包装物押金10 000.00元。相关原始凭证如图5-3、图5-4所示。（注意：根据国家税务总局国税发〔1993〕154号文件的规定，纳税人为销售货物而出租出借包装物收取的押金，单独记账核算的，不并入销售额征税。但对因逾期未收回包装物不再退还的押金，应按所包装货物的适用税率征收增值税。国家税务总局国税函发〔1994〕288号

又规定，包装物押金征税规定中"逾期"以1年为期限。因此，该笔押金属于未逾期的包装物押金，不应征税）

增值税专用发票教学版

发票代码：1100000001
发票号码：00093502
开票日期：**2021年9月3日**
校验码：

机器编号：499098897922

购买方	名称：	北京市德泰环保科技有限公司					密码区	03-/9/+/9527991>8>-392<>1/6+
	纳税人识别号：	9111030568316025XR						<386149*69-/4+1/<54-*425+9-2
	地址、电话：	北京市七星区五磨大道国家高新区大学科技园22房1 3601013690						0666+0+-2-4643-4>//375--+/-0
	开户行及账号：	民生银行七星支行5632546866577						33<695830-01+46-037>2206*8>/

货物或应税劳务、服务名称	规格型号	单位	数量	单价（不含税）	金额（不含税）	税率	税额
*酒*白云瓶装白酒（38度）	12瓶X500克	箱	150	180	27000.00	13%	3510.00
*酒*白云纯生啤酒	24瓶X824ml	箱	80	40	3200.00	13%	416.00
合计					￥30200.00		￥3926.00
价税合计（大写）	⊗叁万肆仟壹佰贰拾陆圆整				（小写）￥34126.00		

销售方	名称：	北京白云酒业股份有限公司		备注	支付80%货款
	纳税人识别号：	00188806ES17111MO4			
	地址、电话：	北京市房山区悦盛路116号			
	开户行及账号：	中国建设银行房山支行61234123498766966			

*收款人：李彬　　*复核：唐芳　　*开票人：许慧言　　*销货单位：（章）

图5-3　增值税专用发票

（分类归入附表一13%税率货物及加工修理修配劳务，专用发票）

收 款 收 据　　No　3700010

日期：**2021年9月3日**

今收到　　北京市德泰环保科技有限公司

人民币（大写）　　壹万元整　　￥10000　　元

摘　由　　啤酒包装物押金

第三联记账联

单位盖章　　会计 唐芳　　出纳 李彬　　经手人

图5-4　收款收据

（注意：在计算增值税时，对于啤酒、黄酒，以及除酒类产品以外的其他产品收取的包装物押金，在收取押金时不计入销售额征收增值税，而是在包装物逾期未退或者超过1年时计入销售额征收增值税。本业务属于啤酒包装物押金，且并未逾期，因此不计入当期销售额，不征收增值税）

（3）签订分期收款合同销售货物开具增值税专用发票，取得销售收入81 000.00元（不含税）。相关原始凭证如图5-5所示。

图5-5　增值税专用发票

（分类归入附表一13%税率货物及加工修理修配劳务，专用发票）

（4）以自产52度瓶装白酒交换长沙市湖山酒业贸易有限公司的原材料，换出货物已开具增值税专用发票，换入货物未取得增值税专用发票。相关原始凭证如图5-6所示。（注意：根据税法的规定，以物易物双方都应作购销处理，以各自发出的货物核算销售额并计算销项税额，以各自收到的货物核算购货额并计算进项税额。应注意的是，在以物易物活动中，应分别开具合法的发票，如果收到的货物不能取得相应的增值税专用发票或其他合法发票的，不能抵扣进项税额）

图5-6　增值税专用发票

（分类归入附表一13%税率货物及加工修理修配劳务，专用发票）

（5）销售货物开具增值税专用发票，取得销售收入33 000.00元（不含税），给予了

10%的折扣，且在发票上已经注明。相关原始凭证如图5-7所示。

机器编号：499098897922

增值税专用发票教学版

发票代码：1100000001
发票号码：00093505
开票日期：**2021年9月7日**
校验码：

购买方	名称： 长沙市润发贸易有限公司 纳税人识别号：0577725440358321483 地址、电话：长沙市芙蓉区五一广场嘉顿大厦5楼0731-84370099 开户行及账号：长沙市工商银行芙蓉区支行6222022155262387456	密码区	03-/9/+/9527991>8>-392<>1/6+ <386149*69-/4+1/<54-*425+9-2 0666+0+-2-4643-4>//375--+/-0 33<695830-01+46-037>2206*8>/

货物或应税劳务、服务名称	规格型号	单位	数量	单价(不含税)	金额(不含税)	税率	税额
*酒*白云纯生啤酒	24瓶X824ml	箱	250	40	10000.00	13%	1300.00
*酒*白云纯生啤酒					-1000.00	13%	-130.00
*酒*白云普通啤酒	24瓶X824ml	箱	1000	24	24000.00	13%	3120.00
合计					¥33000.00		¥4290.00

价税合计（大写）	⊗叁万柒仟贰佰玖拾圆整	（小写） ¥37290.00

销售方	名称： 北京白云酒业股份有限公司 纳税人识别号：00188806ES17111MO4 地址、电话：北京市房山区悦盛路116号 开户行及账号：中国建设银行房山支行61234123498766966	备注	

*收款人：李彬　　*复核：唐芳　　*开票人：许慧言　　*销货单位：（章）

图5-7　增值税专用发票

（分类归入附表一13%税率货物及加工修理修配劳务，专用发票）

（6）委托广州市佳旺贸易有限公司进行产品代销开具增值税专用发票，取得销售收入60 000.00元（不含税）。相关原始凭证如图5-8所示。（注意：根据现行《中华人民共和国增值税暂行条例实施细则》的规定，将货物交付他人代销的行为视同销售）

机器编号：499098897922

增值税专用发票教学版

发票代码：1100000001
发票号码：00093506
开票日期：**2021年9月8日**
校验码：

购买方	名称： 广州市佳旺贸易有限公司 纳税人识别号：020072154405837724 地址、电话：广州市华穗路5号(招商银行大厦内)020-39280356 开户行及账号：广州市建设银行华穗支行6000022133792382799	密码区	03-/9/+/9527991>8>-392<>1/6+ <386149*69-/4+1/<54-*425+9-2 0666+0+-2-4643-4>//375--+/-0 33<695830-01+46-037>2206*8>/

货物或应税劳务、服务名称	规格型号	单位	数量	单价(不含税)	金额(不含税)	税率	税额
*酒*白云米酒	48袋X250克	箱	500	120	60000.00	13%	7800.00
合计					¥60000.00		¥7800.00

价税合计（大写）	⊗陆万柒仟捌佰圆整	（小写） ¥67800.00

销售方	名称： 北京白云酒业股份有限公司 纳税人识别号：00188806ES17111MO4 地址、电话：北京市房山区悦盛路116号 开户行及账号：中国建设银行房山支行61234123498766966	备注	委托代销。

*收款人：李彬　　*复核：唐芳　　*开票人：许慧言　　*销货单位：（章）

图5-8　增值税专用发票

（分类归入附表一13%税率货物及加工修理修配劳务，专用发票）

（7）发生退货业务开具增值税专用发票，退货金额81 000.00元（不含税）。相关原始凭证如图5-9所示。（注意：因销售货物退回或者折让、应税服务中止或折让而退还给购买方的增值税税额，应从发生退回或者折让当期的销项税额中扣减；发生应税服务中止、购进货物退回、折让而收回的增值税税额，应从当期的进项税额中扣减；如未扣减，造成不纳税或者少纳税的，认定为偷税行为）

图5-9　增值税专用发票

（分类归入销项发票13%税率货物及加工修理修配劳务，专用发票）

（8）销售酒精开具增值税专用发票，取得销售收入50 000.00元（不含税）。相关原始凭证如图5-10所示。

图5-10　增值税专用发票

（分类归入附表一13%税率货物及加工修理修配劳务，专用发票）

（9）销售货物开具增值税专用发票，取得销售收入 61 200.00 元（不含税）。相关原始凭证如图 5-11 所示。

机器编号：499098897922

增值税专用发票教学版

发票代码：1100000001
发票号码：00093511
开票日期：**2021年9月12日**
校验码：

购买方	名称：	青岛贵人糖烟酒股份有限公司				密码区	03-/9/+/9527991>8>-392<>1/6+ <386149*69-/4+1/<54-*425+9-2 0666+0+-2-4643-4>//375--+/-0 33<695830-01+46-037>2206*8>/		
	纳税人识别号：	053255443354776612							
	地址、电话：	青岛市南区徐州路51号0532-66575662							
	开户行及账号：	青岛市农业银行徐州支行1122027704332664652							
货物或应税劳务、服务名称		规格型号	单位	数量	单价（不含税）		金额（不含税）	税率	税额
*酒*白云瓶装白酒（52度）		12瓶X500克	箱	180	240		43200.00	13%	5616.00
*酒*白云瓶装白酒（38度）		12瓶X500克	箱	100	180		18000.00	13%	2340.00
合计							¥61200.00		¥7956.00
价税合计（大写）		⊗陆万玖仟壹佰伍拾陆圆整					（小写） ¥69156.00		
销售方	名称：	北京白云酒业股份有限公司				备注			
	纳税人识别号：	00188806ES17111MO4							
	地址、电话：	北京市房山区悦盛路116号							
	开户行及账号：	中国建设银行房山支行61234123498766966							

*收款人：李彬　　*复核：唐芳　　*开票人：许慧言　　*销货单位：（章）

图5-11　增值税专用发票

（分类归入附表一13%税率货物及加工修理修配劳务，专用发票）

（10）向北京第十届酒博览会组委会捐赠酒，开具普通发票含税价为 76 840.00 元。相关原始凭证如图 5-12 所示。（注意：进行纳税申报时取不含税价进行汇总计算，根据现行《中华人民共和国增值税暂行条例实施细则》的规定，将自产、委托加工或购买的货物无偿赠送他人的行为视同销售）

机器编号：499098897922

增值税普通发票教学版

发票代码：120000000001
发票号码：00002365
开票日期：**2021年9月13日**
校验码：

购买方	名称：	北京第十届酒博览会组委会				密码区	03-/9/+/9527991>8>-392<>1/6+ <386149*69-/4+1/<54-*425+9-2 0666+0+-2-4643-4>//375--+/-0 33<695830-01+46-037>2206*8>/		
	纳税人识别号：	010252311366547653							
	地址、电话：	北京市朝阳区南四环东路19号010-62559942							
	开户行及账号：	北京市中国银行朝阳区支行22450332146544 6346							
货物或应税劳务、服务名称		规格型号	单位	数量	单价（不含税）		金额（不含税）	税率	税额
*酒*白云瓶装白酒（52度）		12瓶X500克	箱	200	240		48000.00	13%	6240.00
*酒*白云纯生啤酒		24瓶X824ml	箱	500	40		20000.00	13%	2600.00
合计							¥68000.00		¥8840.00
价税合计（大写）		⊗柒万陆仟捌佰肆拾圆整					（小写） ¥76840.00		
销售方	名称：	北京白云酒业股份有限公司				备注			
	纳税人识别号：	00188806ES17111MO4							
	地址、电话：	北京市房山区悦盛路116号							
	开户行及账号：	中国建设银行房山支行61234123498766966							

*收款人：李彬　　*复核：唐芳　　*开票人：许慧言　　*销货单位：（章）

图5-12　增值税普通发票

（分类归入附表一13%税率货物及加工修理修配劳务，其他发票）

（11）加工白酒，提供应税劳务，收取加工费用含税价为79 100.00元，开具普通发票。相关原始凭证如图5-13所示。（注意：进行纳税申报时取不含税价进行汇总计算）

机器编号：499098897922	增值税普通发票教学版				发票代码：120000000001 发票号码：00002367 开票日期：**2021年9月15日** 校验码：		
购买方	名称：　　北京市瑶城酒家有限公司 纳税人识别号：911103345376545901 地址、电话：　北京市海淀区学院路18号010-65778765 开户行及账号：建设银行海淀支行9655342168573321640				密码区	03-/9/+/9527991>8>-392<>1/6+ <386149*69-/4+1/<54-*425+9-2 0666+0+-2-4643-4>//375--+/-0 33<695830-01+46-037>2206*8>/	
货物或应税劳务、服务名称	规格型号	单位	数量	单价（不含税）	金额（不含税）	税率	税额
*劳务*加工粮食酒		箱	2000	35	70000.00	13%	9100.00
合计					￥70000.00		￥9100.00
价税合计（大写）	⊗柒万玖仟壹佰圆整				（小写）　￥79100.00		
销售方	名称：　　北京白云酒业股份有限公司 纳税人识别号：00188806ES17111MO4 地址、电话：　北京市房山区悦盛路116号 开户行及账号：中国建设银行房山支行61234123498766966				备注	酒的重量20吨，所加工的原材料原值为5万。	
*收款人：李彬　　*复核：唐方　　*开票人：许慧言　　*销货单位：（章）							

图5-13　增值税普通发票

（分类归入附表一13%税率货物及加工修理修配劳务，其他发票）

（12）赠送自产礼品酒，开具普通发票，含税价为63 280.00元。相关原始凭证如图5-14所示。（注意：进行纳税申报时取不含税价进行汇总计算）

机器编号：499098897922	增值税普通发票教学版				发票代码：120000000001 发票号码：00002368 开票日期：**2021年9月16日** 校验码：		
购买方	名称：　　广州市佳旺贸易有限公司 纳税人识别号：020072154405837724 地址、电话：　广州市华穗路5号(招商银行大厦内)020-39280356 开户行及账号：广州市建设银行华穗支行6000022133792382799				密码区	03-/9/+/9527991>8>-392<>1/6+ <386149*69-/4+1/<54-*425+9-2 0666+0+-2-4643-4>//375--+/-0 33<695830-01+46-037>2206*8>/	
货物或应税劳务、服务名称	规格型号	单位	数量	单价（不含税）	金额（不含税）	税率	税额
*酒*白云大礼包		套	200	280	56000.00	13%	7280.00
合计					￥56000.00		￥7280.00
价税合计（大写）	⊗陆万叁仟贰佰捌拾圆整				（小写）　￥63280.00		
销售方	名称：　　北京白云酒业股份有限公司 纳税人识别号：00188806ES17111MO4 地址、电话：　北京市房山区悦盛路116号 开户行及账号：中国建设银行房山支行61234123498766966				备注	促销商品，白酒和啤酒组合。赠品。	
*收款人：李彬　　*复核：唐方　　*开票人：许慧言　　*销货单位：（章）							

图5-14　增值税普通发票

（分类归入附表一13%税率货物及加工修理修配劳务，其他发票）

（13）本月，下属非独立核算门市部已开具普通发票取得销售收入380 400.00元（不含税）（见表5-2）。（注意：根据现行《中华人民共和国增值税暂行条例实施细则》的规定，设有两个以上机构并实行统一核算的纳税人，将货物从一个机构移送至其他机

构用于销售的行为视同销售，但相关机构设在同一县（市）的除外）

表5-2 下属非独立核算门市部销售汇总表

商品名称	销售额（元）（不含税）	合计
白云瓶装白酒（52度）	120 000.00	500箱
白云瓶装白酒（38度）	54 000.00	300箱
白云纯生啤酒	40 000.00	1 000箱
白云普通啤酒	14 400.00	600箱
白云米酒	96 000.00	800箱
白云大礼包	56 000.00	200套
合计	380 400.00	

（分类归入附表一13%税率货物及加工修理修配劳务，其他发票）

（14）将自产的白酒直接用于职工聚餐，计税价格为不含税价24 000.00元。相关原始凭证如图5-15所示。（注意：根据现行《中华人民共和国增值税暂行条例实施细则》的规定，将自产、委托加工的货物用于集体福利或个人消费的行为视同销售）

内部使用专用凭证　　　NO　11029801

使用部门：办公室　　　　　　　　　　　　　2021年9月16日

名称	规格	单位	数量	单价	金额									备注
					百	十	万	千	百	十	元	角	分	
白云瓶装白酒（52度）	12瓶X500克	箱	100	240.00			2	4	0	0	0	0	0	此酒用于职工福利
合计人民币（大写）贰万肆仟元整						¥	2	4	0	0	0	0	0	

总经理意见：同意　　　　　　　　　　财务经理意见：同意

部门主管：赵越　　　　　送货人：李明　　　　　收货人：刘峰

第三联记账联

图5-15　内部使用专用凭证

（分类归入附表一13%税率货物及加工修理修配劳务，未开发票）

（15）本月，下属非独立核算商店销售本厂自产酒类货物应当缴纳增值税，该货物计税价格应当采用企业内部记录的不含税价12 320.00元（按当月同类货物的平均销售价格计算得出）。其中：白云纯生啤酒200箱，白云普通啤酒180箱。

（分类归入附表一13%税率货物及加工修理修配劳务，未开发票）

（16）收取仓库租金，开具普通发票，销售额为25 000.00元（不含税）。相关原始凭证如图5-16所示。

机器编号：499098897922

增值税普通发票教学版

发票代码：120000000001
发票号码：00002369
开票日期：**2021年9月17日**
校验码：

购买方	名称：	北京市瑞城酒家有限公司					密码区	03-/9/+/9527991>8>-392<>1/6+
	纳税人识别号：	911103345376545901						<386149>69-/4+1/<54-*425+9-2
	地址、电话：	北京市海淀区学院路18号010-65778765						0666+0+-2-4643-4>//375--+/-0
	开户行及账号：	建设银行海淀支行9655342168573321640						33<695830-01+46-037>2206*8>/

货物或应税劳务、服务名称	规格型号	单位	数量	单价(不含税)	金额(不含税)	税率	税额
*不动产*仓库租金					25000.00	9%	2250.00
合计					¥25000.00		¥2250.00
价税合计（大写）		⊗贰万柒仟贰佰伍拾圆整				（小写） ¥27250.00		

销售方	名称：	北京白云酒业股份有限公司	备注
	纳税人识别号：	00188806ES17111MO4	
	地址、电话：	北京市房山区悦盛路116号	
	开户行及账号：	中国建设银行房山支行61234123498766966	

*收款人：李彬　　　*复核：唐芳　　　*开票人：许慧言　　　*销货单位：（章）

图5-16　增值税普通发票

（分类归入附表一9%税率服务、不动产及无形资产，其他发票）

（17）收取门面租金，开具普通发票，销售额为48 000.00元（不含税）。相关原始凭证如图5-17所示。

机器编号：499098897922

增值税普通发票教学版

发票代码：120000000001
发票号码：00002370
开票日期：**2021年9月18日**
校验码：

购买方	名称：	广州市佳旺贸易有限公司					密码区	03-/9/+/9527991>8>-392<>1/6+
	纳税人识别号：	020072154405837724						<386149>69-/4+1/<54-*425+9-2
	地址、电话：	广州市华穗路5号(招商银行大厦内)020-39280356						0666+0+-2-4643-4>//375--+/-0
	开户行及账号：	广州市建设银行华穗支行60000221337923382799						33<695830-01+46-037>2206*8>/

货物或应税劳务、服务名称	规格型号	单位	数量	单价(不含税)	金额(不含税)	税率	税额
*不动产*门面租金					48000.00	9%	4320.00
合计					¥48000.00		¥4320.00
价税合计（大写）		⊗伍万贰仟叁佰贰拾圆整				（小写） ¥52320.00		

销售方	名称：	北京白云酒业股份有限公司	备注
	纳税人识别号：	00188806ES17111MO4	
	地址、电话：	北京市房山区悦盛路116号	
	开户行及账号：	中国建设银行房山支行61234123498766966	

*收款人：李彬　　　*复核：唐芳　　　*开票人：许慧言　　　*销货单位：（章）

图5-17　增值税普通发票

（分类归入附表一9%税率服务、不动产及无形资产，其他发票）

（18）销售自用过的旧车（采购时未进行进项抵扣），开具二手车销售统一发票，取得含税销售收入68 000.00元，车原值188 000.00元。相关原始凭证如图5-18所示。（注意：根据《财政部、国家税务总局关于部分货物适用增值税低税率和简易办法征收增值税政策的通知》（财税〔2009〕9号）第二条第二项的规定，纳税人销售旧货，按照简易办法依照3%征收率减按2%征收增值税。此业务中的车辆符合简易办法计税规定，且进行纳税申报

时取不含税价进行汇总计算，不含税价=68 000.00/（1+3%）=66 019.42（元））

<table>
<tr><td colspan="4" align="center">二手车销售统一发票</td><td colspan="2">发票代码：160000000001
发票号码：00001581
开票日期：2021年9月20日</td></tr>
<tr><td>机打代码</td><td colspan="3">160000000001</td><td rowspan="3">税
控
码</td><td>03-/9/+/9527991>8>-392<>1/6+
<386149*69-/4+1/<54-*425+9-2
0666+0+-2-4643-4//375--+/-0
33<695830-01+46-037>2206*8>/</td></tr>
<tr><td>机打号码</td><td colspan="3">00001581</td></tr>
<tr><td>机器编码</td><td colspan="3">499098897922</td></tr>
<tr><td>买方单位/个人</td><td colspan="3">贵州鸿运酒厂</td><td>单位代码/身份证号码</td><td>085154347666146577</td></tr>
<tr><td>买方单位/个人住址</td><td colspan="3">贵阳市乌当区新添大道77号</td><td>电话</td><td>0851-86700913</td></tr>
<tr><td>卖方单位/个人</td><td colspan="3">北京白云酒业股份有限公司</td><td>单位代码/身份证号码</td><td>00188806ES17111MO4</td></tr>
<tr><td>卖方单位/个人住址</td><td colspan="3">北京市房山区悦盛路116号</td><td>电话</td><td>010-99623485</td></tr>
<tr><td>车牌照号</td><td>京58702</td><td>登记证号</td><td>2787667688901</td><td>车辆类型</td><td>货车</td></tr>
<tr><td>车架号/车辆识别代码</td><td>H2998212512</td><td>厂牌型号</td><td>乐怡2020型</td><td>转入地车辆管理所名称</td><td>贵阳市车管所</td></tr>
<tr><td>车价合计（大写）</td><td colspan="3">⊗陆万捌仟圆整</td><td>小写</td><td>￥68000.00</td></tr>
<tr><td>经营、拍卖单位</td><td colspan="5"></td></tr>
<tr><td>经营、拍卖地址</td><td colspan="3"></td><td>纳税人识别号</td><td></td></tr>
<tr><td>开户银行、账号</td><td colspan="3"></td><td>电话</td><td></td></tr>
<tr><td>二手车市场</td><td colspan="2">北京二手车交易中心</td><td rowspan="2">纳税人识别号
地址</td><td colspan="2">38401907RG73888LH902</td></tr>
<tr><td>开户银行、账号</td><td colspan="2">※</td><td>电话</td><td></td></tr>
<tr><td>备注</td><td colspan="5"></td></tr>
</table>

图5-18 二手车销售统一发票

（分类归入附表一3%税率货物及加工修理修配劳务，其他发票）

（19）购进生产机器取得增值税专用发票，支付价款86 000.00元（不含税），机器已验收入库。相关原始凭证如图5-19所示。

<table>
<tr><td>机器编号：499098897922</td><td colspan="4" align="center">增值税专用发票教学版</td><td colspan="3">发票代码：1100000001
发票号码：00093534
开票日期：2021年9月21日
校验码：</td></tr>
<tr><td rowspan="4">购
买
方</td><td colspan="4">名称：　北京白云酒业股份有限公司
纳税人识别号：00188806ES17111MO4.
地址、电话：北京市房山区悦盛路116号010-99623485
开户行及账号：中国建设银行房山支行61234123498766966</td><td colspan="3" rowspan="4">密
码
区

03-/9/+/9527991>8>-392<>1/6+
<386149*69-/4+1/<54-*425+9-2
0666+0+-2-4643-4//375--+/-0
33<695830-01+46-037>2206*8>/</td></tr>
<tr><td>货物或应税劳务、服务名称</td><td>规格型号</td><td>单位</td><td>数量</td></tr>
<tr><td>单价（不含税）</td><td>金额（不含税）</td><td>税率</td><td>税额</td></tr>
</table>

货物或应税劳务、服务名称	规格型号	单位	数量	单价（不含税）	金额（不含税）	税率	税额
*其他机械设备*啤酒生产设备	S150型		1	86000	86000.00	13%	11180.00
合计					￥86000.00		￥11180.00

<table>
<tr><td colspan="6">价税合计（大写）　⊗玖万柒仟壹佰捌拾圆整　　　　　（小写）　￥97180.00</td></tr>
<tr><td rowspan="4">销
售
方</td><td colspan="5">名称：　广州市高丰机械厂
纳税人识别号：67517221TM83281FG9
地址、电话：广州市经济开发区118号
开户行及账号：广州市经济开发区工商银行6222022102008813210</td><td>备
注</td></tr>
</table>

*收款人：邓雪飞　　　*复核：赵晓　　　*开票人：王鹏　　　*销货单位：（章）

图5-19 增值税专用发票

（分类归入进项发票13%应税货物专用发票）

（20）从河北荣发纸厂购进纸箱取得增值税专用发票，支付货款 11 700.00 元（不含税），货已经验收入库。相关原始凭证如图 5-20 所示。

机器编号：499098897922

增值税专用发票教学版

发票代码：1100000001
发票号码：00093525
开票日期：**2021年9月22日**
校验码：

购买方	名称：	北京白云酒业股份有限公司					密码区	03-/9/+/9527991>8>-392<>1/6+ <386149*69-/4+1/<54-*425+9-2 0666+0+-2-4643-4>//375--+/-0 33<695830-01+46-037>2206*8>/		
	纳税人识别号：	00188806ES17111MO4								
	地址、电话：	北京市房山区悦盛路116号010-99623485								
	开户行及账号：	中国建设银行房山支行61234123498766966								
货物或应税劳务、服务名称		规格型号	单位	数量	单价(不含税)	金额(不含税)		税率		税额
*纸制品*包装纸箱		L210型	个	18000	0.65	11700.00		13%		1521.00
合计						¥11700.00				¥1521.00
价税合计（大写）		⊗壹万叁仟贰佰贰拾壹圆整					（小写）　¥13221.00			
销售方	名称：	河北荣发纸厂					备注			
	纳税人识别号：	04757933MV83440RE7								
	地址、电话：	石家庄市经济开发区42号								
	开户行及账号：	河北省经济开发区工商银行6222022102012315560								

*收款人：廖敏　　*复核：张红　　*开票人：吴峰　　　　*销货单位：（章）

图5-20　增值税专用发票

（分类归入附表二本期认证相符且本期申报抵扣的增值税专用发票）

（21）购进（代销葡萄酒）货物取得增值税专用发票，支付货款 96 000.00 元（不含税），货已经验收入库。相关原始凭证如图 5-21 所示。

机器编号：499098897922

增值税专用发票教学版

发票代码：1100000001
发票号码：00093539
开票日期：**2021年9月23日**
校验码：

购买方	名称：	北京白云酒业股份有限公司					密码区	03-/9/+/9527991>8>-392<>1/6+ <386149*69-/4+1/<54-*425+9-2 0666+0+-2-4643-4>//375--+/-0 33<695830-01+46-037>2206*8>/		
	纳税人识别号：	00188806ES17111MO4								
	地址、电话：	北京市房山区悦盛路116号010-99623485								
	开户行及账号：	中国建设银行房山支行61234123498766966								
货物或应税劳务、服务名称		规格型号	单位	数量	单价(不含税)	金额(不含税)		税率		税额
*酒*白葡萄酒（12度）		12X900ml	箱	100	960	96000.00		13%		12480.00
合计						¥96000.00				¥12480.00
价税合计（大写）		⊗壹拾万捌仟肆佰捌拾圆整					（小写）　¥108480.00			
销售方	名称：	新疆飘香葡萄酒厂					备注			
	纳税人识别号：	63926484CG49572PP6								
	地址、电话：	新疆哈密市加工园区35号 13577170980								
	开户行及账号：	哈密市加工园区工商银行 6220022102112319978								

*收款人：李红　　*复核：刘兵兵　　*开票人：邓红军　　　　*销货单位：（章）

图5-21　增值税专用发票

（分类归入附表二本期认证相符且本期申报抵扣的增值税专用发票）

（22）支付电费 18 621.25 元（不含税）。相关原始凭证如图 5-22 所示。

购买方	名称：北京白云酒业股份有限公司 纳税人识别号：00188806ES17111MO4 地址、电话：北京市房山区悦盛路116号010-99623485 开户行及账号：中国建设银行房山支行61234123498766966	密码区	03-/9/+/9527991>8>-392<>1/6+ <386149>69-/4+1/<54-*425+9-2 0666+0+-2-4643-4>//375--+/-0 33<695830-01+46-037>2206*8>/

货物或应税劳务、服务名称	规格型号	单位	数量	单价（不含税）	金额（不含税）	税率	税额
*供电*电费		Kw/h	14897	1.25	18621.25	13%	2420.76
合计					¥18621.25		¥2420.76

价税合计（大写）	⊗贰万壹仟零肆拾贰圆零壹分	（小写） ¥21042.01

销售方	名称：北京市房山区电力公司 纳税人识别号：22563595AO82132WB4 地址、电话：北京市房山区悦盛路98号 13577889870 开户行及账号：北京市房山区工商银行 6222022102112356781	备注

*收款人：王军　　*复核：廖桂　　*开票人：赵桂芳　　*销货单位：（章）

图5-22　增值税专用发票

（分类归入附表二本期认证相符且本期申报抵扣的增值税专用发票）

（23）购入生产机器时支付运输费 20 000.00元（不含税），取得增值税专用发票。相关原始凭证如图5-23所示。

购买方	名称：北京白云酒业股份有限公司 纳税人识别号：00188806ES17111MO4. 地址、电话：北京市房山区悦盛路116号010-99623485 开户行及账号：中国建设银行房山支行61234123498766966	密码区	03-/9/+/9527991>8>-392<>1/6+ <386149>69-/4+1/<54-*425+9-2 0666+0+-2-4643-4>//375--+/-0 33<695830-01+46-037>2206*8>/

货物或应税劳务、服务名称	规格型号	单位	数量	单价（不含税）	金额（不含税）	税率	税额
*运输服务*运输费					20000.00	9%	1800.00
合计					¥20000.00		¥1800.00

价税合计（大写）	⊗贰万壹仟捌佰圆整	（小写） ¥21800.00

销售方	名称：北京飞云运输公司 纳税人识别号：48485089AO27421EQ24 地址、电话：北京市朝阳区建设小区12号 开户行及账号：北京市朝阳区工商银行6222022102012455610	备注 啤酒生产设备运费。

*收款人：刘冰　　*复核：廖敏　　*开票人：李广　　*销货单位：（章）

图5-23　增值税专用发票

（分类归入附表二本期认证相符且本期申报抵扣的增值税专用发票）

（24）购进纸箱支付运费（不含税）3 800.00元。相关原始凭证如图5-24所示。

图5-24　增值税专用发票

（分类归入附表二本期认证相符且本期申报抵扣的增值税专用发票）

（25）购进葡萄酒支付运费28 000.00元（不含税），取得增值税专用发票。相关原始凭证如图5-25所示。

图5-25　增值税专用发票

（分类归入附表二本期认证相符且本期申报抵扣的增值税专用发票）

（26）向北京市爱健农产品贸易公司购进粮食一批用于生产，支付货款78 000.00元（不含税），取得增值税专用发票，货已经验收入库。相关原始凭证如图5-26所示。（注意：农产品进项税额的扣除包括两种方式，凭票扣除与核定扣除，根据财税〔2012〕38号文，自2012年7月1日起，以购进农产品为原料生产销售液体乳及乳制品、酒及酒精、植物油的增值税一般纳税人，纳入农产品增值税进项税额核定扣除试点范围，其购进农产品无论是否用于生产上述产品，增值税进项税额均按照《农产品增值税进项税额核定扣除试点实施办法》的规定抵扣。北京白云酒业股份有限公司生产的是酒类产品，农产品进项税额按照核定扣除方法，并不是凭票扣除）

图5-26 增值税专用发票

（分类归入附表二第6栏农产品收购发票或者销售发票，执行核定扣除的试点纳税人，购进农产品取得增值税专用发票无须认证，统一按规定计算当期允许抵扣的农产品增值税进项税额填在第6栏，不在附表二第1—3栏填写。）

（27）购进粮食一批用于生产，取得增值税专用发票，支付运输费用5 500.00元（不含税）。相关原始凭证如图5-27所示。

图5-27 增值税专用发票

（分类归入附表二本期认证相符且本期申报抵扣的增值税专用发票）

（28）支付水费59 598.60元（不含税），并取得增值税专用发票。相关原始凭证如图5-28所示。

机器编号：499098897922

增值税专用发票教学版

发票代码：1100000001
发票号码：00093549
开票日期：**2021年9月28日**
校验码：

购买方	名称：	北京白云酒业股份有限公司				密码区	03-/9/+/9527991>8>-392<>1/6+ <386149>69-/4+1/<54-*425+9-2 0666+0+-2-4643-4>//375--+/-0 33<695830-01+46-037>2206*8>/		
	纳税人识别号：	00188806ES17111MO4							
	地址、电话：	北京市房山区悦盛路116号010-99623485							
	开户行及账号：	中国建设银行房山支行61234123498766966							
货物或应税劳务、服务名称	规格型号	单位	数量	单价（不含税）	金额（不含税）	税率	税额
*水冰雪*水		吨	35058	1.7	59598.60	9%	5363.87
合计					¥59598.60		¥5363.87
价税合计（大写）	⊗陆万肆仟玖佰陆拾贰圆肆角柒分				（小写）　¥64962.47		
销售方	名称：	北京市房山区自来水厂				备注	
	纳税人识别号：	60146282VC80607QP3					
	地址、电话：	北京市房山区悦盛路35号 13577882591					
	开户行及账号：	北京市房山区工商银行 6222022102112325781					

*收款人：朱贵　　*复核：陈成　　*开票人：廖红　　*销货单位：（章）

图5-28　增值税专用发票

（分类归入附表二本期认证相符且本期申报抵扣的增值税专用发票）

（29）以物易物购进农产品96 000.00元（不含税）用于生产，取得增值税专用发票，货已验收入库。相关原始凭证如图5-29所示。（同业务（26））

机器编号：499098897922

增值税专用发票教学版

发票代码：1100000001
发票号码：00093555
开票日期：**2021年9月28日**
校验码：

购买方	名称：	北京白云酒业股份有限公司				密码区	03-/9/+/9527991>8>-392<>1/6+ <386149>69-/4+1/<54-*425+9-2 0666+0+-2-4643-4>//375--+/-0 33<695830-01+46-037>2206*8>/		
	纳税人识别号：	00188806ES17111MO4							
	地址、电话：	北京市房山区悦盛路116号010-99623485							
	开户行及账号：	中国建设银行房山支行61234123498766966							
货物或应税劳务、服务名称	规格型号	单位	数量	单价（不含税）	金额（不含税）	税率	税额
*谷物*高粱		吨	80	1200	96000.00	9%	8640.00
合计					¥96000.00		¥8640.00
价税合计（大写）	⊗壹拾万肆仟陆佰肆拾圆整				（小写）　¥104640.00		
销售方	名称：	北京市爱健农产品贸易公司				备注	
	纳税人识别号：	93607762GM28775RU3					
	地址、电话：	北京市房山区悦盛路18号010-25442671					
	开户行及账号：	北京市房山区工商银行6222022102012333198					

*收款人：刘明　　*复核：谢国恩　　*开票人：张森　　*销货单位：（章）

图5-29　增值税专用发票

（分类归入附表二第6栏农产品收购发票或者销售发票，执行核定扣除的试点纳税人，购进农产品取得增值税专用发票无须认证，统一按规定计算当期允许抵扣的农产品增值税进项税额填在第6栏，不在附表二第1—3栏填写）

（30）购进粮食一批用于生产，取得增值税专用发票，支付运输费用 12 000.00 元（不含税）。相关原始凭证如图5-30所示。

	增值税专用发票教学版		发票代码：1100000001
机器编号：499098897922			发票号码：00093533
			开票日期：2021年9月28日
			校验码：

购买方	名称： 北京白云酒业股份有限公司 纳税人识别号： 00188806ES17111MO4 地址、电话： 北京市房山区悦盛路116号010-99623485 开户行及账号： 中国建设银行房山支行61234123498766966			密码区	03-/9/+/9527991>8>-392<>1/6+ <386149*69-/4+1/<54-*425+9-2 0666+0+-2-4643-2>//375--+/-0 33<695830-01+46-037>2206*8>/
	货物或应税劳务、服务名称	规格型号	单位	数量	单价（不含税）	金额（不含税）	税率	税额
	*运输服务*运输费					12000.00	9%	1080.00
	合计					¥12000.00		¥1080.00
	价税合计（大写）		⊗壹万叁仟零捌拾圆整			（小写）　¥13080.00		
销售方	名称： 北京飞云运输公司 纳税人识别号： 48485089AO27421EQ24 地址、电话： 北京市朝阳区建设小区12号 开户行及账号： 北京市朝阳区工商银行6222022102012455610			备注	以物易物购入农产品的运输费。

*收款人：刘冰　　*复核：廖敏　　*开票人：李广　　*销货单位：（章）

图5-30　增值税专用发票

（分类归入附表二本期认证相符且本期申报抵扣的增值税专用发票）

（31）从法国进口红酒一批，从海关取得进口增值税专用缴款书，完税价格为 50 431.34 元（不含税）。（注意：根据税法的规定，增值税一般纳税人进口货物，如果取得了海关完税凭证上注明的增值税税额，可以凭票抵扣进项税额）

（分类归入附表二海关进口增值税专用缴款书）

（32）向附近农民购进农产品一批全部用于生产，开具农产品收购发票，支付收购价合计 12 800.00 元（免税），货已验收入库。（同业务（26））

（分类归入附表二农产品收购发票）

（33）月末盘点时发现包装纸箱L120型受潮损坏，短缺 168.00 元（不含税）（见表5-3）。（注意：《中华人民共和国增值税暂行条例》第十条规定，非正常损失的购进货物及相关的应税劳务及非正常损失的在产品、产成品所耗用的购进货物或者应税劳务，不得从销项税额中抵扣。企业发生非正常损失的购进货物及相关应税劳务，其进项税额不得从销项税额中抵扣。如果企业在货物发生非正常损失之前，已将该购进货物的增值税进项税额实际申报抵扣，则应当在该批货物发生非正常损失的当期，将该批货物的进项税额予以转出）

表5-3　　　　　　　　　　　　　　　盘点汇总表　　　　　　　　　　　　　单位：元

增值税转出所属材料	购入时间	金额（不含税）	转出增值税税额	转出原因	意见
包装纸箱L120型		168.00	21.84	受潮损坏	仓管员赔偿
合计		168.00	21.84		

（分类归入附表二进项税额转出额非正常损失）

（34）将上月向农民购进的农产品用于职工福利，货款12 000元（不含税），上月已抵扣进项税额1 200元。相关原始凭证如图5-31所示。（注意：根据《中华人民共和国增值税暂行条例》（国务院令第691号）第十条的规定，下列项目的进项税额不得从销项税额中抵扣：用于简易计税方法计税项目、免征增值税项目、集体福利或者个人消费的购进货物、劳务、服务、无形资产和不动产；此业务应做相应的进项税额转出，应转出进项税额1 200元）

内部使用专用凭证　　NO 11027821

使用部门：办公室　　2021年9月28日

名称	规格	单位	数量	单价	金额									备注
					百	十	万	千	百	十	元	角	分	
橘子		吨	10	1200			1	2	0	0	0	0	0	用于职工福利
合计人民币（大写）壹万贰仟元整						¥	1	2	0	0	0	0	0	
总经理意见：同意					财务经理意见：同意									

部门主管：刘洋　　送货人：吴军　　收货人：邓小飞

第三联记账联

图5-31　内部使用专用凭证

（分类归入附表二进项税额转出集体福利）

（35）本月通过银行缴纳期初未缴税款419 664.00元，取得缴税凭证。

（四）实验步骤

1.依据实训内容和资料，仔细阅读原始业务凭证和发票，按业务发生类型进行分类整理。纳税申报表需要填写的为不含税价，注意在实验中依据原始凭证数据中的含税价计算出不含税价，不含税价=含税价/（1+税率）。

（1）销项业务：

销售开具的增值税专用发票业务；

销售开具的增值税普通发票业务；

销售不开票业务；

特殊销售业务。

（2）进项业务：

购进取得增值税专用发票业务；

购进取得增值税普通发票业务；

进项税转出业务。

2.依据销项发票上的原始记录业务（1）-（18），逐项按不同税率进行分类、计算、汇总登记“附表一业务分类汇总计算表”（见表5-4）。发票类型按照专用发票、普通发票（普通发票放在其他发票类别下）、其他发票、未开发票（无发票）四种情况填写。

（1）业务（1）销售货物开具增值税专用发票，取得销售收入 67 200.00 元（不含税）。销售货物：酒，不含税销售额 67 200.00 元，税额 8 736.00 元，税率 13%，增值税专用发票。

（2）业务（2）销售货物开具增值税专用发票，取得销售收入 30 200.00 元（不含税），同时取得货物包装物押金 10 000.00 元。销售货物：酒，不含税销售额 30 200.00 元，税额 3 926.00 元，税率 13%，增值税专用发票。（注意：根据国家税务总局国税发〔1993〕154 号文件的规定，纳税人为销售货物而出租出借包装物收取的押金，单独记账核算的，不并入销售额征税。但对因逾期未收回包装物不再退还的押金，应按所包装货物的适用税率征收增值税。国家税务总局国税函发〔1994〕288 号文件规定：包装物押金征税规定中"逾期"以 1 年为期限。因此，该笔押金属于未逾期的包装物押金，不应征税）

（3）业务（3）签订分期收款合同销售货物开具增值税专用发票，取得销售收入 81 000.00 元（不含税）。销售货物：酒，不含税销售额 81 000.00 元，税额 10 530.00 元，税率 13%，增值税专用发票。

（4）业务（4）以物易物取得货物 28 800.00 元（不含税），开具增值税专用发票。销售货物：酒，不含税销售额 28 800.00 元，税额 3 744.00 元，税率 13%，增值税专用发票。（注意：根据税法的规定，以物易物双方都应作购销处理，以各自发出的货物核算销售额并计算销项税额，以各自收到的货物核算购货额并计算进项税额。应注意的是，在以物易物活动中，应分别开具合法的发票，如果收到的货物不能取得相应的增值税专用发票或其他合法发票的，不能抵扣进项税额）

（5）业务（5）销售货物开具增值税专用发票，取得销售收入 33 000.00 元（不含税），给予了 10% 的折扣，且在发票上已经注明。销售货物：酒，不含税销售额 33 000.00 元，税额 4 290.00 元，税率 13%，增值税专用发票。

（6）业务（6）委托广州市佳旺贸易有限公司进行产品代销开具增值税专用发票，取得销售收入 60 000.00 元（不含税）。销售货物：酒，不含税销售额 60 000.00 元，税额 7 800.00 元，税率 13%，增值税专用发票。（注意：根据现行《中华人民共和国增值税暂行条例实施细则》的规定，将货物交付他人代销的行为视同销售）

（7）业务（7）发生退货业务开具增值税专用发票，退货金额 81 000.00 元（不含税）。销售货物：酒，不含税销售额 -81 000.00 元，税额 -10 530.00 元，税率 13%，增值税专用发票。

（8）业务（8）销售酒精开具增值税专用发票，取得销售收入 50 000.00 元（不含税）。销售货物：酒精，不含税销售额 50 000.00 元，税额 6 500.00 元，税率 13%，增值税专用发票。

（9）业务（9）销售货物开具增值税专用发票，取得销售收入 61 200.00 元（不含税）。销售货物：酒，不含税销售额 61 200.00 元，税额 7 956.00 元，税率 13%，增值税专用发票。

（10）汇总：增值税专用发票，13%税率，销售货物做累计。

附表一第一行第一列 不含税销售额
$=67\,200.00+30\,200.00+81\,000.00+28\,800.00+33\,000.00+60\,000.00-81\,000.00+50\,000.00+61\,200.00=330\,400.00$（元）

附表一第一行第二列 销项应纳税额
$=8\,736.00+3\,926.00+10\,530.00+3\,744.00+4\,290.00+7\,800.00-10\,530.00+6\,500.00+7\,956.00=42\,952.00$（元）

（11）业务（10）向北京第十届酒博览会组委会捐赠酒，开具普通发票含税价为76 840.00元。销售货物：酒，不含税销售额68 000.00元，税额8 840.00元，税率13%，增值税普通发票（其他发票）。（注意：进行纳税申报时取不含税价进行汇总计算，根据现行《中华人民共和国增值税暂行条例实施细则》的规定，将自产、委托加工或购买的货物无偿赠送他人的行为视同销售）

（12）业务（11）加工白酒，提供应税劳务，收取加工费用含税价为79 100.00元，开具普通发票。劳务加工：酒，不含税销售额70 000.00元，税额9 100.00元，税率13%，增值税普通发票（其他发票）。（注意：进行纳税申报时取不含税价进行汇总计算）

（13）业务（12）赠送自产礼品酒，开具普通发票，含税价为63 280.00元。销售货物：酒，不含税销售额56 000.00元，税额7 280.00元，税率13%，增值税普通发票（其他发票）。（注意：进行纳税申报时取不含税价进行汇总计算）

（14）业务（13）本月，下属非独立核算门市部已开具普通发票取得销售收入380 400.00元（不含税）。销售货物：酒，不含税销售额380 400.00元，税额49 452.00元（380 400.00×13%），税率13%，增值税普通发票（其他发票）。（注意：根据现行《中华人民共和国增值税暂行条例实施细则》的规定，设有两个以上机构并实行统一核算的纳税人，将货物从一个机构移送至其他机构用于销售的行为视同销售，但相关机构设在同一县（市）的除外）

（15）汇总：增值税普通发票，13%税率，销售货物及加工修理修配劳务做累计。

附表一第一行第三列开具其他发票销售额=68 000.00+70 000.00+56 000.00+380 400.00=574 400.00（元）

（其中，加工修理修配劳务的不含税销售额为70 000.00元，税额为9 100.00元）

附表一第一行第四列开具其他发票销售额=8 840.00+7 100.00+7 280.00+49 452.00
$=74\,672.00$（元）

（16）业务（14）将自产的白酒直接用于职工聚餐，计税价格为不含税价24 000.00元。销售货物：酒，不含税销售额24 000.00元，税额3 120.00元（24 000.00×13%），税率13%，内部使用凭证（未开票）。（注意：根据现行《中华人民共和国增值税暂行条例实施细则》的规定，将自产、委托加工的货物用于集体福利或个人消费的行为视同销售）

（17）业务（15）本月，下属非独立核算商店销售本厂自产酒类货物应当缴纳增值税，该货物计税价格应当采用企业内部记录的不含税价 12 320.00 元（按当月同类货物的平均销售价格计算得出）。其中：白云纯生啤酒 200 箱，白云普通啤酒 180 箱。销售货物：酒，不含税销售额 12 320.00 元，税额 1 601.60 元（12 320.00×13%），税率 13%，未开票。

（18）汇总：增值税未开票收入，13% 税率，销售货物及加工修理修配劳务做累计。

附表一第一行第五列开具未开具发票销售额=240 00.00+12 320.00=36 320.00（元）

附表一第一行第六列开具未开具发票销售额=3 120.00+16 011.30=4 721.60（元）

（19）业务（16）收取仓库租金，开具普通发票，销售额为 25 000.00 元（不含税）。服务不动产，不含税销售额 25 000.00 元，税额 2 250.00 元，税率 9%，增值税普通发票。

（20）业务（17）收取门面租金，开具普通发票，销售额为 48 000.00 元（不含税）。服务不动产，不含税销售额 48 000.00 元，税额 4 320.00 元，税率 9%，增值税普通发票。

（21）汇总：增值税普通发票，9% 税率，服务不动产做累计。

附表一第四行第三列开具其他发票销售额=25 000.00+48 000.00=73 000.00（元）

附表一第四行第四列开具其他发票销售额=2 250.00+4 320.00=6 570.00（元）

（22）业务（18）销售自用过的旧车（采购时未进行进项抵扣），开具二手车销售统一发票，取得含税销售收入 68 000.00 元，车原值 188 000.00 元。销售货物：二手车，不含税销售额 66 019.42 元（68 000.00/（1+3%）），税额 1 980.58 元（66 019.42×3%），税率 3%，二手车统一销售发票（普通发票）。

（23）简易计税方法计税：

附表一第十一行第三列开具其他发票销售额 66 019.42 元。

附表一第十一行第四列开具其他发票销售额 1 980.58 元。

（注意：根据《财政部、国家税务总局关于部分货物适用增值税低税率和简易办法征收增值税政策的通知》（财税〔2009〕9 号）第二条第二项的规定，纳税人销售旧货，按照简易办法依照 3% 征收率减按 2% 征收增值税。此业务中的车辆符合简易办法计税规定，且进行纳税申报时取不含税价进行汇总计算，不含税价=68 000.00/（1+3%）=66 019.42（元））

（24）附表一第一行第九列=330 400.00+574 400.00+36 320.00=941 120.00（元）

（25）附表一第一行第十列=42 952.00+74 672.00+4 721.60=122 345.60（元）

（26）附表一第四行第九列=73 000.00 元

（27）附表一第四行第十列=6 570.00 元

（28）附表一第四行第十一列=73 000.00+6 570.00=79 570.00（元）

（29）附表一第四行第十二列=0

（30）附表一第四行第十三列=79 570.00−0=79 570.00（元）

（31）附表一第四行第十四列=79 570.00/（1+9%）×9%=6 570.00（元）

（32）附表一第十一行第九列=66 019.42 元

（33）附表一第十一行第十列=1 980.58 元

（34）附表一第十六行第九列=591 079.65元

表5-4 　　　　　　　　　附表一业务分类汇总计算表 　　　　　　　　　金额单位：元

		货物名称	业务发生情况	适用税率	不含税销售额	应纳税额	发票类型
销项税额	应税货物及加工修理修配劳务	酒	业务（1）	13%	67 200.00	8 736.00	增值税专用发票
		酒	业务（2）		30 200.00	3 926.00	
		酒（分期收款合同）	业务（3）		81 000.00	10 530.00	
		酒（以物易物）	业务（4）		28 800.00	3 744.00	
		酒（折扣）	业务（5）		33 000.00	4 290.00	
		酒（代销）	业务（6）		60 000.00	7 800.00	
		酒（退货）	业务（7）		−81 000.00	−10 530.00	
		酒精	业务（8）		50 000.00	6 500.00	
		酒	业务（9）		61 200.00	7 956.00	
		小计1（业务（1）+…+业务（9））			330 400.00	42 952.00	
		酒（捐赠）	业务（10）		68 000.00	8 840.00	增值税普通发票（其他发票）
		酒（应税劳务）	业务（11）		70 000.00	9 100.00	
		酒（赠品）	业务（12）		56 000.00	7 280.00	
		酒（下属门市部）	业务（13）		380 400.00	49 452.00	
		小计2（业务（10）+…+业务（13））			574 400.00	74 672.00	
		酒（自用）	业务（14）		24 000.00	3 120.00	未开票
		酒（下属商店）	业务（15）		12 320.00	1 601.60	
		小计3（业务（14）+业务（15））			36 320.00	4 721.60	
		应税货物和应税劳务的合计（小计1+小计2+小计3）			941 120.00	122 345.60	
		其中应税货物销售额=应税货物和应税劳务的合计−应税劳务=941 120.00−70 000.00			871 120.00	932 020.00	
	服务、不动产和无形资产	仓库租金	业务（16）	9%	25 000.00	2 250.00	增值税普通发票（其他发票）
		门面租金	业务（17）		48 000.00	4 320.00	
		合计（业务（16）+业务（17））			73 000.00	6 570.00	
	按适用税率计税销售额及销项税额				1 014 120.00	128 915.60	
简易办法计税		含税销售额	业务发生情况	适用税率	不含税销售额	应纳税额	说明
		68 000.00	业务（18）	3%	66 019.42	1 980.58	自用旧车销售
		按简易办法计税销售额及简易计税办法计算的应纳税额			66 019.42	1 980.58	
		应纳税额减征额		1%	66 019.42	660.19	减征额

3. 依据进项发票的原始记录业务（19）–（34），逐项按发票认证情况进行分类、计算、汇总登记"进项应纳税额汇总计算表"（见表5-5）。发票类型按照专用发票、普通发票、其他发票、未开票（无发票）四种情况填写。

（1）业务（19），不含税金额86 000.00元，税额11 180.00元，专票。

（2）业务（20），不含税金额11 700.00元，税额1521.00元，专票。

（3）业务（21），不含税金额96 000.00元，税额12 480.00元，专票。

（4）业务（22），不含税金额18 621.25元，税额2 420.76元，专票。

（5）业务（23），不含税金额20 000.00元，税额1 800.00元，专票。

（6）业务（24），不含税金额3 800.00元，税额342.00元，专票。

（7）业务（25），不含税金额28 000.00元，税额2 520.00元，专票。

（8）业务（26），不含税金额78 000.00元，税额7 020.00元，专票。农产品，农贸公司。

（9）业务（27），不含税金额5 500.00元，税额495.00元，专票。

（10）业务（28），不含税金额59 598.60元，税额9 363.87元，专票。

（11）业务（29），不含税金额96 000.00元，税额8 640.00元，专票。农贸公司，用于生产。

（12）业务（30），不含税金额12 000.00元，税额1 080.00元，专票。

（13）本期认证相符且本期申报抵扣金额=86 000.00+11 700.00+96 000.00+18 621.25+20 000.00+
380.00+28 000.00+78 000.00+5 500.00+59 598.60+
96 000.00+12 000.00=515 219.85（元）

（14）本期认证相符且本期申报抵扣税额=11 180.00+1 521.00+12 480.00+2 420.76+1 800.00+
342.00+2 520.00+7 020.00+495.00+9363.84+8 640.00+
1 080.00=54 862.64（元）

（15）业务（31），进口增值税专用缴款书50 431.34元。

（16）业务（32），不含税金额12 800.00元，税额0。收购发票，用于生产。

（17）购进农产品（业务（26），（29），（32））采用核定扣除，资料里已提供当期允许抵扣的农产品进项税额为18 680元。

（18）业务（31），进口增值税专用缴款书50 431.34元。税额6 556.07元（50 431.34×13%）。

（19）业务（34），上月已抵扣进项税额1 200元。转出。

（20）业务（33），不含税金额168.00元，税额21.84元（168.00×13%）。转出。

（21）本期进项税转出税额=1 200.00+21.84=1 221.84（元）

表5-5　　　　　　　　　　　　　附表二业务分类汇总计算表　　　　　　　　　　金额单位：元

		货物名称	业务发生情况	扣除率1	不含税金额	进项税额	扣税凭证
进项税额	应税货物	买机器	业务（19）	13%	86 000.00	11 180.00	增值税专用发票
		买纸箱	业务（20）		11 700.00	1 521.00	
		买（代销葡萄酒）	业务（21）		96 000.00	12 480.00	
		买（电）	业务（22）		18 621.25	2 420.76	
		小计4（业务（19）+…+业务（22））			212 321.25	27 601.76	
		合计			212 321.25	27 601.76	
		货物名称	业务发生情况	扣除率2	不含税金额	进项税额	扣税凭证
	应税货物	运费（机器）	业务（23）	9%	20 000.00	1 800.00	增值税专用发票
		运费（纸箱）	业务（24）		3 800.00	342.00	
		运费（葡萄酒）	业务（25）		28 000.00	2 520.00	
		买粮食一批	业务（26）		78 000.00	7 020.00	
		运费（粮食）	业务（27）		5 500.00	495.00	
		水费	业务（28）		59 598.60	5 363.87	
		粮食（以物易物）	业务（29）		96 000.00	8 640.00	
		运费（以物易物）	业务（30）		12 000.00	1 080.00	
		小计5（业务（23）+…+业务（30））			302 898.60	27 260.87	
		本期认证相符且本期申报抵扣（小计4+小计5）			515 219.85	54 862.64	
	其他扣税凭证	货物名称	业务发生情况	扣除率	不含税金额	进项税额	扣税凭证
		进口红酒一批	业务（31）	13%	50 431.34	6 556.07	海关进口增值税专用缴款书
		海关进口增值税专用缴款书			50 431.33	6 556.07	
		货物名称	业务发生情况	扣除率	不含税金额	进项税额	说明
		购进粮食	业务（26）	9%	78 000.00		增值税专用发票
		购进农产品	业务（29）	9%	96 000.00		增值税专用发票
		收购农民农产品一批	业务（32）	9%	12 800.00	1 152.00	农产品收购统一发票
		农产品收购发票或者销售发票			18 6800.00	1 8680.00	
	当前申报抵扣进项税额合计（即进项税额）				578 451.18	64 438.70	
	已认证可抵扣金额、税额				578 451.18	64 438.70	
	进项税额转出		业务（33）	13%	168.00	21.84	月末盘点非正常损失
			业务（34）	9%	12 000.00	1 200.00	购入农民农产品用于集体福利
			本期进项税转出额（业务（33）+业务（34））		12 168.00	1 221.84	

4.依据原始期初数据进行"应纳税额累计汇总计算表"（见表5-6）期初累计数和年度累计数填写。

表5-6　　　　　　　　　　　　**应纳税额累计汇总计算表**　　　　　　　　　　单位：元

项目	9月	1—8月累计	本年累计
按适用税率计税销售额	1 014 120.00	1 013 997.00	2 028 117.00
应税货物销售额	871 120.00	870 997.00	1 742 117.00
应税劳务销售额	70 000.00	69 877.00	139 877.00
按简易办法计税销售额	66 019.42	65 896.42	131 915.84
销项税额	128 915.60	128 792.60	257 708.20
进项税额	64 438.70	64 315.70	128 754.40
进项税额转出	1 221.84	1 098.84	2 320.68
应抵扣税额合计	63 216.86	63 093.86	
实际抵扣税额	63 216.86	63 093.86	
应纳税额	65 698.74	65 575.74	131 274.48
简易计税的应纳税额	1 980.58	1 857.58	3 838.16
应纳税额减征额	660.19	537.19	1 197.38
应纳税额合计	67 019.13	66 896.13	133 915.26
期初未缴税额	419 664.00	369 548.00	369 548.00
本期已缴税额	419 664.00	16 780.13	436 444.13
本期缴纳上期应纳税额	419 664.00	16 780.13	436 444.13
期末未缴税额	67 019.13	419 664.00	67 019.13
本期应补（退）税额	67 019.13	66 896.13	

（企业2020年12月纳税申报表第32栏"期末未缴税额（多缴为负数）""本年累计"：369 548.00元）

5.依据增值税纳税申报表（一般纳税人适用）及其附列资料表填表要求进行纳税申报表及附列资料表填写，如图5-32所示。

图5-32　增值税纳税申报表附列资料（一）

6.当期可抵扣的进项税额大于当期销项税额时，按简易办法计征的应纳税额即当期应纳税额。

7.采用简易办法计征且有减征的，应同时反映减征前的税额与减征后的税额，以便填写增值税纳税申报表。

（五）实验结果

实训操作完成后，依次填写、提交或打印实验结果如下：

1."应纳税额累计汇总计算表"

2.增值税纳税申报表（适用于增值税一般纳税人）及其附列资料表（见表5-7、表5-8、表5-9、表5-10和表5-11）

表5-7

增值税及附加税费申报表附列资料（一）

（本期销售情况明细）

纳税人名称（公章）：北京白云酒业股份有限公司

税款所属时间：2021年9月1日至2021年9月30日

金额单位：元（列至角分）

项目及栏次	栏次	开具增值税专用发票 销售额 (1)	销项(应纳)税额 (2)	开具其他发票 销售额 (3)	销项(应纳)税额 (4)	未开具发票 销售额 (5)	销项(应纳)税额 (6)	纳税检查调整 销售额 (7)	销项(应纳)税额 (8)	合计 销售额 (9=1+3+5+7)	销项(应纳)税额 (10=2+4+6+8)	价税合计 (11=9+10)	服务、不动产和无形资产扣除项目本期实际扣除金额 (12)	扣除后 含税(免税)销售额 (13=11-12)	销项(应纳)税额 (14=13÷(100%+税率或征收率)×税率或征收率)
一、一般计税方法计税															
全部征税项目 13%税率的货物及加工修理修配劳务	1	330 400.00	42 952.00	574 400.00	74 672.00	36 320.00	4 721.60	0.00	0.00	941 120.00	122 345.60	—	—	—	—
13%税率的服务、不动产和无形资产	2	0.00	0.00	0.00	0.00	0.00	0.00	0.00	0.00	0.00	0.00	0.00	0.00	0.00	0.00
9%税率的货物及加工修理修配劳务	3	0.00	0.00	0.00	0.00	—	—	—	—	0.00	0.00	—	—	—	—
9%税率的服务、不动产和无形资产	4	0.00	0.00	73 000.00	6 570.00	0.00	0.00	—	—	73 000.00	6 570.00	79 570.00	0.00	79 570.00	6 570.00
6%税率	5	0.00	0.00	0.00	0.00	0.00	0.00	—	—	0.00	0.00	0.00	0.00	0.00	0.00
其中：即征即退项目 即征即退货物及加工修理修配劳务	6	—	—	—	—	—	—	—	—	—	—	—	—	—	—
即征即退服务、不动产和无形资产	7	—	—	—	—	—	—	—	—	—	—	—	—	—	—
二、简易计税方法计税															
全部征税项目 6%征收率	8	0.00	0.00	0.00	0.00	0.00	0.00	0.00	0.00	0.00	0.00	0.00	0.00	0.00	0.00
5%征收率的货物及加工修理修配劳务	9a	0.00	0.00	0.00	0.00	0.00	0.00	—	—	0.00	0.00	—	—	—	—
5%征收率的服务、不动产和无形资产	9b	0.00	0.00	0.00	0.00	0.00	0.00	—	—	0.00	0.00	0.00	0.00	0.00	0.00
4%征收率	10	0.00	0.00	0.00	0.00	0.00	0.00	—	—	0.00	0.00	—	—	—	—
3%征收率的货物及加工修理修配劳务	11	0.00	0.00	66 019.42	1 980.58	0.00	0.00	—	—	66 019.42	1 980.58	—	—	—	—
3%征收率的服务、不动产和无形资产	12	0.00	0.00	0.00	0.00	0.00	0.00	—	—	0.00	0.00	0.00	0.00	0.00	0.00
预征率 ___%	13a	—	—	—	—	—	—	—	—	—	—	—	—	—	—
预征率 ___%	13b	0.00	0.00	0.00	0.00	0.00	0.00	—	—	0.00	0.00	0.00	0.00	0.00	0.00
预征率 ___%	13c	0.00	0.00	0.00	0.00	0.00	0.00	—	—	0.00	0.00	0.00	0.00	0.00	0.00
其中：即征即退项目 即征即退货物及加工修理修配劳务	14	—	—	—	—	—	—	—	—	—	—	—	—	—	—
即征即退服务、不动产和无形资产	15	—	—	—	—	—	—	—	—	—	—	—	—	—	—
三、免抵退税 货物及加工修理修配劳务	16	0.00	0.00	0.00	0.00	0.00	0.00	—	—	0.00	0.00	—	—	—	—
服务、不动产和无形资产	17	—	—	—	—	—	—	—	—	—	—	—	—	—	—
四、免税 货物及加工修理修配劳务	18	0.00	0.00	0.00	0.00	0.00	0.00	—	—	0.00	0.00	0.00	0.00	0.00	0.00
服务、不动产和无形资产	19	—	—	—	—	—	—	—	—	—	—	—	—	—	—

表5-8 　　　　　　　　　　**增值税及附加税费申报表附列资料（二）**

（本期进项税额明细）

税款所属时间：2021年9月1日至2021年9月30日

纳税人名称（公章）：北京白云酒业股份有限公司　　　　　　　　　金额单位：元（列至角分）

一、申报抵扣的进项税额				
栏目	栏次	份数	金额	税额
（一）认证相符的增值税专用发票	1=2+3	10	341 219.85	39 202.63
其中：本期认证相符且本期申报抵扣	2	10	341 219.85	39 202.63
前期认证相符且本期申报抵扣	3			
（二）其他扣税凭证	4=5+6+7+8a+8b	1	50 431.34	25 236.07
其中：海关进口增值税专用缴款书	5	1	50 431.34	6 556.07
农产品收购发票或者销售发票	6			18 680.00
代扣代缴税收缴款凭证	7			—
加计扣除农产品进项税额	8a		—	—
其他	8b			
（三）本期用于购建不动产的扣税凭证	9			
（四）本期用于抵扣的旅客运输服务扣税凭证	10			
（五）外贸企业进项税额抵扣证明	11		—	—
当期申报抵扣进项税额合计	12=1+4+11	11	391 651.19	64 438.70
二、进项税额转出额				
栏目	栏次		税额	
本期进项税额转出额	13=14至23之和		1 221.84	
其中：免税项目用	14			
集体福利、个人消费	15		1 200.00	
非正常损失	16		21.84	
简易计税方法征税项目用	17			
免抵退税办法不得抵扣的进项税额	18			
纳税检查调减进项税额	19			
红字专用发票信息表注明的进项税额	20			
上期留抵税额抵减欠税	21			
上期留抵税额退税	22			
异常凭证转出进项税额	23a			
其他应作进项税额转出的情形	23b			
三、待抵扣进项税额				
栏目	栏次	份数	金额	税额
（一）认证相符的增值税专用发票	24	—	—	—
期初已认证相符但未申报抵扣	25			
本期认证相符且本期未申报抵扣	26			
期末已认证相符但未申报抵扣	27			
其中：按照税法规定不允许抵扣	28			
（二）其他扣税凭证	29=30至33之和			
其中：海关进口增值税专用缴款书	30			
农产品收购发票或者销售发票	31			
代扣代缴税收缴款凭证	32		—	
其他	33			
	34			
四、其他				
栏目	栏次	份数	金额	税额
本期认证相符的增值税专用发票	35	10	341 219.85	39 202.63
代扣代缴税额	36		—	—

表5-9　　　　　　　　　　　**增值税减免税申报明细表**

税款所属时间：自 2021 年 9 月 1 日至 2021 年 9 月 30 日

纳税人名称（公章）：北京白云酒业股份有限公司　　　　　　　　金额单位：元（列至角分）

一、减税项目					
减税性质代码/名称	栏次	期初余额	本期发生额	本期应抵减税额	本期实际抵减税额	期末余额
		1	2	3=1+2	4≤3	5=3-4
合计	1	0.00	660.19	660.19	660.19	0.00
01129924已使用固定资产减征增值税	2	0.00	660.19	660.19	660.19	0.00
	3					
	4					
	5					
	6					

二、免税项目					
免税性质代码及名称	栏次	免征增值税项目销售额	免税销售额扣除项目本期实际扣除金额	扣除后免税销售额	免税销售额对应的进项税额	免税额
		1	2	3=1-2	4	5
合计	7					
出口免税	8	—	—	—		
其中：跨境服务	9	—	—	—		
	10				—	
	11				—	
	12				—	
	13				—	
	13				—	
	15				—	
	16				—	

表5-10 **增值税及附加税费申报表**

(一般纳税人适用)

根据国家税收法律法规及增值税相关规定制定本表。纳税人不论有无销售额，均应按税务机关核定的纳税期限填写本表，并向当地税务机关申报。

税款所属时间：自2021年9月1日至2021年9月30日　　　　填表日期：2021年10月15日　　　　　金额单位：元(列至角分)

纳税人识别号(统一社会信用代码)：00188806ES17111M04　　　　　　　　　　　　　　　　　　　　所属行业：制造业

| 纳税人名称：北京白云酒业股份有限公司 | | 法定代表人姓名 | 吴敏 | 注册地址 | 北京市房山区悦盛路116号 | 生产经营地址 | 北京市房山区悦盛路116号 |
| 开户银行及账号 | 中国建设银行房山支行，61234123498766966 | 登记注册类型 | | 股份有限公司 | | 电话号码 | 010-99623485 |

	项目	栏次	一般项目		即征即退项目	
			本月数	本年累计	本月数	本年累计
销售额	(一) 按适用税率计税销售额	1	1 014 120.00	2 028 117.00		
	其中：应税货物销售额	2	871 120.00	1 742 117.00		
	应税劳务销售额	3	70 000.00	139 877.00		
	纳税检查调整的销售额	4				
	(二) 按简易办法计税销售额	5	66 019.42	131 915.84		
	其中：纳税检查调整的销售额	6				
	(三) 免、抵、退办法出口销售额	7			—	—
	(四) 免税销售额	8			—	—
	其中：免税货物销售额	9			—	—
	免税劳务销售额	10			—	—
税款计算	销项税额	11	128 915.60	257 708.20		
	进项税额	12	64 438.70	128 754.41		
	上期留抵税额	13				—
	进项税额转出	14	1 221.84	2 320.68		
	免、抵、退应退税额	15			—	—
	按适用税率计算的纳税检查应补缴税额	16			—	—
	应抵扣税额合计	17=12+13-14-15+16	63 216.86	—		—
	实际抵扣税额	18 (如 17<11, 则为17, 否则为11)	63 216.86			—
	应纳税额	19=11-18	65 698.74	131 274.47		
	期末留抵税额	20=17-18				—
	简易计税办法计算的应纳税额	21	1 980.58	3 838.16		
	按简易计税办法计算的纳税检查应补缴税额	22				
	应纳税额减征额	23	660.19	1 197.38		
	应纳税额合计	24=19+21-23	67 019.13	133 915.25		
税款缴纳	期初未缴税额 (多缴为负数)	25	419 664.00	369 548.00		
	实收出口开具专用缴款书退税额	26				
	本期已缴税额	27=28+29+30+31	419 664.00	436 444.12		
	①分次预缴税额	28		—		
	②出口开具专用缴款书预缴税额	29				
	③本期缴纳上期应纳税额	30	419 664.00	436 444.12		
	④本期缴纳欠缴税额	31				
	期末未缴税额 (多缴为负数)	32=24+25+26-27	67 019.13	67 019.13		
	其中：欠缴税额 (≥0)	33=25+26-27				
	本期应补 (退) 税额	34=24-28-29	67 019.13			
	即征即退实际退税额	35	—			
	期初未缴查补税额	36				—
	本期入库查补税额	37				—
	期末未缴查补税额	38=16+22+36-37				—
附加税费	城市维护建设税本期应补 (退) 额	39	4 691.34	34 067.82		
	教育费附加本期应补 (退) 税额	40	2 010.57	14 600.49		
	地方教育附加本期应补 (退) 税额	41	1 340.38	9 733.66		

声明：此表是根据国家税收法律法规及相关规定填写的，本人(单位)对填报内容(及附带资料)的真实性、可行性、完整性负责。

纳税人(签章)：吴敏　　　2021年10月15日

经办人：李彬	受理人：
经办人身份证号：	
代理机构签章：	
代理机构统一社会信用代码：	受理税务机关(章)：　　　　受理日期：　　年 月 日

表5-11 　　　　　　　　增值税及附加税费申报表附列资料

(附加税费情况表)

税(费)款所属时间：自 2021 年 9 月 1 日至 2021 年 9 月 30 日

纳税人名称(公章)：北京白云酒业股份有限公司　　　　　　　　　　　金额单位：元(列至角分)

税(费)税		计税(费)依据			税(费)率(%)	本期应纳税(费)额	本期减免税(费)额		试点建设培育产教融合型企业		本期已缴税(费)额	本期应补(退)税(费)额
		增值税税额	增值税免抵税额	留抵退税本期扣除额			减免性质代码	减免税(费)额	减免性质代码	本期抵免金额		
		1	2	3	4	5=(1+2-3)×4	6	7	8	9	10	11=5-7-9-10
城市维护建设税	1	67 019.13	0.00	0.00	7%	4 691.34		0.00	—	—	0.00	4 691.34
教育费附加	2	67 019.13	0.00	0.00	3%	2 010.57		0.00		0.00	0.00	2 010.57
地方教育附加	3	67 019.13	0.00	0.00	2%	1 340.38		0.00		0.00	0.00	1 340.38
合计	4					8 042.29	—	0.00		0.00	0.00	8 042.29
本期是否适用试点建设培育产教整合型企业抵免政策			□是 □否			当期新增投资额			5			
						上期留抵可抵免金额			6			
						结转下期可抵免金额			7			
可用于扣除的增值税留抵退税额使用情况						当期新增可用于扣除的留抵退税额			8			
						上期结存可用于扣除的留抵退税额			9			
						结转下期可用于扣除的留抵退税额			10			

二、小规模纳税人的纳税申报实验

(一) 实验目的和要求

实验目的：通过本实验操作，熟练掌握相关税法理论和实际结合的方法，掌握小规模纳税人增值税应税计算、增值税纳税申报表填写方法，为从事增值税小规模纳税人办税业务打下扎实的基础。

实验要求：实验前要充分学习《中华人民共和国增值税暂行条例》，理解相关增值税法规定、增值税纳税申报表及其附列资料表内和表间逻辑关系，实验时务必认真熟悉实验内容和资料，过程中可以互相讨论和学习，要求独立完成申报表的填报实验。

实验流程如图5-33所示。

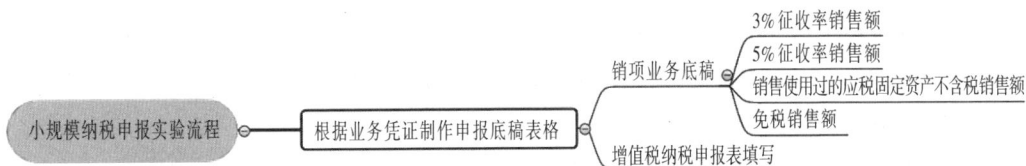

图5-33 小规模纳税人纳税申报流程

(二) 实验知识准备

1.增值税小规模纳税人依照税收法律、法规、规章及其他有关规定，在规定的纳税期限内填报"增值税纳税申报表(小规模纳税人适用)"、附列资料及其他相关资料，向税务机关进行纳税申报。

2.纳税人享受减税、免税待遇的，在减税、免税期间应当按照规定办理纳税申报，填写申报表及其附表上的优惠栏目。

3.增值税上的视同销售：本质为增值税"抵扣进项并产生销项"的链条终止，比如将货物用于非增值税项目，用于个人消费或者职工福利等。根据现行《中华人民共和国增值税暂行条例实施细则》的规定，以下8种行为视同销售：①将货物交付他人代销；②销售代销货物；③设有两个以上机构并实行统一核算的纳税人，将货物从一个机构移送至其他机构用于销售，但相关机构设在同一县（市）的除外；④将自产、委托加工的货物用于非应税项目；⑤将自产、委托加工或购买的货物作为投资，提供给其他单位或个体经营者；⑥将自产、委托加工或购买的货物用于分配给股东或投资者；⑦将自产、委托加工的货物用于集体福利或个人消费；⑧将自产、委托加工或购买的货物无偿赠送他人。

4.折扣销售需注意两点：①依据国家税务总局印发的《增值税若干具体问题的规定》（国税发〔1993〕154号），纳税人采取折扣方式销售货物，如果销售额和折扣额在同一张发票上分别注明的，可按折扣后的销售额征收增值税；如果将折扣额另开发票，不论其在财务上如何处理，均不得从销售额中减除折扣额。②如果货物销售者将自产、委托加工或购买的货物用于实物折扣的，该实物货款不能从货物销售额中减除，而应按增值税视同销售货物中的第八项"无偿赠送"另行计算缴纳增值税销项税额。

5.税法规定：（1）小规模纳税人销售自己使用过的固定资产，依照3%的征收率减按2%征收增值税。（2）小规模纳税人销售自己使用过的非固定资产，依照3%的征收率征收增值税。（3）小规模纳税人销售旧货，依照3%的征收率减按2%征收增值税。

6.按照《财政部 税务总局关于明确增值税小规模纳税人减免增值税等政策的公告》（2023年第1号，以下简称1号公告）的规定，现将有关征管事项公告如下：

（1）增值税小规模纳税人（以下简称小规模纳税人）发生增值税应税销售行为，合计月销售额未超过10万元（以1个季度为1个纳税期的，季度销售额未超过30万元，下同）的，免征增值税。

小规模纳税人发生增值税应税销售行为，合计月销售额超过10万元，但扣除本期发生的销售不动产的销售额后未超过10万元的，其销售货物、劳务、服务、无形资产取得的销售额免征增值税。

（2）适用增值税差额征税政策的小规模纳税人，以差额后的销售额确定是否可以享受1号公告第一条规定的免征增值税政策。

《增值税及附加税费申报表（小规模纳税人适用）》中的"免税销售额"相关栏次，填写差额后的销售额。

（3）《中华人民共和国增值税暂行条例实施细则》第九条所称的其他个人，采取一次性收取租金形式出租不动产取得的租金收入，可在对应的租赁期内平均分摊，分摊后的月租金收入未超过10万元的，免征增值税。

（4）小规模纳税人取得应税销售收入，适用1号公告第一条规定的免征增值税政策的，纳税人可就该笔销售收入选择放弃免税并开具增值税专用发票。

（5）小规模纳税人取得应税销售收入，适用1号公告第二条规定的减按1%征收率征收增值税政策的，应按照1%征收率开具增值税发票。纳税人可就该笔销售收入选择放弃减税并开具增值税专用发票。

（6）小规模纳税人取得应税销售收入，纳税义务发生时间在2022年12月31日前并已开具增值税发票，如发生销售折让、中止或者退回等情形需要开具红字发票，应开具对应征收率红字发票或免税红字发票；开票有误需要重新开具的，应开具对应征收率红字发票或免税红字发票，再重新开具正确的蓝字发票。

（7）小规模纳税人发生增值税应税销售行为，合计月销售额未超过10万元的，免征增值税的销售额等项目应填写在《增值税及附加税费申报表（小规模纳税人适用）》"小微企业免税销售额"或者"未达起征点销售额"相关栏次；减按1%征收率征收增值税的销售额应填写在《增值税及附加税费申报表（小规模纳税人适用）》"应征增值税不含税销售额（3%征收率）"相应栏次，对应减征的增值税应纳税额按销售额的2%计算填写在《增值税及附加税费申报表（小规模纳税人适用）》"本期应纳税额减征额"及《增值税减免税申报明细表》减税项目相应栏次。

（8）按固定期限纳税的小规模纳税人可以选择以1个月或1个季度为纳税期限，一经选择，一个会计年度内不得变更。

（9）按照现行规定应当预缴增值税税款的小规模纳税人，凡在预缴地实现的月销售额未超过10万元的，当期无须预缴税款。在预缴地实现的月销售额超过10万元的，适用3%预征率的预缴增值税项目，减按1%预征率预缴增值税。

（10）小规模纳税人中的单位和个体工商户销售不动产，应按其纳税期、本公告第九条以及其他现行政策规定确定是否预缴增值税；其他个人销售不动产，继续按照现行规定征免增值税。

（三）实验内容和资料

北京美美股份有限公司于2015年成立，是小规模纳税人，经主管税务机关北京市开发区税务局（组织机构代码010234567）核定该公司采用查账征收、按月申报缴纳增值税，企业自行报税。

公司名称：北京美美股份有限公司；纳税人识别号：69631472HC03840BL8（或实验系统自动给出）；注册地址和电话：北京市房山区悦盛路254号，010-99623756；开户银行和账号：中国建设银行房山支行，61234123498744578；税款所属时期：2023年2月1日至2023年2月28日。

法定代表人：邓芳芳，财务负责人：陆巧，办税员：黄华。

主要经营范围：化妆品销售、加工等。

以该公司当月的涉税业务为例，以仿真票据单证和数据为载体进行列示。

填表日期：2023年3月15日。

业务发生情况：

（1）销售货物一批开具增值税普通发票，货款16 000.00元（不含税），已发货出库。相关原始凭证如图5-34所示。

图5-34 增值税普通发票

（2）将自产商品用于企业福利，货款1 200.00元（不含税），已发货出库。相关原始凭证如图5-35所示。

图5-35 内部使用专用凭证

（3）收取加工费开具增值税普通发票，货款35 000.00元（不含税），已发货出库。相关原始凭证如图5-36所示。

机器编号：499098897922	增值税普通发票教学版	发票代码：120000000001 发票号码：00002376 开票日期：2023年02月19日 校验码：

购买方	名称：　上海市菲芳美容院 纳税人识别号：020176766518765123 地址、电话：　上海市经济开发区56号020-33256571 开户行及账号：上海市经济开发区工商银行62220221020123445115	密码区	03-/9/+/9527991>8>-392<>1/6+ <386149*69-/4+1/<54-*425+9-2 0666+0+-2-4643-4>//375--+/-0 33<695830-01+46-037>2206*8>/

货物或应税劳务、服务名称	规格型号	单位	数量	单价(不含税)	金额(不含税)	税率	税额
*劳务*加工费					35000.00	3%	1050.00
合计					¥35000.00		¥1050.00

价税合计（大写）	⊗金万陆仟零伍拾圆整	（小写）　¥36050.00

销售方	名称：　北京美美股份有限公司 纳税人识别号：69631472HC03840BL8 地址、电话：　北京市房山区悦盛路254号010-99623756 开户行及账号：中国建设银行房山支行61234123498744578	备注	

*收款人：陆巧　　　*复核：邓芳芳　　　*开票人：杜梅　　　*销货单位：（章）

图5-36　增值税普通发票

（4）收到退货，开具增值税普通发票，货款-6 000.00元（不含税），已发货出库。相关原始凭证如图5-37所示。

机器编号：499098897922	销项负数	增值税普通发票教学版	发票代码：120000000001 发票号码：00002378 开票日期：2023年02月19日 校验码：

购买方	名称：　上海市万民百货公司 纳税人识别号：020337562189910101 地址、电话：　上海市陆家嘴12号02031556171 开户行及账号：上海市陆家嘴工商银行62220221020123333219	密码区	03-/9/+/9527991>8>-392<>1/6+ <386149*69-/4+1/<54-*425+9-2 0666+0+-2-4643-4>//375--+/-0 33<695830-01+46-037>2206*8>/

货物或应税劳务、服务名称	规格型号	单位	数量	单价(不含税)	金额(不含税)	税率	税额
*美容护肤品*美美面霜	250克/瓶	瓶	-50	120	-6000.00	3%	-180.00
合计					¥-6000.00		¥-180.00

价税合计（大写）	⊗(负数)陆仟壹佰捌拾圆整	（小写）　¥-6180.00

销售方	名称：　北京美美股份有限公司 纳税人识别号：69631472HC03840BL8 地址、电话：　北京市房山区悦盛路254号010-99623756 开户行及账号：中国建设银行房山支行61234123498744578	备注	对应正数发票代码：120000000001号码：00002377

*收款人：邓芳芳　　　*复核：陆巧　　　*开票人：杜梅　　　*销货单位：（章）

图5-37　增值税普通发票

（5）销售货物，开具增值税普通发票，货款18 000.00元（不含税），已发货出库。相关原始凭证如图5-38所示。

图5-38 增值税普通发票

（6）企业下属非独立门市部销售，取得货款41 520.00元（不含税），已发货出库（见表5-12）。

表5-12 下属非独立门市部销售汇总表

商品	单价（元/瓶）	数量（瓶）	金额（元）
美美面霜	120.00	232	27 840.00
美美眼霜	80.00	171	13 680.00
合计			41 520.00

（7）根据已签订的租房合同收取上月商铺租金28 000.00元（不含税），适用5%征收率。相关原始凭证如图5-39所示。

（8）将自己使用过的旧货车销售，取得货款63 800.00元（不含税），已发货出库。相关原始凭证如图5-40所示。（注意：根据《财政部、国家税务总局关于部分货物适用增值税低税率和简易办法征收增值税政策的通知》（财税〔2009〕9号）第二条第二项的规定，纳税人销售旧货，按照简易办法依照3%征收率减按2%征收增值税。此业务中的车辆符合简易办法计税规定，且进行纳税申报时取不含税价进行汇总计算）

机器编号：499098897922

增值税普通发票教学版

发票代码：120000000001
发票号码：00002380
开票日期：2023年02月19日
校验码：

购买方	名称：上海市万民百货公司 纳税人识别号：020337562189910101 地址、电话：上海市陆家嘴12号 02031556171 开户行及账号：上海市陆家嘴工商银行6222022102012333219	密码区	03-/9/+/9527991>8>-392<>1/6+ <386149*69-/4+1/<54-*425+9-2 0666+0+-2-4643-4>//375--+/-0 33<695830-01+46-037>2206*8>/

货物或应税劳务、服务名称	规格型号	单位	数量	单价（不含税）	金额（不含税）	税率	税额
*不动产*商铺租金					28000.00	5%	1400.00
合计					￥28000.00		￥1400.00
价税合计（大写）		⊗贰万玖仟肆佰圆整			（小写）￥29400.00		

销售方	名称：北京美美股份有限公司 纳税人识别号：69631472HC03840BL8 地址、电话：北京市房山区悦盛路254号 开户行及账号：中国建设银行房山支行61234123498744578	备注	

*收款人：陆巧　　　*复核：邓芳芳　　　*开票人：杜梅　　　*销货单位：（章）

图5-39　增值税普通发票

机器编号：499098897922

增值税普通发票教学版

发票代码：120000000001
发票号码：00002381
开票日期：2023年02月19日
校验码：

购买方	名称：上海飞云货物运输公司 纳税人识别号：0201567887221 02118 地址、电话：上海市高新区12号02011345671 开户行及账号：上海市高新区工商银行6222022020011235421	密码区	03-/9/+/9527991>8>-392<>1/6+ <386149*69-/4+1/<54-*425+9-2 0666+0+-2-4643-4>//375--+/-0 33<695830-01+46-037>2206*8>/

货物或应税劳务、服务名称	规格型号	单位	数量	单价（不含税）	金额（不含税）	税率	税额
*机动车*万宝牌货车（旧）		辆			63800.00	3%	1914.00
合计					￥63800.00		￥1914.00
价税合计（大写）		⊗陆万伍仟柒佰壹拾肆圆整			（小写）￥65714.00		

销售方	名称：北京美美股份有限公司 纳税人识别号：69631472HC03840BL8 地址、电话：北京市房山区悦盛路254号 开户行及账号：中国建设银行房山支行61234123498744578	备注	

*收款人：陆巧　　　*复核：邓芳芳　　　*开票人：杜梅　　　*销货单位：（章）

图5-40　增值税普通发票

（9）购进原料一批，金额9 500.00元（不含税），对方开具增值税专用发票，已验收入库。相关原始凭证如图5-41所示。

图5-41 增值税专用发票

（四）实验步骤

1.依据实训内容和资料，仔细阅读原始业务凭证和发票，按业务发生类型进行分类整理。

（1）业务（1），不含税销售额16 000.00元，税额480.00元，税率3%，普票，货物。

（2）业务（2），不含税销售额1 200.00元，税额36.00元，税率3%，未开票，企业福利。

（3）业务（3），不含税销售额35 000.00元，税额1 050.00元，税率3%，普票，加工。

（4）业务（4），不含税销售额-6 000.00元，税额-180.00元，税率3%，普票，退货。

（5）业务（5），不含税销售额18 000.00元，税额540.00元，税率3%，普票，货物。

（6）业务（6），不含税销售额41 520.00元，税额1 245.60元，税率3%，普票，货物。

（7）应征增值税不含税销售额（3%征收率）=16 000.00+1 200.00+35 000.00-6 000.00+18 000.00+41 520.00

=105 720.00（元）

（8）税控器具开具的普通发票（3%征收率）不含税销售额=16 000.00+35 000.00-6 000.00+18 000.00+41 520.00

=104 520.00（元）

（9）业务（7），不含税销售额28 000.00元，税额1 400.00元，税率5%，普票，租金。

（10）业务（8），不含税销售额63 800.00元，税额1 914.00元，税额3%，普票，二手车销售。（注意：根据《财政部、国家税务总局关于部分货物适用增值税低税率和简易办法征收增值税政策的通知》（财税〔2009〕9号）第二条第二项的规定，纳税人销售旧货，按照简易办法依照3%征收率减按2%征收增值税。此业务中的车辆符合简易办法计税规定，且进行纳税申报时取不含税价进行汇总计算）

本期应纳税额减征额=63 800.00×1%=638.00（元）

（11）业务（9），不含税销售额9 500.00元，税额1 235.00元，税额13%，取得专票，货物。

2.依据销项发票上的原始记录，逐项按不同税率进行分类、计算、汇总登记"应纳税额汇总计算表"（见表5-13）。

表5-13　　　　　　　　　　　　　　**应纳税额汇总计算表**　　　　　　　　　　　金额单位：元

	销售额	税额	税率	业务发生情况及备注
销项发票	16 000.00	480.00	3%	业务（1），普通发票
	1 200.00	36.00	3%	业务（2），内部使用凭证，自产商品用于福利，视同销售
	35 000.00	1 050.00	3%	业务（3），普通发票，加工费
	−6 000.00	−180.00	3%	业务（4），普通发票，退货
	18 000.00	540.00	3%	业务（5）普通发票
	41 520.00	1 245.60	3%	业务（6），普通发票，非独立门市销售
	28 000.00	1 400.00	5%	业务（7），公司对外出租商铺，不属于其他个人租赁业务，不符合免税政策
销项发票合计	133 720.00	4 571.60		业务（1）+…+业务（7）
应征增值税不含税销售额	105 720.00	3 171.60	3%	业务（1）+…+业务（6）
应征增值税不含税销售额	28 000.00	1 400.00	5%	业务（7）
——其他增值税发票（货物及劳务）	104 520.00	3 135.60	3%	业务（1）+…+业务（6），不包括内部使用凭证业务（2）
——其他增值税发票（不动产）	105 720.00	3 171.60	5%	业务（7）
销售自用固定资产销售额	63 800.00	1 914.00	3%	自用二手车销售，业务（8）
本期货物及劳务应纳税额	169 520.00	5 085.60	3%	业务（1）+…+业务（6）+业务（8）
本期服务、不动产和无形资产应纳税额	28 000.00	1 400.00	5%	租金，业务（7）
本期应纳税额减征额	63 800.00	638.00	1%	自用二手车销售，减征1%，业务（8）
应纳税额合计		5 847.60		

3.依据增值税纳税申报表（小规模纳税人适用）填表要求进行纳税申报表及附列资料表填写，如图5-42所示。

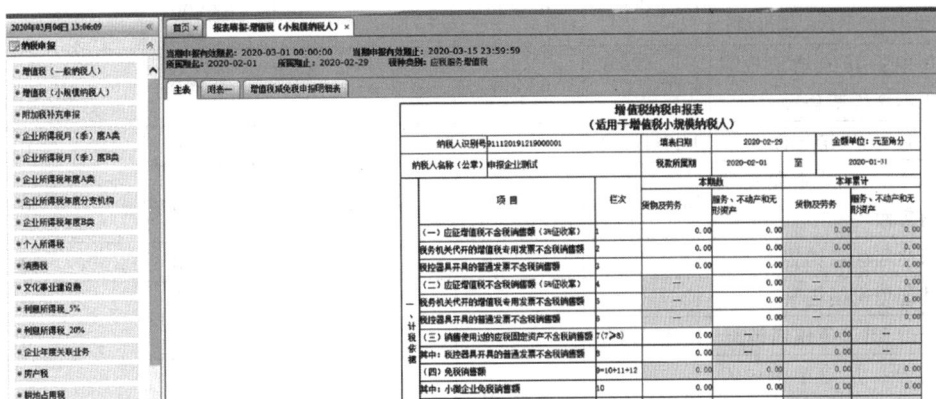

图5-42　增值税纳税申报表

4.采用简易办法计征且有减征的，应同时反映减征前的税额与减征后的税额，以便填写增值税纳税申报表。

（五）实验结果

实训操作完成后，依次填写、提交或打印实验结果如下：

1."应纳税额汇总计算表"

2.增值税纳税申报表（适用于增值税小规模纳税人）及其附列资料表（见表5-14、表5-15、表5-16和表5-17）

表5-14　　　　　**增值税及附加税费申报表**

（小规模纳税人适用）

纳税人识别号（统一社会信用代码）：69631472HC03840BL8

纳税人名称：北京美美股份有限公司　　　　　　　　　　金额单位：元（列至角分）

税款所属期：2023年02月01日至2023年02月28日　　　　　填表日期：2023年03月15日

项目		栏次	本期数		本年累计	
			货物及劳务	服务、不动产和无形资产	货物及劳务	服务、不动产和无形资产
一、计税依据	（一）应征增值税不含税销售额（3%征收率）	1	105 720	0	10 5720	0
	增值税专用发票不含税销售额	2	0	0	0	0
	其他增值税发票不含税销售额	3	104 520	0	104 520	0
	（二）应征增值税不含税销售额（5%征收率）	4	—	28 000	—	28 000
	增值税专用发票不含税销售额	5	—	0	—	0
	其他增值税发票不含税销售额	6	—	28 000	—	28 000
	（三）销售使用过的应税固定资产不含税销售额	7（7≥8）	63 800	—	63 800	—
	其中：其他增值税发票不含税销售额	8	63 800	—	63 800	—
	（四）免税销售额	9=10+11+12	0	0	0	0
	其中：小微企业免税销售额	10	0	0	0	0
	未达起征点销售额	11	0	0	0	0
	其他免税销售额	12	0	0	0	0
	（五）出口免税销售额	13（13≥14）	0	0	0	0
	其中：其他增值税发票不含税销售额	14	0	0	0	0

续表

项 目		栏次	本期数		本年累计	
			货物及劳务	服务、不动产和无形资产	货物及劳务	服务、不动产和无形资产
二、税款计算	本期应纳税额	15	5 085.6	1 400	5 085.60	1 400
	本期应纳税额减征额	16	638	0	638	0
	本期免税额	17	0	0	0	0
	其中：小微企业免税额	18	0	0	0	0
	未达起征点免税额	19	0	0	0	0
	应纳税额合计	20=15-16	4 447.6	1 400	4 447.6	1 400
	本期预缴税额	21	0	0	—	—
	本期应补（退）税额	22=20-21	4 447.6	1 400	—	—
三、附加税费	城市维护建设税本期应补（退）税额	23	204.67		204.67	
	教育费附加本期应补（退）费额	24	87.71		87.71	
	地方教育附加本期应补（退）费额	25	58.48		58.48	

声明：此表是根据国家税收法律法规及相关规定填写的，本人（单位）对填报内容（及附带资料）的真实性、可靠性、完整性负责。

纳税人（签章）： 年 月 日

经办人： 经办人身份证号： 代理机构签章： 代理机构统一社会信用代码：	受理人： 受理税务机关（章）： 受理日期： 年 月 日

表5-15 **增值税及附加税费申报表（小规模纳税人适用）附列资料（一）**

（服务、不动产和无形资产扣除项目明细）

税款所属期：2023年02月01日至2023年02月28日 填表日期：2023年03月15日

纳税人名称（公章）：北京美美股份有限公司 金额单位：元（列至角分）

应税行为（3%征收率）扣除额计算			
期初余额	本期发生额	本期扣除额	期末余额
1	2	3（3≤1+2之和，且3≤5）	4=1+2-3
0	0	0	0
应税行为（3%征收率）计税销售额计算			
全部含税收入（适用3%征收率）	本期扣除额	含税销售额	不含税销售额
5	6=3	7=5-6	8=7÷1.03
0	0	0	0
应税行为（5%征收率）扣除额计算			
期初余额	本期发生额	本期扣除额	期末余额
9	10	11（11≤9+10之和，且11≤13）	12=9+10-11
0	0	0	0
应税行为（5%征收率）计税销售额计算			
全部含税收入（适用5%征收率）	本期扣除额	含税销售额	不含税销售额
13	14=11	15=13-14	16=15÷1.05
0	0	0	0

表5-16 　　　　增值税及附加税费申报表（小规模纳税人适用）附列资料（二）

（附加税费情况表）

税（费）款所属时间：2023年02月01日至2023年02月28日 　　　　填表日期：2023年03月15日

纳税人名称（公章）：北京美美股份有限公司 　　　　金额单位：元（列至角分）

税（费）种	计税（费）依据 增值税税额	税（费）率（%）	本期应纳税（费）额	本期减免税（费）额			增值税小规模纳税人"六税两费"减征政策 减征额	本期已缴税（费）额	本期应补（退）税（费）额
				减免性质代码	减免税（费）额	减征比例（%）			
	1	2	3=1×2	4	5	6	7=（3-5）×6	8	9=3-5-7-8
城市维护建设税	5 847.6	7%	409.33		0	50%	204.67	0	204.67
教育费附加	5 847.6	3%	175.43		0	50%	87.71	0	87.71
地方教育附加	5 847.6	2%	116.95		0	50%	58.48	0	58.48
合计	—	—	701.71	—	0	—	350.86	0	350.86

表5-17 　　　　　　　　　　增值税减免税申报明细表

税（费）款所属时间：2023年02月01日至2023年02月28日 　　　　填表日期：2023年03月15日

纳税人名称（公章）：北京美美股份有限公司 　　　　金额单位：元（列至角分）

一、减税项目					
减税性质代码及名称	栏次	期初余额	本期发生额	本期应抵减税额	本期实际抵减税额	期末余额
		1	2	3=1+2	4≤3	5=3-4
合计	1	0.00	638.00	638.00	638.00	0.00
0001129924 已使用固定资产减征增值税	2	0.00	638.00	638.00	638.00	0.00
二、免税项目					
免税性质代码及名称	栏次	免征增值税项目销售额	免税销售额扣除项目本期实际扣除金额	扣除后免税销售额	免税销售额对应的进项税额	免税额
		1	2	3=1-2	4	5
合计	1	0.00	0.00	0.00	0.00	0.00
出口免税	2	0.00	—	—	—	—
其中：跨境服务	3	0.00	—	—	—	—
	4	0.00	0.00	0.00	0.00	0.00

💠思考与练习

选择题

1.增值税一般纳税人取得的增值税普通发票，可以抵扣增值税进项税额的是（　　）。

A.定额发票　　　　　　　　　　　　B.门票

C.机动车销售统一发票　　　　　　　D.印有本单位名称的增值税普通发票

2.关于增值税小规模纳税人认定的说法，错误的是（　　）。

A.销售货物的非企业性单位，可选择按小规模纳税人纳税

B.提供应税服务的企业性单位，可选择按小规模纳税人纳税

C.不经常发生应税行为的个体工商户，可选择按小规模纳税人纳税

D.提供应税服务的其他个人属于小规模纳税人

3.增值税一般纳税人发生的下列业务，属于可以抵扣进项税额的是（　　）。

A.购进职工食堂的专用设备

B.购进生产空气净化器的生产设备

C.购进用于发放职工福利的食品

D.购进用于厂房建设的中央空调

第五章思政案例引导　　　　　　　　　　第五章思考与练习参考答案

消费税纳税申报

本章导读

企业报税人员必须了解消费税的相关税务知识和法律法规要求，掌握消费税应纳税额的计算方法和消费税纳税申报表的填写规则。

本章首先介绍消费税的定义和特点，对消费税的纳税义务人、征税范围、税率、税目、纳税义务发生时间、纳税申报的相关规定进行介绍；其次介绍消费税的从价计税、从量计税等7种应纳税额的计算方法；最后针对烟类、酒类、小汽车、成品油、其他应税消费品等消费品分别设计了纳税申报表的填报实训实验，帮助学员全面了解和掌握消费税纳税申报的相关税务知识、程序和方法。

预习思考1：消费税纳税申报主要做些什么？消费税税目包括哪些，有多少种？

预习思考2：受托加工应税消费品的扣缴义务人应该如何进行纳税申报？

> **思政案例导入**
>
> 北京白云酒业股份有限公司同时生产高税率白酒和低税率果木酒，吴总跟小李申报员说："你想个办法把消费税降低一点。"
>
> 请你给小李提出建议，小李到底该怎么做呢？

第一节 消费税基础知识

一、概念和特点

【消费税】是以消费品的流转额作为征税对象的各种税收的统称，是政府向消费品征收的税项，可从批发商或零售商征收。消费税是典型的间接税。消费税实行价内税，只在应税消费品的生产、委托加工和进口环节缴纳，在以后的批发、零售等环节，因为价款中已包含消费税，因此不用再缴纳消费税，税款最终由消费者承担。

消费税与其他流转税相比，具有以下特点：

（1）消费税征税项目具有选择性。消费税以税法规定的特定产品为征税对象，即国家可以根据宏观产业政策和消费政策的要求，有目的、有重点地选择一些消费品征收消费税，以适当地限制某些特殊消费品的消费需求，故消费税税收调节具有特殊性。

（2）按不同的产品设计不同的税率，同一产品同等纳税。

（3）消费税是价内税，是价格的组成部分。

（4）消费税实行从价定率和从量定额以及从价从量复合计征三种方法征税。

（5）消费税征收环节具有单一性。

（6）消费税税收负担具有转嫁性，最终转嫁到消费者身上。

二、纳税义务人

消费税的纳税义务人是在我国境内生产、委托加工、零售和进口《中华人民共和国消费税暂行条例实施细则》规定的应税消费品的单位和个人，具体包括：在我国境内生产、委托加工、零售和进口应税消费品的国有企业、集体企业、私有企业、股份制企业、其他企业、行政单位、事业单位、军事单位、社会团体和其他单位、个体经营者及其他个人。在我国境内生产、委托加工、零售和进口应税消费品的外商投资企业和外国企业，也是消费税的纳税人。

三、征税范围

消费税征税范围是：生产应税消费品；委托加工应税消费品；进口应税消费品；零售应税消费品（金、银、钻）；批发应税消费品（卷烟）。

消费税的征收范围包括五种类型的产品：

第一类：一些过度消费会对人类健康、社会秩序、生态环境等方面造成危害的特殊消费品，如烟、酒、鞭炮、焰火等。

第二类：奢侈品、非生活必需品，如贵重首饰、化妆品等。

第三类：高能耗及高档消费品，如小轿车、摩托车等。

第四类：不可再生和替代的石油类消费品，如汽油、柴油等。

第五类：具有一定财政意义的产品，如护肤护发品等。

消费税共设置了15个税目，在其中的3个税目下又设置了13个子目，列举了25个征税项目。实行比例税率的有21个，实行定额税率的有4个。共有13个档次的税率，最低3%，最高56%（2008年9月1日起排气量在1.0升（含1.0升）以下的乘用车，税率由3%下调至1%）。经国务院批准，财政部、国家税务总局对烟产品消费税政策作了重大调整，甲类香烟的消费税从价税率由原来的45%调整至56%。另外，卷烟批发环节还加征了一道从价税，税率为5%，新政策从2009年5月1日起执行。

四、税目、税率

消费税的税率有两种形式:一种是比例税率;另一种是定额税率,即单位税额。

消费税税率形式的选择,主要是根据课税对象情况来确定,对一些供求基本平衡、价格差异不大、计量单位规范的消费品,选择计税简单的定额税率,如黄酒、啤酒、成品油等;对一些供求矛盾突出、价格差异较大、计量单位不规范的消费品,选择税价联动的比例税率,如烟、白酒、化妆品、护肤护发品、鞭炮、汽车轮胎、贵重首饰及珠宝玉石、摩托车、小汽车等。一般情况下,对一种消费品只选择一种税率形式,但为了更好地保全消费税税基,对一些应税消费品如卷烟、白酒,则采用了定额税率和比例税率双重征收形式。

对纳税人税目税率的审查,税务机关会针对产品品种多、税率不一的实际,对产品投入、产出及销售情况进行对比分析,从中寻找疑点,再通过必要的检查,外调有关凭证,将问题落实清楚。如存在将高税率消费品按低税率消费品记销售等不合规行为导致少计消费税,根据《中华人民共和国税收征收管理法》的规定,该行为属偷税行为。征收分局可以令其补缴消费税外,并处罚款。

消费税税目和税率见表6-1。

表6-1 消费税税目和税率表

税 目	税 率
一、烟	
1.卷烟	
(1)甲类卷烟	56%+0.003元/支
(2)乙类卷烟	36%+0.003元/支
(3)批发环节	11%+0.005元/支
2.雪茄烟	36%
3.烟丝	30%
4.电子烟	
(1)生产(进口)环节	36%
(2)批发环节	11%
二、酒	
1.白酒	20%+0.5元/500克(或者500毫升)
2.黄酒	240元/吨
3.啤酒	
(1)甲类啤酒	250元/吨
(2)乙类啤酒	220元/吨
4.其他酒	10%
三、高档化妆品	15%

续表

税　目	税　率
四、贵重首饰及珠宝玉石	
1.金银首饰、铂金首饰和钻石及钻石饰品	5%
2.其他贵重首饰和珠宝玉石	10%
五、鞭炮、焰火	15%
六、成品油	
1.汽油	1.52元/升
2.柴油	1.2元/升
3.航空煤油	1.2元/升
4.石脑油	1.52元/升
5.溶剂油	1.52元/升
6.润滑油	1.52元/升
7.燃料油	1.2元/升
七、摩托车	
1.气缸容量250毫升的（含250毫升）以下的	3%
2.气缸容量在250毫升（不含）以上的	10%
八、小汽车	
1.乘坐用车	
（1）气缸容量（排气量，下同）在1.0升（含1.0升）以下的	1%
（2）气缸容量在1.0升以上至1.5升（含1.5升）的	3%
（3）气缸容量在1.5升以上至2.0升（含2.0升）的	5%
（4）气缸容量在2.0升以上至2.5升（含2.5升）的	9%
（5）气缸容量在2.5升以上至3.0升（含3.0升）的	12%
（6）气缸容量在3.0升以上至4.0升（含4.0升）的	25%
（7）气缸容量在4.0升以上的	40%
2.中轻型商用客车	5%
3.超豪华小汽车（每辆零售价格130万元（不含增值税）及以上的乘用车和中轻型商用客车）	10%
九、高尔夫球及球具	10%
十、高档手表	20%
十一、游艇	10%
十二、木制一次性筷子	5%
十三、实木地板	5%
十四、涂料	4%
十五、电池	4%

五、纳税义务发生时间

（1）纳税人销售应税消费品的，其纳税义务发生时间同增值税销售货物。

（2）纳税人销售的应税消费品，其纳税义务发生时间按照企业销售实现日期确定，对销售实现的确认按照权责发生制的原则确定。

（3）纳税人自产自用的应税消费品，其纳税义务的发生时间为移送使用的当天。

（4）纳税人委托加工的应税消费品，其纳税义务发生时间为纳税人提货的当天。

（5）纳税人进口的应税消费品，其纳税义务发生时间为报关进口的当天。

六、计算应纳税额

（一）计税方式

消费税的计税方式包括从价定率、从量定额和复合计税三种方式。实行从价定率计税方式征税的应税消费品，计税依据为应税消费品的销售额。实行从量定额计税方式时，通常以每单位应税消费品的重量、容积或数量为计税依据。复合计税方式就是既从价定率又从量定额。

1.从价定率计税

应纳税额=应税消费品销售额×适用比例税率

2.从量定额计税

应纳税额=应税消费品销售数量×适用定额税率

3.复合计税

应纳税额=应税消费品销售额×适用比例税率+应税消费品销售数量×适用定额税率

（二）自产自用应税消费品

（1）用于连续生产应税消费品的，不纳税。

（2）用于其他方面的：有同类消费品销售价格的，按照纳税人生产的同类消费品销售价格计算纳税；没有同类消费品销售价格的，按组成计税价格计算纳税。

①从价计税的组成计税价格。

组成计税价格=（成本+利润）÷（1-消费税比例税率）

应纳税额=组成计税价格×适用比例税率

②复合计税的组成计税价格。

组成计税价格=（成本+利润+自产自用数量×消费税定额税率）÷（1-消费税比例税率）

应纳税额=组成计税价格×消费税比例税率+自产自用数量×消费税定额税率

（三）委托加工应税消费品

委托加工应税消费品的由受托方交货时代收代缴消费税（受托方为个人除外）。按照受托方的同类消费品销售价格计算纳税，没有同类消费品销售价格的，按组成计税价格计算纳税。

1.从价计税的组成计税价格

组成计税价格=（材料成本+加工费）÷（1-消费税比例税率）

应纳税额＝组成计税价格×适用比例税率

　　2.复合计税的组成计税价格

组成计税价格＝（材料成本＋加工费＋委托加工数量×消费税定额税率）÷（1−消费税比例税率）

应纳税额＝组成计税价格×消费税比例税率＋委托加工数量×消费税定额税率

（四）进口应税消费品

　　进口应税消费品，按照组成计税价格计算纳税。

　　1.从价计税的组成计税价格

组成计税价格＝（关税完税价格＋关税）÷（1−消费税比例税率）

应纳税额＝组成计税价格×消费税税率

　　2.复合计税的组成计税价格

组成计税价格＝（关税完税价格＋关税＋进口数量×消费税定额税率）÷（1−消费税比例税率）

应纳税额＝组成计税价格×消费税比例税率＋进口数量×消费税定额税率

（五）零售金银首饰

　　零售金银首饰的纳税人在计税时，应将含税的销售额换算为不含增值税税额的销售额。

金银首饰的应税销售额＝含增值税的销售额÷（1＋增值税税率或征收率）

组成计税价格＝购进原价×（1＋利润率）÷（1−金银首饰消费税税率）

应纳税额＝组成计税价格×金银首饰消费税税率

（六）用于馈赠、赞助、集资、广告、样品、职工福利、奖励等或未分别核算销售

　　对于生产、批发、零售单位用于馈赠、赞助、集资、广告、样品、职工福利、奖励等方面或未分别核算销售的按照组成计税价格计算纳税。

七、税收优惠

　　（1）纳税人出口的应税消费品可以免征消费税，但是国家限制出口的产品除外。

　　（2）生产企业自营出口和委托外贸企业代理出口的应税消费品，可以按照其实际出口数量和金额免征消费税。

　　（3）来料加工复出口的应税消费品，可以免征消费税。

　　（4）国家核准可以退还或者免征消费税的消费品，主要有：对外承包工程公司运至境外，用于对外承包项目的；企业在国内采购以后运至境外，作为境外投资的；利用中国政府的援外优惠贷款和援外合资合作项目基金方式出口的；对外补偿贸易、易货贸易、小额贸易出口的；外轮供应公司、远洋运输供应公司销售给外轮和远洋国轮，并收取外汇的；对外承接修理、修配业务的企业用于所承接的修理、修配业务的；保税区内的企业从保税区外有进出口经营权的企业购进应税消费品，用于出口或者加工以后出口的；经国务院批准设立，享有进出口经营权的中外合资商业企业收购自营出口的中国生产的应税消费品；外商投资企业省级外经贸主管部门批准收购应税消费品出口的；委托其他企业加工回收以后出口的应税消费品；外国驻华使馆、领事馆及其有关人员购买的列名的中国生产的应税消费品。

（5）外商投资企业以来料加工、进料加工贸易方式进口的应税消费品，可以免征进口环节的消费税。

（6）子午线轮胎可以免征消费税，翻新轮胎不征收消费税。

（7）边境居民通过互市贸易进口规定范围以内的生活用品，每人每日价值人民币8 000元以下的部分，可以免征进口环节的消费税。

（8）外国政府、国际组织无偿赠送的进口物资，可以免征进口环节的消费税。

（9）成品油生产企业在生产成品油过程中作为燃料、动力和原料消耗的自产成品油，用外购和委托加工回收的已税汽油生产的乙醇汽油，利用废弃动植物油脂生产的纯生物柴油，可以免征消费税。

（10）航空煤油暂缓征收消费税。

（11）纳税人销售的应税消费品，由于质量等原因由购买者退回的时候，经机构所在地或者居住地税务机关审核批准，可以退还已经缴纳的消费税。

八、纳税申报

在我国境内生产、委托加工和进口规定的消费品的单位和个人，以及国务院确定的销售规定的消费品的其他单位和个人，依据相关税收法律、法规、规章及其他有关规定，在规定的纳税申报期限内填报消费税申报表、附表和其他相关资料，向税务机关进行纳税申报。

【政策依据6-1】《中华人民共和国消费税暂行条例实施细则》第一条第一款规定：在中华人民共和国境内生产、委托加工和进口本条例规定的消费品的单位和个人，以及国务院确定的销售本条例规定的消费品的其他单位和个人，作为消费税的纳税人，应当依照本条例缴纳消费税。

消费税的纳税期限分别为1日、3日、5日、10日、15日、1个月或者1个季度。纳税人的具体纳税期限，由主管税务机关根据纳税人应纳税额的大小分别核定；不能按照固定期限纳税的，可以按次纳税。纳税人以1个月或者1个季度为1个纳税期的，自期满之日起15日内申报纳税；以1日、3日、5日、10日或者15日为1个纳税期的，自期满之日起5日内预缴税款，于次月1日起15日内申报纳税并结清上月应纳税款。纳税期限遇最后一日是法定休假日的，以休假日期满的次日为期限的最后一日；在期限内有连续3日以上法定休假日的，按休假日天数顺延。

纳税人享受减税、免税待遇的，在减税、免税期间应当按照规定办理纳税申报，填写申报表及其附表上的优惠栏目。

|第二节| 消费税纳税申报表填报实验

一、烟类消费税申报表填报实验

（一）实验目的和要求

实验目的：通过本实验操作，熟练掌握相关税法理论和实际结合的方法，掌握烟类生产企业一般纳税人消费税应税计算、消费税纳税申报表填写方法，为从事消费税办税业务打下扎实的基础。

实验要求：实验前要充分学习《中华人民共和国消费税暂行条例实施细则》，理解相关消费税法规定、消费税纳税申报表及其附列资料表内和表间逻辑关系，实验时务必认真熟悉实验内容和资料，过程中可以互相讨论和学习，要求独立完成申报表的填报实验。

实验流程如图6-1所示。

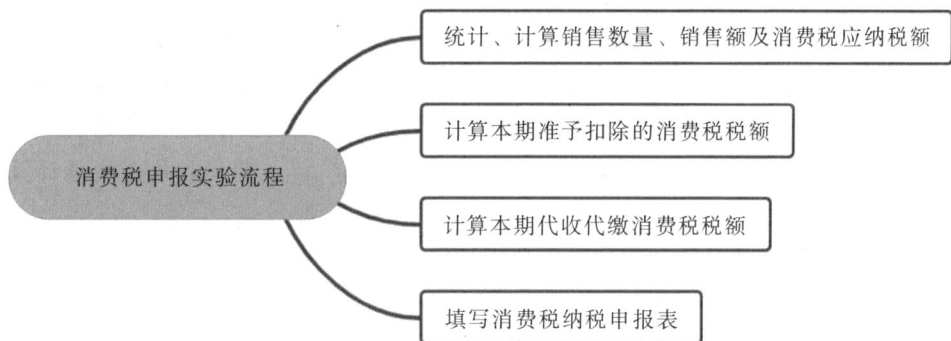

图6-1 烟类消费税申报实验流程

（二）实验知识准备

1.在我国境内生产、委托加工和进口规定的消费品的单位和个人，以及国务院确定的销售规定的消费品的其他单位和个人，依据相关税收法律、法规、规章及其他有关规定，在规定的纳税申报期限内填报消费税申报表、附表和其他相关资料，向税务机关进行纳税申报。

2.纳税人享受减税、免税待遇的，在减税、免税期间应当按照规定办理纳税申报，填写申报表及其附表上的优惠栏目。

3.《关于调整烟产品消费税政策的通知》规定：2009年5月1日开始，每标准条（200支）调拨价格在70元（不含增值税）以上（含70元）的卷烟为甲类卷烟，低于此价格的为乙类卷烟。甲类卷烟的消费税从价税税率由原来的45%调整为56%，乙类卷烟的消费税从价税税率由原来的30%调整为36%，雪茄烟由原来的25%调整为36%，另外，在卷烟批发环节加征一道从价税，税率为5%，即在我国境内从事卷烟批发业务的单位和个人，凡是批发销售所有牌号规格卷烟的，都要按批发卷烟的销售额（不含增值税）乘以5%的税率缴纳批发环节的消费税。

4.卷烟消费税的计算方法：① 甲类卷烟：销售额×56%+销售数量标准条×200支×0.003元/支（生产环节）；② 乙类卷烟：销售额×36%+销售数量标准条×200支×0.003元/支（生产环节）；③ 批发环节：加征销售额×5%。

5.纳税人兼营卷烟批发和零售业务的，应当分别核算批发和零售环节的销售额、销售数量；未分别核算批发和零售环节销售额、销售数量的，按照全部销售额、销售数量计征批发环节消费税。

6.在我国，从事烟草批发的单位和个人，都要按照销售额的11%来缴纳烟草消费税。除此之外，烟草经营者还要缴纳所得税和增值税等。

7.根据《国家税务总局关于用外购和委托加工收回的应税消费品连续生产应税消费品征收消费税问题的通知》（国税发〔1995〕94号）的规定，"当期准予扣除的委托加工烟丝已纳税款"计算公式如下：当期准予扣除的委托加工烟丝已纳税款=期初库存委托加工烟丝已纳税款+当期收回委托加工烟丝已纳税款−期末库存委托加工烟丝已纳税款。

8.根据《国家税务总局关于用外购和委托加工收回的应税消费品连续生产应税消费品征收消费税问题的通知》（国税发〔1995〕94号）的规定，"当期准予扣除的外购烟丝已纳税款"计算公式如下：当期准予扣除的外购烟丝已纳税款=（期初库存外购烟丝买价+当期购进烟丝买价−期末库存外购烟丝买价）×外购烟丝适用税率（30%）。

9.根据《中华人民共和国消费税暂行条例》的规定，"本期代收代缴税额计算表"中组成计税价格的计算公式如下：

实行从价定率办法计算纳税的组成计税价格计算公式：

组成计税价格=（材料成本+加工费）÷（1−消费税税率）

实行复合计税办法计算纳税的组成计税价格计算公式：

组成计税价格=（材料成本+加工费+委托加工数量×定额税率）÷（1−消费税税率）

10.根据《中华人民共和国消费税暂行条例》的规定，"本期代收代缴税额计算表"中本期代收代缴税款的计算公式如下：

（1）当受托方有同类产品销售价格时。

实行从价定率办法计算纳税的本期代收代缴税款计算公式：

本期代收代缴税款=同类产品销售价格×受托加工数量×比例税率

实行复合计税办法计算纳税的本期代收代缴税款计算公式：

本期代收代缴税款=同类产品销售价格×受托加工数量×适用税率+受托加工数量×定额税率

（2）当受托方没有同类产品销售价格时。

实行从价定率办法计算纳税的本期代收代缴税款计算公式：

本期代收代缴税款=组成计税价格×适用税率

实行复合计税办法计算纳税的本期代收代缴税款计算公式：

本期代收代缴税款=组成计税价格×适用税率+受托加工数量×适用税率

11.从农民手中收购烟叶不用缴纳消费税，需要缴纳烟叶税，烟叶税税率为20%。应纳烟叶税税额=烟叶收购金额×烟叶税税率（20%）。烟叶税的计税依据是烟叶收购金额，收购金额包括纳税人支付给烟叶销售者的烟叶收购价款和价外补贴。按照简化手续、方便征收的原则，对价外补贴统一暂按烟叶收购价款的10%计入收购金额征税。收购金额计算公式如下：收购金额=收购价款×（1+10%）。从农民手中收购烟叶，准予抵扣的增值税进项税额=（烟叶收购金额+烟叶税应纳税额）×13%。

（三）实验内容和资料

1.企业基本资料

北京市白云卷烟有限公司成立于2017年，是增值税一般纳税人，经主管税务机关北京市开发区税务局（组织机构代码010234567）核定该公司采用查账征收的方式按月申报缴纳消费税。资料中的进项发票均已通过认证。

注册地址：北京市房山区良乡长阳大街6号；联系电话：010-99698896；纳税人识别号：32085510WT06640LW3（实验中系统自动分配）；开户银行和账号：中国工商银行北京市房山区良乡支行，62234123496654311；税款所属时期：2021年9月1日至2021年9月30日。

法定代表人：李真真；财务负责人：刘涛；办税员：吴小艳。

主营业务范围：卷烟生产、加工、销售。主要生产白云牌香烟、蓝天牌香烟。其中白云牌香烟对外调拨价格100元/条，蓝天牌香烟对外调拨价格30元/条。企业对外销售10 000支/箱。

2.期初情况

期初库存烟丝买入价格为65 280.00元，期末库存烟丝买入价格为12 655.00元。

3.业务发生情况

（1）销售给北京市烟草专卖局香烟一批，开具增值税专用发票88 000元（不含税），并已发货办理出库手续。相关原始凭证如图6-2所示。

机器编号：499098897922

增值税专用发票教学版

发票代码：1100000001
发票号码：00093569
开票日期：2021年9月1日
校验码：

购买方	名称：北京市烟草专卖局 纳税人识别号：010982231451768192 地址、电话：北京市朝阳区43号010-35421245 开户行及账号：北京市朝阳区工商银行6222022102012377618	密码区	03-/9/+/9527991>8>-392<>1/6+ <386149*69-/4+1/<54-*425+9-2 0666+0+-2-4643-4>//375--+/-0 33<695830-01+46-037>2206*8>/

货物或应税劳务、服务名称	规格型号	单位	数量	单价（不含税）	金额（不含税）	税率	税额
*烟草制品*白云牌香烟		箱	10	5000	50000.00	13%	6500.00
*烟草制品*蓝天牌香烟		箱	38	1000	38000.00	13%	4940.00
合计					¥88000.00		¥11440.00
价税合计（大写）	⊗玖万玖仟肆佰肆拾圆整				（小写） ¥99440.00		

销售方	名称：北京市白云卷烟有限公司 纳税人识别号：32085510WT06640LW3 地址、电话：北京市房山区良乡长阳大街6号 开户行及账号：中国工商银行北京市房山区良乡支行62234123496654311	备注	

*收款人：吴小艳　　*复核：刘涛　　*开票人：肖晨鹏　　*销货单位：（章）

图6-2　增值税专用发票

（2）用银行存款缴纳期初未缴消费税 20 008 008 元。

（3）企业委托湖南红沙卷烟厂购买烟丝 4 吨，每吨不含税价 20 000 元，取得增值税专用发票，货已验收入库。相关原始凭证如图 6-3 所示。

图6-3 增值税专用发票

（4）销售给上海市烟草专卖局香烟一批，开具增值税专用发票 35 000 元（不含税），并已发货办理出库手续。相关原始凭证如图 6-4 所示。

图6-4 增值税专用发票

（5）销售给上海市烟草专卖局香烟一批，开具增值税专用发票80 000元（不含税），并已发货办理出库手续。相关原始凭证如图6-5所示。

机器编号：499098897922

增值税专用发票教学版

发票代码：1100000001
发票号码：00093571
开票日期：2021年9月7日
校验码：

购买方	名称：上海市烟草专卖局 纳税人识别号：020231287541467195 地址、电话：上海市淮海路13-5号020-23231566 开户行及账号：上海市淮海路工商银行6222022102012388764	密码区	03-/9/+/9527991>8>-392<>1/6+ <386149*69-/4+1/<54-*425+9-2 0666+0+-2-4643-4>//375--+/-0 33<695830-01+46-037>2206*8>/

货物或应税劳务、服务名称	规格型号	单位	数量	单价（不含税）	金额（不含税）	税率	税额
*烟草制品*白云牌香烟		箱	16	5000	80000.00	13%	10400.00
合计					¥80000.00		¥10400.00
价税合计（大写）	⊗玖万零肆佰圆整				（小写）¥90400.00		

销售方	名称：北京市白云卷烟有限公司 纳税人识别号：32085510WT06640LW3 地址、电话：北京市房山区良乡长阳大街6号 开户行及账号：中国工商银行北京市房山区良乡支行62234123496654311	备注	

*收款人：吴小艳　　*复核：刘涛　　*开票人：肖展鹏　　*销货单位：（章）

图6-5　增值税专用发票

（6）向烟农购买烟叶15吨，每吨1 000.00元，开具农产品收购发票，同时支付运输费3 000.00元，货已验收入库。

（7）给北京市澳开贸易有限公司加工雪茄烟12箱（4万支/箱），每箱成本15 000.00元，收取加工费及税费100 118.00元，开具增值税专用发票，该雪茄烟在国内无同类产品。相关原始凭证如图6-6所示。

机器编号：499098897922

增值税专用发票教学版

发票代码：1100000001
发票号码：00093572
开票日期：2021年9月13日
校验码：

购买方	名称：北京市澳开贸易有限公司 纳税人识别号：010982201219843188 地址、电话：北京市西城区莲花池东路116号010-98557361 开户行及账号：北京市西城区莲花池东路工商银行622202202318769	密码区	03-/9/+/9527991>8>-392<>1/6+ <386149*69-/4+1/<54-*425+9-2 0666+0+-2-4643-4>//375--+/-0 33<695830-01+46-037>2206*8>/

货物或应税劳务、服务名称	规格型号	单位	数量	单价（不含税）	金额（不含税）	税率	税额
*劳务*加工雪茄烟					88600.00	13%	11518.00
合计					¥88600.00		¥11518.00
价税合计（大写）	⊗壹拾万零壹佰壹拾捌圆整				（小写）¥100118.00		

销售方	名称：北京市白云卷烟有限公司 纳税人识别号：32085510WT06640LW3 地址、电话：北京市房山区良乡长阳大街6号 开户行及账号：中国工商银行北京市房山区良乡支行62234123496654311	备注	

图6-6　增值税专用发票

（8）企业使用1箱白云牌香烟用于业务招待，并已办理出库手续。相关原始凭证如图6-7所示。

内部使用专用凭证　　　　NO　35023652

使用部门：办公室　　　　　　　　　　　　　2021年9月19日

名称	规格	单位	数量	单价	金额									备注
					百	十	万	千	百	十	元	角	分	
白云牌香烟		箱	1	5000				5	0	0	0	0	0	此香烟用于业务招待
合计人民币（大写）伍仟元整								￥	5	0	0	0	0	0	
总经理意见：同意					财务经理意见：同意									
部门主管：蒋飞			送货人：魏彬				收货人：罗秀							

第三联记账联

图6-7　内部使用专用凭证

（四）实验步骤

1.依据销售业务计算销售数量、销售额及应纳税额。

注：调拨价格在70元以上的（含70元）为甲类卷烟，调拨价格在70元以下的为乙类卷烟。

白云牌香烟对外调拨价格100元/条，为甲类卷烟，适用税率56%，企业对外销售10 000支/箱：

业务（1）销售10箱，金额50 000元。

业务（4）销售2箱，金额10 000元。

业务（5）销售16箱，金额80 000元。

业务（8）使用1箱，金额5 000元（视同销售）。

销售数量=10+2+16+1=29（箱）

换算单位：29×1=29（万支）

销售额=销售数量×销售单价=29×5 000=145 000（元）

应纳税额=销售数量×定额税率+销售额×比例税率=29×30+145 000×56%=82 070（元）

蓝天牌香烟对外调拨价格30元/条，为乙类卷烟，适用税率36%，企业对外销售10 000支/箱：

销售数量=38+25=63（箱）

换算单位：63×1=63（万支）

销售额=销售数量×销售单价=63×1 000=63 000（元）

应纳税额=销售数量×定额税率+销售额×比例税率=63×30+63 000×36%=24 570（元）

2.计算本期准予扣除税额。

业务（3）：企业委托湖南红沙卷烟厂购买烟丝4吨，每吨不含税价20 000.00元。

期初库存烟丝买入价格为65 280.00元，期末库存烟丝买入价格为12 655.00元。

本期购买烟丝买入价格=20 000×4=80 000（元）

$$\begin{array}{l}当期准予扣除的\\外购烟丝已纳税款\end{array}=\left(\begin{array}{l}期初库存\\外购烟丝买价\end{array}+\begin{array}{l}当期购进\\烟丝买价\end{array}-\begin{array}{l}期末库存\\外购烟丝买价\end{array}\right)×\begin{array}{l}外购烟丝适用\\税率（30\%）\end{array}$$

$$=（65\ 280.00+80\ 000.00-12\ 655.00）×30\%=39\ 787.50（元）$$

本期准予扣除税款合计=当期准予扣除的外购烟丝已纳税款=39 787.50元

3.本期减（免）税额：无。

4.期初未缴税额：20 008 008元。

5.本期缴纳前期应纳税额：业务（2）用银行存款缴纳期初未缴消费税20 008 008元。

6.本期预缴税额：无。

$$7.\begin{array}{l}本期应补\\（退）税额\end{array}=\begin{array}{l}应纳税额\\（合计栏金额）\end{array}-\begin{array}{l}本期准予\\扣除税额\end{array}-\begin{array}{l}本期减\\（免）税额\end{array}-\begin{array}{l}本期预\\缴税额\end{array}$$

$$=106\ 640.00-39\ 787.50-0-0$$

$$=66\ 852.50（元）$$

$$8.\begin{array}{l}期末未\\缴税额\end{array}=\begin{array}{l}期初未\\缴税额\end{array}+\begin{array}{l}本期应补\\（退）税额\end{array}-\begin{array}{l}本期缴纳前\\期应纳税额\end{array}=20\ 008\ 008+66\ 852.50-20\ 008\ 008$$

$$=66\ 852.50（元）$$

9.计算代收代缴税额。

业务（7）：给北京市澳开贸易有限公司加工雪茄烟12箱（4万支/箱），每箱成本15 000.00元，收取加工费及税费100 118.00元，开具增值税发票，该雪茄烟在国内无同类产品。

受托加工雪茄烟适用税率为36%。

委托加工数量=12×40 000=480 000（万支）

材料成本=12×15 000=180 000（元）

加工费=100 118÷（1+13%）=88 600（元）（含税换算为不含税）

实行从价定率办法计算纳税的组成计税价格计算公式：

$$\begin{array}{l}组成计税\\价格\end{array}=\left(\begin{array}{l}材料\\成本\end{array}+加工费\right)÷\left(1-\begin{array}{l}消费税\\税率\end{array}\right)=（180\ 000+88\ 600）÷（1-36\%）=419\ 687.50（元）$$

当受托方没有同类产品销售价格时：

本期代收代缴税款=组成计税价格×适用税率=419 687.50×36%=151 087.50（元）

10.依据烟类消费税纳税申报表填表要求进行纳税申报表及附列资料表填写。

（五）实验结果

实训操作完成后，依次填写、提交或打印实验结果如下：

"烟类应税消费品消费税纳税申报表"及其附列资料表（见表6-2、表6-3和表6-4）

表6-2   **本期准予扣除税额计算表**   金额单位：元（列至角分）

准予扣除项目		应税消费品名称		烟丝			合计
一、本期准予扣除的委托加工应税消费品已纳税款计算		期初库存委托加工应税消费品已纳税款	1				
		本期收回委托加工应税消费品已纳税款	2				
		期末库存委托加工应税消费品已纳税款	3				
		本期领用不准予扣除委托加工应税消费品已纳税款	4				
		本期准予扣除委托加工应税消费品已纳税款	5=1+2-3-4				
二、本期准予扣除的外购应税消费品已纳税款计算	（一）从价计税	期初库存外购应税消费品买价	6	65 280			65 280
		本期购进应税消费品买价	7	80 000			80 000
		期末库存外购应税消费品买价	8	12 665			12 665
		本期领用不准予扣除外购应税消费品买价	9	0			0
		适用税率	10	30%			30%
		本期准予扣除外购应税消费品已纳税款	11=（6+7-8-9）×10	39 787.50			39 787.50
	（二）从量计税	期初库存外购应税消费品数量	12				
		本期外购应税消费品数量	13				
		期末库存外购应税消费品数量	14				
		本期领用不准予扣除外购应税消费品数量	15				
		适用税率	16				
		计量单位	17				
		本期准予扣除的外购应税消费品已纳税款	18=（12+13-14-15）×16				
三、本期准予扣除税款合计			19=5+11+18	39 787.50			39 787.50

表6-3　　　　　　　　　　　　　消费税及附加税费申报表

税款所属期：自2021年9月1日至2021年9月30日

纳税人识别号（统一社会信用代码）：32085510WT06640LW3

纳税人名称：北京市白云卷烟有限公司　　　　　　　　　　　　金额单位：人民币元（列至角分）

应税消费品名称	适用税率		计量单位	本期销售数量	本期销售额	本期应纳税额
	定额税率	比例税率				
	1	2	3	4	5	6=1×4+2×5
甲类卷烟	30元/万支	56%	万支	29	145 000	82 070
乙类卷烟	30元/万支	36%	万支	63	63 000	24 570
合计	—	—	—		—	106 640

	栏次	本期税费额
本期减（免）税额	7	0
期初留抵税额	8	0
本期准予扣除税额	9	39 787.50
本期应扣除税额	10=8+9	39 787.50
本期实际扣除税额	11［10<（6-7），则为10，否则为6-7］	39 787.50
期末留抵税额	12=10-11	0
本期预缴税额	13	0
本期应补（退）税额	14=6-7-11-13	66 852.50
城市维护建设税本期应补（退）税额	15	4 679.68
教育费附加本期应补（退）费额	16	2 005.58
地方教育附加本期应补（退）费额	17	1 337.05

　　声明：此表是根据国家税收法律法规及相关规定填写的，本人（单位）对填报内容（及附带资料）的真实性、可靠性、完整性负责。

　　　　　　　　　　　　　　　　　　纳税人（签单）：李真真　2021年10月15日

经办人：吴小艳 经办人身份证号： 代理机构签章： 代理机构统一社会信用代码：	受理人： 受理税务机关（章）： 受理日期：　　年　月　日

　　注意：表6-3和表6-4存在交叉关系，表6-3填完第14栏后先去填表6-4，表6-4的第1栏数据就是来自表6-3的第14栏，填完表6-4再填表6-3的第15—17栏，下同。

表6-4 消费税附加税费计算表

税（费）种	计税（费）依据 消费税税额	税（费）率（%）	本期应纳税（费）额	本期减免税（费）额 减免性质代码	本期减免税（费）额 减免税（费）额	本期是否适用增值税小规模纳税人"六税两费"减征政策 □是 □否 减征比例（%）	本期是否适用增值税小规模纳税人"六税两费"减征政策 □是 □否 减征额	本期已缴税（费）额	本期应补（退）税（费）额
	1	2	3=1×2	4	5	6	7=（3-5）×6	8	9=3-5-7-8
城市维护建设税	66 852.50	7%	4 679.68		0	0	0	0	4 679.68
教育费附加	66 852.50	3%	2 005.58		0	0	0	0	2 005.58
地方教育附加	66 852.50	2%	1 337.05		0	0	0	0	1 337.05
合计	—	—	8 022.31	—	0	—	0	0	8 022.31

二、酒类消费税申报表填报实验

（一）实验目的和要求

实验目的：通过本实验操作，熟练掌握相关税法理论和实际结合的方法，掌握酒类生产企业消费税应税计算、消费税纳税申报表填写方法，为从事消费税办税业务打下扎实的基础。

实验要求：实验前要充分学习《中华人民共和国消费税暂行条例实施细则》，理解相关消费税法规定、消费税纳税申报表及其附列资料表内和表间逻辑关系，实验时务必认真熟悉实验内容和资料，过程中可以互相讨论和学习，要求独立完成申报表的填报实验。

实验流程如图6-8所示。

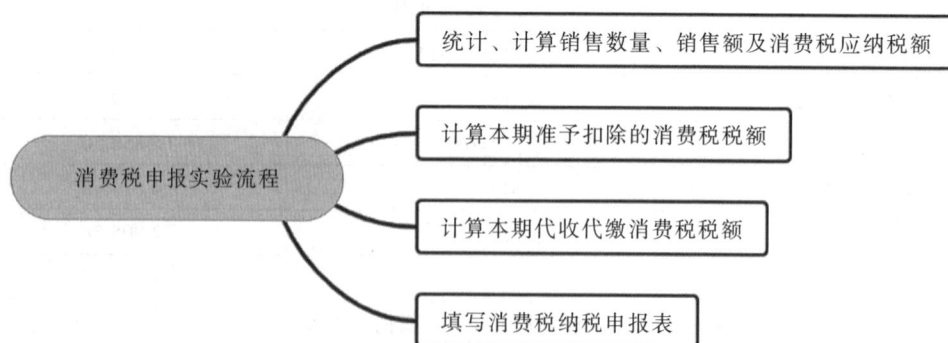

图6-8 酒类消费税申报实验流程

（二）实验知识准备

1.在我国境内生产、委托加工和进口规定的消费品的单位和个人，以及国务院确定的销售规定的消费品的单位和个人，依据相关税收法律、法规、规章及其他有关规定，在规定的纳税申报期限内填报消费税申报表、附表和其他相关资料，向税务机关进行纳税申报。

2.纳税人享受减税、免税待遇的，在减税、免税期间应当按照规定办理纳税申报，填写申报表及其附表上的优惠栏目。

3.税法规定：①纳税人为销售货物而出租或出借包装物收取的押金，单独记账核算的，时间在 1 年以内，又未过期的，不并入销售额征税。② 对因逾期未收回包装物不再退还的押金，应按包装物的适用税率计算销项税额。其中，"逾期"是指按合同约定实际逾期或以 1 年为期限，对收取 1 年以上的押金，无论是否退还均并入销售额征税。在将包装物押金并入销售额征税时，需要先将该押金换算为不含税价，再并入销售额征税。

4. 根据《中华人民共和国消费税暂行条例》的规定，"本期代收代缴税额计算表"中组成计税价格的计算公式如下：

实行从价定率办法计算纳税的组成计税价格计算公式：

组成计税价格=（材料成本+加工费）÷（1–消费税税率）

实行复合计税办法计算纳税的组成计税价格计算公式：

组成计税价格=（材料成本+加工费+委托加工数量×定额税率）÷（1–消费税税率）

5. 根据《中华人民共和国消费税暂行条例》的规定，"本期代收代缴税额计算表"中本期代收代缴税款的计算公式如下：

（1）当受托方有同类产品销售价格时。

实行从价定率办法计算纳税的本期代收代缴税款计算公式：

本期代收代缴税款=同类产品销售价格×受托加工数量×比例税率

实行复合计税办法计算纳税的本期代收代缴税款计算公式：

本期代收代缴税款=同类产品销售价格×受托加工数量×适用税率+受托加工数量×定额税率

（2）当受托方没有同类产品销售价格时。

实行从价定率办法计算纳税的本期代收代缴税款计算公式：

本期代收代缴税款=组成计税价格×适用税率

实行复合计税办法计算纳税的本期代收代缴税款计算公式：

本期代收代缴税款=组成计税价格×适用税率+受托加工数量×适用税率

6. 自 2015 年 5 月 1 日起，从葡萄酒生产企业购进、进口葡萄酒连续生产应税葡萄酒的，准予从葡萄酒消费税应纳税额中扣除所耗用应税葡萄酒已纳消费税税款。如本期消费税应纳税额不足抵扣的，余额留待下期抵扣。

（三）实验内容和资料

1. 企业基本资料

北京白云酒业股份有限公司于 2015 年成立，是增值税一般纳税人，经主管税务机关北京市开发区税务局核定该公司采用查账征收的方式按月申报缴纳消费税。代销产品及委托代销产品采用视同买断方式。资料中的进项发票均已通过认证。

公司名称：北京白云酒业股份有限公司；纳税人识别号：00188806ES17111MO4（或实训系统自行分配）；注册地址和电话：北京市房山区悦盛路 116 号，010-99623485；开户银行和账号：中国建设银行房山支行，61234123498766966；税款所属时期：2021 年 9 月 1 日至 2021 年 9 月 30 日。

法定代表人：吴敏；财务负责人：唐芳；办税员：李彬。

主要经营范围：粮食白酒、黄酒的生产、加工销售。

2.涉税业务资料

以该公司当月的涉税业务为例，以仿真票据单证和数据为载体进行列示，按照业务发生情况进行申报表填报。

白酒（500克/瓶，12瓶/箱），单价240.00元/箱，适用定额税率0.50元/500克，比例税率20%。

黄酒（500毫升/瓶，24瓶/箱，240.50升/桶），黄酒1吨=962升，单价800.00元/桶，258.00元/箱，适用定额税率240.00元/吨。

粮食白酒为500克（如果实际销售商品按照体积标注计量单位，应按500毫升为500克换算）。

酒类消费税税目、税率如表6-5所示。

表6-5 酒类消费税税目、税率表

税目			税率
酒	1	白酒	20%+0.50元/500克（或500毫升）
	2	黄酒	240.00元/吨
	3	啤酒	甲类啤酒	250.00元/吨
			乙类啤酒	220.00元/吨
	4	其他酒	10%

3.期初情况

本期税款尚未缴纳。

4.业务发生情况

（1）销售白酒一批，开具增值税专用发票，收取货款43 200.00元（不含税），并已办理出库手续。相关原始凭证如图6-9所示。

图6-9 增值税专用发票

（2）销售白酒一批，开具增值税专用发票，收取货款55 200.00元（不含税），并已办理出库手续。相关原始凭证如图6-10所示。

机器编号：499098897922

增值税专用发票教学版

发票代码：1100000001
发票号码：00093519
开票日期：**2021年9月8日**
校验码：

购买方	名称：	青岛贵人糖烟酒股份有限公司					密码区	03-/9/+/9527991>8>-392<>1/6+
	纳税人识别号：	053255443354776612						<386149>69-/4+1/<54-*425+9-2
	地址、电话：	青岛市南区徐州路51号0532-66575662						0666+0+-2-4643-4>//375--+/-0
	开户行及账号：	青岛市农业银行徐州支行1122027704332664652						33<695830-01+46-037>2206*8>/

货物或应税劳务、服务名称	规格型号	单位	数量	单价（不含税）	金额（不含税）	税率	税额
*酒*白云瓶装白酒（52度）	12瓶X500克	箱	230	240	55200.00	13%	7176.00
合计					￥55200.00		￥7176.00

价税合计（大写）	⊗陆万贰仟叁佰柒拾陆圆整	（小写）　￥62376.00

销售方	名称：	北京白云酒业股份有限公司	备注
	纳税人识别号：	00188806ES17111MO4	
	地址、电话：	北京市房山区悦盛路116号	
	开户行及账号：	中国建设银行房山支行61234123498766966	

*收款人：李彬　　　*复核：唐芳　　　*开票人：许慧言　　　*销货单位：（章）

图6-10　增值税专用发票

（3）销售黄酒一批，开具增值税普通发票，收取货款52 000.00元（不含税），并已办理出库手续；同时收取酒桶押金10 000元。相关原始凭证如图6-11、图6-12所示。

机器编号：499098897922

增值税普通发票教学版

发票代码：120000000001
发票号码：00002372
开票日期：**2021年9月10日**
校验码：

购买方	名称：	北京市瑶城酒家有限公司					密码区	03-/9/+/9527991>8>-392<>1/6+
	纳税人识别号：	911103345376545901						<386149>69-/4+1/<54-*425+9-2
	地址、电话：	北京市海淀区学院路18号010-65778765						0666+0+-2-4643-4>//375--+/-0
	开户行及账号：	建设银行海淀支行9655342168573321640						33<695830-01+46-037>2206*8>/

货物或应税劳务、服务名称	规格型号	单位	数量	单价（不含税）	金额（不含税）	税率	税额
*酒*白云桶装黄酒	240.5升	桶	65	800	52000.00	13%	6760.00
合计					￥52000.00		￥6760.00

价税合计（大写）	⊗伍万捌仟柒佰陆拾圆整	（小写）　￥58760.00

销售方	名称：	北京白云酒业股份有限公司	备注
	纳税人识别号：	00188806ES17111MO4	
	地址、电话：	北京市房山区悦盛路116号	
	开户行及账号：	中国建设银行房山支行61234123498766966	

*收款人：李彬　　　*复核：唐芳　　　*开票人：许慧言　　　*销货单位：（章）

图6-11　增值税普通发票

收 款 收 据   No 2500063

日期：2021年9月15日

今收到　　北京市瑶城酒家有限公司

人民币（大写）　　壹万元整　　　　￥10000　　　　元

摘　由　　黄酒酒桶押金

单位盖章　　　　会计 唐芳　　　　出纳 李彬　　　　经手人

第三联记账联

图6-12　收款收据

（4）销售黄酒一批，开具增值税普通发票，货款40 000.00元（不含税）未收到，收取酒桶押金5 000元。相关原始凭证如图6-13、图6-14所示。

机器编号：499098897922

增值税普通发票教学版

发票代码：120000000001
发票号码：00002373
开票日期：2021年9月16日
校验码：

购买方	名称： 南宁市晶晶贸易有限公司 纳税人识别号：0771554676332111100 地址、电话：南宁市民族大道100号0771-5501220 开户行及账号：南宁市工商银行民族支行6222022102012311190				密码区	03-/9/+/9527991>8>-392<>1/6+ <386149*69-/4+1/<54-*425+9-2 0666+0+-2-4643-4>//375--+/-0 33<695830-01+46-037>2206*8>/		
货物或应税劳务、服务名称	规格型号	单位	数量	单价(不含税)	金额(不含税)	税率	税额
*酒*白云桶装黄酒	240.5升	桶	50	800	40000.00	13%	5200.00
合计					￥40000.00		￥5200.00
价税合计（大写）	⊗肆万伍仟贰佰圆整				（小写）　￥45200.00		
销售方	名称： 北京白云酒业股份有限公司 纳税人识别号：00188806ES17111MO4 地址、电话：北京市房山区悦盛路116号 开户行及账号：中国建设银行房山支行61234123498766966				备注			

*收款人：李彬　　*复核：唐芳　　*开票人：许慧言　　*销货单位：（章）

图6-13　增值税普通发票

收 款 收 据   No 3200071

日期：2021年9月18日

今收到　　南宁市晶晶贸易有限公司

人民币（大写）　　伍仟元整　　　　￥5000　　　　元

摘　由　　黄酒酒桶押金

单位盖章　　　　会计 唐芳　　　　出纳 李彬　　　　经手人

第三联记账联

图6-14　收款收据

（5）向北京市老年活动中心捐赠黄酒一批，价格25 800.00元（不含税），开具增值税普通发票，并已办理出库。相关原始凭证如图6-15所示。

图6-15 增值税普通发票

（6）接到委托加工任务加工粮食白酒5吨，此酒在市场上同类产品价格为18.00元/500克，收取加工费18 000.00元（不含税），开具增值税专用发票。相关原始凭证如图6-16所示。

图6-16 增值税专用发票

（7）用银行存款缴纳期初未缴消费税税款180 308.90元。

（四）实验步骤

1.依据实训内容和资料，计算销售数量、销售额及应纳税额。

白酒（0.5kg/瓶，12瓶/箱），单价240.00元/箱，适用定额税率0.50元/500克，比例税率20%。

业务（1）销售180箱，金额43 200.00元（不含税）。

业务（2）销售230箱，金额55 200.00元（不含税）。

销售数量=180+230=410（箱）

0.5kg/瓶=500克，换算计税单位=410×12×0.5=2 460（千克）=2 460 000克

销售额=销售数量×单价=410×240=98 400.00（元）

应纳税额=销售数量×定额税率+销售额×比例税率=2 460 000÷500×0.5+98 400×20%=22 140.00（元）

黄酒（500毫升/瓶，24瓶/箱，240.50升/桶），黄酒1吨=962升，单价800.00元/桶，258.00元/箱，适用定额税率240.00元/吨。

业务（3）销售65桶，金额52 000.00元（不含税）。

业务（4）销售50桶，金额40 000.00元（不含税）。

业务（5）捐赠100箱，金额25 800.00元（不含税）（视同销售）。

以桶为单位：销售数量=65+50=115（桶）

换算计税单位=115×240.5÷962=28.75（吨）

销售额=52 000+40 000=92 000.00（元）

以箱为单位：销售数量=100箱

换算计税单位=100×24×500÷1 000÷962=1.25（吨）

销售额=25 800.00元

销售数量合计=28.75+1.25=30（吨）

销售额合计=92 000+25 800=117 800.00（元）

应纳税额=销售数量×定额税率=30×240=7 200.00（元）

应纳税额合计=22 140.00+7 200.00=29 340.00（元）

2.计算本期准予抵减税额：无。

3.计算本期减（免）税额：无。

4.期初未缴税额：180 308.90元。

5.本期缴纳前期应纳税额：业务（7）用银行存款缴纳期初未缴消费税税款180 308.90元。

6.本期预缴税额：无。

7.$\dfrac{本期应补}{(退)税额}=\dfrac{应纳税额}{(合计栏金额)}-\dfrac{本期准予}{抵减税额}-\dfrac{本期减}{(免)税额}-\dfrac{本期预}{缴税额}=29\ 340.00-0-0-0=29\ 340.00$（元）

8.$\dfrac{期末未}{缴税额}=\dfrac{期初未}{缴税额}+\dfrac{本期应补}{(退)税额}-\dfrac{本期缴纳前}{期应纳税额}=180\ 308.90+29\ 340.00-180\ 308.90=29\ 340.00$（元）

9.计算代扣代缴税额。

委托加工数量的计量单位：粮食白酒为500克（如果实际销售商品按照体积标注计量单位，应按500毫升为500克换算）。

业务（6）接到委托加工任务加工粮食白酒5吨，此酒在市场上同类产品价格为18.00元/500克，收取加工费18 000.00元（不含税），开具增值税专用发票。

委托加工数量=5×1 000=5 000（千克）

1 000千克=2 000斤

（5 000/1 000）×2 000=10 000（斤）

同类产品销售价格=18.00元

当受托方有同类产品销售价格时：

$$\frac{本期代收}{代缴税款}=\frac{同类产品}{销售价格}\times\frac{受托加}{工数量}\times\frac{适用}{税率}+\frac{受托加}{工数量}\times\frac{适用}{税率}=18\times5\,000\times2\times20\%+5\,000\times2\times0.5=41\,000（元）$$

10.依据酒类消费税纳税申报表填表要求进行纳税申报表及附列资料表填写。

（五）实验结果

实训操作完成后，依次填写、提交或打印实验结果如下：

酒类应税消费品消费税纳税申报表及其附列资料表（见表6-6、表6-7）

表6-6 **消费税及附加税费申报表**

税款所属期：自2021年9月1日至2021年9月30日

纳税人识别号（统一社会信用代码）：00188806ES17111M04

纳税人名称：北京白云酒业股份有限公司　　　　　　　　金额单位：人民币元（列至角分）

项目 应税 消费品 名称	适用税率		计量 单位	本期销售数量	本期销售额	本期应纳税额
	定额 税率	比例 税率				
	1	2	3	4	5	6=1×4+2×5
白酒	0.5元/500克 （毫升）	20%	500克 （毫升）	4 920	98 400	22 140
黄酒	240元/吨	—	吨	30	117 800	7 200
合计	—	—	—	—	—	29 340

项目	栏次	本期税费额
本期减（免）税额	7	0
期初留抵税额	8	0
本期准予扣除税额	9	0
本期应扣除税额	10=8+9	0
本期实际扣除税额	11 [10<（6-7），则 为10，否则为6-7]	0
期末留抵税额	12=10-11	0
本期预缴税额	13	0
本期应补（退）税额	14=6-7-11-13	29 340
城市维护建设税本期应补（退）税额	15	2 053.80
教育费附加本期应补（退）费额	16	880.20
地方教育附加本期应补（退）费额	17	586.80

声明：此表是根据国家税收法律法规及相关规定填写的，本人（单位）对填报内容（及附带资料）的真实性、可靠性、完整性负责。

纳税人（签章）：吴敏　2021年10月15日

经办人：李彬 经办人身份证号： 代理机构签章： 代理机构统一社会信用代码：	受理人： 受理税务机关（章）： 受理日期：　　年　月　日

表6-7　　　　　　　　　　消费税附加税费计算表　　　金额单位：人民币元（列至角分）

税（费）种	计税（费）依据	税（费）率（%）	本期应纳税（费）额	本期减免税（费）额		本期是否适用增值税小规模纳税人"六税两费"减征政策		本期已缴税（费）额	本期应补（退）税（费）额
	消费税税额			减免性质代码	减免税（费）额	□是 □否			
						减征比例（%）	减征额		
	1	2	3=1×2	4	5	6	7=（3-5）×6	8	9=3-5-7-8
城市维护建设税	29 340	7%	2 053.80		0	0	0	0	2 053.80
教育费附加	29 340	3%	880.20		0	0	0	0	880.20
地方教育附加	29 340	2%	586.80		0	0	0	0	586.80
合计	—	—	3 520.80		0	—	0	0	3 520.80

三、小汽车消费税申报表填报实验

（一）实验目的和要求

实验目的：通过本实验操作，熟练掌握相关税法理论和实际结合的方法，掌握小汽车类生产企业消费税应税计算、消费税纳税申报表填写方法，为从事消费税办税业务打下扎实的基础。

实验要求：实验前要充分学习《中华人民共和国消费税暂行条例实施细则》，理解相关消费税法规定、消费税纳税申报表及其附列资料表内和表间逻辑关系，实验时务必认真熟悉实验内容和资料，过程中可以互相讨论和学习，要求独立完成申报表的填报实验。

实验流程如图6-17所示。

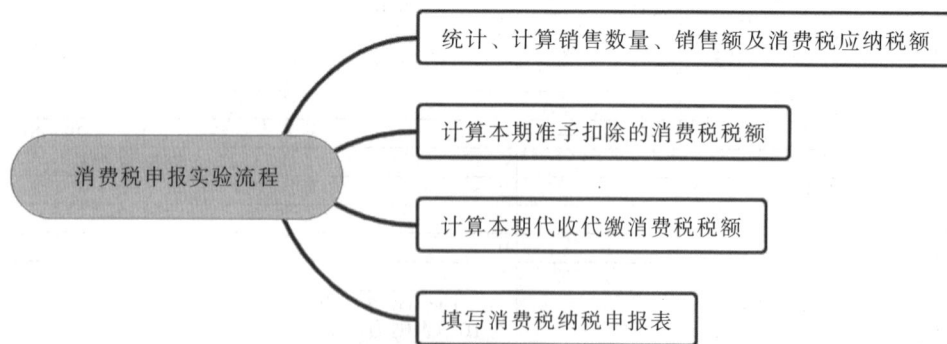

图6-17　小汽车消费税申报实验流程

（二）实验知识准备

1.在我国境内生产、委托加工和进口规定的消费品的单位和个人，以及国务院确定的销售规定的消费品的其他单位和个人，依据相关税收法律、法规、规章及其他有关规定，在规定的纳税申报期限内填报消费税申报表、附表和其他相关资料，向税务机关进行纳税申报。

2.纳税人享受减税、免税待遇的，在减税、免税期间应当按照规定办理纳税申报，填写申报表及其附表上的优惠栏目。

3.《中华人民共和国消费税暂行条例实施细则》及其他法规、规章规定"销售数量”为当期应申报缴纳消费税的小汽车类应税消费品销售（不含出口免税）数量。

4.《中华人民共和国消费税暂行条例实施细则》及其他法规、规章规定“销售额”为当期应申报缴纳消费税的小汽车类应税消费品销售（不含出口免税）收入。

（三）实验内容和资料

1.企业基本资料

北京新冠汽车制造有限公司于2015年成立，是增值税一般纳税人，经主管税务机关北京市开发区税务局核定该公司采用查账征收的方式按月申报缴纳消费税。企业主要产品：奔达小轿车（汽缸容量2.2升（与发票的容量不一致））、奔达商用客车。

公司名称：北京新冠汽车制造有限公司；纳税人识别号：13663066LE40292BG2（或实训系统自行分配）；注册地址和电话：北京市经济开发区55号，010-64235521；开户银行和账号：中国建设银行经济开发区支行，64435644398765962；税款所属时期：2021年9月1日至2021年9月30日。

法定代表人：郭祥；财务负责人：卢新锐；办税员：钱有。

主要经营范围：汽车生产、加工、销售。

2.涉税业务资料

以该公司当月的涉税业务为例，以仿真票据单证和数据为载体进行列示，按照业务发生情况进行申报表填报。

3.期初情况

本期税款尚未缴纳。

4.业务发生情况

（1）公司销售小轿车一辆（汽缸容量1.3升），开具增值税专用发票，收取货款58 000.00元（不含税），并已办理出库手续。相关原始凭证如图6-18所示。

机器编号：499098897922

增值税专用发票教学版

发票代码：1100000001
发票号码：00093734
开票日期：2021年9月3日
校验码：

购买方	名称：长沙市润发贸易有限公司 纳税人识别号：057725440358321483 地址、电话：长沙市芙蓉区五一广场嘉顿大厦5楼0731-84370099 开户行及账号：长沙市工商银行芙蓉区支行6222022155262387456	密码区	03-/9/+/9527991>8>-392<>1/6+ <386149*69-/4+1/<54-*425+9-2 0666+0+-2-4643-4>//375--+/-0 33<695830-01+46-037>2206*8>/

货物或应税劳务、服务名称	规格型号	单位	数量	单价（不含税）	金额（不含税）	税率	税额
*机动车*小轿车L系列	L3521	辆	1	58000	58000.00	13%	7540.00
合计					￥58000.00		￥7540.00
价税合计（大写）	⊗陆万伍仟伍佰肆拾圆整				（小写）￥65540.00		

销售方	名称：北京新冠汽车制造有限公司 纳税人识别号：13663066LE40292BG2 地址、电话：北京市经济开发区55号 010-64235521 开户行及账号：中国建设银行经济开发区支行64435644398765962	备注	

*收款人：钱有　　*复核：卢新锐　　*开票人：郭欣　　*销货单位：（章）

图6-18　增值税专用发票

（2）公司销售小轿车一辆（汽缸容量2.3升），开具增值税专用发票，收取货款78 000.00元（不含税），并已办理出库手续。相关原始凭证如图6-19所示。

图6-19 增值税专用发票

（3）本月公司用银行存款缴纳期初未缴消费税税款280 000.00元。

（4）公司销售中型商用客车一辆，开具增值税专用发票，收取货款92 000.00元（不含税），并已办理出库手续。相关原始凭证如图6-20所示。

图6-20 增值税专用发票

（四）实验步骤

1. 依据实训内容和资料，仔细阅读原始业务凭证和发票，按业务发生类型进行分类整理。

2. 小轿车（汽缸容量1.3升），单价58 000.00元/辆，适用税率3%。销售数量=1辆；销售额=销售数量×销售单价=1×58 000=58 000.00（元）；应纳税额=销售额×比例税率=58 000×3%=1 740.00（元）。

3. 小轿车（汽缸容量2.3升），单价78 000.00元/辆，适用税率9%。销售数量=1辆；销售额=销售数量×销售单价=1×78 000=78 000.00（元）；应纳税额=销售额×比例税率=78 000×9%=7 020.00（元）。

4. 中型商用车，单价92 000元/辆，适用税率5%。销售数量=1辆；销售额=销售数量×销售单价=1×92 000=92 000.00（元）；应纳税额=销售额×比例税率=92 000×5%=4 600.00（元）。

5. 本月应纳税合计=1 740+7 020+4 600=13 360.00（元）

6. 本月公司用银行存款缴纳期初未缴消费税税款280 000.00元。

7. 本期缴纳前期应纳税额=期初未缴税额=280 000.00元

8. $\dfrac{本期应补}{(退)税额}=\dfrac{应纳税额}{(合计栏金额)}-\dfrac{本期减}{(免)税额}$－本期预缴税额=13 360.00-0-0=13 360.00（元）

9. $\dfrac{期末未}{缴税额}=\dfrac{期初未}{缴税额}+\dfrac{本期应补}{(退)税额}-\dfrac{本期缴纳前}{期应纳税额}$=280 000.00+13 360.00-280 000.00=13 360.00（元）

10. 依据小汽车类消费税纳税申报表填表要求进行纳税申报表及附列资料表填写。

（五）实验结果

实训操作完成后，依次填写、提交或打印实验结果如下：

"小汽车消费税纳税申报表"及其附列资料表（见表6-8、表6-9）

四、成品油消费税申报表填报实验

（一）实验目的和要求

实验目的：通过本实验操作，熟练掌握相关税法理论和实际结合的方法，掌握成品油生产企业消费税应税计算、消费税纳税申报表填写方法，为从事消费税办税业务打下扎实的基础。

实验要求：实验前要充分学习《中华人民共和国消费税暂行条例实施细则》，理解相关消费税法规定、消费税纳税申报表及其附列资料表内和表间逻辑关系，实验时务必认真熟悉实验内容和资料，过程中可以互相讨论和学习，要求独立完成申报表的填报实验。

实验流程如图6-21所示。

表6-8　　　　　　　　　　　　　　消费税及附加税费申报表

税款所属期：自2021年9月1日至2021年9月30日

纳税人识别号（统一社会信用代码）：13663066LE40292BG2

纳税人名称：北京新冠汽车制造有限公司　　　　　　　　　　　　金额单位：人民币元（列至角分）

项目 应税 消费品名称	适用税率		计量 单位	本期销售数量	本期销售额	本期应纳税额
	定额 税率	比例 税率				
	1	2	3	4	5	6=1×4+2×5
1.0升<气缸容量≤1.5升	—	3%	辆	1	58 000	1 740
2.0升<气缸容量≤2.5升	—	9%	辆	1	78 000	7 020
中轻型商用客车	—	5%	辆	1	92 000	4 600
合计	—	—	—	—	—	13 360

	栏次	本期税费额
本期减（免）税额	7	0
期初留抵税额	8	0
本期准予扣除税额	9	0
本期应扣除税额	10=8+9	0
本期实际扣除税额	11 ［10<（6-7），则为10，否则为6-7］	0
期末留抵税额	12=10-11	0
本期预缴税额	13	0
本期应补（退）税额	14=6-7-11-13	13 360
城市维护建设税本期应补（退）税额	15	935.20
教育费附加本期应补（退）费额	16	400.80
地方教育附加本期应补（退）费额	17	267.20

　　声明：此表是根据国家税收法律法规及相关规定填写的，本人（单位）对填报内容（及附带资料）的真实性、可靠性、完整性负责。

　　　　　　　　　　　　　　　　　纳税人（签章）：郭祥　2021年10月15日

经办人：钱有 经办人身份证号： 代理机构签章： 代理机构统一社会信用代码：	受理人： 受理税务机关（章）： 受理日期：　　年　月　日

表6-9　　　　　　　　　　　　　消费税附加税费计算表　　　　金额单位：人民币元（列至角分）

税（费）种	计税（费）依据	税（费）率（%）	本期应纳税（费）额	本期减免税（费）额		本期是否适用增值税小规模纳税人"六税两费"减征政策		本期已缴税（费）额	本期应补（退）税（费）额
	消费税税额			减免性质代码	减免税（费）额	□是　□否			
						减征比例（%）	减征额		
	1	2	3=1×2	4	5	6	7=（3-5）×6	8	9=3-5-7-8
城市维护建设税	13 360	7%	935.20	0	0	0	0	0	935.20
教育费附加	13 360	3%	400.80	0	0	0	0	0	400.80
地方教育附加	13 360	2%	267.20	0	0	0	0	0	267.20
合计	—	—	1 603.20	—	0	—	0	0	1 603.20

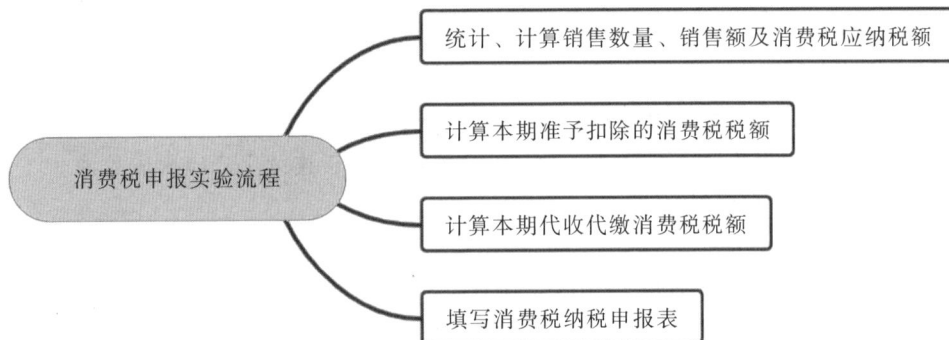

图6-21　成品油消费税实验流程

（二）实验知识准备

1.在我国境内生产、委托加工和进口规定的消费品的单位和个人，以及国务院确定的销售规定的消费品的其他单位和个人，依据相关税收法律、法规、规章及其他有关规定，在规定的纳税申报期限内填报消费税申报表、附表和其他相关资料，向税务机关进行纳税申报。

2.纳税人享受减税、免税待遇的，在减税、免税期间应当按照规定办理纳税申报，填写申报表及其附表上的优惠栏目。

3.本期代收代缴税款=受托加工数量×适用税率

4.本期准予扣除税额=本期准予扣除数量×适用税率

5.连续生产的应税消费品准予从应纳消费税税额中按当期生产领用数量计算扣除委托加工收回的应税消费品已纳消费税税款（下述均可以抵扣）：

（1）以委托加工收回的已税烟丝为原料生产的卷烟。

（2）以委托加工收回的已税高档化妆品原料生产的高档化妆品。

（3）以委托加工收回的已税珠宝、玉石原料生产的贵重首饰及珠宝、玉石。

（4）以委托加工收回的已税鞭炮、焰火原料生产的鞭炮、焰火。

（5）以委托加工收回的已税杆头、杆身和握把为原料生产的高尔夫球杆。

（6）以委托加工收回的已税木制一次性筷子原料生产的木制一次性筷子。

（7）以委托加工收回的已税实木地板原料生产的实木地板。

（8）以委托加工收回的已税石脑油、润滑油、燃料油为原料生产的成品油。

（9）以委托加工收回的已税汽油、柴油为原料生产的汽油、柴油。

（10）以委托加工收回的已税摩托车生产的摩托车（如用外购两轮摩托车改装为三轮摩托车）。

6.外购应税消费品已纳税款的扣除：

（1）外购已税烟丝生产的卷烟。

（2）外购已税高档化妆品生产的高档化妆品。

（3）外购已税珠宝、玉石生产的贵重首饰及珠宝、玉石。

（4）外购已税鞭炮、焰火生产的鞭炮、焰火。

（5）外购已税杆头、杆身和握把为原料生产的高尔夫球杆。

（6）外购已税木制一次性筷子为原料生产的木制一次性筷子。

（7）外购已税实木地板为原料生产的实木地板。

（8）外购汽油、柴油、石脑油、燃料油、润滑油用于连续生产应税成品油。

（三）实验内容和资料

1.企业基本资料

上海市悟中化工有限公司于2015年成立，是增值税一般纳税人，经主管税务机关上海市开发区税务局核定该公司采用查账征收的方式按月申报缴纳消费税。企业主要产品：汽油、柴油、石脑油。

公司名称：上海市悟中化工有限公司；纳税人识别号：24244922CR41302NT2（或实训系统自行分配）；注册地址和电话：上海市高新区86号，020-11365783；开户银行和账号：上海市高新区工商银行，6222022102012231171；税款所属时期：2021年9月1日至2021年9月30日。

法定代表人：吴桐；财务负责人：关强；办税员：黄中贯。

企业主营：石油化工开采生产销售。

2.涉税业务资料

以该公司当月的涉税业务为例，以仿真票据单证和数据为载体进行列示，按照业务发生情况进行申报表填报。

汽油的适用税率为：含铅汽油1.52元/升，无铅汽油1.52元/升；柴油的适用税率为：1.20元/升；石脑油的适用税率为：1.52元/升。汽油1吨=1 388升；柴油1吨=1 176升；石脑油1吨=1 385升。

3.期初情况

本期税款尚未缴纳。

上期库存汽油9吨。以委托加工收回的已税汽油用于连续生产甲醇汽油的，已纳税款准予从应纳消费税税额中扣除。

4.业务发生情况

（1）本月，用银行存款缴纳期初未缴消费税 9 677 000.00 元。

（2）本月，委托北京美美股份有限公司（纳税人识别号为：69631472HC03840BL8）加工汽油 8 吨，委托方（受托方没有同类产品）提供材料成本为每吨 3 000.00 元，支付加工费用 60 000.00 元（不含税）。本月中收回委托加工的汽油 8 吨，受托方已代收代缴消费税 16 878.08 元，该批汽油本期全部领用于连续生产甲醇汽油。相关原始凭证如图 6-22 所示。

图6-22　增值税专用发票

（3）本月，企业与太原市石油股份有限公司结算业务，本月共销售给太原市石油股份有限公司汽油 10 吨、柴油 6 吨、石脑油 30 吨，销售额 95 000.00 元（不含税），并已发货出库。相关原始凭证如图 6-23 所示。

（四）实验步骤

1.依据实训内容和资料，仔细阅读原始业务凭证和发票，按业务发生类型进行分类整理。汽油 1 吨＝1 388 升，消费税税率为 1.52 元/升。

2.上期库存数量＝9×1 388＝12 492（升）

3.本期外购入库数量＝0

4.委托加工收回数量＝本期委托加工收回用于连续生产数量＝16×1 388＝22 208（升）

5.本期准予扣除数量＝本期委托加工收回用于连续生产的应税汽油数量＝16×1 388＝22 208（升）

6.本期准予扣除税额＝本期准予扣除数量×适用税率＝22 208×1.52＝16 878.08（元）

7.本期领用未用于连续生产不准予扣除数量＝0

机器编号：499098897922

增值税专用发票教学版

发票代码：1100000001
发票号码：00093775
开票日期：**2021年9月21日**
校验码：

购买方	名称：	太原市石油股份有限公司					密码区	03-/9/+/9527991>8>-392<>1/6+ <386149>69-/4+1/<54-*425+9-2 0666+0+-2-4643-4>//375--+/-0 33<695830-01+46-037>2206*8>/		
	纳税人识别号：	234424773822924264								
	地址、电话：	太原市经济开发区45号0349-98334281								
	开户行及账号：	太原市经济开发区中国建设银行433667838328832 00181								
货物或应税劳务、服务名称			规格型号	单位	数量	单价（不含税）	金额（不含税）	税率	税额
*汽油*汽油				吨	10	5000	50000.00	13%	6500.00
*柴油*柴油				吨	6	3500	21000.00	13%	2730.00
*石脑油*石脑油				吨	30	800	24000.00	13%	3120.00
合计							¥95000.00		¥12350.00
价税合计（大写）			⊗壹拾万柒仟叁佰伍拾圆整				（小写） ¥107350.00		
销售方	名称：	上海市悟中化工有限公司					备注			
	纳税人识别号：	24244922CR41302NT2								
	地址、电话：	上海市高新区86号020-11365783								
	开户行及账号：	上海市高新区工商银行6220221020122311171								

*收款人：黄中贾　　*复核：关强　　*开票人：赵强　　*销货单位：（章）

图6-23　增值税专用发票

8. $\dfrac{期末库}{存数量}=\dfrac{上期库}{存数量}+\dfrac{本期外购}{入库数量}+\dfrac{委托加工}{收回数量}-\dfrac{本期准予}{扣除数量}-\dfrac{本期领用未用于连续生产}{不准予扣除数量}$

=12 492+0+22 208-22 208-0=12 492（升）

9.汽油1吨=1 388升，消费税税率为1.52元/升，本期销售量10吨=10×1 388=13 880（升），本期应纳税额=本期销售数量×适用税率=1.52×1 388=21 097.60（元）。

10.柴油1吨=1 176升，消费税税率为1.2元/升，本期销售量6吨=6×1 176=7 056（升），本期应纳税额=本期销售数量×适用税率=1.2×7 056=8 467.20（元）。

11.石脑油1吨=1 385升，消费税税率为1.52元/升，本期销售量30吨=30×1 385=41 550（升），本期应纳税额=本期销售数量×适用税率=41 550×1.52=63 156.00（元）。

12.本期应纳税额合计=21 097.60+8 467.20+63 156.00=92 720.80（元）

13.本期应抵扣税额=期初留抵税额+本期准予扣除税额=0+16 878.08=16 878.08（元）

14.期初未缴税额=上期期末未缴税额=9 677 000.00元

15. $\dfrac{本期应纳}{税额合计}-\dfrac{本期减}{（免）税额}≥$本期应抵扣税额，本期实际抵扣税额=本期应抵扣税额=16 878.08元

16.期末留抵税额=本期应抵扣税额-本期实际抵扣税额=16 878.08-16 878.08=0

17.本期缴纳前期应纳税额=9 677 000.00元

18.本期预缴税额=0

19. $\dfrac{本期应补}{（退）税额}=\dfrac{本期应纳}{税额合计}-\dfrac{本期减}{（免）税额}-\dfrac{本期实际}{抵扣税额}-$本期预缴税额=92 720.80-0-16 878.08-0

=75 842.72（元）

20. $\dfrac{\text{期末未}}{\text{缴税额}} = \dfrac{\text{期初未}}{\text{缴税额}} + \dfrac{\text{本期应补}}{(\text{退})\text{税额}} - \dfrac{\text{本期缴纳前}}{\text{期应纳税额}} = 9\,677\,000 + 75\,842.72 - 9\,677\,000$

$= 75\,842.72（元）$

21. 依据成品油消费税纳税申报表填表要求进行纳税申报表及附列资料表填写。

（五）实验结果

实训操作完成后，依次填写、提交或打印实验结果如下：

"成品油消费税纳税申报表"及其附列资料表（见表6-10、表6-11、表6-12和表6-13）

表6-10　　　　　　　　　　**本期委托加工收回情况报告表**　　　　金额单位：元（列至角分）

一、委托加工收回应税消费品代收代缴税款情况

应税消费品名称	商品和服务税收分类编码	委托加工收回应税消费品数量	委托加工收回应税消费品计税价格	适用税率		受托方已代收代缴的税款	受托方（扣缴义务人）名称	受托方（扣缴义务人）识别号	税收缴款书（代扣代收专用）号码	税收缴款书（代扣代收专用）开具日期
				定额税率	比例税率					
1	2	3	4	5	6	7=3×5+4×6	8	9	10	11
汽油	107010101	11 104	—	1.52元/升	—	16 878.08	北京美美股份有限公司	69631472HC03840BL8		

二、委托加工收回应税消费品领用存情况

应税消费品名称	商品和服务税收分类编码	上期库存数量	本期委托加工收回入库数量	本期委托加工收回直接销售数量	本期委托加工收回用于连续生产数量	本期结存数量
1	2	3	4	5	6	7=3+4-5-6
汽油	107010101	12 492	11 104	0	11 104	12 492

表6-11　　　　　　　　　　**本期准予扣除税额计算表**

（成品油消费税纳税人适用）　　　　金额单位：元（列至角分）

扣除税额及库存计算

扣除油品类别	上期库存数量	本期外购入库数量	委托加工收回连续生产数量	本期准予扣除数量	本期准予扣除税额	本期领用未用于连续生产不准予扣除数量	期末库存数量
1	2	3	4	5	6	7	8=2+3+4-5-7
汽油	12 492	0	11 104	11 104	16 878.08	0	12 492
柴油							
石脑油							
润滑油							
燃料油							
合计	12 492	0	11 104	11 104	16 878.08	0	12 492

表6-12 消费税及附加税费申报表

税款所属期：自2021年9月1日至2021年9月30日

纳税人识别号（统一社会信用代码）：24244922CR41302NT2

纳税人名称：上海市悟中化工有限公司　　　　　　　　　　金额单位：人民币元（列至角分）

项目 应税 消费品名称	适用税率		计量 单位	本期销售数量	本期销售额	本期应纳税额
	定额 税率	比例 税率				
	1	2	3	4	5	6=1×4+2×5
汽油	1.52元/升	—	升	13 880	50 000	21 097.60
柴油	1.20元/升	—	升	7 056	21 000	8 467.20
石脑油	1.52元/升	—	升	41 550	24 000	63 156
合计	—	—	—	—	—	92 720.80

	栏次	本期税费额
本期减（免）税额	7	0
期初留抵税额	8	0
本期准予扣除税额	9	16 878.08
本期应扣除税额	10=8+9	16 878.08
本期实际扣除税额	11〔10<（6-7），则 为10，否则为6-7〕	16 878.08
期末留抵税额	12=10-11	0
本期预缴税额	13	0
本期应补（退）税额	14=6-7-11-13	75 842.72
城市维护建设税本期应补（退）税额	15	5 308.99
教育费附加本期应补（退）费额	16	2 275.28
地方教育附加本期应补（退）费额	17	1 516.85

　　声明：此表是根据国家税收法律法规及相关规定填写的，本人（单位）对填报内容（及附带资料）的真实性、可靠性、完整性负责。

　　　　　　　　　　　　　　　　　　纳税人（签章）：吴桐　2021年10月15日

经办人：钱有 经办人身份证号： 代理机构签章： 代理机构统一社会信用代码：	受理人： 受理税务机关（章）： 受理日期：　　年　月　日

表6-13　　　　　　　　　　　消费税附加税费计算表　　　　　　　金额单位：元（列至角分）

税（费）种	计税（费）依据	税（费）率（%）	本期应纳税（费）额	本期减免税（费）额		本期是否适用增值税小规模纳税人"六税两费"减征政策		本期已缴税（费）额	本期应补（退）税（费）额
	消费税税额			减免性质代码	减免税（费）额	□是　□否			
						减征比例（%）	减征额		
	1	2	3=1×2	4	5	6	7=（3-5）×6	8	9=3-5-7-8
城市维护建设税	75 842.72	7%	5 308.99	0	0	0	0	0	5 308.99
教育费附加	75 842.72	3%	2 275.28		0	0	0	0	2 275.28
地方教育附加	75 842.72	2%	1 516.85		0	0	0	0	1 516.85
合计	—	—	9 101.12		0		0	0	9 101.12

五、其他应税消费品消费税申报表填报实验

（一）实验目的和要求

实验目的：通过本实验操作，熟练掌握相关税法理论和实际结合的方法，掌握化妆品类生产企业一般纳税人消费税应税计算、消费税纳税申报表填写方法，为从事消费税办税业务打下扎实的基础。

实验要求：实验前要充分学习《中华人民共和国消费税暂行条例实施细则》，理解相关消费税法规定、消费税纳税申报表及其附列资料表内和表间逻辑关系，实验时务必认真熟悉实验内容和资料，过程中可以互相讨论和学习，要求独立完成申报表的填报实验。

实验流程如图6-24所示。

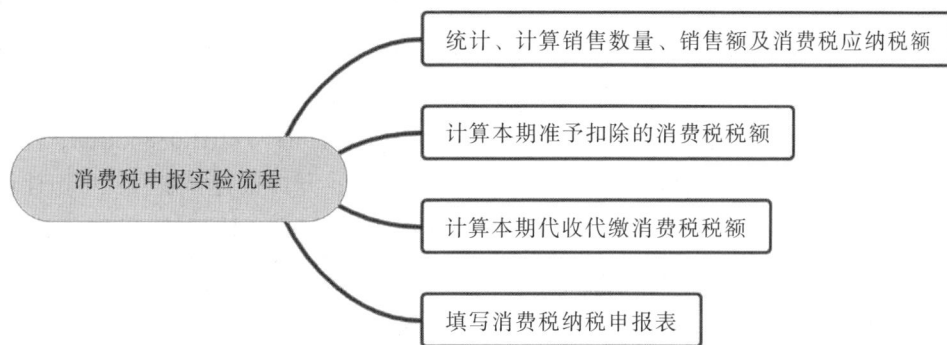

```
消费税申报实验流程
├── 统计、计算销售数量、销售额及消费税应纳税额
├── 计算本期准予扣除的消费税税额
├── 计算本期代收代缴消费税税额
└── 填写消费税纳税申报表
```

图6-24　其他应税消费品申报实验流程

（二）实验知识准备

1.在我国境内生产、委托加工和进口规定的消费品的单位和个人，以及国务院确定的销售规定的消费品的其他单位和个人，依据相关税收法律、法规、规章及其他有关规定，在规定的纳税申报期限内填报消费税申报表、附表和其他相关资料，向税务机关进行纳税申报。

2.纳税人享受减税、免税待遇的，在减税、免税期间应当按照规定办理纳税申报，填写申报表及其附表上的优惠栏目。

3.根据《中华人民共和国消费税暂行条例》的规定，"本期代收代缴税额计算表"中组成计税价格的计算公式如下：

实行从价定率办法计算纳税的组成计税价格计算公式：

组成计税价格=（材料成本+加工费）÷（1-消费税税率）

实行复合计税办法计算纳税的组成计税价格计算公式：

组成计税价格=（材料成本+加工费+委托加工数量×定额税率）÷（1-消费税税率）

4.根据《中华人民共和国消费税暂行条例》的规定，"本期代收代缴税额计算表"中本期代收代缴税款的计算公式如下：

（1）当受托方有同类产品销售价格时。

实行从价定率办法计算纳税的本期代收代缴税款计算公式：

本期代收代缴税款=同类产品销售价格×受托加工数量×比例税率

实行复合计税办法计算纳税的本期代收代缴税款计算公式：

本期代收代缴税款=同类产品销售价格×受托加工数量×适用税率+受托加工数量×定额税率

（2）当受托方没有同类产品销售价格时。

实行从价定率办法计算纳税的本期代收代缴税款计算公式：

本期代收代缴税款=组成计税价格×适用税率

实行复合计税办法计算纳税的本期代收代缴税款计算公式：

本期代收代缴税款=组成计税价格×适用税率+受托加工数量×适用税率

（三）实验内容和资料

1.企业基本资料

北京美美股份有限公司于2015年成立，是增值税小规模纳税人，经主管税务机关北京市开发区税务局核定该公司采用查账征收、按月申报缴纳消费税，企业自行报税。企业主要产品：天美化妆品（套）（高档化妆品）。

公司名称：北京美美股份有限公司；纳税人识别号：69631472HC03840BL8；注册地址和电话：北京市房山区悦盛路254号，010-99623756；开户银行和账号：中国建设银行房山支行，6123412349874578；税款所属时期：2021年9月1日至2021年9月30日。

法定代表人：邓芳芳；财务负责人：陆巧；办税员：黄华。

主要经营范围：化妆品销售、加工等。

2.涉税业务资料

以该公司当月的涉税业务为例，以仿真票据单证和数据为载体进行列示，按照业务发生情况进行申报表填报。

3.期初情况

本期税款尚未缴纳。

其他应税消费品消费税税目、税率如表6-14所示。

表6-14 其他应税消费品消费税税目、税率表

税 目	税 率
三、高档化妆品	15%
四、贵重首饰及珠宝玉石 1.金银首饰、铂金首饰和钻石及钻石饰品 2.其他贵重首饰和珠宝玉石	 5% 10%
五、鞭炮、焰火	15%
九、高尔夫球及球具	10%
十、高档手表	20%
十一、游艇	10%
十二、木制一次性筷子	5%
十三、实木地板	5%
十四、涂料	4%
十五、电池	4%

4.业务发生情况

（1）本月，用银行存款缴纳期初未缴消费税356 000.00元。

（2）本月，给上海市菲芳美容院加工高档化妆品一批1 000套，该批高档化妆品在市场上无同类产品，委托方提供材料成本6 000.00元，受托方收取加工费35 000.00元（不含税），并开具增值税普通发票。相关原始凭证如图6-25所示。

图6-25 增值税普通发票

（3）本月，公司销售化妆品一批200套，销售价格16 000.00元（不含税），开具增值税专用发票，并已发货出库。相关原始凭证如图6-26所示。

机器编号：499098897922

增值税专用发票教学版

发票代码：1100000001
发票号码：00093765
开票日期：**2021年9月11日**
校验码：

购买方	名称：	上海市万民百货公司				密码区	03-/9/+/9527991>8>-392<>1/6+
	纳税人识别号：	020337562189910101					<386149*69-/4+1/<54-*425+9-2
	地址、电话：	上海市陆家嘴12号 02031556171					0666+0+-2-4643-4>//375--+/-0
	开户行及账号：	上海市陆家嘴工商银行6220202102012333219					33/695830-01+46-037>2206*8>/

货物或应税劳务、服务名称	规格型号	单位	数量	单价(不含税)	金额(不含税)	税率	税额
*美容护肤品*美美琼瑶眼霜		套	200	80	16000.00	3%	480.00
合计					￥16000.00		￥480.00

| 价税合计（大写） | ⊗壹万陆仟肆佰捌拾圆整 | （小写） ￥16480.00 |

销售方	名称：	北京美美股份有限公司	备注
	纳税人识别号：	69631472HC03840BL8	
	地址、电话：	北京市房山区悦盛路254号	
	开户行及账号：	中国建设银行房山支行61234123498744578	

*收款人：陆巧   *复核：邓芳芳   *开票人：杜梅   *销货单位：（章）

图6-26 增值税专用发票

（四）实验步骤

1.依据实训内容和资料，仔细阅读原始业务凭证和发票，按业务发生类型进行分类整理。

销售数量＝200套

销售额＝16 000.00元

应纳税额＝销售额×适用税率＝16 000.00×15%＝2 400.00（元）

用银行存款缴纳期初未缴纳的消费税356 000.00元。

本期缴纳前期应纳税额＝期初未缴税额＝356 000.00元

本期应补(退)税额＝应纳税额(合计栏金额)－本期准予扣除税额－本期减(免)税额－本期预缴税额＝2 400.00-0-0-0＝2 400.00（元）

期末未缴税额＝期初未缴税额＋本期应补(退)税额－本期缴纳前期应纳税额＝356 000.00+2 400.00-356 000.00＝2 400.00（元）

2.计算代扣代缴税额。

应税消费品名称：高档化妆品，适用税率：15%。

受托加工数量＝1 000套   材料成本＝6 000.00元   加工费＝35 000.00元

组成计税价格＝（材料成本＋加工费）÷（1-消费税税率）＝（6 000+35 000）÷（1-15%）＝48 235.29（元）

当受托方没有同类产品销售价格时：

本期代收代缴税款＝组成计税价格×适用税率＝48 235.29×15%＝7 235.29（元）

3.依据其他应税消费品消费税纳税申报表填表要求进行纳税申报表及附列资料表填写。

（五）实验结果

实训操作完成后，依次填写、提交或打印实验结果如下：

"其他应税消费品消费税纳税申报表"及其附列资料表（见表6-15、表6-16）

表6-15   **消费税及附加税费申报表**

税款所属期：自 2021 年 9 月 1 日至 2021 年 9 月 30 日

纳税人识别号（统一社会信用代码）：69631472HC03840BL8

纳税人名称：北京美美股份有限公司   金额单位：人民币元（列至角分）

项目\应税消费品名称	适用税率		计量单位	本期销售数量	本期销售额	本期应纳税额
	定额税率	比例税率				
	1	2	3	4	5	6=1×4+2×5
高档化妆品	—	15%	套	200	16 000	2 400
合计	—	—	—	—	—	2 400

	栏次	本期税费额
本期减（免）税额	7	0
期初留抵税额	8	0
本期准予扣除税额	9	0
本期应扣除税额	10=8+9	0
本期实际扣除税额	11〔10<（6-7），则为10，否则为6-7〕	0
期末留抵税额	12=10-11	0
本期预缴税额	13	0
本期应补（退）税额	14=6-7-11-13	2 400
城市维护建设税本期应补（退）税额	15	84
教育费附加本期应补（退）费额	16	36
地方教育附加本期应补（退）费额	17	24

声明：此表是根据国家税收法律法规及相关规定填写的，本人（单位）对填报内容（及附带资料）的真实性、可靠性、完整性负责。

纳税人（签章）：邓芳芳 2021 年 10 月 15 日

经办人：钱有 经办人身份证号： 代理机构签章： 代理机构统一社会信用代码：	受理人： 受理税务机关（章）： 受理日期： 年 月 日

表6-16   **消费税附加税费计算表**   金额单位：元（列至角分）

税（费）种	计税（费）依据	税（费）率（%）	本期应纳税（费）额	本期减免税（费）额		本期是否适用增值税小规模纳税人"六税两费"减征政策 □是 □否		本期已缴税（费）额	本期应补（退）税（费）额
	消费税税额			减免性质代码	减免税（费）额	减征比例（%）	减征额		
	1	2	3=1×2	4	5	6	7=（3-5）×6	8	9=3-5-7-8
城市维护建设税	2 400	7%	168	0		50%	84	0	84
教育费附加	2 400	3%	72	0		50%	36	0	36
地方教育附加	2 400	2%	48	0		50%	24	0	24
合计	—	—	288	0		—	144	0	144

🍁思考与练习

选择题

1.关于消费税纳税义务发生时间的说法，不符合政策规定的是（   ）。

A.某金银珠宝店销售金银首饰10件，收取价款25万元，其纳税义务发生时间为收款当天

B.某电池企业采用赊销方式销售电池，合同约定收款日期为5月30日，实际收到货款为6月15日，纳税义务发生时间为5月30日

C.某化妆品生产企业采用托收承付结算方式销售化妆品，其纳税义务发生时间为发出化妆品的当天

D.某汽车厂自产自用3台小汽车，其纳税义务发生时间为移送使用当天

2.下列不发生消费税的纳税义务的是（   ）。

A.汽车销售公司销售超豪华小汽车

B.首饰店销售金银首饰

C.卷烟批发商销售卷烟给零售商

D.礼品店销售高档手表

3.生产企业以外购应税消费品连续生产应税消费品，下列准予扣除外购应税消费品已纳消费税税款的是（   ）。

A.已税摩托车生产的摩托车

B.已税白酒生产的白酒

C.已税烟丝生产的卷烟

D.已税珠宝玉石生产的金银镶嵌首饰

第六章思政案例引导   第六章思考与练习参考答案

所得税纳税申报

本章导读

　　企业报税人员必须了解企业所得税和个人所得税的相关税务知识和法律法规要求，掌握企业所得税和个人所得税应纳税额的计算方法和纳税申报表的填写规则。

　　本章首先介绍企业所得税和个人所得税的定义和特点，对企业所得税和个人所得税的纳税义务人、征税范围、税率、税目、纳税义务发生时间、纳税申报的相关规定以及税收优惠、减免政策等进行了介绍；其次介绍企业所得税和个人所得税的应纳税额的计算方法；最后设计了企业所得税和个人所得税纳税申报表的填报实训实验，帮助学员全面了解和掌握企业所得税和个人所得税纳税申报的相关税务知识、程序和方法。

　　预习思考1：企业所得税纳税申报有没有风险？有哪些风险？

　　预习思考2：税会差异会导致企业所得税风险吗？

思政案例导入

　　北京白云酒业股份有限公司的吴总说："企业所得税按我们实际经营情况填报就行了吧，今年没什么利润应该不用交企业所得税了。"

　　请你判断吴总的说法是否正确，存在什么问题？

|第一节| 企业所得税

一、企业所得税基础知识

(一)概念和特点

1.企业所得税的概念

【企业所得税】是对我国境内的企业和其他取得收入的组织的生产经营所得和其他所得征收的一种所得税。

2.企业所得税的特点

(1)计税依据为应纳税所得额。

企业所得税的计税依据,是纳税人的收入总额扣除各项成本、费用、税金、损失等支出后的净所得额,它既不等于企业实现的会计利润额,也不是企业的增值额,更非销售额或营业额。

(2)征税以量能负担为原则。

企业所得税以纳税人的生产、经营所得和其他所得为计税依据,贯彻了量能负担的原则,这种将所得税负担和纳税人所得多少联系起来征税的办法,便于体现税收公平的基本原则。

(3)实行按年计征、分期预缴的征收管理办法。

通过利润所得来综合反映企业的经营业绩,通常是按年度计算、衡量的。所以,企业所得税以全年的应纳税所得额作为计税依据。

(二)纳税义务人

在我国境内,企业和其他取得收入的组织(以下统称企业)为企业所得税的纳税人。企业所得税的纳税人包括各类企业、事业单位、社会团体、民办非企业单位和从事经营活动的其他组织。个人独资企业、合伙企业不属于企业所得税纳税义务人。

企业所得税采取收入来源地管辖权和居民管辖权相结合的双管辖权,把企业分为居民企业和非居民企业,分别确定不同纳税义务。

1.居民企业

居民企业是指依法在中国境内成立,或者依照外国(地区)法律成立但实际管理机构在中国境内的企业。

2.非居民企业

非居民企业是指依照外国(地区)法律成立且实际管理机构不在中国境内,但在中国境内设立机构、场所的,或者在中国境内未设立机构、场所,但有来源于中国境内所得的企业。

企业所得税纳税人包括以下六类:国有企业、集体企业、私营企业、联营企业、股份制企业、有生产经营所得和其他所得的其他组织。

需要注意的是，个人独资企业、合伙企业不适用本法，这两类企业征收个人所得税即可，避免重复征税。

（三）征税范围

（1）居民企业应当就其来源于中国境内、境外的所得缴纳企业所得税。

（2）非居民企业在中国境内设立机构、场所的，应当就其所设机构、场所取得的来源于中国境内的所得，以及发生在中国境外但与其所设机构、场所有实际联系的所得，缴纳企业所得税。非居民企业在中国境内未设立机构、场所的，或者虽设立机构、场所但取得的所得与其所设机构、场所没有实际联系的，应当就其来源于中国境内的所得缴纳企业所得税。

（3）来源于我国境内、境外的所得的确定原则：企业以货币形式和非货币形式从各种来源取得的收入，为收入总额。其包括：销售货物收入；提供劳务收入；转让财产收入；股息、红利等权益性投资收益；利息收入；租金收入；特许权使用费收入；接受捐赠收入；其他收入。

（四）税率、税目

企业所得税的税率为25%的比例税率。非居民企业为20%。

企业应纳所得税税额=当期应纳税所得额×适用税率

应纳税所得额=收入总额−准予扣除项目金额

企业所得税的税率即据以计算企业所得税应纳税额的法定比率。《中华人民共和国企业所得税法》（以下简称《企业所得税法》）规定一般企业所得税的税率为25%。

符合条件的小型微利企业，减按20%的税率征收企业所得税。

【政策依据7-1】根据《中华人民共和国企业所得税法》及其实施条例、《财政部税务总局关于实施小微企业普惠性税收减免政策的通知》（财税〔2019〕13号，以下简称《通知》）等的规定，自2019年1月1日至2021年12月31日，对年应纳税所得额不超过100万元的部分，减按25%计入应纳税所得额，按20%的税率缴纳企业所得税；对年应纳税所得额超过100万元但不超过300万元的部分，减按50%计入应纳税所得额，按20%的税率缴纳企业所得税。国家需要重点扶持的高新技术企业，减按15%的税率征收企业所得税。《财政部　税务总局关于实施小微企业和个体工商户所得税优惠政策的公告》（财税〔2021〕12号）规定：对小型微利企业年应纳税所得额不超过100万元的部分，在《财政部　税务总局关于实施小微企业普惠性税收减免政策的通知》（财税〔2019〕13号）第二条规定的优惠政策基础上，再减半征收企业所得税。《财政部　税务总局关于进一步实施小微企业所得税优惠政策的公告》（财税〔2022〕13号）规定：对小型微利企业年应纳税所得额超过100万元但不超过300万元的部分，减按25%计入应纳税所得额，按20%的税率缴纳企业所得税。我国现阶段企业所得税税率情况如表7-1所示。

表7-1 企业所得税税率表

类别	适用范围	税率	法律法规依据
基本税率		25%	《企业所得税法》第四条
低税率	(1) 非居民企业取得企业所得税法第三条第三款规定的所得;(2) 符合条件的小型微利企业	20%	《企业所得税法》第四条,《企业所得税法》第二十八条
优惠税率	国家需要重点扶持的高新技术企业	15%	《企业所得税法》第二十八条
优惠税率	非居民企业取得企业所得税法第二十七条第(五)项规定的所得	10%	《企业所得税法实施条例》第九十一条

(五)纳税义务发生时间

企业所得税按年计征,分月或者分季预缴,年终汇算清缴,多退少补,因此企业所得税强调收入确认时间,而非纳税义务发生时间。

企业销售商品同时满足下列条件的,应确认收入的实现:商品销售合同已经签订,企业已将商品所有权相关的主要风险和报酬转移给购货方;企业对已售出的商品既没有保留通常与所有权相联系的继续管理权,也没有实施有效控制;收入的金额能够可靠地计量;已发生或将发生的销售方的成本能够可靠地核算。

1.商品销售收入

(1)销售商品采用托收承付方式的,在办妥托收手续时确认收入。

(2)销售商品采取预收款方式的,在发出商品时确认收入。

(3)销售商品需要安装和检验的,在购买方接受商品以及安装和检验完毕时确认收入。如果安装程序比较简单,可在发出商品时确认收入。

(4)销售商品采用支付手续费方式委托代销的,在收到代销清单时确认收入。

(5)产品分成:分得产品的时间确认收入。

2.劳务收入

(1)安装费。应根据安装完工进度确认收入。安装工作是商品销售附带条件的,安装费在确认商品销售实现时确认收入。

(2)宣传媒介的收费。应在相关的广告或商业行为出现于公众面前时确认收入。广告的制作费,应根据制作广告的完工进度确认收入。

(3)软件费。为特定客户开发软件的收费,应根据开发的完工进度确认收入。

(4)服务费。包含在商品售价内可区分的服务费,在提供服务的期间分期确认收入。

(5)艺术表演、招待宴会和其他特殊活动的收费。在相关活动发生时确认收入。收费涉及几项活动的,预收的款项应合理分配给每项活动,分别确认收入。

(6)会员费。申请入会或加入会员,只允许取得会籍,所有其他服务或商品都要另行收费的,在取得该会员费时确认收入。申请入会或加入会员后,会员在会员期内不再付费就可得到各种服务或商品,或者以低于非会员的价格销售商品或提供服务的,该会员费应在整个受益期内分期确认收入。

（7）特许权费。属于提供设备和其他有形资产的特许权费，在交付资产或转移资产所有权时确认收入；属于提供初始及后续服务的特许权费，在提供服务时确认收入。

（8）长期为客户提供重复的劳务收取的劳务费，在相关劳务活动发生时确认收入。

3.分期收款销售商品、长期工程（劳务）合同等经营业务收入

《企业所得税法实施条例》规定，纳税人应纳税所得额的计算，以权责发生制为原则，同时对分期收款销售商品、长期工程（劳务）合同等经营业务规定可按下列方法确定：

（1）以分期收款方式销售商品的，可以按合同约定的应付价款的日期确定销售收入的实现。

（2）建筑、安装、装配工程和提供劳务，持续时间超过1年的，可以按完工进度或完成的工作量确定收入的实现。

（3）为其他企业加工、制造大型机械设备、船舶等，持续时间超过12个月的，可以按完工进度或者完成的工作量确定收入的实现。

4.企业转让股权收入

转让协议生效且完成股权变更手续时，确认收入的实现。

5.股息、红利等权益性投资收益

财政、税务主管部门另有规定外，按照被投资方做出利润分配决定的日期确认收入的实现。

6.利息收入

按照合同约定的债务人应付利息的日期确认收入的实现。

7.租金收入

如果交易合同或协议中规定租赁期限跨年度，且租金提前一次性支付，可对上述已确认收入，在租赁期内，分期均匀计入相关年度收入。

8.接受捐赠收入

按照实际收到捐赠资产的日期确认收入的实现。

9.其他收入

企业取得财产（包括各类资产、股权、债权等）转让收入、债务重组收入、接受捐赠收入、无法偿付的应付款收入等不论是以货币形式还是非货币形式体现，除另有规定外，均应一次性计入确认收入的年度计算缴纳企业所得税。

（六）计算应纳税额

应纳所得税税额=应纳税所得额×适用税率

应纳税所得额=应税收入额×应税所得率

或 应纳税所得额=成本（费用）支出额/（1-应税所得率）×应税所得率

应税收入额=收入总额-不征税收入-免税收入

收入总额是指《企业所得税法》《企业所得税法实施条例》规定的收入总额，包括

以货币形式和非货币形式从各种来源取得的收入。

（七）税收优惠

税法规定的税收优惠方式包括免税、减税、加计扣除、加速折旧、减计收入、税额抵免等。

1.直接减免

免征适用范围：蔬菜、谷物、油料、豆类、水果等种植；农作物新品种选育；中药材种植；林木种植；牲畜、家禽饲养；林产品采集；灌溉、农产品加工、农机作业与维修；远洋捕捞；公司+农户经营。

2.减半征收

适用范围：花卉、茶及饮料作物、香料作物的种植；海水养殖、内陆养殖。

3.定期减免

"2免3减半"（自取得第一笔生产经营收入所属纳税年度起）适用范围：经济特区和上海浦东新区重点扶持的高新企业；境内新办软件企业（获利）；小于0.8微米的集成电路企业。"3免3减半"（自取得第一笔生产经营收入所属纳税年度起）适用范围：国家重点扶持的公共基础设施项目；符合条件的环境保护、节能节水项目；节能服务公司实施合同能源管理项目。

4.低税率

20%适用范围：自2023年1月1日至2027年12月31日，对小型微利企业年应纳税所得额不超过100万元的部分，减按25%计入应纳税所得额，按20%的税率缴纳企业所得税。自2022年1月1日至2027年12月31日，对小型微利企业年应纳税所得额超过100万元但不超过300万元的部分，减按25%计入应纳税所得额，按20%的税率缴纳企业所得税。

15%适用范围：国家需要重点扶持的高新技术企业；对设在西部地区的鼓励类产业企业减按15%的税率征收企业所得税，鼓励类产业企业是指以《西部地区鼓励类产业目录》中规定的产业项目为主营业务，且其主营业务收入占企业收入总额60%以上的企业；集成电路线宽小于0.25微米或投资额超过80亿元的集成电路生产企业，经认定后，减按15%的税率征收企业所得税。

10%适用范围：非居民企业；国家布局内重点软件企业。

5.加计扣除

据实扣除后加计扣除50%适用范围：研究开发费；形成无形资产的按成本150%摊销。

据实扣除后加计扣除100%适用范围：企业安置残疾人员所支付的工资。

6.投资抵税

投资额的70%抵扣所得额：投资中小高新技术2年以上的创投企业（股权持有满2年）；投资额的10%抵扣税额：购置并实际使用的环保、节能节水、安全生产等专用设备。

7.减计收入

减按收入90%计入收入适用范围：农户小额贷款的利息收入；为种植、养殖业提供保险业务的保费收入；企业综合利用资源的产品所得收入。

所得减按50%计税适用范围：应纳税所得额低于3万元的小型微利企业。

8.加速折旧

缩短折旧年限（不得低于规定折旧年限的60%）适用范围：由于技术进步，产品更新换代较快的固定资产；常年处于强震动、高腐蚀状态的固定资产。

9.有免征额优惠

居民企业转让技术所有权所得适用范围：所得不超过500万元的部分，免税；超过500万元的部分，减半征收所得税。

10.鼓励软件及集成电路产业

软件及集成电路产业企业所得税优惠政策：依法成立且符合条件的集成电路设计企业和软件企业，在2019年12月31日前自获利年度起计算优惠期，第一年至第二年免征企业所得税，第三年至第五年按照25%的法定税率减半征收企业所得税，并享受至期满为止。

【鼓励类及优势产业】对西部地区内资鼓励类产业、外商投资鼓励类产业及优势产业的项目在投资总额内进口的自用设备，在政策规定范围内免征关税。

11.扣除项目

扣除项目是据以确定企业所得税应纳税所得额的项目。企业应纳税所得额的确定，是企业的收入总额减去成本、费用、损失以及准予扣除项目的金额。成本是纳税人为生产、经营商品和提供劳务等所发生的各项直接耗费和各项间接费用。费用是指纳税人为生产、经营商品和提供劳务等所发生的销售费用、管理费用和财务费用。损失是指纳税人生产、经营过程中的各项营业外支出、经营亏损和投资损失等。除此以外，在计算企业应纳税所得额时，对纳税人的财务会计处理和税法规定不一致的，应按照税法规定予以调整。企业所得税法中扣除项目除成本、费用和损失外，还明确了一些需按税法规定进行纳税调整的扣除项目，主要包括以下内容：

（1）利息支出的扣除。

纳税人在生产、经营期间，向金融机构借款的利息支出，按实际发生数扣除；向非金融机构借款的利息支出，不高于按照金融机构同类、同期贷款利率计算的数额以内的部分，准予扣除。

（2）计税工资的扣除。

企业合理的工资、薪金予以据实扣除，这意味着取消了实行多年的内资企业计税工资制度，切实减轻了内资企业的负担。但允许据实扣除的工资、薪金必须是"合理的"，对明显不合理的工资、薪金，则不予扣除。今后，国家税务总局将通过制定与《企业所得税法实施条例》配套的《工资扣除管理办法》对"合理的"进行明确。

（3）职工"三项经费"按比例扣除。

在职工福利费、工会经费和职工教育经费方面，《企业所得税法实施条例》继续维持了以前的扣除标准（提取比例分别为14%、2%、8%），但将"计税工资总额"调整为"工资薪金总额"，扣除额也就相应提高了。在职工教育经费方面，为鼓励企业加强职工教育投入，《企业所得税法实施条例》规定，除国务院财税主管部门另有规定外，企业发生的职工教育经费支出，不超过工资薪金总额8%的部分，准予扣除；超过部分，准予在以后纳税年度结转扣除。

（4）捐赠的扣除。

纳税人的公益、救济性捐赠，在年度会计利润的12%以内的，允许扣除。超过12%的部分，准予以后3年内在计算应纳税所得额时结转扣除。

（5）业务招待费的扣除。

业务招待费，是指纳税人为生产、经营业务的合理需要而发生的交际应酬费用。税法规定，纳税人发生的与生产、经营业务有关的业务招待费，由纳税人提供确实记录或单据，在规定限度内准予扣除。《企业所得税法实施条例》第四十三条进一步明确，企业发生的与生产、经营有关的业务招待费支出按照发生额的60%扣除，但最高不得超过当年销售（营业）收入的5‰，也就是说，税法采用的是"两头专用设备"的方式。一方面，企业发生的业务招待费只允许列支60%，是为了区分业务招待费中的商业招待和个人消费，通过设计一个统一的比例，将业务招待费中的个人消费部分去掉；另一方面，最高扣除额限制为当年销售（营业）收入的5‰。

（6）职工养老基金和待业保险基金的扣除。

职工养老基金和待业保险基金，在省级税务部门认可的上交比例和基数内，准予在计算应纳税所得额时扣除。

（7）残疾人保障基金的扣除。

对纳税人按当地政府规定上缴的残疾人保障基金，允许在计算应纳税所得额时扣除。

（8）财产、运输保险费的扣除。

纳税人缴纳的财产、运输保险费，允许在计税时扣除。但保险公司给予纳税人的无赔款优待，则应计入企业的应纳税所得额。

（9）固定资产租赁费的扣除。

纳税人以经营租赁方式租入固定资产的租赁费，可以直接在税前扣除；以融资租赁方式租入固定资产的租赁费，则不得直接在税前扣除，但租赁费中的利息、手续费可在支付时直接扣除。

（10）坏账准备金、呆账准备金和商品削价准备金的扣除。

纳税人提取的坏账准备金、呆账准备金，在计算应纳税所得额时准予扣除。提取的标准暂按财务制度执行。纳税人提取的商品削价准备金准予在计税时扣除。

（11）转让固定资产支出的扣除。

纳税人转让固定资产支出是指转让、变卖固定资产时所发生的清理费用等支出。纳税人转让固定资产支出准予在计税时扣除。

（12）固定资产、流动资产盘亏、毁损、报废净损失的扣除。

纳税人发生的固定资产盘亏、毁损、报废的净损失，由纳税人提供清查、盘存资料，经主管税务机关审核后，准予扣除。这里所说的净损失，不包括企业固定资产的变价收入。纳税人发生的流动资产盘亏、毁损、报废净损失，由纳税人提供清查、盘存资料，经主管税务机关审核后，可以在税前扣除。

（13）总机构管理费的扣除。

纳税人支付给总机构的与该企业生产经营有关的管理费，应当提供总机构出具的管理费汇集范围、定额、分配依据和方法的证明文件，经主管税务机关审核后，准予扣除。

（14）国债利息收入的扣除。

纳税人购买国债利息收入，不计入应纳税所得额。

（15）其他收入的扣除。

各种财政补贴收入、减免或返还的流转税，除国务院、财政部和国家税务总局规定有指定用途者，可以不计入应纳税所得额外，其余则应并入企业应纳税所得额计算征税。

（16）亏损弥补的扣除。

纳税人发生的年度亏损，可以用下一年度的所得弥补，下一纳税年度的所得不足弥补的，可以逐年延续弥补，但最长不得超过5年。

12.不得扣除

在计算应纳税所得额时，下列支出不得扣除：

（1）资本性支出。

资本性支出是指纳税人购置、建造固定资产，以及对外投资的支出。企业的资本性支出，不得直接在税前扣除，应以提取折旧的方式逐步摊销。

（2）无形资产受让、开发支出。

无形资产受让、开发支出是指纳税人购置无形资产以及自行开发无形资产的各项费用支出。无形资产受让、开发支出不得直接扣除，应在其受益期内分期摊销。

（3）资产减值准备。

固定资产、无形资产计提的减值准备，不允许在税前扣除；其他资产计提的减值准备，在转化为实质性损失之前，不允许在税前扣除。

（4）罚款与罚没支出。

违法经营的罚款和被没收财物的损失指纳税人违反国家法律法规和规章，被有关部门处以的罚款以及被没收财物的损失，不得扣除。

（5）滞纳金、罚金和罚款支出。

各项税收的滞纳金、罚金和罚款指纳税人违反国家税收法规，被税务部门处以的滞纳金和罚款、司法部门处以的罚金，以及上述以外的各项罚款，不得在税前扣除。

（6）自然灾害或者意外事故损失有赔偿的部分。

自然灾害或者意外事故损失有赔偿的部分指纳税人遭受自然灾害或者意外事故，保险公司给予赔偿的部分，不得在税前扣除。

（7）非公益、救济性捐赠与超过国家允许扣除的公益、救济性捐赠。

超过国家允许扣除的公益、救济性捐赠，以及非公益、救济性捐赠指纳税人用于非公益、救济性捐赠，以及超过年度利润总额12%的部分的捐赠，不允许扣除。

（8）各种赞助支出。

（9）与取得收入无关的其他各项支出。

13.减免政策

企业所得税减免是指国家运用税收经济杠杆，为鼓励和扶持企业或某些特殊行业的发展而采取的一项灵活调节措施。《企业所得税法》原则上规定了两项减免税优惠：一是民族区域自治地方的企业需要照顾和鼓励的，经省级人民政府批准，可以实行定期减税或免税；二是法律、行政法规和国务院有关规定给予减税免税的企业，依照规定执行。对税制改革以前的所得税优惠政策中，属于政策性强、影响面大、有利于经济发展和维护社会安定的，经国务院同意，可以继续执行。

减免政策主要包括以下内容：

（1）经国务院批准的高新技术产业开发区内的高新技术企业，减按15%的税率征收所得税；新办的高新技术企业自投产年度起，免征所得税2年。

（2）对农村的为农业生产的产前、产中、产后服务的行业，即乡村的农技推广站、植保站、水管站、林业站、畜牧兽医站、水产站、种子站、农机站、气象站，以及农村专业技术协会、农民专业合作社，对其提供的技术服务或劳务所取得的收入，以及城镇其他各类事业单位开展的技术服务或劳务所取得的收入暂免征收所得税；对科研单位和大专院校服务于各企业的技术成果转让、技术培训、技术咨询、技术服务、技术承包所取得的技术性服务收入暂免征收所得税；对新办的独立核算的从事咨询业（包括科技、法律、会计、审计、税务等咨询业）、信息业、技术服务业的企业或经营单位，自开业之日起，免征所得税2年；对新办的独立核算的从事交通运输业、邮电通信业的企业或经营单位，自开业之日起，第一年免征所得税，第二年减半征收所得税；对新办的独立核算的从事公用事业、商业、物资业、对外贸易业、旅游业、仓储业、居民服务业、饮食业、教育文化事业、卫生事业的企业或经营单位，自开业之日起，报经主管税务机关批准，可减征或免征所得税2年。

（3）企业在原设计规定的产品以外，综合利用该企业生产过程中产生的、在《资源综合利用目录》内的资源作为主要原料生产的产品的所得，以及企业利用本企业以外的大宗煤矸石、炉渣、粉煤灰作为主要原料生产建材产品的所得，自生产经营之日起，免征所得税5年；为处理利用其他企业废弃的、在《资源综合利用目录》内的资源而新办的企业，经主管税务机关批准，可减征或免征所得税1年。

（4）在国家确定的"老、少、边、穷"地区新办的企业，经主管税务机关批准后可减征或免征所得税3年。

（5）企业、事业单位进行技术转让，以及在技术转让过程中发生的与技术转让有关的技术咨询、技术服务、技术培训的所得，年净收入在30万元以下的，暂免征收所得税。

（6）企业遇有风、火、水、震等严重自然灾害，经主管税务机关批准，可减征或免征所得税1年。

（7）新办的城镇劳动就业服务企业，当年安置城镇待业人员超过企业从业人员总数60%的，经主管税务机关审查批准，可免征所得税3年；劳动就业服务企业免税期满后，当年新安置待业人员占企业原从业人员总数30%以上的，经主管税务机关审核批准，可减半征收所得税2年。

（8）高等学校和中小学校办工厂、农场自身从事生产经营的所得，暂免征收所得税。高等学校和中小学举办各类进修班、培训班的所得，暂免征收所得税。高等学校和中小学享受税收优惠的校办企业，必须是学校出资自办的，由学校负责经营管理、经营收入归学校所有的企业。下列企业不得享受对校办企业的税收优惠：①将原有的纳税企业转为校办企业；②学校在原校办企业的基础上吸收外单位投资举办的联营企业；③学校向外单位投资举办的联营企业；④学校与其他企业、单位和个人联合创办的企业；⑤学校将校办企业转租给外单位经营的企业；⑥学校将校办企业承包给个人经营的企业。享受税收优惠政策的高等学校和中小学的范围仅限于教育部门所办的普教性学校，不包括电大、夜大、业大等各类成人学校，企业举办的职工学校和私人办学校。

（9）对民政部门举办的福利工厂和街道的非中途转办的社会福利生产单位，凡安置"四残"人员占生产人员总数35%以上的，暂免征收所得税；凡安置"四残"人员占生产人员总数的比例超过10%未达到35%的，减半征收所得税。

（10）乡镇企业可按应缴税款减征10%，用于补助社会性开支的费用。

（八）纳税申报

企业所得税申报表，根据税款征收方法，分为A类申报表、B类申报表。A类申报表为查账征收企业所得税纳税人填制，适用于查账征收方式的单位填写申报。B类申报表为核定征收企业所得税纳税人填制，适用于核定征收方式的单位填写申报。

【查账征收】也称"查账计征"或"自报查账"。纳税人在规定的申报纳税期限内根据自己的财务报表或经营情况，向税务机关申请其营业额和所得额，并向当地代理金库的银行缴纳税款。这种征收方式适用于账簿、凭证、财务核算制度比较健全，能够据以如实核算，反映生产经营成果，正确计算应纳税款的纳税人。

【核定征收】是指由于纳税人的会计账簿不健全，资料残缺难以查账，或者其他原因难以准确确定纳税人应纳税额时，由税务机关采用合理的方法依法核定纳税人应纳税款的一种征收方式。

【政策依据7-2】《关于发布〈中华人民共和国企业所得税月（季）度预缴纳税申报

表（2015年版）等报表〉的公告》（国家税务总局公告2015年第31号）规定："中华人民共和国企业所得税月（季）度预缴纳税申报表（A类，2015年版）"适用于实行查账征收企业所得税的居民企业预缴月份、季度税款时填报。"中华人民共和国企业所得税月（季）度和年度纳税申报表（B类，2015年版）"适用于实行核定征收企业所得税的居民企业预缴月份、季度税款和年度汇算清缴时填报。

【政策依据7-3】跨地区经营汇总纳税企业的分支机构，使用"中华人民共和国企业所得税月（季）度预缴纳税申报表（A类，2015年版）"和"中华人民共和国企业所得税汇总纳税分支机构所得税分配表（2015年版）"进行年度企业所得税汇算清缴申报。若企业所得税属查账征收填写"中华人民共和国企业所得税月（季）度预缴纳税申报表（A类，2015年版）"；若企业所得税属核定征收则填写"中华人民共和国企业所得税月（季）度和年度纳税申报表（B类，2015年版）"。

按月份或季度预缴税款的纳税人，应在月份或季度终了后15日内向主管税务机关进行纳税申报并预缴税款。其中，第四季度的税款也应于季度终了后15日内先进行预缴，然后在年终了后45日内进行年度申报，税务机关在5个月内进行汇算清缴，多退少补。

企业所得税年度是从公历1月1日起至12月31日止。纳税人在一个纳税年度中间开业，或者由于合并、关闭等原因，使该纳税年度的实际经营期不足12个月的，应当以其实际经营期为一个纳税年度；纳税人清算时，应当以清算期间为一个纳税年度。

企业所得税按年计算，但为了保证税款及时、均衡入库，对企业所得税采取分期（按月或季）预缴、年终汇算清缴的办法。纳税人预缴所得税时，应当按纳税期限的实际数预缴，按实际数预缴有困难的，可以按上一年度应纳税所得额的1/12或1/4，或者经当地税务机关认可的其他方法分期预缴所得税。预缴方法一经确定，不得随意改变。

【政策依据7-4】2008年1月1日起施行的《企业所得税法》第五十四条规定：企业所得税分月或者分季预缴。企业自月份或者季度终了之日起15日内，无论盈利或亏损，都应向税务机关报送预缴企业所得税纳税申报表，预缴税款。企业应当自年度终了之日起5个月内，向税务机关报送年度企业所得税纳税申报表，并汇算清缴，结清应缴应退税款。企业在报送企业所得税纳税申报表时，应当按照规定附送财务会计报告和其他有关资料。纳税人在规定的申报期申报确有困难的，可报经主管税务机关批准，延期申报。

纳税申报的准备事项：

（1）做好年终盘点工作，对企业的资产及债权进行盘点核对，对清理出来的需报批的财产损失，连同年度内发生的财产损失，及时准备报批材料向主管税务机关报批，主要包括：

①因自然灾害、战争、政治事件等不可抗力或者人为管理责任，导致的库存现金、银行存款、存货、交易性金融资产、固定资产的损失。

②应收、预付账款发生的坏账损失。

③ 存货、固定资产、无形资产、长期投资因发生永久或实质性损害而确认的财产损失（注意各项目永久或实质性损害的情形，要充分利用）。

④ 因被投资方解散、清算等发生的投资损失（不包括转让损失）。

⑤ 按规定可以税前扣除的各项资产评估损失。

⑥ 因政府规划搬迁、征用等发生的财产损失。

⑦ 国家规定允许从事信贷业务之外的企业间的直接借款损失。

（2）检查有无应计未计、应提未提费用，在12月份及时做出补提补计，做到应提均提、应计均计。

① 检查固定资产折旧计提情况，无形资产、长期待摊费用摊销情况，对漏计折旧、漏计摊销的予以补提补计。

② 检查福利费和职工教育经费计提情况，这两项费用是法定的可以按计税工资比例进行税前扣除的费用，是企业的一项权益，应计提。工会经费不缴纳的不用计提。

（3）查阅以前年度的所得税纳税申报资料（最好建立纳税调整台账），查找与本期纳税申报有关系的事项，主要包括：

① 未弥补亏损。

② 纳税调整事项，如未摊销完的开办费、广告费等。

③ 对年度账务进行梳理，整理本年度发生的纳税调整事项，做到心中有数，能通过账务处理的，最好在年度结账前进行处理。

④ 注意其他税种的"汇算清缴"。企业所得税纳税申报是对账务进行一次详细梳理的过程，其间发现的其他涉税问题也应一并处理。如视同销售漏缴的增值税；未按查补缴纳的增值税计缴的城建税、教育费附加；未及时申报的印花税等。税务机关在对企业所得税汇算清缴时也会对相关涉税问题一并检查并做出处理。

⑤ 年度中作预缴申报时，在不造成多缴所得税的情况下，需作纳税调整的尽量作纳税调整，虽然不作纳税调整也不构成偷税，但这样做的好处，一是能及时记录反映纳税调整事项，二是能及时反映调整后的应纳税所得额。

⑥ 对于预缴申报时不能及时作纳税调整的事项，应养成及时记录的习惯。

⑦ 对与企业所得税相关的主要税收法规，结合最新的此类税法，每年至少要细读一遍。

⑧ 在某些事项的处理上当与主管税务机关理解不一致或税务机关内部人员理解也不一致时，宜采用稳妥、保险的处理方法。

二、企业所得税纳税申报表填报实验

（一）实验目的和要求

实验目的：通过本实验操作，熟练掌握相关税法理论和实际结合的方法，掌握生产企业所得税应税计算、企业所得税纳税申报表填写方法，为从事企业所得税办税业务打下扎实的基础。

实验要求：实验前要充分学习《企业所得税法》等相关法律法规，理解相关企业所得税法规定、企业所得税纳税申报表及其附列资料表内和表间逻辑关系，实验时务必认真熟悉实验内容和资料，过程中可以互相讨论和学习，要求独立完成申报表的填报实验。

实验流程如图7-1所示。

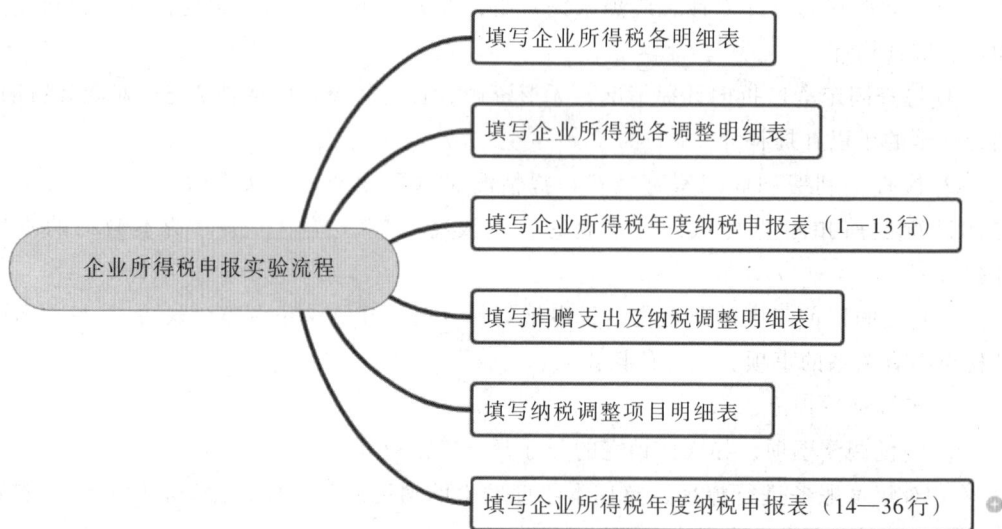

图7-1　企业所得税申报实验流程

（二）实验知识准备

1. 企业所得税申报表，根据税款征收方法，分为A类申报表、B类申报表。A类申报表为查账征收企业所得税纳税人填制，适用于查账征收方式的单位填写申报。B类申报表为核定征收企业所得税纳税人填制，适用于核定征收方式的单位填写申报。

2. 企业所得税分月或者分季预缴。企业应当自月份或者季度终了之日起15日内，无论盈利或亏损，都应向税务机关报送预缴企业所得税纳税申报表，预缴税款。企业应当自年度终了之日起5个月内，向税务机关报送年度企业所得税纳税申报表，并汇算清缴，结清应缴应退税款。

3. 企业在报送企业所得税纳税申报表时，应当按照规定附送财务会计报告和其他有关资料。纳税人在规定的申报期申报确有困难的，可报经主管税务机关批准，延期申报。

4. 企业所得税纳税申报前应做好年终盘点工作，对企业的资产及债权进行盘点核对，对清理出来的需报批的财产损失，连同年度内发生的财产损失，及时准备报批材料向主管税务机关报批。

5. 纳税人在计算企业所得税应纳税所得额及应纳税额时，会计处理与税法规定不一致的，应当按照税法规定计算。税法规定不明确的，在没有明确规定之前，暂按国家统一会计制度计算。

6.会计与税法的差异（包括收入类、扣除类、资产类等差异）通过"纳税调整项目明细表"集中填报。

7.企业所得税按年度汇缴，需要完成多个附列资料表，表内和表间关系繁杂，填写前务必详细阅读各申报表的填表说明，按要求逐一填写。

8.《企业所得税法》第九条规定：企业发生的公益性捐赠支出，在年度利润总额12%以内的部分，准予在计算应纳税所得额时扣除。

9.根据《企业所得税法实施条例》第三十四条的规定，企业发生的合理的工资薪金支出，准予扣除。

10.根据《国家税务总局关于企业工资薪金及职工福利费扣除问题的通知》（国税函〔2009〕3号）第二条的规定，工资薪金总额，指企业按照本通知第一条规定实际发放的工资薪金总和，不包括企业的职工福利费、职工教育经费、工会经费以及养老保险费、医疗保险费、失业保险费、工伤保险费、生育保险费等社会保险费和住房公积金。属于国有性质的企业，其工资、薪金，不得超过政府有关部门给予的限定数额；超过部分，不得计入企业工资薪金总额，也不得在计算企业应纳税所得额时扣除。

11.根据《国家税务总局关于企业工资薪金和职工福利费等支出税前扣除问题的公告》（国家税务总局2015年第34号公告）的规定，列入企业员工工资薪金制度、固定与工资薪金一起发放的福利性补贴，符合国税函〔2009〕3号文件第一条的，可作为企业发生的工资薪金支出，按规定在税前扣除。

12.《企业所得税法实施条例》第四十三条规定：企业发生的与生产经营活动有关的业务招待费支出，按照发生额的60%扣除，但最高不得超过当年销售（营业）收入的5‰。按照发生额的60%扣除与按最高不得超过当年销售（营业）收入的5‰孰小原则取扣除标准。

13.《企业所得税法》第十条规定：在计算应纳税所得额时，下列支出不得扣除：向投资者支付的股息、红利等权益性投资收益款项；企业所得税税款；税收滞纳金；罚金、罚款和被没收财物的损失；本法第九条规定以外的捐赠支出；赞助支出；未经核定的准备金支出；与取得收入无关的其他支出。

14.《企业所得税法实施条例》第四十一条规定：企业拨缴的工会经费，不超过工资薪金总额2%的部分，准予扣除。

15.《国家税务总局关于税务机关代收工会经费企业所得税税前扣除凭据问题的公告》（国家税务总局公告2011年第30号）规定：自2010年1月1日起，在委托税务机关代收工会经费的地区，企业拨缴的工会经费，也可凭合法、有效的工会经费代收凭据依法在税前扣除。

16.财政部与税务总局联合发布的《关于企业职工教育经费税前扣除政策的通知》

（财税〔2018〕51号）明确自2018年1月1日起，企业发生的职工教育经费支出，不超过工资薪金总额8%的部分，准予在计算企业所得税应纳税所得额时扣除；超过部分，准予在以后纳税年度结转扣除。

17.《企业所得税法》和《企业所得税法实施条例》规定：企业通过公益性社会组织或者县级（含县级）以上人民政府及其组成部门和直属机构，用于慈善活动、公益事业的捐赠支出，在年度利润总额12%以内的部分，准予在计算应纳税所得额时扣除；超过年度利润总额12%的部分，准予结转以后3年内在计算应纳税所得额时扣除。

18.《关于进一步完善研发费用税前加计扣除政策的公告》（财税〔2021〕13号）规定：自2021年1月1日起，按照实际发生额的100%在税前加计扣除；形成无形资产的，自2021年1月1日起，按照无形资产成本的200%在税前摊销。

19.根据《企业所得税法》和《企业所得税法实施条例》有关规定，企业发生的与生产经营有关的手续费及佣金支出，按与具有合法经营资格的中介服务机构或个人（不含交易双方及其雇员、代理人和代表人等）所签订服务协议或合同确认的收入金额的5%计算限额。

（三）实验内容和资料

1.企业基本资料

广州市高丰机械厂于2018年成立，是一般纳税人，属于科技型中小企业（登记号为152215），经主管税务机关广州市经济开发区税务局核定该公司采用查账征收的方式按月申报缴纳增值税，执行企业会计准则，实行非工效挂钩企业工资计税办法，企业所得税税率25%，企业自行申报纳税，属就地纳税居民企业。全年平均资产总额为3 870万元，职工平均人数为720人。

公司名称：广州市高丰机械厂；纳税人识别号：67517221TM83281FG9（或实训系统自行分配）；注册地址和电话：广州市经济开发区33号，13577889210；开户银行和账号：中国建设银行广州市经济开发区支行，6123412349876 6966；税款所属时期：2019年1月1日至2019年12月31日。

法定代表人：周宏；财务负责人：邓鸿飞；办税员：赵晓。

主要经营范围：电子机械产品的生产、研发、销售。

2.涉税业务资料

以该公司当月的涉税业务为例，以仿真数据为载体进行列示，按照业务发生情况进行申报表填报。

（1）该公司的无形资产（专利）是企业自行研发获得的，研发支出投入已在计算应纳税所得额时进行了扣除。

（2）该公司前5年无亏损，无广告费后续结转。

（3）本年累计已预缴所得税税额0。

（4）股东分红明细见表7-2。

表7-2 股东分红明细

姓名	身份证号	投资比例	当年分红（元）
张琼	440105197808240022	49%	13 895.00
肖飞扬	440105198302043141	51%	151 940.00

3.生产经营业务情况

（1）取得销售收入：33 105.00万元。其中：高丰牌GF129灌装器13 577.00万元，高丰牌GF365灌装器12 565.00万元，高丰牌GF279灌装器2 308.00万元，高丰牌GF380灌装器4 655.00万元。

（2）取得其他业务收入：360.00万元。其中：材料销售收入295.00万元，代销手续费收入65.00万元。

（3）营业外收入：127.62万元。其中：处置固定资产收益127.62万元。

（4）固定资产盘盈：5.89万元。

（5）营业外支出：2 901.51万元。其中：固定资产报废损失6.88万元，固定资产盘亏13.29万元，通过中国红十字会总会捐赠支出2 880.00万元，税收滞纳金1.34万元。

（6）销售成本：7 963.00万元。其中：高丰牌GF129灌装器1 769.00万元，高丰牌GF365灌装器1 521.00万元，高丰牌GF279灌装器1 998.00万元，高丰牌GF380灌装器2 675.00万元。

（7）其他业务成本：420.00万元。其中：材料销售成本420.00万元。

（8）销售费用：1 543.83万元。其中：职工薪酬496.58万元，广告费用580.00万元，固定资产折旧77.25万元，经营租金390.00万元。

（9）管理费用：2 140.80万元。其中：职工薪酬674.72万元，咨询费16.80万元，业务招待费128.77万元，固定资产折旧89.68万元，无形资产摊销（外购的专利）38.98万元，水电费465.65万元，差旅费233.87万元，技术研究开发费384.35万元（尚未形成无形资产），各项税费53.00万元，劳动保护费45.66万元，其他费用9.32万元。

（10）财务费用：78.81万元。其中：利息收入3.87万元；利息支出75.99万元（都是支付给金融机构的银行利息）；汇兑支出1.87万元；公司与具有合法经营资格的中介服务企业签订了中介服务合同176.30万元，通过银行转账支付手续费4.82万元，取得了合法有效的增值税专用发票，并已全部计入了当期损益（手续费和佣金扣除比例为所签订服务协议或合同确认的收入金额的5%）。

（11）计入成本、费用的实发工资总额：3 543.12万元，支出的职工福利费106.2936万元，职工教育经费53.1468万元，拨缴职工工会经费70.8624万元，缴纳的各类基本社会保障性缴款（包括基本医疗保险费、基本养老保险费、失业保险费、工伤保险费和生育保险费）1 105.4534万元，缴纳的住房公积金144.312万元（实际发生额等于账载金额）。

（12）税金及附加：280.50万元。

（13）资产减值损失：23.66万元。

（14）坏账准备：5.87万元；存货跌价准备：20.00万元；固定资产减值准备：18.80万元。

（15）投资收益：766.00万元。其中：国债利息收入56.00万元（投资成本1 200.00万元），交易性金融资产转让收入17.00万元（初始投资成本80.00万元），长期股权分得红利693.00万元（2019年直接投资佛山市高丰机械有限公司（纳税人识别号0298933124420921），初始投资成本为900.00万元，投资比例为55%，以后年度不再追加投资，佛山市高丰机械有限公司为其控股子公司，采用权益法核算。佛山市高丰机械有限公司做出利润分配时间为2019年12月1日）。

4.“啤酒生产设备”研究开发费用明细

（1）研发活动直接消耗材料73.00万元、燃料80.00万元和动力费用65.00万元，共计218.00万元。

（2）人员人工费用为50.00万元。其中直接从事研发活动的本企业在职人员工资薪金为37.50万元，五险一金12.50万元。

（3）专门用于研发活动的设备折旧费18.50万元，通过经营租赁方式租入的用于研发活动的仪器、设备租赁费11.50万元，用于研发活动的仪器、设备的运行维护费3.35万元。

（4）中间试验和产品试制的有关费用35.00万元，用于不构成固定资产的样品、样机及一般测试手段购置费28.00万元。

（5）资料翻译费、专家咨询费为20.00万元。

5.企业减值准备情况

（1）期初金额：坏（呆）账准备金13 800.00元，存货跌价准备金27 500.00元，固定资产减值准备金25 000.00元。

（2）本期计提额：坏（呆）账准备金37 100.00元，存货跌价准备金50 000.00元，固定资产减值准备金30 000元。

（3）期末余额：坏（呆）账准备金50 900.00元，存货跌价准备金77 500.00元，固定资产减值准备金55 000.00元。

6.固定资产、无形资产折旧摊销情况

固定资产、无形资产折旧摊销情况见表7-3。

表7-3   固定资产、无形资产折旧摊销情况

资产类别	资产原值（元）	折旧、摊销年限（年）	本期折旧、摊销额（元）
固定资产	53 340 000.00		3 225 600.00
房屋、建筑物	36 000 000.00	30	1 200 000.00
机器、机械	9 180 000.00	10	881 280.00
与生产经营有关的器具、工具、家具	2 700 000.00	10	259 200.00
飞机、火车、轮船以外的运输工具	5 100 000.00	6	816 000.00
电子设备	360 000.00	5	69 120.00
无形资产（专利权）	405 000.00	10	405 000.00

（四）实验步骤

1. 依据实训内容和资料，熟悉企业基本情况和业务（包括收入、成本、费用、税金及附加等）详细情况，按实际情况进行企业年度汇算清缴申报表填写，先完成附列资料表填写，再进行纳税调整表和主表填写。

2. 注意计算：期间费用明细表的"资产折旧摊销费=资产折旧+资产摊销"，劳动保护费属于其他项目资金，"利息收支=利息支出−利息收入"。

3. 注意计算：纳税调整明细表的"资产损失=固定资产报废损失+固定资产盘亏"；"企业所得税税前准予扣除的捐赠支出扣除限额=利润总额×税法规定的扣除率12%"；"业务招待费支出扣除限额=销售（营业）收入×税法规定的扣除率0.5%"。

4. 注意计算：职工薪酬支出及纳税调整明细表的"职工福利费支出扣除限额=工资薪金总额×税法规定的扣除率14%"；"职工教育经费支出扣除限额=工资薪金总额×税法规定的扣除率8%"；"工会经费支出扣除限额=工资薪金总额×税法规定的扣除率2%"。

5. 注意计算：广告费和业务宣传费跨年度纳税调整明细表的"广告费和业务宣传费扣除限额=销售（营业）收入×税法规定的扣除率15%"。

6. 注意计算：研发费用加计扣除优惠明细表的"其他相关费用加计扣除限额=研发费用总额×税法规定的扣除率10%"。

7. 依据汇算清缴企业所得税纳税申报表A填表要求进行纳税申报表及附列资料表填写，先进行基础信息和填报表单的填写，再对附列资料表逐个填写，并在完成纳税调整表后填写主表内容（如图7-2、图7-3所示）。

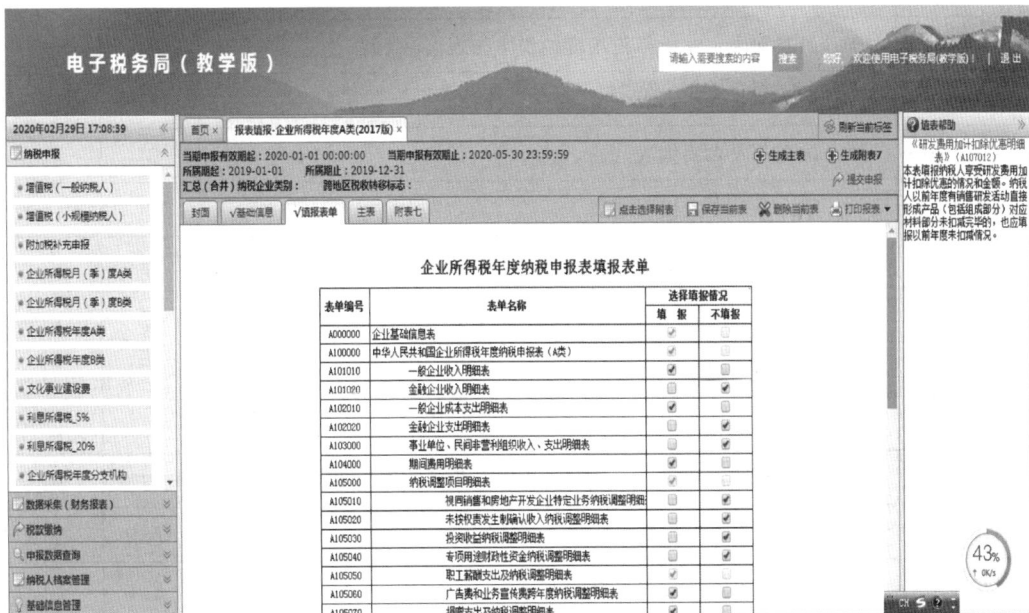

图7-2 企业所得税年度纳税申报表填报表单

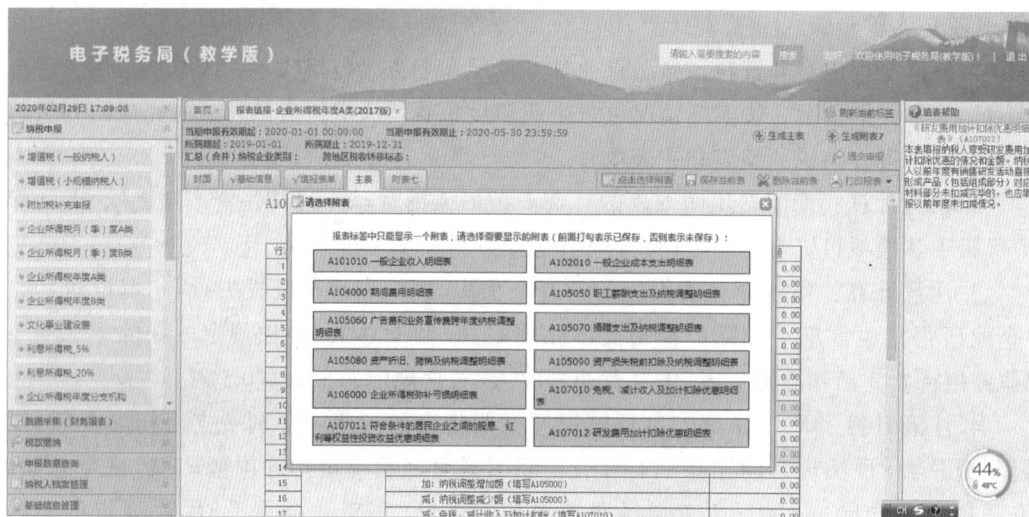

图7-3　企业所得税年度申报附表

（五）实验结果

实训操作完成后，依次填写、提交或打印实验结果如下：

"企业所得税纳税申报表"及其附列资料表见表7-4至表7-19。

表7-4　　　　　　　　　　企业所得税年度纳税申报表填报表单

表单编号	表单名称	选择填报情况	
		填报	不填报
A000000	企业基础信息表	☑	☐
A100000	中华人民共和国企业所得税年度纳税申报表（A类）	☑	☐
A101010	一般企业收入明细表	☑	☐
A101020	金融企业收入明细表	☐	☑
A102010	一般企业成本支出明细表	☑	☐
A102020	金融企业支出明细表	☐	☑
A103000	事业单位、民间非营利组织收入、支出明细表	☐	☑
A104000	期间费用明细表	☑	☐
A105000	纳税调整项目明细表	☑	☐
A105010	视同销售和房地产开发企业特定业务纳税调整明细表	☐	☑
A105020	未按权责发生制确认收入纳税调整明细表	☐	☑
A105030	投资收益纳税调整明细表	☑	☐
A105040	专项用途财政性资金纳税调整明细表	☐	☑

表单编号	表单名称	选择填报情况	
		填报	不填报
A105050	职工薪酬支出及纳税调整明细表	☑	☐
A105060	广告费和业务宣传费跨年度纳税调整明细表	☑	☐
A105070	捐赠支出及纳税调整明细表	☑	☐
A105080	资产折旧、摊销及纳税调整明细表	☑	☐
A105090	资产损失税前扣除及纳税调整明细表	☑	☐
A105100	企业重组情况及纳税调整明细表	☐	☑
A105110	政策性搬迁纳税调整明细表	☐	☑
A105120	特殊行业准备金及纳税调整明细表	☐	☑
A106000	企业所得税弥补亏损明细表	☑	☐
A107010	免税、减计收入及加计扣除优惠明细表	☑	☐
A107011	符合条件的居民企业之间的股息、红利等权益性投资收益优惠明细表	☑	☐
A107012	研发费用加计扣除优惠明细表	☑	☐
A107020	所得减免优惠明细表	☐	☑
A107030	抵扣应纳税所得额明细表	☐	☑
A107040	减免所得税优惠明细表	☐	☑
A107041	高新技术企业优惠情况及明细表	☐	☑
A107042	软件、集成电路企业优惠情况及明细表	☐	☑
A107050	税额抵免优惠明细表	☐	☑
A108000	境外所得税收抵免明细表	☐	☑
A108010	境外所得纳税调整后所得明细表	☐	☑
A108020	境外分支机构弥补亏损明细表	☐	☑
A108030	跨年度结转抵免境外所得明细表	☐	☑
A109000	跨地区经营汇总纳税企业年度分摊企业所得税明细表	☐	☑
A109010	企业所得税汇总纳税分支机构所得税分配表	☐	☑

说明：企业应当根据实际情况选择需要填报的表单。

A101010

表7-5 一般企业收入明细表 单位：元

行次	项 目	金 额
1	一、营业收入（2+9）	334 650 000.00
2	（一）主营业务收入（3+5+6+7+8）	331 050 000.00
3	1.销售商品收入	331 050 000.00
4	其中：非货币性资产交换收入	0.00
5	2.提供劳务收入	0.00
6	3.建造合同收入	0.00
7	4.让渡资产使用权收入	0.00
8	5.其他	0.00
9	（二）其他业务收入（10+12+13+14+15）	3 600 000.00
10	1.销售材料收入	2 950 000.00
11	其中：非货币性资产交换收入	0.00
12	2.出租固定资产收入	0.00
13	3.出租无形资产收入	0.00
14	4.出租包装物和商品收入	0.00
15	5.其他	650 000.00
16	二、营业外收入（17+18+19+20+21+22+23+24+25+26）	1 335 100.00
17	（一）非流动资产处置利得	1 276 200.00
18	（二）非货币性资产交换利得	0.00
19	（三）债务重组利得	0.00
20	（四）政府补助利得	0.00
21	（五）盘盈利得	58 900.00
22	（六）捐赠利得	0.00
23	（七）罚没利得	0.00
24	（八）确实无法偿付的应付款项	0.00
25	（九）汇兑收益	0.00
26	（十）其他	0.00

A102010

表7-6　　　　　　　　　　　　一般企业成本支出明细表　　　　　　　　　　单位：元

行次	项　　目	金　　额
1	一、营业成本（2+9）	83 830 000.00
2	（一）主营业务成本（3+5+6+7+8）	79 630 000.00
3	1.销售商品成本	79 630 000.00
4	其中：非货币性资产交换成本	0.00
5	2.提供劳务成本	0.00
6	3.建造合同成本	0.00
7	4.让渡资产使用权成本	0.00
8	5.其他	0.00
9	（二）其他业务成本（10+12+13+14+15）	4 200 000.00
10	1.材料销售成本	4 200 000.00
11	其中：非货币性资产交换成本	0.00
12	2.出租固定资产成本	0.00
13	3.出租无形资产成本	0.00
14	4.包装物出租成本	0.00
15	5.其他	0.00
16	二、营业外支出（17+18+19+20+21+22+23+24+25+26）	29 015 100.00
17	（一）非流动资产处置损失	68 800.00
18	（二）非货币性资产交换损失	0.00
19	（三）债务重组损失	0.00
20	（四）非常损失	132 900.00
21	（五）捐赠支出	28 800 000.00
22	（六）赞助支出	0.00
23	（七）罚没支出	13 400.00
24	（八）坏账损失	0.00
25	（九）无法收回的债券股权投资损失	0.00
26	（十）其他	0.00

A104000

表7-7   **期间费用明细表**   单位：元

行次	项 目	销售费用	其中：境外支付	管理费用	其中：境外支付	财务费用	其中：境外支付
		1	2	3	4	5	6
1	一、职工薪酬	4 965 800.00	—	6 747 200.00	—	—	—
2	二、劳务费	0.00	0.00	0.00	0.00	—	—
3	三、咨询顾问费	0.00	0.00	168 000.00	0.00	—	—
4	四、业务招待费	0.00	—	1 287 700.00	—	—	—
5	五、广告费和业务宣传费	5 800 000.00	—	0.00	—	—	—
6	六、佣金和手续费	0.00	0.00	0.00	0.00	48 200.00	0.00
7	七、资产折旧摊销费	772 500.00	—	1 286 600.00	—	—	—
8	八、财产损耗、盘亏及毁损损失	0.00	—	0.00	—	—	—
9	九、办公费	0.00	—	4 656 500.00	—	—	—
10	十、董事会费	—	—	0.00	—	—	—
11	十一、租赁费	3 900 000.00	0.00	0.00	0.00	—	—
12	十二、诉讼费	0.00	—	0.00	—	—	—
13	十三、差旅费	0.00	—	2 338 700.00	—	—	—
14	十四、保险费	0.00	—	0.00	—	—	—
15	十五、运输、仓储费	0.00	0.00	0.00	0.00	—	—
16	十六、修理费	0.00	0.00	0.00	0.00	—	—
17	十七、包装费	0.00	—	0.00	—	—	—
18	十八、技术转让费	0.00	0.00	0.00	0.00	—	—
19	十九、研究费用	0.00	0.00	3 843 500.00	0.00	—	—
20	二十、各项税费	0.00	—	530 000.00	—	—	—
21	二十一、利息收支	—	—	—	—	721 200.00	0.00
22	二十二、汇兑差额	—	—	—	—	18 700.00	0.00
23	二十三、现金折扣	—	—	—	—	0.00	—
24	二十四、党组织工作经费	—	—	0.00	—	—	—
25	二十五、其他	0.00	0.00	549 800.00	0.00	0.00	0.00
26	合计（1+2+3+…+25）	15 438 300.00	0.00	21 408 000.00	0.00	788 100.00	0.00

A105030

表7-8 　　　　　　　　　　　　　　投资收益纳税调整明细表 　　　　　　　　　　　　金额单位：元

行次	项目	持有收益			处置收益							纳税调整金额
		账载金额	税收金额	纳税调整金额	会计确认的处置收入	税收计算的处置收入	处置投资的账面价值	处置投资的计税基础	会计确认的处置所得或损失	税收计算的处置所得	纳税调整金额	
		1	2	3 (2-1)	4	5	6	7	8 (4-6)	9 (5-7)	10 (9-8)	11 (3+10)
1	一、交易性金融资产	0.00	0.00	0.00	170 000.00	170 000.00	170 000.00	170 000.00	0.00	0.00	0.00	0.00
2	二、可供出售金融资产	0.00	0.00	0.00	0.00	0.00	0.00	0.00	0.00	0.00	0.00	0.00
3	三、持有至到期投资	0.00	0.00	0.00	0.00	0.00	0.00	0.00	0.00	0.00	0.00	0.00
4	四、衍生工具	0.00	0.00	0.00	0.00	0.00	0.00	0.00	0.00	0.00	0.00	0.00
5	五、交易性金融负债	0.00	0.00	0.00	0.00	0.00	0.00	0.00	0.00	0.00	0.00	0.00
6	六、长期股权投资	0.00	0.00	0.00	0.00	0.00	0.00	0.00	0.00	0.00	0.00	0.00
7	七、短期投资	0.00	0.00	0.00	0.00	0.00	0.00	0.00	0.00	0.00	0.00	0.00
8	八、长期债券投资	0.00	0.00	0.00	0.00	0.00	0.00	0.00	0.00	0.00	0.00	0.00
9	九、其他	0.00	0.00	0.00	0.00	0.00	0.00	0.00	0.00	0.00	0.00	0.00
10	合计（1+2+3+4+5+6+7+8+9）	0.00	0.00	0.00	170 000.00	170 000.00	170 000.00	170 000.00	0.00	0.00	0.00	0.00

A105050

表7-9 　　　　　　　　　　　　　职工薪酬支出及纳税调整明细表 　　　　　　　　　　金额单位：元

行次	项目	账载金额	实际发生额	税收规定扣除率	以前年度累计结转扣除额	税收金额	纳税调整金额	累计结转以后年度扣除额
		1	2	3	4	5	6 (1-5)	7 (1+4-5)
1	一、工资薪金支出	35 431 200.00	35 431 200.00	—	—	35 431 200.00	0.00	—
2	其中：股权激励	0.00	0.00	—	—	0.00	0.00	—
3	二、职工福利费支出	1 062 936.00	1 062 936.00	14%	—	1 062 936.00	0.00	—
4	三、职工教育经费支出	531 468.00	531 468.00	—	0.00	531 468.00	0.00	0.00
5	其中：按税收规定比例扣除的职工教育经费	531 468.00	531 468.00	8%	0.00	531 468.00	0.00	0.00
6	按税收规定全额扣除的职工培训费用	0.00	0.00	100%	—	0.00	0.00	—
7	四、工会经费支出	708 624.00	708 624.00	2%	—	708 624.00	0.00	—
8	五、各类基本社会保障性缴款	11 054 534.00	11 054 534.00	—	—	11 054 534.00	0.00	—
9	六、住房公积金	1 443 120.00	1 443 120.00	—	—	1 443 120.00	0.00	—
10	七、补充养老保险	0.00	0.00	0%	—	0.00	0.00	—
11	八、补充医疗保险	0.00	0.00	0%	—	0.00	0.00	—
12	九、其他	0.00	0.00	—	0.00	0.00	0.00	0.00
13	合计（1+3+4+7+8+9+10+11+12）	50 231 882.00	50 231 882.00	—	0.00	50 231 882.00	0.00	

A105060

表7-10 **广告费和业务宣传费跨年度纳税调整明细表** 金额单位：元

行次	项　目	金　额
1	一、本年广告费和业务宣传费支出	5 800 000.00
2	减：不允许扣除的广告费和业务宣传费支出	0.00
3	二、本年符合条件的广告费和业务宣传费支出（1-2）	5 800 000.00
4	三、本年计算广告费和业务宣传费扣除限额的销售（营业）收入	334 650 000.00
5	税收规定扣除率	15%
6	四、本企业计算的广告费和业务宣传费扣除限额（4×5）	50 197 500.00
7	五、本年结转以后年度扣除额（3>6，本行=3-6；3≤6，本行=0）	0.00
8	加：以前年度累计结转扣除额	0.00
9	减：本年扣除的以前年度结转额〔3>6，本行=0；3≤6，本行=8或（6-3）孰小值〕	0.00
10	六、按照分摊协议归集至其他关联方的广告费和业务宣传费（10≤3或6孰小值）	0.00
11	按照分摊协议从其他关联方归集至本企业的广告费和业务宣传费	0.00
12	七、本年广告费和业务宣传费支出纳税调整金额（3>6，本行=2+3-6+10-11；3≤6，本行=2+10-11-9）	0.00
13	八、累计结转以后年度扣除额（7+8-9）	0.00

A105070

表7-11 **捐赠支出及纳税调整明细表** 单位：元

行次	项目	账载金额	以前年度结转可扣除的捐赠额	按税收规定计算的扣除限额	税收金额	纳税调增金额	纳税调减金额	可结转以后年度扣除的捐赠额
		1	2	3	4	5	6	7
1	一、非公益性捐赠	0.00	—	—	—	0.00	—	—
2	二、全额扣除的公益性捐赠	0.00	—	—	0.00	—	—	—
3	三、限额扣除的公益性捐赠（4+5+6+7）	28 800 000.00	0.00	22 814 880.00	22 814 880.00	5 985 120.00	0.00	5 985 120.00
4	前三年度（2018年）	—	0.00	—	—	—	0.00	—
5	前二年度（2019年）	—	0.00	—	—	—	0.00	0.00
6	前一年度（2020年）	—	0.00	—	—	—	0.00	0.00
7	本年（2021年）	28 800 000.00	—	22 814 880.00	22 814 880.00	5 985 120.00	—	5 985 120.00
8	合计（1+2+3）	28 800 000.00	0.00	22 814 880.00	22 814 880.00	5 985 120.00	0.00	5 985 120.00

A105080

表7-12

资产折旧、摊销及纳税调整明细表

单位：元

行次	项　目	账载金额			资产计税基础	税收金额					纳税调整金额
		资产原值	本年折旧、摊销额	累计折旧、摊销额		税收折旧额	享受加速折旧政策的资产按税收规定计算的一般折旧、摊销额	加速折旧统计额	累计折旧、摊销额		
		1	2	3	4	5	6	7=5-6	8		9=2-5
1	一、固定资产（2+3+4+5+6+7）	53 340 000.00	3 225 600.00	0.00	53 340 000.00	3 225 600.00	—	—	0.00		0.00
2	所有固定资产 （一）房屋、建筑物	36 000 000.00	1 200 000.00	0.00	36 000 000.00	1 200 000.00	—	—	0.00		0.00
3	（二）飞机、火车、轮船、机器、机械和其他生产设备	9 180 000.00	881 280.00	0.00	9 180 000.00	881 280.00	—	—	0.00		0.00
4	（三）与生产经营活动有关的器具、工具、家具等	2 700 000.00	259 200.00	0.00	2 700 000.00	259 200.00	—	—	0.00		0.00
5	（四）飞机、火车、轮船以外的运输工具	5 100 000.00	816 000.00	0.00	5 100 000.00	816 000.00	—	—	0.00		0.00
6	（五）电子设备	360 000.00	69 120.00	0.00	360 000.00	69 120.00	—	—	0.00		0.00
7	（六）其他	0.00	0.00	0.00	0.00	0.00	—	—	0.00		0.00

续表

行次	项目	账载金额			税收金额					纳税调整金额
		资产原值	本年折旧、摊销额	累计折旧、摊销额	资产计税基础	税收折旧额	享受加速折旧政策的资产按税收一般规定计算的折旧、摊销额	加速折旧统计额	累计折旧、摊销额	
		1	2	3	4	5	6	7=5-6	8	9=2-5
8	(一)重要行业固定资产加速折旧(不含一次性扣除)	0.00	0.00	0.00	0.00	0.00	0.00	0.00	0.00	9=2-5
9	(二)其他行业研发设备加速折旧	0.00	0.00	0.00	0.00	0.00	0.00	0.00	0.00	—
10	(三)允许一次性扣除的固定资产(11+12+13)	0.00	0.00	0.00	0.00	0.00	0.00	0.00	0.00	—
11	1.单价不超过100万元专用研发设备	0.00	0.00	0.00	0.00	0.00	0.00	0.00	0.00	—
12	2.重要行业小型微利企业单价不超过100万元研发生产共用设备	0.00	0.00	0.00	0.00	0.00	0.00	0.00	0.00	—
13	3.5 000元以下固定资产	0.00	0.00	0.00	0.00	0.00	0.00	0.00	0.00	—
14	(四)技术进步、更新换代固定资产	0.00	0.00	0.00	0.00	0.00	0.00	0.00	0.00	—
15	(五)常年强震动、高腐蚀固定资产	0.00	0.00	0.00	0.00	0.00	0.00	0.00	0.00	—
16	(六)外购软件折旧	0.00	0.00	0.00	0.00	0.00	0.00	0.00	0.00	—
17	(七)集成电路企业生产设备	0.00	0.00	0.00	0.00	0.00	0.00	0.00	0.00	—

其中:享受固定资产加速折扣及一次性扣除政策的资产折旧额大于一般折旧额的部分

续表

行次	项 目	账载金额			税收金额					纳税调整金额
		资产原值	本年折旧、摊销额	累计折旧、摊销额	资产计税基础	税收折旧额	享受加速折旧政策的资产按一般规定计算的折旧、摊销额	加速折旧、折旧统计额	累计折旧、摊销额	
		1	2	3	4	5	6	7=5-6	8	9=2-5
18	二、生产性生物资产（19+20）	0.00	0.00	0.00	0.00	0.00	—	—	0.00	0.00
19	（一）林木类	0.00	0.00	0.00	0.00	0.00	—	—	0.00	0.00
20	（二）畜类	0.00	0.00	0.00	0.00	0.00	—	—	0.00	0.00
21	三、无形资产（22+23+24+25+26+27+28+30）	405 000.00	405 000.00	0.00	405 000.00	405 000.00	—	—	0.00	0.00
22	（一）专利权	405 000.00	405 000.00	0.00	405 000.00	405 000.00	—	—	0.00	0.00
23	（二）商标权	0.00	0.00	0.00	0.00	0.00	—	—	0.00	0.00
24	（三）著作权	0.00	0.00	0.00	0.00	0.00	—	—	0.00	0.00
25	（四）土地使用权	0.00	0.00	0.00	0.00	0.00	—	—	0.00	0.00
26	（五）非专利技术	0.00	0.00	0.00	0.00	0.00	—	—	0.00	0.00
27	（六）特许权使用费	0.00	0.00	0.00	0.00	0.00	—	—	0.00	0.00
28	（七）软件	0.00	0.00	0.00	0.00	0.00	—	—	0.00	0.00
29	其中：享受企业外购软件加速摊销政策	0.00	0.00	0.00	0.00	0.00	0.00	0.00	0.00	—

续表

行次	项目	账载金额			资产计税基础	税收金额				纳税调整金额
		资产原值	本年折旧、摊销额	累计折旧、摊销额		税收折旧额	享受加速折旧政策的资产按税收一般规定计算的折旧、摊销额	加速折旧统计额	累计折旧、摊销额	
		1	2	3	4	5	6	7=5-6	8	9=2-5
30	（八）其他	0.00	0.00	0.00	0.00	0.00	—	—	0.00	0.00
31	四、长期待摊费用（32+33+34+35+36）	0.00	0.00	0.00	0.00	0.00	—	—	0.00	0.00
32	（一）已足额提取折旧的固定资产的改建支出	0.00	0.00	0.00	0.00	0.00	—	—	0.00	0.00
33	（二）租入固定资产的改建支出	0.00	0.00	0.00	0.00	0.00	—	—	0.00	0.00
34	（三）固定资产的大修理支出	0.00	0.00	0.00	0.00	0.00	—	—	0.00	0.00
35	（四）开办费	0.00	0.00	0.00	0.00	0.00	—	—	0.00	0.00
36	（五）其他	0.00	0.00	0.00	0.00	0.00	—	—	0.00	0.00
37	五、油气勘探投资	0.00	0.00	0.00	0.00	0.00	—	—	0.00	0.00
38	六、油气开发投资	0.00	0.00	0.00	0.00	0.00	—	—	0.00	0.00
39	合计（1+18+21+31+37+38）	53 745 000.00	3 630 600.00	0.00	53 745 000.00	3 630 600.00	0.00	0.00	0.00	0.00
附列资料	全民所有制改制评估增值政策资产	0.00	0.00	0.00	0.00	0.00	—	—	0.00	0.00

A105090

表7-13

资产损失税前扣除及纳税调整明细表

单位：元

行次	项目	资产损失的账载金额 1	资产处置收入 2	赔偿收入 3	资产计税基础 4	资产损失的税收金额 5（4-2-3）	纳税调整金额 6（1-5）
1	一、清单申报资产损失（2+3+4+5+6+7+8）	201 700.00	0	0	201 700.00	201 700.00	0
2	（一）正常经营管理活动中，按照公允价格销售、转让、变卖非货币资产的损失	0	0	0	0	0	0
3	（二）存货发生的正常损耗	0	0	0	0	0	0
4	（三）固定资产达到或超过使用年限而正常报废清理的损失	201 700.00	0	0	201 700.00	201 700.00	0
5	（四）生产性生物资产达到或超过使用年限而正常死亡发生的资产损失	0	0	0	0	0	0
6	（五）按照市场公平交易原则，通过各种交易场所、市场等买卖债券、股票、期货、基金以及金融衍生产品等发生的损失	0	0	0	0	0	0
7	（六）分支机构上报的资产损失	0	0	0	0	0	0
8	（七）其他	0	0	0	0	0	0
9	二、专项申报资产损失（10+11+12+13）	0	0	0	0	0	0
10	（一）货币资产损失	0	0	0	0	0	0
11	（二）非货币资产损失	0	0	0	0	0	0
12	（三）投资损失	0	0	0	0	0	0
13	（四）其他	0	0	0	0	0	0
14	合计（1+9）	201 700.00	0	0	201 700.00	201 700.00	0

A106000

表7-14

企业所得税弥补亏损明细表

单位：元

行次	项目	年度	可弥补亏损所得	合并、分立转入（转出）可弥补的亏损额	当年可弥补的亏损额	以前年度亏损已弥补额						本年度实际弥补的以前年度亏损额	本年度境外所得实际弥补的以前年度亏损额	可结转以后年度弥补的亏损额
						前四年度	前三年度	前二年度	前一年度	合计			
		1	2	3	4	5	6	7	8	9	10	10.1	11
1	前五年度		0.00	0.00	0.00	0.00	0.00	0.00	0.00	0.00	0.00	0	—
2	前四年度		0.00	0.00	0.00	—	0.00	0.00	0.00	0.00	0.00	0	0.00
3	前三年度		0.00	0.00	0.00	—	—	0.00	0.00	0.00	0.00	0	0.00
4	前二年度		0.00	0.00	0.00	—	—	—	0.00	0.00	0.00	0	0.00
5	前一年度		0.00	0.00	0.00	—	—	—	—	—	0.00	0	0.00
6	本年度		0.00	0.00	0.00	—	—	—	—	—	0.00	0	0.00
7	可结转以后年度弥补的亏损额合计											10.1	11

A107010

表7-15　　　　　　　　　　免税、减计收入及加计扣除优惠明细表　　　　　　　　　单位：元

行次	项　　目	金　额
1	一、免税收入（2+3+6+7+…+16）	7 490 000.00
2	（一）国债利息收入免征企业所得税	560 000.00
3	（二）符合条件的居民企业之间的股息、红利等权益性投资收益免征企业所得税（填写A107011）	6 930 000.00
4	其中：内地居民企业通过沪港通投资且连续持有H股满12个月取得的股息红利所得免征企业所得税（填写A107011）	0.00
5	内地居民企业通过深港通投资且连续持有H股满12个月取得的股息红利所得免征企业所得税（填写A107011）	0.00
6	（三）符合条件的非营利组织的收入免征企业所得税	0.00
7	（四）符合条件的非营利组织（科技企业孵化器）的收入免征企业所得税	0.00
8	（五）符合条件的非营利组织（国家大学科技园）的收入免征企业所得税	0.00
9	（六）中国清洁发展机制基金取得的收入免征企业所得税	0.00
10	（七）投资者从证券投资基金分配中取得的收入免征企业所得税	0.00
11	（八）取得的地方政府债券利息收入免征企业所得税	0.00
12	（九）中国保险保障基金有限责任公司取得的保险保障基金等收入免征企业所得税	0.00
13	（十）中央电视台的广告费和有线电视费收入免征企业所得税	0.00
14	（十一）中国奥委会取得北京冬奥组委支付的收入免征企业所得税	0.00
15	（十二）中国残奥委会取得北京冬奥组委分期支付的收入免征企业所得税	0.00
16	（十三）其他	0.00
17	二、减计收入（18+19+23+24）	0.00
18	（一）综合利用资源生产产品取得的收入在计算应纳税所得额时减计收入	0.00
19	（二）金融、保险等机构取得的涉农利息、保费减计收入（20+21+22）	0.00
20	1.金融机构取得的涉农贷款利息收入在计算应纳税所得额时减计收入	0.00
21	2.保险机构取得的涉农保费收入在计算应纳税所得额时减计收入	0.00
22	3.小额贷款公司取得的农户小额贷款利息收入在计算应纳税所得额时减计收入	0.00
23	（三）取得铁路债券利息收入减半征收企业所得税	0.00
24	（四）其他	0.00
25	三、加计扣除（26+27+28+29+30）	2 882 625.00
26	（一）开发新技术、新产品、新工艺发生的研究开发费用加计扣除（填写A107012）	0.00
27	（二）科技型中小企业开发新技术、新产品、新工艺发生的研究开发费用加计扣除（填写A107012）	2 882 625.00
28	（三）企业为获得创新性、创意性、突破性的产品进行创意设计活动而发生的相关费用加计扣除	0.00
29	（四）安置残疾人员所支付的工资加计扣除	0.00
30	（五）其他	0.00
31	合计（1+17+25）	10 372 625.00

A107011

符合条件的居民企业之间的股息、红利等权益性投资收益优惠明细表

表7-16

金额单位：元

行次	被投资企业	被投资企业统一社会信用代码（纳税人识别号）	投资性质	投资成本	投资比例（%）	被投资企业利润分配确认金额		被投资企业清算确认金额			撤回或减少投资确认金额						合计
						被投资企业做出利润分配或转股决定时间	依决定归属于本公司的股息、红利等权益性投资收益金额	被投资企业清算时剩余资产	被投资企业累计未分配利润和累计盈余公积计算应享有部分	分得的被投资企业清算应确认的股息所得	从被投资企业撤回或减少投资取得的资产	减少投资比例	收回初始投资成本	取得资产中超过收回初始投资成本部分	撤回或减少投资企业享有被投资企业累计未分配利润和累计盈余公积计算部分	撤回或减少投资应确认的股息所得	
	1	2	3	4	5	6	7	8	9	10 (8与9孰小)	11	12	13 (4×12)	14 (11-13)	15	16 (14与15孰小)	17 (7+10+16)
1	佛山高丰机械有限公司	029893313244420921	直接投资	9 000 000.00	55%	2019-12-01	6 930 000.00	0.00	0.00	0.00	0.00	0%	0.00	0.00	0.00	0.00	6 930 000.00
合计																	6 930 000.00
	其中：股票投资—沪港通H股																0.00
	股票投资—深港通H股																0.00

A107012

表7-17　　　　　　　　　　　　**研发费用加计扣除优惠明细表**　　　　　　　　单位：元

	基本信息			
1	一般企业　□	科技型中小企业　☑	科技型中小企业登记编号	152215
2	本年可享受研发费用加计扣除项目数量		1	
	研发活动费用明细			
3	一、自主研发、合作研发、集中研发（4+8+17+20+24+35）			3 843 500.00
4	（一）人员人工费用（5+6+7）			500 000.00
5	1.直接从事研发活动人员工资薪金			375 000.00
6	2.直接从事研发活动人员五险一金			125 000.00
7	3.外聘研发人员的劳务费用			0.00
8	（二）直接投入费用（9+10+…+16）			2 958 500.00
9	1.研发活动直接消耗材料			730 000.00
10	2.研发活动直接消耗燃料			800 000.00
11	3.研发活动直接消耗动力费用			650 000.00
12	4.用于中间试验和产品试制的模具、工艺装备开发及制造费			350 000.00
13	5.用于不构成固定资产的样品、样机及一般测试手段购置费			280 000.00
14	6.用于试制产品的检验费			0.00
15	7.用于研发活动的仪器、设备的运行维护、调整、检验、维修等费用			33 500.00
16	8.通过经营租赁方式租入的用于研发活动的仪器、设备租赁费			115 000.00
17	（三）折旧费用（18+19）			185 000.00
18	1.用于研发活动的仪器的折旧费			0.00
19	2.用于研发活动的设备的折旧费			185 000.00
20	（四）无形资产摊销（21+22+23）			0.00
21	1.用于研发活动的软件的摊销费用			0.00
22	2.用于研发活动的专利权的摊销费用			0.00
23	3.用于研发活动的非专利技术（包括许可证、专有技术、设计和计算方法等）的摊销费用			0.00
24	（五）新产品设计费等（25+26+27+28）			0.00
25	1.新产品设计费			0.00

26	2.新工艺规程制定费	0.00
27	3.新药研制的临床试验费	0.00
28	4.勘探开发技术的现场试验费	0.00
29	（六）其他相关费用（30+31+32+33+34）	200 000.00
30	1.技术图书资料费、资料翻译费、专家咨询费、高新科技研发保险费	200 000.00
31	2.研发成果的检索、分析、评议、论证、鉴定、评审、评估、验收费用	0.00
32	3.知识产权的申请费、注册费、代理费	0.00
33	4.职工福利费、补充养老保险费、补充医疗保险费	0.00
34	5.差旅费、会议费	0.00
35	（七）经限额调整后的其他相关费用	200 000.00
36	二、委托研发［（37-38）×80%］	0.00
37	委托外部机构或个人进行研发活动所发生的费用	0.00
38	其中：委托境外进行研发活动所发生的费用	0.00
39	三、年度研发费用小计（3+36）	3 843 500.00
40	（一）本年费用化金额	3 843 500.00
41	（二）本年资本化金额	0.00
42	四、本年形成无形资产摊销额	0.00
43	五、以前年度形成无形资产本年摊销额	0.00
44	六、允许扣除的研发费用合计（40+42+43）	3 843 500.00
45	减：特殊收入部分	0.00
46	七、允许扣除的研发费用抵减特殊收入后的金额（44-45）	3 843 500.00
47	减：当年销售研发活动直接形成产品（包括组成部分）对应的材料部分	0.00
48	减：以前年度销售研发活动直接形成产品（包括组成部分）对应材料部分结转金额	0.00
49	八、加计扣除比例	75.00%
50	九、本年研发费用加计扣除总额（46-47-48）×49	2 882 625.00
51	十、销售研发活动直接形成产品（包括组成部分）对应材料部分结转以后年度扣减金额（当46-47-48≥0，本行=0；当46-47-48<0，本行=46-47-48的绝对值）	0.00

A105000

表7-18 纳税调整项目明细表 单位：元

行次	项 目	账载金额	税收金额	调增金额	调减金额
		1	2	3	4
1	一、收入类调整项目（2+3+4+5+6+7+8+10+11）	—	—	0.00	0.00
2	（一）视同销售收入（填写A105010）	—	0.00	0.00	—
3	（二）未按权责发生制原则确认的收入（填写A105020）	0.00	0.00	0.00	0.00
4	（三）投资收益（填写A105030）	170 000.00	170 000.00	0.00	0.00
5	（四）按权益法核算长期股权投资对初始投资成本调整确认收益	—	—		0.00
6	（五）交易性金融资产初始投资调整	—	—	0.00	—
7	（六）公允价值变动净损益	0.00	—	0.00	0.00
8	（七）不征税收入	—	—	0.00	0.00
9	其中：专项用途财政性资金（填写A105040）	—	—	0.00	0.00
10	（八）销售折扣、折让和退回	0.00	0.00	0.00	0.00
11	（九）其他	0.00	0.00	0.00	0.00
12	二、扣除类调整项目（13+14+15+16+17+18+19+20+21+22+23+24+26+27+28+29+30）	—	—	6 510 020.00	0.00
13	（一）视同销售成本（填写A105010）	—	0.00	—	0.00
14	（二）职工薪酬（填写A105050）	50 231 882.00	50 231 882.00	0.00	0.00
15	（三）业务招待费支出	1 287 700.00	772 620.00	511 500.00	—
16	（四）广告费和业务宣传费支出（填写A105060）	—	—	0.00	0.00
17	（五）捐赠支出（填写A105070）	28 800 000.00	22 814 880.00	5 985 120.00	0.00
18	（六）利息支出	0.00	0.00	0.00	0.00
19	（七）罚金、罚款和被没收财物的损失	0.00	—	0.00	—
20	（八）税收滞纳金、加收利息	13 400.00	—	13 400.00	—
21	（九）赞助支出	0.00	—	0.00	—

行次	项　目	账载金额	税收金额	调增金额	调减金额
		1	2	3	4
22	（十）与未实现融资收益相关在当期确认的财务费用	0.00	0.00	0.00	0.00
23	（十一）佣金和手续费支出	48 200.00	48 200.00	0.00	—
24	（十二）不征税收入用于支出所形成的费用	—	—	0.00	—
25	其中：专项用途财政性资金用于支出所形成的费用（填写A105040）	—	—	0.00	—
26	（十三）跨期扣除项目	0.00	0.00	0.00	0.00
27	（十四）与取得收入无关的支出	0.00	—	0.00	—
28	（十五）境外所得分摊的共同支出	—	—	0.00	—
29	（十六）党组织工作经费	0.00	0.00	0.00	0.00
30	（十七）其他	0.00	0.00	0.00	0.00
31	三、资产类调整项目（32+33+34+35）	—	—	236 600.00	0.00
32	（一）资产折旧、摊销（填写A105080）	3 630 600.00	3 630 600.00	0.00	0.00
33	（二）资产减值准备金	236 600.00	—	236 600.00	0.00
34	（三）资产损失（填写A105090）	201 700.00	201 700.00	0.00	0.00
35	（四）其他	0.00	0.00	0.00	0.00
36	四、特殊事项调整项目（37+38+39+40+41+42）	—	—	0.00	0.00
37	（一）企业重组（填写A105100）	0.00	0.00	0.00	0.00
38	（二）政策性搬迁（填写A105110）			0.00	0.00
39	（三）特殊行业准备金（填写A105120）	0.00	0.00	0.00	0.00
40	（四）房地产开发企业特定业务计算的纳税调整额（填写A105010）	—	0.00	0.00	0.00
41	（五）有限合伙企业法人合伙方应分得的应纳税所得额	0.00	0.00	0.00	0.00
42	（六）其他	—	—	0.00	0.00
43	五、特别纳税调整应税所得	—	—	0.00	0.00
44	六、其他	—	—	0.00	0.00
45	合计（1+12+31+36+43+44）	—	—	6 746 620.00	0.00

A100000

表7-19　　　　　　　　　中华人民共和国企业所得税年度纳税申报表（A类）　　　　　　　单位：元

行次		项　　目	金　　额
1	利润总额计算	一、营业收入（填写A101010\101020\103000）	33 4650 000.00
2		减：营业成本（填写A102010\102020\103000）	83 830 000.00
3		减：税金及附加	2 805 000.00
4		减：销售费用（填写A104000）	15 438 300.00
5		减：管理费用（填写A104000）	21 408 000.00
6		减：财务费用（填写A104000）	788 100.00
7		减：资产减值损失	236 600.00
8		加：公允价值变动收益	0.00
9		加：投资收益	7 660 000.00
10		二、营业利润（1-2-3-4-5-6-7+8+9）	217804000.00
11		加：营业外收入（填写A101010\101020\103000）	1 335 100.00
12		减：营业外支出（填写A102010\102020\103000）	29 015 100.00
13		三、利润总额（10+11+12）	190 124 000.00
14	应纳税所得额计算	减：境外所得（填写A108010）	0.00
15		加：纳税调整增加额（填写A105000）	6 746 620.00
16		减：纳税调整减少额（填写A105000）	0.00
17		减：免税、减计收入及加计扣除（填写A107010）	10 372 625.00
18		加：境外应税所得抵减境内亏损（填写A108000）	0.00
19		四、纳税调整后所得（13-14+15-16-17+18）	186 497 995.00
20		减：所得减免（填写A107020）	0.00
21		减：弥补以前年度亏损（填写A106000）	0.00
22		减：抵扣应纳税所得额（填写A107030）	0.00
23		五、应纳税所得额（19-20-21-22）	186 497 995.00
24	应纳税额计算	税率（25%）	25.00%
25		六、应纳所得税额（23×24）	46 624 498.75
26		减：减免所得税额（填写A107040）	0.00
27		减：抵免所得税额（填写A107050）	0.00
28		七、应纳税额（25-26-27）	46 624 498.75
29		加：境外所得应纳所得税额（填写A108000）	0.00
30		减：境外所得抵免所得税额（填写A108000）	0.00
31		八、实际应纳所得税额（28+29-30）	46 624 498.75
32		减：本年累计实际已预缴的所得税额	0.00
33		九、本年应补（退）所得税额（31-32）	46 624 498.75
34		其中：总机构分摊本年应补（退）所得税额（填写A109000）	0.00
35		财政集中分配本年应补（退）所得税额（填写A109000）	0.00
36		总机构主体生产经营部门分摊本年应补（退）所得税额（填写A109000）	0.00

|第二节| 个人所得税

一、个人所得税基础知识

(一) 概念和特点

【个人所得税】是国家对本国公民、居住在本国境内的个人的所得和境外个人来源于本国的所得征收的一种所得税。

个人所得税有以下几个特点:(1)实行分类征收;(2)累进税率与比例税率并用;(3)费用扣除额较宽;(4)计算简便;(5)采用源泉扣缴和自行申报两种征收方法。

(二) 纳税义务人

个人所得税的纳税义务人,既包括居民纳税义务人,也包括非居民纳税义务人。居民纳税义务人负有完全纳税的义务,必须就其来源于中国境内、境外的全部所得缴纳个人所得税;而非居民纳税义务人仅就其来源于中国境内的所得缴纳个人所得税。

【法定对象】是在中国境内居住有所得的人,以及不在中国境内居住而从中国境内取得所得的个人,包括中国国内公民,在华取得所得的外籍人员和港、澳、台同胞。

【居民纳税义务人】是指在中国境内有住所,或者无住所而在境内居住满1年的个人,应当承担无限纳税义务,即就其在中国境内和境外取得的所得依法缴纳个人所得税。

【非居民纳税义务人】是指在中国境内无住所又不居住或者无住所而在境内居住不满1年的个人,承担有限纳税义务,仅就其从中国境内取得的所得依法缴纳个人所得税。

(三) 征税范围

【工资、薪金所得】是指个人因任职或受雇而取得的工资、薪金、奖金、年终加薪、劳动分红、津贴、补贴以及与任职或受雇有关的其他所得。这就是说,个人取得的所得,只要是与任职、受雇有关,不管其单位的资金开支渠道或以现金、实物、有价证券等形式支付的,都是工资、薪金所得项目的课税对象。

【劳务报酬所得】是指个人从事设计、装潢、安装、制图、化验、测试、医疗、法律、会计、咨询、讲学、新闻、广播、翻译、审稿、书画、雕刻、影视、录音、录像、演出、表演、广告、展览、技术服务、介绍服务、经纪服务、代办服务以及其他劳务取得的所得。

【稿酬所得】是指个人因其作品以图书、报纸形式出版、发表而取得的所得。这里所说的"作品",是指包括中外文字、图片、乐谱等能以图书、报刊方式出版、发表的作品；"个人作品"，包括本人的著作、翻译的作品等。个人取得遗作稿酬，应按稿酬所得项目计税。

【特许权使用费所得】是指个人提供专利权、著作权、商标权、非专利技术以及其他特许权的使用权取得的所得。提供著作权的使用权取得的所得，不包括稿酬所得。作者将自己文字作品手稿原件或复印件公开拍卖（竞价）取得的所得，应按特许权使用费所得项目计税。

【经营所得】包括个体工商户的生产、经营所得和对企业事业单位的承包经营、承租经营所得。

个体工商户的生产、经营所得包括4个方面：

（1）经市场监管部门批准开业并领取营业执照的城乡个体工商户，从事工业、手工业、建筑业、交通运输业、商业、饮食业、服务业、修理业及其他行业的生产、经营取得的所得。

（2）个人经政府有关部门批准，取得营业执照，从事办学、医疗、咨询以及其他有偿服务活动取得的所得。

（3）其他个人从事个体工商业生产、经营取得的所得，即个人临时从事生产、经营活动取得的所得。

（4）上述个体工商户和个人取得的生产、经营有关的各项应税所得。

对企事业单位的承包经营、承租经营所得，是指个人承包经营、承租经营以及转包、转租取得的所得，包括个人按月或者按次取得的工资、薪金性质的所得。

【利息、股息、红利所得】是指个人拥有债权、股权而取得的利息、股息、红利所得。利息是指个人的存款利息（国家宣布2008年10月8日次日开始取消利息税）、借款利息和购买各种债券的利息。股息，也称股利，是指股票持有人根据股份制公司章程规定，凭股票定期从股份公司取得的投资利益。红利，也称公司（企业）分红，是指股份公司或企业根据应分配的利润按股份分配超过股息部分的利润。股份制企业以股票形式向股东个人支付股息、红利即派发红股，应以派发的股票面额为收入额计税。

【财产租赁所得】是指个人出租建筑物、土地使用权、机器设备、车船以及其他财产取得的所得。财产包括动产和不动产。

【财产转让所得】是指个人转让有价证券、股权、建筑物、土地使用权、机器设备、车船以及其他自有财产给他人或单位而取得的所得，包括转让不动产和动产而取得的所得。对个人股票买卖取得的所得暂不征税。

【偶然所得】是指个人取得的所得是非经常性的，属于各种机遇性所得，包括得奖、中奖、中彩以及其他偶然性质的所得（含奖金、实物和有价证券）。个人购买社会福利有奖募捐奖券、中国体育彩票，一次中奖收入不超过10 000元的，免征个人所得税，超过10 000元的，应以全额20%的税率计税。

（1）个人取得"蔡冠深中国科学院院士荣誉基金会"颁发的中国科学院院士荣誉

奖金。

（2）个人取得由银行部门以超过国家规定利率和保值贴补率支付的揽储奖金。

（3）个人因任职单位缴纳有关保险费用而取得的无偿款优待收入。

（4）对保险公司按投保金额，以银行同期储蓄存款利率支付给在保期内未出险的人寿保险户的利息（或以其他名义支付的类似收入）。

（5）股民个人因证券公司招揽大户股民在本公司开户交易，从取得的交易手续费中支付部分金额给大户股民而取得的回扣收入或交易手续费返还收入。

（6）个人取得部分单位和部门在年终总结、各种庆典、业务往来及其他活动中，为其他单位和部门的有关人员发放的现金、实物或有价证券。

（7）辞职风险金。

（8）个人为单位或者他人提供担保获得的报酬。

个人取得的所得，如果难以界定是哪一项应税所得项目，由主管税务机关审查确定。

（四）税率、税目

个人所得税根据不同的征税项目，分别规定了三种不同的税率：

（1）综合所得（工资、薪金所得，劳务报酬所得，稿酬所得，特许权使用费所得），适用7级超额累进税率，按月应纳税所得额计算征税。该税率按个人月工资、薪金应税所得额划分级距，最高一级为45%，最低一级为3%，共7级。

（2）经营所得适用5级超额累进税率，适用按年计算、分月预缴税款的个体工商户的生产、经营所得和对企事业单位的承包经营、承租经营所得，按全年应纳税所得额划分级距，最低一级为5%，最高一级为35%，共5级。

（3）比例税率。对个人的利息、股息、红利所得，财产租赁所得，财产转让所得，偶然所得和其他所得，按次计算征收个人所得税，适用20%的比例税率。

个人所得税税目有以下11项：（1）工资、薪金所得；（2）个体工商户的生产、经营所得；（3）对企事业单位的承包经营、承租经营所得；（4）劳务报酬所得；（5）稿酬所得；（6）特许权使用费所得；（7）利息、股息、红利所得；（8）财产租赁所得；（9）财产转让所得；（10）偶然所得；（11）经国务院财政部门确定征税的其他所得。

（五）计算应纳税额

$$\genfrac{}{}{0pt}{}{\text{应纳税}}{\text{所得额}} = \genfrac{}{}{0pt}{}{\text{月度}}{\text{收入}} - 5\,000\text{元（起征点）} - \genfrac{}{}{0pt}{}{\text{专项扣除（}}{\text{三险一金等）}} - \genfrac{}{}{0pt}{}{\text{专项附}}{\text{加扣除}} - \genfrac{}{}{0pt}{}{\text{依法确定}}{\text{的其他扣除}}$$

（1）专项扣除包括居民个人按照国家规定的范围和标准缴纳的基本养老保险、基本医疗保险、失业保险等社会保险费和住房公积金等。

（2）专项附加扣除包括子女教育、继续教育、大病医疗、住房贷款利息或者住房租金、赡养老人等支出，具体范围、标准和实施步骤由国务院确定，并报全国人民代表大会常务委员会备案。

（3）依法确定的其他扣除包括个人缴付符合国家规定的企业年金、职业年金，个人购买符合国家规定的商业健康保险、税收递延型商业养老保险的支出，以及国务院规定可以扣除的其他项目。

（4）专项扣除、专项附加扣除和依法确定的其他扣除，以居民个人一个纳税年度的应纳税所得额为限额；一个纳税年度扣除不完的，不结转以后年度扣除。

个税专项附加扣除如下：

（1）子女教育专项附加扣除。

扣除标准：纳税人年满3岁的子女接受学前教育和学历教育的相关支出，按照每个子女每月1 000元（每年12 000元）的标准定额扣除。

扣除办法：父母可以选择由其中一方按扣除标准的100%扣除，也可以选择由双方分别按扣除标准的50%扣除，具体扣除方式在一个纳税年度内不能变更。

（2）继续教育专项附加扣除。

扣除标准：纳税人在中国境内接受学历（学位）继续教育的支出，在学历（学位）教育期间按照每月400元（每年4 800元）定额扣除。同一学历（学位）继续教育的扣除期限不能超过48个月（4年）。纳税人接受技能人员职业资格继续教育、专业技术人员职业资格继续教育支出，在取得相关证书的当年，按照3 600元定额扣除。

扣除办法：个人接受本科及以下学历（学位）继续教育，符合税法规定扣除条件的，可以选择由其父母扣除，也可以选择由本人扣除。

（3）大病医疗专项附加扣除。

扣除标准：在一个纳税年度内，纳税人发生的与基本医保相关的医药费用支出，扣除医保报销后个人负担（指医保目录范围内的自付部分）累计超过15 000元的部分，由纳税人在办理年度汇算清缴时，在80 000元限额内据实扣除。

扣除办法：纳税人发生的医药费用支出可以选择由本人或者其配偶扣除；未成年子女发生的医药费用支出可以选择由其父母一方扣除。纳税人及其配偶、未成年子女发生的医药费用支出，应按前述规定分别计算扣除额。

（4）住房贷款利息专项附加扣除。

扣除标准：纳税人本人或配偶，单独或共同使用商业银行或住房公积金个人住房贷款，为本人或其配偶购买中国境内住房，发生的首套住房贷款利息支出，在实际发生贷款利息的年度，按照每月1 000元（每年12 000元）的标准定额扣除，扣除期限最长不超过240个月（20年）。纳税人只能享受一套首套住房贷款利息扣除。首套住房贷款是指购买住房享受首套住房贷款利率的住房贷款。

扣除办法：经夫妻双方约定，可以选择由其中一方扣除，具体扣除方式在确定后，一个纳税年度内不得变更。夫妻双方婚前分别购买住房发生的首套住房贷款，其贷款利息支出，婚后可以选择其中一套购买的住房，由购买方按扣除标准的100%扣除，也可以由夫妻双方对各自购买的住房分别按扣除标准的50%扣除，具体扣除方式在一个纳税年度内不能变更。

（5）住房租金专项附加扣除。

扣除标准：① 直辖市、省会（首府）城市、计划单列市及国务院确定的其他城市，扣除标准为每月1 500元（每年18 000元）。② 除上述所列城市外，市辖区户籍人口超过100万的城市，扣除标准为每月1 100元（每年13 200元）。③ 市辖区户籍人口不超过100万的城市，扣除标准为每月800元（每年9 600元）。

扣除办法：夫妻双方主要工作城市相同的，只能由一方扣除住房租金支出。住房租金支出由签订租赁住房合同的承租人扣除。纳税人及其配偶在一个纳税年度内不得同时分别享受住房贷款利息专项附加扣除和住房租金专项附加扣除。

（6）赡养老人专项附加扣除。

扣除标准：① 纳税人为独生子女的，按照每月2 000元（每年24 000元）的标准定额扣除。② 纳税人为非独生子女的，由其与兄弟姐妹分摊每月2000元（每年24 000元）的扣除额度，每人分摊的额度最高不得超过每月1 000元（每年12 000元）。所称被赡养人是指年满60岁的父母，以及子女均已去世的年满60岁的祖父母、外祖父母。

根据《国务院关于提高个人所得税有关专项附加扣除标准的通知》（国发〔2023〕13号），自2023年1月1日起，赡养老人专项附加扣除标准，由每月2000元提高到3 000元，其中，独生子女每月扣除3 000元；非独生子女与兄弟姐妹分摊每月3 000元的扣除额度，每人不超过1 500元。

扣除办法：采取指定分摊或约定分摊方式的，可以由赡养人均摊或者约定分摊，也可以由被赡养人指定分摊。约定或者指定分摊的须签订书面分摊协议，指定分摊优于约定分摊。具体分摊方式和额度在一个纳税年度内不得变更。

（7）3岁以下婴幼儿照护专项附加扣除。

扣除标准：自2022年1月1日起，纳税人照护3岁以下婴幼儿子女的相关支出，按照每个婴幼儿每月1 000元的标准定额扣除。根据《国务院关于提高个人所得税有关专项附加扣除标准的通知》（国发〔2023〕13号），自2023年1月1日起，3岁以下婴幼儿照护专项附加扣除标准，由每个婴幼儿（子女）每月1 000元提高到2 000元。

扣除办法：父母可以选择由其中一方按扣除标准的100%扣除，也可以选择由双方分别按扣除标准的50%扣除。具体扣除方式在一个纳税年度内不能变更。

注：新个税法于2019年1月1日起施行，2018年10月1日起施行最新起征点和税率。新个税法规定，自2018年10月1日至2018年12月31日，纳税人的工资、薪金所得，先行以每月收入额减除费用5 000元以及专项扣除和依法确定的其他扣除后的余额为应纳税所得额，依照个人所得税税率表（见表7-20个人所得税税率表一（综合所得适用）及表7-21个人所得税税率表二（经营所得适用））按月换算后计算缴纳税款，并不再扣除附加减除费用。

表7-20　　　　　　　　　　个人所得税税率表一（综合所得适用）

级数	全年应纳税所得额	税率（%）
1	不超过36 000元的	3
2	超过36 000元至144 000元的部分	10
3	超过144 000元至300 000元的部分	20
4	超过300 000元至420 000元的部分	25
5	超过420 000元至660 000元的部分	30
6	超过660 000元至960 000元的部分	35
7	超过960 000元的部分	45

　　注：本表所称全年应纳税所得额是指依照本法第六条的规定，居民个人取得综合所得以每一纳税年度收入额减除费用：6万元以及专项扣除、专项附加扣除和依法确定的其他扣除后的余额。非居民个人取得工资、薪金所得，劳务报酬所得，稿酬所得和特许权使用费所得，依照本表按月换算后计算应纳税额。

表7-21　　　　　　　　　　个人所得税税率表二（经营所得适用）

级数	全年应纳税所得额	税率（%）
1	不超过30 000元的	5
2	超过30 000元至90 000元的部分	10
3	超过90 000元至300 000元的部分	20
4	超过300 000元至500 000元的部分	30
5	超过500 000元的部分	35

　　注：本表所称全年应纳税所得额是指依照本法第六条的规定，以每一纳税年度的收入总额减除成本、费用以及损失后的余额。

（六）起征点和免征额

　　公众对"起征点"存在误解。正确的说法应该是"个人所得税免征额"。"起征点"与"免征额"有着严格的区别：

　　【起征点】是征税对象达到征税数额开始征税的界限。征税对象的数额未达到起征点时不征税。一旦征税对象的数额达到或超过起征点，则要就其全部的数额征税，而不是仅对其超过起征点的部分征税。

　　【免征额】是在征税对象总额中免予征税的数额。它是按照一定标准从征税对象总额中预先减除的数额。免征额部分不征税，只对超过免征额部分征税。

　　二者的区别是：假设数字为5 000元，你当月工资是5 001元，如果是免征额，5 000元就免了，只就超出的1元钱缴税，如果是起征点，则是不够5 000元的不用缴税，超出5 000元的全额缴税，即以5 001元为基数缴税。

（七）减免项目

根据《中华人民共和国个人所得税法》《中华人民共和国个人所得税法实施条例》和相关的文件法规的规定，个人所得税的减免税政策主要有：

（1）省级人民政府、国务院部委和中国人民解放军军以上单位，以及外国组织、国际组织颁发的科学、教育、技术、文化、卫生、体育、环境保护等方面的奖金，免征个人所得税。

（2）乡、镇以上（含乡、镇）人民政府或经县以上（含县）人民政府主管部门批准成立的有机构、有章程的见义勇为基金会或类似组织，奖励见义勇为者的奖金或者奖品，经主管税务机关批准，免征个人所得税。

（3）个人持有财政部发行的债券和经国务院批准发行的金融债券的利息，免征个人所得税。

（4）国务院《对储蓄存款利息征收个人所得税的实施办法》第五条规定：对个人取得的教育储蓄利息所得以及财政部门确定的其他专项储蓄存款或者储蓄性专项基金存款的利息所得，免征个人所得税。财政部 国家税务总局《关于住房公积金、医疗保险金、基本养老保险金、失业保险基金个人账户存款利息所得免征个人所得税的通知》（财税字〔1999〕267号）进一步规定，按照国家或省级地方政府规定的比例缴付的住房公积金、医疗保险金、基本养老保险金、失业保险基金存入银行个人账户所取得的利息收入，免征个人所得税。国家税务总局《关于储蓄存款利息所得征收个人所得税若干业务问题的通知》（国税发〔1999〕180号）也进一步规定，在中国工商银行开设教育存款专户，并享受利率优惠的存款，其所取得的利息免征个人所得税。

（5）按照国务院规定发给的政府特殊津贴（指国家对为社会各项事业的发展做出突出贡献的人员颁发的一项特定津贴，并非泛指国务院批准发放的其他各项补贴、津贴）和国务院规定免税的补贴、津贴（目前仅限于中国科学院和工程院院士津贴、资深院士津贴），免征个人所得税。

（6）福利费，即由于某些特定事件或原因而对职工或其家庭的正常生活造成一定困难，企业、事业单位、国家机关、社会团体从其根据国家有关规定提留的福利费或者工会经费中支付给职工的临时性生活困难补助，免征个人所得税。下列收入不属于免税的福利费范围，应当并入工资、薪金收入计征个人所得税：

① 从超出国家规定的比例或基数计提的福利费、工会经费中支付给个人的各种补贴、补助；

② 从福利费和工会经费中支付给单位职工的人人有份的补贴、津贴；

③ 单位为个人购买汽车、住房、电子计算机等不属于临时性生活困难补助性质的支出。

（7）抚恤金、救济金（指民政部门支付给个人的生活困难补助），免征个人所得税。

（8）保险公司支付的保险赔款免征个人所得税。

（9）军人的转业费、复员费，免征个人所得税。

（10）按照国家统一规定发给干部、职工的安家费、退职费（指个人符合《国务院关于工人退休、退职的暂行办法》规定的退职条件并按该办法规定的标准领取的退职费）、退休费、离休工资、离休生活补助费，免征个人所得税。

（11）我国政府参加的国际公约、签订的协议中规定免税的所得，免征个人所得税。

（12）企业和个人按照国家或地方政府规定的比例提取并向指定金融机构实际缴纳的住房公积金、失业保险费、医疗保险费、基本养老保险金，不计入个人当期的工资、薪金收入，免征个人所得税。超过国家或地方政府规定的比例缴付的住房公积金、失业保险费、医疗保险费、基本养老保险金，其超过规定的部分应当并入个人当期工资、薪金收入，计征个人所得税。个人领取原提存的住房公积金、失业保险费、医疗保险费、基本养老保险金时免征个人所得税。

（13）根据国家赔偿法的规定，国家机关及其工作人员违法行使职权，侵犯公民的合法权益，造成损害的，对受害人依法取得的赔偿金不予征税。

（14）按照《国家税务总局关于印发〈征收个人所得税若干问题的规定〉的通知》（国税发〔1994〕89号）的规定，下列不属于工资、薪金性质的补贴、津贴或者不属于纳税人本人工资、薪金所得项目的收入，不征税：①独生子女补贴；②执行公务员工资制度未纳入基本工资总额的补贴、津贴差额和家庭成员的副食补贴；③托儿补助费；④差旅费津贴、误餐补助（指按财政部门规定，个人因公在城区、郊区工作，不能在工作单位或返回就餐，确实需要在外就餐的，根据实际误餐顿数，按规定的标准发给的误餐费）。

（15）按照《财政部 国家税务总局关于个人转让股票所得继续暂免征收个人所得税的通知》（财税字〔1998〕61号）的规定，个人转让上市公司股票取得的所得暂免征收个人所得税。

（16）按照《关于社会福利有奖募捐发行收入税收问题的通知》（国税发〔1994〕127号）、《国家税务总局关于个人取得体育彩票中奖所得征免个人所得税问题的通知》（财税字〔1998〕12号）的规定，个人购买社会福利有奖募捐奖券、体育彩票，凡一次中奖收入不超过1万元的暂免征收个人所得税，超过1万元的应按规定征收个人所得税。

（17）按照《财政部、国家税务总局关于个人所得税若干政策问题的通知》（财税字〔1994〕20号）的规定，下列所得，暂免征收个人所得税：①个人举报、协查各种违法、犯罪行为而得到的奖金；②个人办理代扣代缴税款手续，按规定取得的扣缴手续费；③个人转让自用达5年以上，并且是唯一的家庭生活用房取得的所得；④达到离休、退休年龄，但确因工作需要，适当延长离休、退休年龄的高级专家（指享受国家发放的政府特殊津贴的专家、学者），其在延长离休、退休期间的工资、薪金所得，视同退休工资、离休工资免征个人所得税。

（18）按照国家税务总局《关于促进科技成果转化有关个人所得税问题的通知》（国税发〔1999〕125号）的规定，科研机构（指按照《中央机构编制委员会办公室 国家科学技术委员会关于科研事业单位机构设置审批事项的通知》（中编办发〔1997〕326号）规定设置审批的自然科学研究事业单位机构）、高等学校（指全日制普通高等学校，包括大学、专门学校和高等专科学校）转化职务科技成果以股份或出资比例等股权形式给予科技人员（必须是科研机构和高等学校的在编正式职工）个人的奖励，经主管税务机关审核后，暂不征收个人所得税。奖励单位或获奖人应当向主管税务机关提供有关部门根据《关于以高新技术成果出资入股若干问题的规定》（国科发政字〔1997〕326号）和《〈关于以高新技术成果出资入股若干问题的规定〉实施办法》（国科发政字〔1998〕171号）出具的"出资入股高新技术成果认定书"、工商行政管理部门（现市场监管部门）办理的企业登记手续及经工商行政管理部门（现市场监管部门）登记注册的评估机构的技术成果价值评估报告和确认书。不提供上述资料的，不得享受暂不征收个人所得税优惠政策。获奖人按股份、出资比例获得分红时应对其所得按"利息、股息、红利所得"应税项目征收个人所得税；获奖人转让股权、出资比例，对其所得按"财产转让所得"应税项目征收个人所得税，财产原值为零。

（19）按照《中华人民共和国个人所得税法》和《中华人民共和国个人所得税法实施条例》的规定，下列项目经批准可以减征个人所得税，减征的幅度和期限由各省、自治区、直辖市人民政府决定：

① 残疾、孤寡人员和烈属的所得。

② 因自然灾害造成重大损失的。

③ 其他经国务院财政部门批准减免的。

国家税务总局《关于明确残疾人所得征免个人所得税范围的批复》（国税函〔1999〕329号）进一步明确，上述经省级人民政府批准可以减征个人所得税的残疾、孤寡人员和烈属的所得仅限于劳动所得，具体所得项目为：工资、薪金所得；个体工商户的生产经营所得；对企事业单位的承包经营、承租经营所得；劳务报酬所得；稿酬所得；特许权使用费所得。其他所得不能减征个人所得税。

（20）《中华人民共和国个人所得税法》规定：稿酬所得可以按照应纳税额减征30%。

（21）对个人从基层供销社、农村信用社取得的利息或者股息、红利收入是否征收个人所得税由省、自治区、直辖市税务局报请政府确定，报财政部、国家税务总局备案。

（22）《财政部关于华侨从海外汇入赡养家属的侨汇等免征个人所得税问题的通知》（财税外字第196号）规定，对于从海外汇入的下列外汇收入免征个人所得税：①华侨从海外汇入我国境内赡养其家属的侨汇；②继承国外遗产从海外调入的外汇；③取回解冻在美资金汇入的外汇。

（23）《关于世界银行、联合国直接派遣来华工作的专家享受免征个人所得税有关问题的通知》（国税函发〔1996〕417号）、《国家税务总局关于外籍个人取得有关补贴免征个人所得税执行问题的通知》（国税发〔1997〕54号）等文件规定，境外人员的下列所得，暂免征收个人所得税：

① 外籍个人以非现金形式或者实报实销形式取得的合理的住房补贴、伙食补贴、搬迁费、洗衣费，暂免征收个人所得税。对于住房补贴、伙食补贴、洗衣费，应由纳税人在首次取得上述补贴或上述补贴数额、支付方式发生变化的月份的次月进行工资薪金所得纳税申报时，向主管税务机关提供上述补贴的有效凭证，由主管税务机关核准确认免税。对于

搬迁费,应由纳税人提供有效凭证,由主管税务机关审核认定,就其合理的部分免税。

② 外籍个人按合理标准取得的境内、境外出差补贴,暂免征收个人所得税。对此类补贴,应由纳税人提供出差的交通费、住宿费凭证或企业安排出差的有关计划,由主管税务机关确认免税。

③ 外籍个人取得的探亲费、语言训练费、子女教育费等,经当地税务机关审核批准为合理的部分,暂免征收个人所得税。对探亲费,应由纳税人提供探亲的交通支出凭证(复印件),由主管税务机关审核,对其实际用于本人探亲,且每年探亲的次数和支付的标准合理的部分给予免税。对于语言训练费和子女教育费,应由纳税人提供在中国境内接受上述教育的支出凭证和期限证明材料,由主管税务机关审核,对其在中国境内接受语言培训以及子女在中国境内接受教育取得的语言培训费和子女教育费补贴,且在合理数额内的部分给予免税。

④ 外籍个人从外商投资企业取得的股息、红利所得,暂免征收个人所得税。

⑤ 符合国家规定的外籍专家的工资、薪金所得,暂免征收个人所得税,具体是指:

● 根据世界银行专项贷款协议由世界银行直接派往我国工作的外国专家的工资、薪金所得,暂免征收个人所得税。所谓"直接派往",指世界银行与该专家签订提供技术服务协议或与该专家的雇主签订技术服务协议,并指定该专家为有关项目提供技术服务,由世界银行支付该外国专家工资、薪金。该外国专家在办理免税手续时,应当提供其与世界银行签订的有关合同和其工资、薪金所得由世界银行支付、负担的证明。

● 联合国组织直接派往我国工作的专家的工资、薪金所得,暂免征收个人所得税。所谓"直接派往",指联合国组织与该专家签订提供技术服务协议或与该专家的雇主签订技术服务协议,并指定该专家为有关项目提供技术服务,由联合国组织支付该外国专家工资、薪金。联合国组织是指联合国的有关组织,包括联合国开发计划署、联合国人口活动基金、联合国儿童基金会、联合国技术合作部、联合国工业发展组织、联合国粮农组织、世界粮食计划署、世界卫生组织、世界气象组织、联合国教科文组织等。该外国专家在办理免税手续时,应当提供其与联合国组织签订的有关合同和其工资、薪金所得由联合国组织支付、负担的证明。

● 为联合国援助项目来华工作的专家的工资、薪金所得,暂免征收个人所得税。

● 援助国派往我国专为该国无偿援助项目工作的专家的工资、薪金所得,暂免征收个人所得税。

● 根据两国政府签订的文化交流项目来华2年以内的文教专家,其工资、薪金所得由该国负担的,对其工资、薪金所得,暂免征收个人所得税。

● 根据我国大专院校国际交流项目来华工作的专家,其工资、薪金所得由该国负担的,对其工资、薪金所得,暂免征收个人所得税。

● 通过民间科研协定来华工作的专家,其工资、薪金所得由该政府负担的,对其工资、薪金所得,暂免征收个人所得税。

(24)按照规定,持有B股或海外股(包括H股)的外籍个人,从发行该B股或海外股的中国境内企业所取得的股息（红利）所得，暂免征收个人所得税。

（25）2018年7月起，根据《中华人民共和国促进科技成果转化法》的规定，从职务科技成果转化收入中给予科技人员的现金奖励，可减按50%计入科技人员当月"工资、薪金所得"，依法缴纳个人所得税。

（八）纳税申报

凡依据个人所得税法负有纳税义务的纳税人，有下列情形之一的，应当按照《个人所得税自行纳税申报办法（试行）》（国税发〔2006〕162号）的规定办理纳税申报：（1）年所得12万元以上的；（2）从中国境内两处或者两处以上取得工资、薪金所得的；（3）从中国境外取得所得的；（4）取得应税所得，没有扣缴义务人的；（5）国务院规定的其他情形。应在纳税年度终了后3个月内向主管税务机关办理纳税申报。

纳税人可以采取多种方式进行纳税申报，既可以采取数据电文方式（如网上申报）、邮寄申报方式，也可以直接到主管税务机关申报，或者采取符合主管税务机关规定的其他方式申报。还可以委托有税务代理资质的中介机构或者他人代理申报。

年所得12万元以上的纳税人，年度纳税申报时，只需要根据一个纳税年度内的所得、应纳税额、已缴（扣）税额、抵免（扣）税额、应补（退）税额等情况，如实填写并报送"个人所得税纳税申报表（适用于年所得12万元以上的纳税人申报）"（以下简称纳税申报表）、个人有效身份证件复印件，以及主管税务机关要求报送的其他有关资料。

个人所得税以向个人支付所得的单位或者个人为扣缴义务人。居民个人取得综合所得，按年计算个人所得税；有扣缴义务人的，由扣缴义务人按月或者按次预扣预缴税款。扣缴义务人每月或者每次预扣、代扣的税款，在次月15日内，填报"个人所得税扣缴申报表"及其他相关资料，向税务机关纳税申报并缴入国库。

【政策依据7-5】《中华人民共和国税收征收管理法》第二十五条第二款规定：扣缴义务人必须依照法律、行政法规规定或者税务机关依照法律、行政法规的规定确定的申报期限、申报内容如实报送代扣代缴、代收代缴税款报告表以及税务机关根据实际需要要求扣缴义务人报送的其他有关资料。

【政策依据7-6】《中华人民共和国个人所得税法》第十条第二款规定：扣缴义务人应当按照国家规定办理全员全额扣缴申报，并向纳税人提供其个人所得和已扣缴税款等信息。

【政策依据7-7】《中华人民共和国个人所得税法实施条例》第二十四条规定：扣缴义务人向个人支付应税款项时，应当依照个人所得税法规定预扣或者代扣税款，按时缴库，并专项记载备查。前款所称支付，包括现金支付、汇拨支付、转账支付和以有价证券、实物以及其他形式的支付。第二十六条规定：个人所得税法第十条第二款所称全员全额扣缴申报，是指扣缴义务人在代扣税款的次月15日内，向主管税务机关报送其支付所得的所有个人的有关信息、支付所得数额、扣除事项和数额、扣缴税款的具体数额和总额以及其他相关涉税信息资料。

【政策依据7-8】综合《中华人民共和国个人所得税法》、《中华人民共和国个人所得税法实施条例》、《国家税务总局关于发布〈个人所得税扣缴申报管理办法（试行）〉的公告》（国家税务总局公告 2018 年第 61 号）、《财政部 税务总局关于非居民个人和无住所居民个人有关个人所得税政策的公告》（财政部 税务总局公告 2019 年第 35 号）、《个人所得税专项附加扣除操作办法（试行）》（2022 年修订发布）有关规定：

扣缴义务人应依照税收法律、法规、规章及其他有关规定，向居民个人支付综合所得时，不论其是否属于本单位人员、支付的应税所得是否达到纳税标准，应当办理全员全额扣缴申报，在代扣税款的次月 15 日内，向主管税务机关报送其支付所得的所有个人的有关信息、支付所得数额、扣除事项和数额、扣缴税款的具体数额和总额以及其他相关涉税信息资料。

纳税期限遇最后一日是法定休假日的，以休假日期满的次日为期限的最后一日；在期限内有连续 3 日以上法定休假日的，按休假日天数顺延。

扣缴义务人向居民个人支付工资、薪金所得时，应当按照累计预扣法计算预扣税款，并按月办理扣缴申报。扣缴义务人向居民个人支付劳务报酬所得、稿酬所得、特许权使用费所得时，应当按次或者按月预扣预缴税款。

《个人所得税专项附加扣除操作办法（试行）》第四条规定：享受子女教育、继续教育、住房贷款利息或者住房租金、赡养老人、3 岁以下婴幼儿照护专项附加扣除的纳税人，自符合条件开始，可以向支付工资、薪金所得的扣缴义务人提供上述专项附加扣除有关信息，由扣缴义务人在预扣预缴税款时，按其在本单位本年可享受的累计扣除额办理扣除；也可以在次年 3 月 1 日至 6 月 30 日内，向汇缴地主管税务机关办理汇算清缴申报时扣除。

纳税人同时从两处以上取得工资、薪金所得，并由扣缴义务人办理上述专项附加扣除的，对同一专项附加扣除项目，一个纳税年度内，纳税人只能选择从其中一处扣除。

享受大病医疗专项附加扣除的纳税人，由其在次年 3 月 1 日至 6 月 30 日内，自行向汇缴地主管税务机关办理汇算清缴申报时扣除。

支付工资、薪金所得的扣缴义务人应当于年度终了后 2 个月内，向纳税人提供其个人所得和已扣缴税款等信息。纳税人年度中间需要提供上述信息的，扣缴义务人应当提供。纳税人取得除工资、薪金所得以外的其他所得，扣缴义务人应当在扣缴税款后，及时向纳税人提供其个人所得和已扣缴税款等信息。

纳税人年度中间更换工作单位的，在原单位任职、受雇期间已享受的专项附加扣除金额，不得在新任职、受雇单位扣除。原扣缴义务人应当自纳税人离职不再发放工资薪金所得的当月起，停止为其办理专项附加扣除。

纳税人可以通过远程办税端、电子或者纸质报表等方式，向扣缴义务人报送个人专项附加扣除信息。

扣缴义务人应当按照纳税人提供的信息计算税款、办理扣缴申报，不得擅自更改纳税人提供的信息。扣缴义务人发现纳税人提供的信息与实际情况不符，纳税人拒绝修改的，扣缴义务人应当报告税务机关。纳税人拒绝扣缴义务人依法履行代扣代缴义务的，扣缴义务人应当及时报告税务机关。

扣缴义务人对纳税人提供的"个人所得税专项附加扣除信息表"，应当按照规定妥善保存备查，并依法对纳税人报送的专项附加扣除等相关涉税信息和资料保密。纳税人报送给扣缴义务人的"个人所得税专项附加扣除信息表"，扣缴义务人应当自预扣预缴年度的次年起留存5年。

扣缴义务人有未按照规定向税务机关报送资料和信息、未按照纳税人提供信息虚报虚扣专项附加扣除、应扣未扣税款、不缴或少缴已扣税款、借用或冒用他人身份等行为的，依照《中华人民共和国税收征收管理法》等相关法律、行政法规处理。

在中国境内无住所又不居住，或者无住所而一个纳税年度内在中国境内居住累计不满183天的个人，为非居民个人。

实行非居民个人所得税代扣代缴申报的应税所得包括：工资薪金所得，劳务报酬所得，稿酬所得，特许权使用费所得，财产租赁所得，财产转让所得，利息、股息、红利所得，偶然所得。

扣缴义务人向非居民个人支付工资、薪金所得，劳务报酬所得，稿酬所得和特许权使用费所得的，在一个纳税年度内扣缴方法保持不变。非居民个人达到居民个人条件时，应当告知扣缴义务人基础信息变化情况，年度终了后按照居民个人有关规定办理汇算清缴。

当应税所得个人既存在优惠减免，又存在非居民享受税收协定待遇减免时，扣缴义务人可以根据应税所得个人选择优惠度最高的享受减免进行申报。

二、个人所得税纳税申报表填报实验

（一）实验目的和要求

实验目的：通过本实验操作，熟练掌握相关税法理论结合应用的方法，掌握企业累计预扣预缴个人所得税应税计算、个人所得税纳税申报表填写方法，为从事企业累计预扣预缴个人所得税办税业务打下扎实的基础。

实验要求：实验前要充分学习《中华人民共和国个人所得税法实施条例》，理解相关个人所得税法规定、个人所得税纳税申报表及其附列资料表内和表间逻辑关系，实验时务必认真熟悉实验内容和资料，过程中可以互相讨论和学习，要求独立完成申报表的填报实验。

实验流程如图7-4所示。

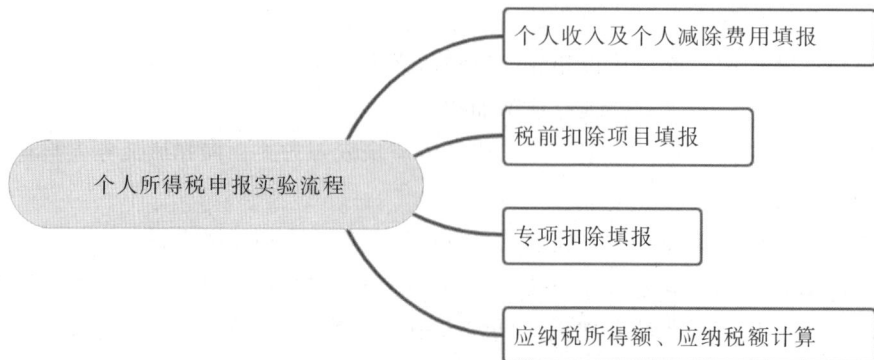

图7-4　个人所得税申报实验流程

（二）实验知识准备

1. 凡依据个人所得税法负有纳税义务的纳税人，有下列情形之一的，应当按照国家税务总局关于印发《个人所得税自行纳税申报办法（试行）》的通知（国税发〔2006〕162号）的规定办理纳税申报：（1）年所得12万元以上的；（2）从中国境内两处或者两处以上取得工资、薪金所得的；（3）从中国境外取得所得的；（4）取得应税所得，没有扣缴义务人的；（5）国务院规定的其他情形。应在纳税年度终了后3个月内向主管税务机关办理纳税申报。

2. 个人所得税应纳税所得额计算方法：应纳税所得额=月度收入-5 000元（免征额）-专项扣除（三险一金等）-专项附加扣除-依法确定的其他扣除。

3. 个人所得税应纳税额计算方法：应纳税额=应纳税所得额×适用税率-速算扣除数。

4. 扣缴义务人向居民个人支付工资薪金所得、劳务报酬所得、特许权使用费所得、经营所得、利息/股息/红利所得、财产租赁所得、财产转让所得、偶然所得时，应当按照累计预扣法计算预扣个人所得税税款，并按月办理全员全额扣缴申报。

5. 居民个人取得工资薪金所得、劳务报酬所得、特许权使用费所得，按纳税年度合并计算个人所得税；非居民个人取得工资薪金所得、劳务报酬所得、特许权使用费所得，按月或者按次分项计算个人所得税。纳税人取得经营所得、利息/股息/红利所得、财产租赁所得、财产转让所得、偶然所得，依法分别计算个人所得税。

6. 工资、薪金所得个人所得税预扣预缴具体计算公式如下：本期应预扣预缴税额=（累计预扣预缴应纳税所得额×预扣率-速算扣除数）-累计减免税额-累计已预扣预缴税额。累计预扣预缴应纳税所得额=累计收入-累计免税收入-累计减除费用-累计专项扣除-累计专项附加扣除-累计依法确定的其他扣除（其中：累计减除费用，按照5 000元/月乘以纳税人当年截至本月在本单位的任职受雇月份数计算）。上述公式中，计算居民个人工资、薪金所得预扣预缴税额的预扣率、速算扣除数，按个人所得税预扣率表一（居民个人工资、薪金所得预扣预缴适用）执行。

7. 累计预扣法主要是通过各月累计收入减去对应扣除，对照综合所得税率表计算累计应缴税额，再减去已缴税额，确定本期应缴税额的一种方法。这种方法，一方面，对于大部分只有一处工资薪金所得的纳税人，纳税年度终了时预扣预缴的税款基本上等于年度应纳税款，因此无须再办理自行纳税申报、汇算清缴；另一方面，对需要补退税的纳税人，预扣预缴的税款与年度应纳税款差额相对较小，不会占用纳税人过多资金。

8. 劳务报酬、稿酬、特许权使用费所得个人所得税预扣预缴计算方法：扣缴义务人向居民个人支付劳务报酬所得、稿酬所得、特许权使用费所得时，按次或者按月预扣预缴个人所得税。具体预扣预缴税款计算方法为：劳务报酬所得、稿酬所得、特许权使用费所得以每次收入减除费用后的余额为收入额，稿酬所得的收入额减按70%计算。减除费用：劳务报酬所得、稿酬所得、特许权使用费所得预扣预缴税款时，每次收入不超过4 000元的，减除费用按800元计算；每次收入4 000元以上的，减除费用按20%计算。应纳税所得额：劳务报酬所得、稿酬所得、特许权使用费所得，以每次收入额为预扣预缴应纳税所得额。劳务报酬所得适用20%至40%的超额累进预扣率，稿酬所得、特许权使用费所得适用20%的比例预扣率。劳务报酬所得应预扣预缴税额=预扣预缴应纳税所得额×预扣率-速算扣除数。稿酬所得、特许权使用费所得应预扣预缴税额=预扣预缴应纳税所得额×20%。

9.居民个人劳务报酬所得、稿酬所得、特许权使用费所得个人所得税的预扣预缴方法，基本平移了现行税法的扣缴方法，特别是平移了对每次收入不超过4 000元、费用按800元计算的规定。这种预扣预缴方法对扣缴义务人和纳税人来讲既容易理解，也简便易行，方便扣缴义务人和纳税人操作。

10.非居民个人的扣缴方法，依照《个人所得税法》第六条"非居民个人的工资、薪金所得，以每月收入额减除费用5 000元后的余额为应纳税所得额；劳务报酬所得、稿酬所得、特许权使用费所得，以每次收入额为应纳税所得额"，以及第十一条"非居民个人取得工资、薪金所得，劳务报酬所得，稿酬所得和特许权使用费所得，有扣缴义务人的，由扣缴义务人按月或者按次代扣代缴税款，不办理汇算清缴"的规定。同时，扣缴义务人向非居民个人支付工资、薪金所得，劳务报酬所得，稿酬所得和特许权使用费所得时，个人所得税按以下方法按月或者按次代扣代缴：非居民个人的工资、薪金所得，以每月收入额减除费用5 000元后的余额为应纳税所得额；劳务报酬所得、稿酬所得、特许权使用费所得，以每次收入额为应纳税所得额。其中，劳务报酬所得、稿酬所得、特许权使用费所得以收入减除20%的费用后的余额为收入额。稿酬所得的收入额减按70%计算。上述四项所得的应纳税额=应纳税所得额×税率-速算扣除数。税率表为按月换算后的综合所得税率表。

（三）实验内容和资料

1.企业基本资料

广州市高丰机械厂于2018年成立，是一般纳税人，经主管税务机关广州市经济开发区税务局核定该公司采用查账征收的方式按月申报缴纳增值税，执行企业会计准则，实行非工效挂钩企业工资计税办法，企业所得税税率25%，企业自行申报纳税，属就地纳税居民企业。

公司名称：广州市高丰机械厂；纳税人识别号：67517221TM83281FG953（或实训系统自行分配）；注册地址和电话：广州市经济开发区33号，13577889210；开户银行和账号：中国建设银行广州市经济开发区支行，61234123498766966；税款所属时期：当月1日至当月31日。

法定代表人：周宏；财务负责人：邓鸿飞；办税员：赵晓。

主要经营范围：电子机械产品的生产、研发、销售。

2.涉税业务资料

以该公司当月的涉税业务为例，以仿真数据为载体进行列示，按照业务发生情况进行申报表填报。

企业采取累计预扣法预扣预缴个人所得税，按月办理全员全额扣缴申报，之前月份税款扣缴义务人已预扣预缴，个人所得税预扣率详见表7-22、表7-23、表7-24和表7-25。

表7-22
个人所得税预扣率表一
（居民个人工资、薪金所得预扣预缴适用）

级数	累计预扣预缴应纳税所得额	预扣率（%）	速算扣除数
1	不超过36 000元的部分	3	0.00
2	超过36 000元至144 000元的部分	10	2 520.00
3	超过144 000元至300 000元的部分	20	16 920.00
4	超过300 000元至420 000元的部分	25	31 920.00
5	超过420 000元至660 000元的部分	30	52 920.00
6	超过660 000元至960 000元的部分	35	85 920.00
7	超过960 000元的部分	45	181 920.00

表7-23
个人所得税预扣率表二
（居民个人劳务报酬所得预扣预缴适用）

级数	预扣预缴应纳税所得额	预扣率（%）	速算扣除数
1	不超过20 000元的部分	20	0.00
2	超过20 000元至50 000元的部分	30	2 000.00
3	超过50 000元的部分	40	7 000.00

表7-24
个人所得预扣率表三
（非居民个人工资、薪金所得，劳务报酬所得，稿酬所得，特许权使用费所得适用）

级数	应纳税所得额	预扣率（%）	速算扣除数
1	不超过3 000元的部分	3	0.00
2	超过3 000元至12 000元的部分	10	210.00
3	超过12 000元至25 000元的部分	20	1 410.00
4	超过25 000元至35 000元的部分	25	2 660.00
5	超过35 000元至55 000元的部分	30	4 410.00
6	超过55 000元至80 000元的部分	35	7 160.00
7	超过80 000元的部分	45	15 160.00

表7-25
个人所得税预扣率表四（不含税级距）

级数	不含税劳务报酬收入额	预扣率（%）	速算扣除数	换算系数（%）
1	未超过3 360元的部分	20		无
2	超过3 360元至21 000元的部分	20		84
3	超过21 000元至49 500元的部分	30	2 000.00	76
4	超过49 500元的部分	40	7 000.00	68

注：居民个人劳务报酬预扣预缴适用。

3.业务发生情况

本月员工工资见表7-26，本月股东红利分配见表7-27。

表7-26 **本月员工工资表** 单位：元

姓名	是否居民	入职时间	工资	奖金	养老保险	医疗保险	失业保险	公积金	上月工资及奖金	上月预扣预缴税款
唐芳	是	去年12月	12 000.00	0.00	960.00	240.00	24.00	600.00	12 000.00	113.28
魏军	是	去年6月	8 500.00	0.00	680.00	170.00	17.00	425.00	3 000.00	6.24
李彬	是	去年9月	38 000.00	0.00	3 040.00	760.00	76.00	1 900.00	8 000.00	52.40
金中在	否，且不超过90天	今年1月	50 000.00	10 000.00	4 800.00	1 200.00	120.00	0.00	0.00	10 254.00

表7-27 **本月股东红利分配表** 单位：元

姓名	是否居民	红利收入
张琼	是	13 895.00
肖飞扬	是	151 940.00

（1）本月，该公司邀请中国澳门明星肖彬来内地演出（在内地任职期限不超过90天，港澳居民来往内地通行证号码：H1567821101），支付其劳务报酬80 000.00元（含税），个人所得税由公司代扣代缴，所得项目：劳务报酬所得，所得期间：当月。

（2）本月，该公司购买李梦所拥有的一项专利技术（居民身份证号码：452323196601110024），支付其特许权使用费300 000.00元（含税），个人所得税由公司代扣代缴，所得项目：特许权使用费所得，所得期间：当月。

（3）本月，邀请国内著名培训师谢万峰先生（居民身份证号码：450103198509274131）对公司员工进行培训，一共3天，支付其劳务报酬30 000.00元（不含个人所得税），个人所得税由公司代扣代缴，所得项目：劳务报酬所得，所得期间：当月。

（4）唐芳本年1—6月在某高校进行硕士研究生的学历继续教育，已向公司提供专项附加扣除信息，由公司为其办理专项附加扣除。

（5）唐芳的儿子张民本年1—6月期间接受大学本科的教育，唐芳扣除比例为100%。

（6）魏军是独生子女，每月需赡养父母二人（父亲62周岁，母亲59周岁），已向公司提供专项附加扣除信息，由公司为其办理专项附加扣除。

（7）李彬和妻子谢敏都在广州市工作，夫妻双方在广州市都无自有住房，夫妻二人在广州市租房居住，经夫妻双方协议，由李彬向所在公司提供专项附加扣除信息，由公司为其办理该家庭的专项附加扣除。

（四）实验步骤

依据实验内容和资料（见表7-28、表7-29），熟悉企业个人基本情况、个人收入和专项扣除情况，按实际情况进行企业代扣代缴个人所得税纳税申报表填写。

（五）实验结果

实训操作完成后，依次填写、提交或打印实验结果如下：

"个人所得税扣缴申报表"及其附列资料表见表7-30。

表7-28 个人所得税实验资料一

金额单位：元

姓名	收入			减除费用	税前扣除项目					专项扣除					应纳税所得额	适用税率	速算扣除数	应纳税额
	工资	奖金	小计		养老	医疗	失业	公积金	小计	子女教育金	教育金	租金	赡养金	小计				
唐芳	12 000.00	0.00	12 000.00	5 000.00	960.00	240.00	24.00	600.00	1 824.00	1 000.00	400.00	0.00	0.00	1 400.00	3 776.00	3%	0	113.28
魏军	8 500.00	0.00	8 500.00	5 000.00	680.00	170.00	17.00	425.00	1 292.00	0.00	0.00	0.00	2 000.00	2 000.00	208.00	3%	0	6.24
李彬	38 000.00	0.00	38 000.00	5 000.00	3 040.00	760.00	76.00	1 900.00	5 776.00	0.00	0.00	1 500.00	0.00	1 500.00	25 724.00	10%	2 520	52.40
金中在	50 000.00	10 000.00	60 000.00	5 000.00	4 800.00	1 200.00	120.00	0.00	6 120.00	0.00	0.00	0.00	0.00	0.00	48 880.00	30%	4 410	10 254.00

表7-29 个人所得税实验资料二

金额单位：元

姓名	收入	适用税率	费用	速算扣除额	应纳税额	收入类型
肖彬	80 000.00	35%	16 000.00	7 160	15 240.00	演出费
李梦	300 000.00	20%	60 000.00	0.00	48 000.00	特许权使用费
谢万峰	34 432.10	30%	27 546.00	4 410	3 853.71	培训费
张琼	13 895.00	20%	0.00	0.00	2 779.00	股息红利
肖飞扬	151 940.00	20%	0.00	0.00	30 388.00	股息红利

表7-30

个人所得税扣缴申报表

税款所属期：　年　月　日至　年　月　日

扣缴义务人名称：广州市高丰机械厂

扣缴义务人纳税人识别号（统一社会信用代码）：67517221TM83281FG3　　　　金额单位：人民币元（列至角分）

序号	姓名	身份证件类型	身份证件号码	纳税人识别号	是否为非居民个人	所得项目	收入额计算			减除费用	专项扣除				本月（次）情况				其他扣除		
							收入	费用	免税收入		基本养老保险费	基本医疗保险费	失业保险费	住房公积金	年金	商业健康保险	税延养老保险	财产原值	允许扣除的税费	其他
1	2	3	4	5	6	7	8	9	10	11	12	13	14	15	16	17	18	19	20	21
1	唐芳	身份证			否	工资薪金所得	12000.00	0.00	0.00	5000.00	960.00	240.00	24.00	600.00	0.00	0.00	0.00	0.00	0.00	0.00
2	魏军	身份证			否	工资薪金所得	8500.00	0.00	0.00	5000.00	680.00	170.00	17.00	425.00	0.00	0.00	0.00	0.00	0.00	0.00
3	李彬	身份证			否	工资薪金所得	38000.00	0.00	0.00	5000.00	3040.00	760.00	76.00	1900.00	0.00	0.00	0.00	0.00	0.00	0.00
4	金中在	外国人工作许可证			是，且不超过90天	工资薪金所得	60000.00	0.00	0.00	5000.00	4800.00	1200.00	120.00	0.00	0.00	0.00	0.00	0.00	0.00	0.00
5	肖彬	港澳居民来往内地通行证			是，且不超过90天	劳务报酬所得	80000.00	64000.00	0.00	0.00	0.00	0.00	0.00	0.00	0.00	0.00	0.00	0.00	0.00	0.00
6	李梦	身份证			否	特许权使用费所得	300000.00	240000.00	0.00	0.00	0.00	0.00	0.00	0.00	0.00	0.00	0.00	0.00	0.00	0.00
7	谢万峰	身份证			否	劳务报酬所得	34432.10	6886.42	0.00	0.00	0.00	0.00	0.00	0.00	0.00	0.00	0.00	0.00	0.00	0.00
8	张琼	身份证			否	利息、股息、红利所得	13895.00	0.00	0.00	0.00	0.00	0.00	0.00	0.00	0.00	0.00	0.00	0.00	0.00	0.00
9	肖飞扬	身份证			否	利息、股息、红利所得	151940.00	0.00	0.00	0.00	0.00	0.00	0.00	0.00	0.00	0.00	0.00	0.00	0.00	0.00

续表

序号	姓名	身份证件类型	身份证件号码	纳税人识别号	是否为非居民个人	所得项目	累计情况											税款计算							备注
							累计收入额	累计减除费用	累计专项扣除	累计专项附加扣除					累计其他扣除	减按计税比例	准予扣除的捐赠额	应纳税所得额	税率/预扣率	速算扣除数	应纳税额	减免税额	已缴税额	应补/退税额	
										子女教育	赡养老人	住房贷款利息	住房租金	继续教育											
1	2	3	4	5	6	7	22	23	24	25	26	27	28	29	30	31	32	33	34	35	36	37	38	39	40
1	唐芳	身份证			否	工资薪金所得	12 000.00	5 000.00	1 824.00	1 000.00	0.00	0.00	0.00	400.00	1 400.00	0.00	0.00	3 776.00	3%	0.00	113.28	0.00	0.00	113.28	0.00
2	魏军	身份证			否	工资薪金所得	8 500.00	5 000.00	1 292.00	0.00	2 000.00	0.00	0.00	0.00	2 000.00	0.00	0.00	208.00	3%	0.00	6.24	0.00	0.00	6.24	0.00
3	李彬	身份证			否	工资薪金所得	38 000.00	5 000.00	5 776.00	0.00	0.00	0.00	1 500.00	0.00	1 500.00	0.00	0.00	25 724.00	10%	2 520.00	52.40	0.00	0.00	52.40	0.00
4	金中在	外国人工作许可证			是，且不超过90天	工资薪金所得	60 000.00	5 000.00	6 120.00	0.00	0.00	0.00	0.00	0.00	0.00	0.00	0.00	48 880.00	30%	4 410.00	10 254.00	0.00	0.00	10 254.00	0.00
5	肖彬	港澳居民来往内地通行证			是，且不超过90天	劳务报酬所得	0.00	0.00	0.00	0.00	0.00	0.00	0.00	0.00	0.00	0.00	0.00	15 240.00	35%	7 160.00	15 240.00	0.00	0.00	15 240.00	0.00
6	李梦	身份证			否	特许权使用费所得	0.00	0.00	0.00	0.00	0.00	0.00	0.00	0.00	0.00	0.00	0.00	48 000.00	20%	0.00	48 000.00	0.00	0.00	48 000.00	0.00
7	谢万峰	身份证			否	劳务报酬所得	0.00	0.00	0.00	0.00	0.00	0.00	0.00	0.00	0.00	0.00	0.00	29 473.68	30%	4 410.00	3 853.71	0.00	0.00	3 853.71	0.00
8	张琮	身份证			否	利息、股息、红利所得	0.00	0.00	0.00	0.00	0.00	0.00	0.00	0.00	0.00	0.00	0.00	2 779.00	20%	0.00	2 779.00	0.00	0.00	2 779.00	0.00
9	肖飞扬	身份证			否	利息、股息、红利所得	0.00	0.00	0.00	0.00	0.00	0.00	0.00	0.00	0.00	0.00	0.00	30 388.00	20%	0.00	30 388.00	0.00	0.00	30 388.00	0.00
合计合计																									

声明：本表是根据国家税收法律法规及相关规定填报的，是真实的、可靠的、完整的。

扣缴义务人（签章）： 年 月 日

经办人签字：

经办人身份证件号码：

代理机构签章：

代理机构统一社会信用代码：

受理人：

受理税务机关（章）：

受理日期： 年 月 日

🍁思考与练习

选择题

1.下列关于个人所得税纳税申报制度的说法，错误的是（　　）。

A.个人所得税的纳税办法有代扣代缴和自行申报纳税两种

B.年所得12万元以上的纳税人，需要自行申报缴纳个人所得税

C.从中国境外取得所得的，如果在境外已经缴纳税款，无须在中国境内再次申报
缴纳个人所得税

D.从中国境内两处或者两处以上取得工资、薪金所得的，需要自行申报缴纳个人
所得税

2.下列项目在企业所得税纳税调整项目明细表中，可能出现纳税调整的是（　　）。

A.税收滞纳金　　　　　　　　　　　C.捐赠支出

B.佣金和手续费支出　　　　　　　　D.业务招待费支出

3.企业从事下列项目的所得，免征企业所得税的是（　　）。

A.香料作物的种植　　　　　　　　　B.牲畜的饲养

C.花卉的种植　　　　　　　　　　　D.海水养殖

第七章思政案例引导　　　　　　　　　　　　第七章思考与练习参考答案

印花税纳税申报

本章导读

企业报税人员必须了解印花税的相关税务知识和法律法规要求，掌握印花税应纳税额的计算方法和纳税申报表的填写规则。

本章首先介绍印花税的定义和特点，对印花税的纳税义务人、征税范围、税率、税目、纳税义务发生时间、纳税申报的相关规定以及税收优惠、免税政策、纳税办法等都进行了相应介绍；其次介绍印花税的应纳税额的计算方法；最后设计了印花税纳税申报表的填报实训实验，帮助学员全面了解和掌握印花税纳税申报的相关税务知识、程序和方法。

预习思考：十三届全国人大常委会第二十九次会议表决通过了《中华人民共和国印花税法》，于 2022 年 7 月 1 日起施行。而《中华人民共和国印花税暂行条例》于 1988 年 10 月 1 日起施行，至今已有 30 多年，为什么要进行印花税立法？印花税法的正式实施有哪些积极的影响？

> **思政案例导入**
>
> 新员工小李问："我们公司 2023 年年初与设备租赁公司签订了设备租赁合同，约定含税租金为 10 000 元，应该如何计算缴纳印花税呢？"
>
> 请你给小李合理的解释，他应该怎么计算呢？

|第一节| 印花税基础知识

一、概念和特点

（一）印花税概念

【印花税】是对经济活动和经济交往中订立、领受具有法律效力的凭证的行为所征收的一种税。因采用在应税凭证上粘贴印花税票作为完税的标志而得名。印花税根据不同征税项目，实行从价计征。

（二）印花税特点

1.兼有凭证税和行为税性质

印花税是对单位和个人订立、领受的应税凭证征收的一种税，具有凭证税性质。任何一种应税经济凭证反映的都是某种特定的经济行为，因此，对凭证征税实质上是对经济行为的课税。

2.征税范围广泛

印花税的征税对象包括经济活动和经济交往中的各种应税凭证，凡订立和领受这些凭证的单位和个人都要缴纳印花税，其征税范围是极其广泛的。随着市场经济的发展和经济法治的逐步健全，依法订立经济凭证的现象将会愈来愈普遍。因此，印花税的征收面将更加广阔。

3.税率低、税负轻

印花税与其他税种相比较，税率要低得多，其税负较轻，具有广集资金、积少成多的财政效应。

4.由纳税人自行完成纳税义务

纳税人通过自行计算、购买并粘贴印花税票的方法完成纳税义务，并在印花税票和凭证的骑缝处自行盖戳注销或划销。这也与其他税种的缴纳方法存在较大区别。

二、纳税义务人

纳税人为单位的，应当向其机构所在地的主管税务机关申报缴纳印花税；纳税人为个人的，应当向应税凭证书立地或者纳税人居住地的主管税务机关申报缴纳印花税。不动产产权发生转移的，纳税人应当向不动产所在地的主管税务机关申报缴纳印花税。纳税人为境外单位或者个人，在境内有代理人的，以其境内代理人为扣缴义务人；在境内没有代理人的，由纳税人自行申报缴纳印花税，具体办法由国务院税务主管部门规定。证券登记结算机构为证券交易印花税的扣缴义务人。

印花税由纳税人按规定的应税比例自行购买并粘贴印花税票，即完成纳税义务。

三、征税范围

现行印花税只对《中华人民共和国印花税法》列举的凭证征收，没有列举的凭证不征税。具体征税范围如下：

（一）合同（书面合同）

税目税率表中列举了11大类合同，它们是：借款合同、融资租赁合同、买卖合同、承揽合同、建设工程合同、运输合同、技术合同、租赁合同、保管合同、仓储合同、财产保险合同。

（二）产权转移书据

产权转移即财产权利关系的改变，表现为产权主体发生变更。产权转移书据是在产权的买卖、交换、继承、赠与、分割等产权主体变更过程中，由产权出让人与受让人之间所订立的民事法律文书。

产权转移书据包括：土地使用权出让书据，土地使用权、房屋等建筑物和构筑物所有权转让书据（不包括土地承包经营权和土地经营权转移），股权转让书据（不包括应缴纳证券交易印花税的），商标专用权、著作权、专利权、专有技术使用权转让书据。

（三）营业账簿

对记载资金的营业账簿征收印花税，对其他营业账簿不征收印花税。

（四）证券交易

它是指转让在依法设立的证券交易所、国务院批准的其他全国性证券交易场所交易的股票和以股票为基础的存托凭证。

四、税率、税目

印花税的税率设计，遵循税负从轻、共同负担的原则，所以，税率比较低。凭证的当事人，即对凭证有直接权利与义务关系的单位和个人均应就其所持凭证依法纳税。

印花税的税目，指印花税法明确规定的应当纳税的项目，它具体划定了印花税的征税范围。一般地说，列入税目的就要征税，未列入税目的就不征税。印花税共有17个税目（见表8-1）。

缴纳印花税的单位均应对应纳税凭证进行印花税纳税申报；个人缴纳印花税的，只贴花完税，暂不实行纳税申报。

五、纳税义务发生时间

《中华人民共和国印花税法》第十五条规定：印花税的纳税义务发生时间为纳税人书立应税凭证或者完成证券交易的当日。证券交易印花税扣缴义务发生时间为证券交易完成的当日。

表8-1　　　　　　　　　　　　　印花税税目税率表

税　目		税　率	备　注
合同 （指书面 合同）	借款合同	借款金额的万分之零点五	指银行业金融机构、经国务院银行业监督管理机构批准设立的其他金融机构与借款人（不包括同业拆借）的借款合同
	融资租赁合同	租金的万分之零点五	
	买卖合同	价款的万分之三	指动产买卖合同（不包括个人书立的动产买卖合同）
	承揽合同	报酬的万分之三	
	建设工程合同	价款的万分之三	
	运输合同	运输费用的万分之三	指货运合同和多式联运合同（不包括管道运输合同）
	技术合同	价款、报酬或者使用费的万分之三	不包括专利权、专有技术使用权转让书据
	租赁合同	租金的千分之一	
	保管合同	保管费的千分之一	
	仓储合同	仓储费的千分之一	
	财产保险合同	保险费的千分之一	不包括再保险合同
产权转移书据	土地使用权出让书据	价款的万分之五	转让包括买卖（出售）、继承、赠与、互换、分割
	土地使用权、房屋等建筑物和构筑物所有权转让书据（不包括土地承包经营权和土地经营权转移）	价款的万分之五	
	股权转让书据（不包括应缴纳证券交易印花税的）	价款的万分之五	
	商标专用权、著作权、专利、专有技术使用权转让书据	价款的万分之三	
营业账簿		实收资本（股本）、资本公积合计金额的万分之二点五	
证券交易		成交金额的千分之一	

六、计算应纳税额

印花税的应纳税额按照计税依据乘以适用税率计算，即以应纳税凭证所记载的金额、费用、收入额为计税依据，按照适用税率或者税额标准计算应纳税额。应纳税额计算公式：

应纳税额=应纳税凭证记载的金额（费用、收入额）×适用税率

印花税的计税依据如下：

（1）应税合同的计税依据，为合同所列的金额，不包括列明的增值税税款；

（2）应税产权转移书据的计税依据，为产权转移书据所列的金额，不包括列明的增值税税款；

（3）应税营业账簿的计税依据，为账簿记载的实收资本（股本）、资本公积合计金额；

（4）证券交易的计税依据，为成交金额。

应税合同、产权转移书据未列明金额的，印花税的计税依据按照实际结算的金额确定。

计税依据按照前款规定仍不能确定的，按照书立合同、产权转移书据时的市场价格确定；依法应当执行政府定价或者政府指导价的，按照国家有关规定确定。

证券交易无转让价格的，按照办理过户登记手续时该证券前一个交易日收盘价计算确定计税依据；无收盘价的，按照证券面值计算确定计税依据。

同一应税凭证载有两个以上税目事项并分别列明金额的，按照各自适用的税目税率分别计算应纳税额；未分别列明金额的，从高适用税率。

同一应税凭证由两方以上当事人书立的，按照各自涉及的金额分别计算应纳税额。

已缴纳印花税的营业账簿，以后年度记载的实收资本（股本）、资本公积合计金额比已缴纳印花税的实收资本（股本）、资本公积合计金额增加的，按照增加部分计算应纳税额。

七、免税政策

《中华人民共和国印花税法》第十二条规定，下列凭证免征印花税：

（1）应税凭证的副本或者抄本；

（2）依照法律规定应当予以免税的外国驻华使馆、领事馆和国际组织驻华代表机构为获得馆舍书立的应税凭证；

（3）中国人民解放军、中国人民武装警察部队书立的应税凭证；

（4）农民、家庭农场、农民专业合作社、农村集体经济组织、村民委员会购买农业生产资料或者销售农产品书立的买卖合同和农业保险合同；

（5）无息或者贴息借款合同、国际金融组织向中国提供优惠贷款书立的借款合同；

（6）财产所有权人将财产赠与政府、学校、社会福利机构、慈善组织书立的产权转

移书据；

（7）非营利性医疗卫生机构采购药品或者卫生材料书立的买卖合同；

（8）个人与电子商务经营者订立的电子订单。

根据国民经济和社会发展的需要，国务院对居民住房需求保障、企业改制重组、破产、支持小型微型企业发展等情形可以规定减征或者免征印花税，报全国人民代表大会常务委员会备案。

八、纳税办法

印花税可以采用粘贴印花税票或者由税务机关依法开具其他完税凭证的方式缴纳。

印花税票粘贴在应税凭证上的，由纳税人在每枚税票的骑缝处盖戳注销或者画销。

印花税票由国务院税务主管部门监制。

印花税由税务机关依照《中华人民共和国印花税法》和《中华人民共和国税收征收管理法》的规定征收管理。

九、纳税申报

印花税按季、按年或者按次计征。实行按季、按年计征的，纳税人应当自季度、年度终了之日起15日内申报缴纳税款；实行按次计征的，纳税人应当自纳税义务发生之日起15日内申报缴纳税款。

证券交易印花税按周解缴。证券交易印花税扣缴义务人应当自每周终了之日起5日内申报解缴税款以及银行结算的利息。

【政策依据8-1】《中华人民共和国税收征收管理法》第二十五条第一款规定：纳税人必须依照法律、行政法规规定的申报期限、申报内容如实办理纳税申报，报送纳税申报表、财务会计报表以及税务机关根据实际需要要求纳税人报送的其他纳税资料。

纳税人享受减税、免税待遇的，在减税、免税期间应当按照规定办理申报纳税。

|第二节| 印花税纳税申报表填报实验

一、实验目的和要求

实验目的：通过本实验操作，熟练掌握印花税相关税法理论与实际结合的方法，掌握印花税应税计算、印花税纳税申报表填写方法，为从事企业印花税办税业务打下扎实的基础。

实验要求：实验前要充分学习《中华人民共和国印花税法》，理解印花税相关规定、印花税纳税申报表及其附列资料表内和表间逻辑关系，实验时务必认真熟悉实验内容和资料，过程中可以互相讨论、学习，要求独立完成申报表的填报实验。

实验流程如图8-1所示。

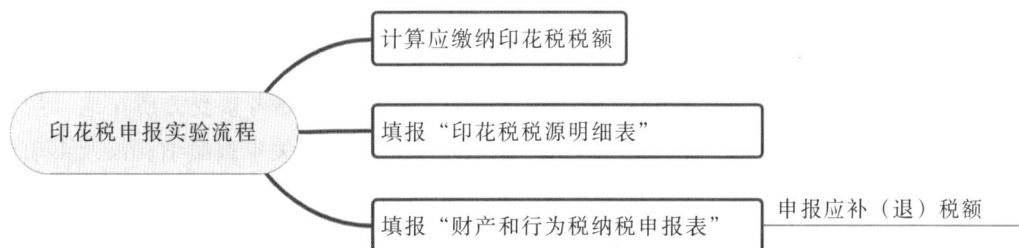

图8-1　印花税纳税申报实验流程图

二、实验知识准备

1.《中华人民共和国印花税法》规定在中华人民共和国境内书立应税凭证、进行证券交易的单位和个人，作为印花税的纳税人，应当依照本法规定缴纳印花税。在中华人民共和国境外书立在境内使用的应税凭证的单位和个人，应当依照本法规定缴纳印花税。

2.《中华人民共和国印花税法》所称应税凭证，是指本法所附《印花税税目税率表》列明的合同、产权转移书据和营业账簿。证券交易，是指转让在依法设立的证券交易所、国务院批准的其他全国性证券交易场所交易的股票和以股票为基础的存托凭证。证券交易印花税对证券交易的出让方征收，不对受让方征收。

3.印花税应纳税额计算公式：应纳税额=应纳税凭证记载的金额（费用、收入额）×适用税率。

4.《中华人民共和国印花税法》第十五条规定：印花税的纳税义务发生时间为纳税人书立应税凭证或者完成证券交易的当日。证券交易印花税扣缴义务发生时间为证券交易完成的当日。

5.纳税人应当根据书立印花税应税合同、产权转移书据和营业账簿情况，填写《印花税税源明细表》，进行财产行为税综合申报。

6.应税合同、产权转移书据未列明金额，在后续实际结算时确定金额的，纳税人应当于书立应税合同、产权转移书据的首个纳税申报期申报应税合同、产权转移书据书立情况，在实际结算后下一个纳税申报期，以实际结算金额计算申报缴纳印花税。

7.印花税按季、按年或者按次计征。应税合同、产权转移书据印花税可以按季或者按次申报缴纳，应税营业账簿印花税可以按年或者按次申报缴纳，具体纳税期限由各省、自治区、直辖市、计划单列市税务局结合征管实际确定。

境外单位或者个人的应税凭证印花税可以按季、按年或者按次申报缴纳，具体纳税期限由各省、自治区、直辖市、计划单列市税务局结合征管实际确定。

8.纳税人为境外单位或者个人，在境内有代理人的，以其境内代理人为扣缴义务人。境外单位或者个人的境内代理人应当按规定扣缴印花税，向境内代理人机构所在地

（居住地）主管税务机关申报解缴税款。

纳税人为境外单位或者个人，在境内没有代理人的，纳税人应当自行申报缴纳印花税。境外单位或者个人可以向资产交付地、境内服务提供方或者接受方所在地（居住地）、书立应税凭证境内书立人所在地（居住地）主管税务机关申报缴纳；涉及不动产产权转移的，应当向不动产所在地主管税务机关申报缴纳。

9.纳税人享受印花税优惠政策，继续实行"自行判别、申报享受、有关资料留存备查"的办理方式。纳税人对留存备查资料的真实性、完整性和合法性承担法律责任。

三、实验内容和步骤

（一）实验一

纳税人甲按季申报缴纳印花税，2022年第三季度书立买卖合同5份，合同所列价款（不包括列明的增值税税款）共计100万元，书立建筑工程合同1份，合同所列价款（不包括列明的增值税税款）共计1 000万元，书立产权转移书据1份，合同所列价款（不包括列明的增值税税款）共计500万元。该纳税人应在书立应税合同、产权转移书据时，填写"印花税税源明细表"，在2022年10月纳税申报期，进行财产行为税综合申报，具体如下：

1.填写"印花税税源明细表"（见表8-2）

2.计算应纳印花税

纳税人甲2022年10月纳税申报期应缴纳印花税：

1 000 000×0.3‰+10 000 000×0.3‰+5 000 000×0.5‰=5 800（元）

3.填写"财产和行为税纳税申报表"（见表8-3）

（二）实验二

纳税人乙按季申报缴纳印花税，2022年第三季度书立财产保险合同100万份，合同所列保险费（不包括列明的增值税税款）共计100 000万元。该纳税人应在书立应税合同时，填写"印花税税源明细表"，在2022年10月纳税申报期，进行财产行为税综合申报，具体如下：

1.填写"印花税税源明细表"（见表8-4）

2.计算应纳印花税

纳税人乙2022年10月纳税申报期应缴纳印花税：

1 000 00×1‰=100（万元）

3.填写"财产和行为税纳税申报表"（见表8-5）

（三）实验三

经济活动中，纳税人书立合同、产权转移书据未列明金额，需要后续实际结算时才能确定金额的情况较为常见，纳税人应于书立应税合同、产权转移书据的首个纳税申报期申报应税合同、产权转移书据书立情况，在实际结算后下一个纳税申报期，以实际结算金额计算申报缴纳印花税。

印花税税源明细表

表 8-2

纳税人识别号（统一社会信用代码）：ABCDEFGHI123456789

纳税人（缴费人）名称：纳税人甲

金额单位：人民币元（列至角分）

序号	应税凭证服务编号	*应税凭证名称	*申报期限类型	应税凭证数量	*税目	子目	*税款所属期起	*税款所属期止	*应税凭证书立日期	*计税金额	实际结算日期	实际结算金额	*税率	减免性质代码和项目名称	对方书立人信息			
															对方书立人名称	对方书立人识别号（统一社会信用代码）	对方书立人纳税人识别号（统一社会信用代码）	对方书立人涉及金额
1	纳税人甲1	办公桌椅买卖合同	按期申报	1	买卖合同		2022年7月1日	2022年9月30日	2022年7月2日	30 000			0.3‰					
2	纳税人甲2	打印机买卖合同	按期申报	1	买卖合同		2022年7月1日	2022年9月30日	2022年7月2日	20 000			0.3‰					
3	纳税人甲3	乘用车买卖合同	按期申报	1	买卖合同		2022年7月1日	2022年9月30日	2022年8月15日	500 000			0.3‰					
4	纳税人甲4	电脑买卖合同	按期申报	1	买卖合同		2022年7月1日	2022年9月30日	2022年8月20日	50 000			0.3‰					
5	纳税人甲5	PVC塑料颗粒买卖合同	按期申报	1	买卖合同		2022年7月1日	2022年9月30日	2022年9月1日	400 000			0.3‰					
6	纳税人甲6	xx道路施工合同	按期申报	1	建设工程合同	施工合同	2022年7月1日	2022年9月30日	2022年9月10日	10 000 000			0.3‰					
7	纳税人甲7	股权转让协议	按次申报	1	产权转移书据	股权转让书据（不包括应缴纳证券交易印花税的）	2022年9月1日	2022年9月30日	2022年9月30日	5 000 000			0.5‰					

表 8-3

财产和行为税纳税申报表

纳税人识别号（统一社会信用代码）：ABCDEFGHIJ123456789

纳税人（缴费人）名称：纳税人甲

金额单位：人民币元（列至角分）

序号	税种	税目	税款所属期起	税款所属期止	计税依据	税率	应纳税额	减免税额	已缴税额	应补（退）税额
1	印花税	买卖合同	2022年7月1日	2022年9月30日	1 000 000.00	0.3‰	300.00			300.00
2	印花税	建设工程合同	2022年7月1日	2022年9月30日	10 000 000.00	0.3‰	3 000.00			3 000.00
3	印花税	产权转移书据	2022年9月1日	2022年9月30日	5 000 000.00	0.5‰	2 500.00			2 500.00
4										
5										
6										
7										
8										
9										
10										
11	合计	—			—	—	5 800.00			5 800.00

声明：此表是根据国家税收法律法规及相关规定填写的，本人（单位）对填报内容（及附带资料）的真实性、可靠性、完整性负责。

纳税人（签章）：纳税人甲

经办人：
经办人身份证号：
代理机构签章：
代理机构统一社会信用代码：

受理人：
受理税务机关（章）：
受理日期： 年 月 日

年 月 日

表 8-4

印花税税源明细表

纳税人识别号（统一社会信用代码）：BCDEFGHIJ123456789

纳税人（缴费人）名称：纳税人乙

金额单位：人民币元（列至角分）

序号	应税凭证务编号	应税凭证名称	*申报期限类型	应税凭证数量	*税目	*税款所属期起	*税款所属期止	*应税凭证订立日期	*计税金额	*税率	实际结算金额	实际结算日期	减免性质代码附征目名称	对方书立人信息		
														对方书立人名称	对方书立人纳税人识别号（统一社会信用代码）	对方书立人涉及金额
1	纳税人乙1	财产保险合同	按期申报	1 000 000	财产保险合同	2022年7月1日	2022年9月30日	2022年9月30日	1 000 000 000	1‰						
2																
3																

表 8-5

财产和行为税纳税申报表

纳税人识别号（统一社会信用代码）：BCDEFGHIJ123456789

纳税人（缴费人）名称：纳税人乙

金额单位：人民币元（列至角分）

序号	税种	税目	税款所属期起	税款所属期止	计税依据	税率	应纳税额	减免税额	已缴税额	应补（退）税额
1	印花税	财产保险合同	2022年7月1日	2022年9月30日	1 000 000 000.00	1‰	1 000 000.00			1 000 000.00
2										
3										
4										
5										
6										
7										
8										
9										
10										
11	合计	—	—	—	—	—	1 000 000.00			1 000 000.00

声明：此表是根据国家税收法律法规及相关规定填写的，本人（单位）对填报内容（及附带资料）的真实性、可靠性、完整性负责。

纳税人（签章）：纳税人乙

年 月 日

经办人：

经办人身份证号：

代理机构统一社会信用代码：

代理机构（章）：

受理人：

受理税务机关（章）：

受理日期： 年 月 日

纳税人丙按季申报缴纳印花税，2022年8月25日书立钢材买卖合同1份，合同列明了买卖钢材数量，并约定在实际交付钢材时，以交付当日市场报价确定成交价据以结算，2022年10月12日按合同结算买卖钢材价款100万元，2023年3月7日按合同结算买卖钢材价款300万元。该纳税人应在书立应税合同以及实际结算时，填写"印花税税源明细表"，分别在2022年8月、2022年10月、2023年3月纳税申报期，进行财产和行为税综合申报，具体如下：

1. 填写"印花税税源明细表"（见表8-6、表8-7和表8-8）

表8-6

印花税税源明细表

纳税人（缴费人）识别号（统一社会信用代码）：CDEFGHIJK123456789

纳税人（缴费人）名称：纳税人丙

金额单位：人民币元（列至角分）

序号	应税凭证税务编号	应税凭证编号	*应税凭证名称	*申报期限类型	应税凭证数量	*税目	子目	*税款所属期起	*税款所属期止	*应税凭证书立日期	*计税金额	实际结算日期	实际结算金额	*税率	减免性质代码和项目名称	对方书立人名称	对方书立人纳税人识别号（统一社会信用代码）	对方书立人涉及金额
1	纳税人丙1		钢材买卖合同	按期申报	1	买卖合同		2022年7月1日	2022年9月30日	2022年8月25日	0		—	0.3‰				
2																		
3																		

表8-7

印花税税源明细表

纳税人（缴费人）识别号（统一社会信用代码）：CDEFGHIJK123456789

纳税人（缴费人）名称：纳税人丙

金额单位：人民币元（列至角分）

序号	应税凭证税务编号	应税凭证编号	*应税凭证名称	*申报期限类型	应税凭证数量	*税目	子目	*税款所属期起	*税款所属期止	*应税凭证书立日期	*计税金额	实际结算日期	实际结算金额	*税率	减免性质代码和项目名称	对方书立人名称	对方书立人纳税人识别号（统一社会信用代码）	对方书立人涉及金额
1	纳税人丙2		钢材买卖合同	按期申报	1	买卖合同		2022年10月1日	2022年12月31日	2022年10月12日	1 000 000	2022年10月12日	1 000 000	0.3‰				
2																		
3																		

表8-8

印花税税源明细表

纳税人（缴费人）识别号（统一社会信用代码）：CDEFGHIJK123456789

纳税人（缴费人）名称：纳税人丙

金额单位：人民币元（列至角分）

序号	应税凭证税务编号	应税凭证编号	*应税凭证名称	*申报期限类型	应税凭证数量	*税目	子目	*税款所属期起	*税款所属期止	*应税凭证书立日期	*计税金额	实际结算日期	实际结算金额	*税率	减免性质代码和项目名称	对方书立人名称	对方书立人纳税人识别号（统一社会信用代码）	对方书立人涉及金额
1	纳税人丙3		钢材买卖合同	按期申报	1	买卖合同		2023年1月1日	2023年3月31日	2023年3月7日	3 000 000	2023年3月7日	3 000 000	0.3‰				
2																		
3																		

2.计算应纳印花税

纳税人丙2022年8月纳税申报期应缴纳印花税：

$0×0.3‰=0$

纳税人丙2023年10月纳税申报期应缴纳印花税：

$1\,000\,000×0.3‰=300$（元）

纳税人丙2023年3月纳税申报期应缴纳印花税：

$3\,000\,000×0.3‰=900$（元）

3.填写"财产和行为税纳税申报表"（见表8-9）

表8-9

财产和行为税纳税申报表

纳税人识别号（统一社会信用代码）：CDEFGHIJK123456789

纳税人（缴费人）名称：纳税人丙　　　　　　　　　　　　　金额单位：人民币元（列至角分）

序号	税种	税目	税款所属期起	税款所属期止	计税依据	税率	应纳税额	减免税额	已缴税额	应补（退）税额
1	印花税	买卖合同	2022年7月1日	2022年9月30日	0.00	0.3‰	0.00			0.00
2			2022年10月1日	2022年12月31日	1 000 000.00	0.3‰	300.00			300.00
3			2023年1月1日	2023年3月31日	3 000 000.00	0.3‰	900.00			900.00
4										
5										
6										
7										
8										
9										
10										
11	合计	—	—	—	—	—	1 200.00			1 200.00

声明：此表是根据国家税收法律法规及相关规定填写的，本人（单位）对填报内容（及附带资料）的真实性、可靠性、完整性负责。

纳税人（签章）：纳税人丙

经办人：
经办人身份证号：
代理机构签章：
代理机构统一社会信用代码：

受理人：
受理税务机关（章）：
受理日期：　　年　　月　　日

思考与练习

选择题

1.依据印花税征税范围的规定，下列合同应计算缴纳印花税的是（　　）。

A.未按期兑现合同

B.银行同业拆借合同

C.无息贷款合同

D.个人书立的动产买卖合同

2.下列凭证，免征印花税的有（　　）。

A.货物运输合同

B.贴息贷款合同

C.抢险救灾物资运输合同

D.已缴纳印花税的凭证副本

3.下列选项所涉及的证照全部应缴纳印花税的是（　　）。

A.房屋产权证、工商营业执照、税务登记证、营运许可证

B.商标注册证、卫生许可证、土地使用证、营运许可证

C.房屋产权证、工商营业执照、商标注册证、专利证、土地使用证

D.土地使用证、专利证、特殊行业经营许可证、房屋产权证

第八章思政案例引导　　　　　　　　第八章思考与练习参考答案

城市维护建设税、教育费附加和地方教育附加纳税申报

本章导读

企业报税人员必须了解城市维护建设税和教育费附加、地方教育附加的相关税务知识和法律法规要求，掌握城市维护建设税和教育费附加、地方教育附加应纳税额的计算方法和纳税申报表的填写规则。

本章首先分别介绍城市维护建设税和教育费附加、地方教育附加的定义和特点，对城市维护建设税和教育费附加、地方教育附加的纳税义务人、征税范围、税率、税目、纳税义务发生时间、纳税申报的相关规定以及减免政策等进行了介绍；其次介绍城市维护建设税和教育费附加、地方教育附加的应纳税额的计算方法；最后设计了城市维护建设税和教育费附加、地方教育附加纳税申报表的填报实训实验，帮助学员全面了解和掌握城市维护建设税和教育费附加、地方教育附加纳税申报的相关税务知识、程序和方法。

预习思考1：附加税费包括哪些？征收税率是多少？

预习思考2：简并税费申报后，增值税及附加税费申报表附列资料（五）怎么填？

思政案例导入

小李跟吴总汇报：吴总，我们本月的增值税纳税申报表填好了，增值税和附加税费一共要缴××万元。

吴总问：什么附加税？增值税缴了就行了，这些附加税就不要缴了！

如果你是小李，请问是否要听从吴总提出的建议？为什么？

|第一节| 城市维护建设税基础知识

一、概念和特点

（一）城市维护建设税的概念

【城市维护建设税】 在中华人民共和国境内缴纳增值税、消费税的单位和个人，为城市维护建设税的纳税人，应当依照《中华人民共和国城市维护建设税法》规定缴纳城市维护建设税。

城市维护建设税以纳税人依法实际缴纳的增值税、消费税税额为计税依据，纳税义务发生时间与增值税、消费税的纳税义务发生时间一致，分别与增值税、消费税同时缴纳。城市维护建设税的征收能够加强对城市的维护建设、扩大和稳定城市维护建设资金的来源。

【政策依据9-1】《中华人民共和国城市维护建设税法》已由中华人民共和国第十三届全国人民代表大会常务委员会第二十一次会议于2020年8月11日通过，自2021年9月1日起施行。

（二）城市维护建设税的特点

1.税款专款专用，具有受益税性质

按照财政的一般性要求，税收及其他政府收入应当纳入国家预算，根据需要统一安排其用途，并不规定各个税种收入的具体使用范围和方向。但是作为例外，也有个别税种事先明确规定使用范围与方向，税款的缴纳与受益更直接地联系起来，我们通常称其为受益税。城市维护建设税税款专款专用，用来保证对城市的公共事业和公共设施的维护和建设，是一种具有受益税性质的税种。

2.属于一种附加税

城市维护建设税与其他税种不同，没有独立的征税对象或税基，而是以增值税、消费税"两税"实际缴纳的税额之和为计税依据，随"两税"同时附征，本质上属于一种附加税。

3.根据城建规模设计税率

一般来说，城镇规模越大，所需要的建设与维护资金越多。与此相适应，城市维护建设税规定，纳税人所在地为城市市区的，税率为7%；纳税人所在地为县城、建制镇的，税率为5%；纳税人所在地不在城市市区、县城或建制镇的，税率为1%。这种根据城镇规模不同，差别设置税率的办法，较好地照顾了城市建设的不同需要。

4.征收范围较广

鉴于增值税、消费税在我国现行税制中属于主体税种，而城市维护建设税又是其附加税，原则上讲，只要缴纳增值税、消费税中任一税种的纳税人都要缴纳城市维护建设税。这也就等于说，除了减免税等特殊情况以外，任何从事生产经营活动的企业单位和个人都要缴纳城市维护建设税，这个征税范围是比较广的。

二、纳税义务人

为负有增值税、消费税扣缴义务的单位和个人，在扣缴增值税、消费税的同时扣缴城市维护建设税。对进口货物或者境外单位和个人向境内销售劳务、服务、无形资产缴纳的增值税、消费税税额，不征收城市维护建设税。

三、征税范围

城市维护建设税的征税范围包括城市、县城、建制镇以及税法规定征税的其他地区。城市、县城、建制镇的范围应以行政区划作为划分标准，不得随意扩大或缩小各行政区域的管辖范围。

四、税率、税目

【政策依据9-2】根据《中华人民共和国城市维护建设税法》和《中华人民共和国税收征收管理法》的规定，城市维护建设税是根据城市维护建设资金的不同层次的需要而设计的，实行分区域的差别比例税率，即按纳税人所在城市、县城或镇等不同的行政区域分别规定不同的比例税率。具体规定为：（1）纳税人所在地在市区的，税率为7%。这里所称的"市"是指国务院批准市建制的城市，"市区"是指省级人民政府批准的市辖区（含市郊）的区域范围。（2）纳税人所在地在县城、镇的，税率为5%。这里所称的"县城、镇"是指省级人民政府批准的县城、县属镇（区级镇），县城、县属镇的范围按县人民政府批准的城镇区域范围。（3）纳税人所在地不在市区、县城、县属镇的，税率为1%。纳税人在外地发生缴纳增值税、消费税的，按纳税发生地的适用税率计征城市维护建设税。

五、纳税义务发生时间

负有增值税、消费税扣缴义务的单位和个人，在扣缴增值税、消费税的同时扣缴城市维护建设税。

六、计算应纳税额

城市维护建设税是以纳税人实际缴纳的流转税额为计税依据征收的一种税，纳税环节确定在纳税人缴纳的增值税、消费税的环节上，从商品生产到消费流转过程中只要发生增值税、消费税当中一种税的纳税行为，就要以这种税为依据计算缴纳城市维护建设税。

税率按纳税人所在地分别规定为：市区7%，县城和建制镇5%，乡村1%。大中型工矿企业所在地不在城市市区、县城、建制镇的，税率为1%。

城市维护建设税应纳税额的计算比较简单，计税方法基本上与"两税"一致，其计算公式为：

应纳税额＝（实际缴纳增值税+消费税）×适用税率

【例9-1】位于某市市区的甲企业（城建税适用税率为7%），2021年10月申报期，享受直接减免增值税优惠（不包含先征后退、即征即退，下同）后申报缴纳增值税50万元，9月已核准增值税免抵税额10万元（其中涉及出口货物6万元，涉及增值税零税率应税服务4万元），9月收到增值税留抵退税额5万元，该企业10月应申报缴纳的城建税为：

（50＋6＋4-5）×7%=3.85（万元）

【例9-2】位于某县县城的乙企业（城建税适用税率为5%），2021年10月申报期，享受直接减免增值税优惠后申报缴纳增值税90万元，享受直接减免消费税优惠后申报缴纳消费税30万元，该企业10月应申报缴纳的城建税为：

（90＋30）×5%=6（万元）

所有两税税额是否都纳入城建税计税依据？

不是。纳税人因进口货物或境外单位和个人向境内销售劳务、服务、无形资产缴纳的两税税额不纳入城建税计税依据，不需要缴纳城建税。

【例9-3】位于某市市区的甲企业（城建税适用税率为7%），2021年10月申报期，申报缴纳增值税100万元，其中50万元增值税是进口货物产生的，该企业10月应申报缴纳的城建税为：

（100-50）×7%=3.5（万元）

留抵退税额在城建税计税依据中扣除有什么具体规则？

纳税人自收到留抵退税额之日起，应当在以后纳税申报期从城建税计税依据中扣除。

留抵退税额仅允许在按照增值税一般计税方法确定的城建税计税依据中扣除。当期未扣除完的余额，在以后纳税申报期按规定继续扣除。

对于增值税小规模纳税人更正、查补此前按照一般计税方法确定的城建税计税依据，允许扣除尚未扣除完的留抵退税额。

【例9-4】位于某市市区的甲企业（城建税适用税率为7%），2021年9月收到增值税留抵退税200万元。2021年10月申报期，申报缴纳增值税120万元（其中按照一般计税方法100万元，按照简易计税方法20万元），该企业10月应申报缴纳的城建税为：

（100-100）×7%＋20×7%=1.4（万元）

2021年11月申报期，该企业申报缴纳增值税200万元，均为按照一般计税方法产生的，该企业11月应申报缴纳的城建税为：

（200-100）×7%=7（万元）

需要特别说明的是，《中华人民共和国城市维护建设税法》规定对进口货物或者境外单位和个人向境内销售劳务、服务、无形资产缴纳的两税税额，不征收城建税。

在退税环节，因纳税人多缴发生的两税退税，同时退还已缴纳的城建税。但是，两税实行先征后返、先征后退、即征即退的，除另有规定外，不予退还随两税附征的城建税。"另有规定"主要指在增值税实行即征即退等情形下，城建税可以给予免税的特殊规定，比如，《财政部　国家税务总局关于黄金税收政策问题的通知》（财税〔2002〕142号）规定，黄金交易所会员单位通过黄金交易所销售标准黄金（持有黄金交易所开具的《黄金交易结算凭证》），发生实物交割的，由税务机关按照实际成交价格代开增值税专用发票，并实行增值税即征即退的政策，同时免征城建税。

【例9-5】位于某市市区的甲企业（城建税适用税率为7%），由于申报错误未享受优惠政策，2021年12月申报期，申请退还了多缴的增值税和消费税共150万元，同时当月享受增值税即征即退税款100万元，该企业12月应退的城建税为：

150×7%＝10.5（万元）

七、减免政策

城市维护建设税由于是以纳税人实际缴纳的增值税、消费税为计税依据，并随同增值税、消费税征收，因此减免增值税、消费税也就意味着减免城市维护建设税，所以城市维护建设税一般不能单独减免。

根据国民经济和社会发展的需要，国务院对重大公共基础设施建设、特殊产业和群体以及重大突发事件应对等情形可以规定减征或者免征城市维护建设税，报全国人民代表大会常务委员会备案。

但对下列情况可免征城市维护建设税：

（1）海关对进口产品代征的流转税，免征城市维护建设税；

（2）从1994年起，对三峡工程建设基金免征城市维护建设税；

（3）对进口货物或者境外单位和个人向境内销售劳务、服务、无形资产缴纳的增值税、消费税税额，不征收城市维护建设税。

需特别注意：

（1）出口产品退还增值税、消费税的，不退还已纳的城市维护建设税；

（2）"两税"先征后返、先征后退、即征即退的，不退还城市维护建设税。

八、纳税申报

在中华人民共和国境内缴纳增值税、消费税的单位和个人，应向税务机关办理城市维护建设税纳税申报。

增值税小规模纳税人随增值税、消费税附征的城市维护建设税，原则上实行按季申报。纳税人要求不实行按季申报的，由主管税务机关根据其应纳税额大小核定纳税期限。

纳费人申报缴纳增值税、消费税的同时，申报、缴纳城市维护建设税。

纳税人享受减税、免税待遇的，在减税、免税期间应当按照规定办理纳税申报。

【政策依据9-3】《国家税务总局关于增值税 消费税与附加税费申报表整合有关事项的公告》（国家税务总局公告2021年第20号）规定，自2021年8月1日起，增值税、消费税分别与城市维护建设税、教育费附加、地方教育附加申报表整合，启用《增值税及附加税费申报表（一般纳税人适用）》《增值税及附加税费申报表（小规模纳税人适用）》《增值税及附加税费预缴表》及其附列资料和《消费税及附加税费申报表》（附件1—附件7）。

|第二节| 教育费附加、地方教育附加基础知识

一、概念和特点

【教育费附加】是国家为扶持教育事业发展，计征用于教育的专项收入，属于政府性基金收入，在预算管理中列入一般公共预算。

【地方教育附加】是指各省、自治区、直辖市根据国家有关规定，为实施"科教兴省"战略，增加地方教育的资金投入，促进本省、自治区、直辖市教育事业发展，开征的一项地方政府性基金。在预算管理中，地方教育附加列入一般公共预算。

二、纳税义务人

增值税、消费税的纳税人为教育费附加、地方教育附加的缴费人。凡代扣代缴增值税、消费税的单位和个人，亦为代扣代缴教育费附加、地方教育附加的义务人。凡代征增值税、消费税的单位和个人，亦为代征教育费附加、地方教育附加的义务人。

三、征税范围

教育费附加、地方教育附加与增值税、消费税的征收范围相同。凡实际缴纳增值税、消费税的单位和个人，都应当依照规定缴纳教育费附加、地方教育附加。

四、税（费）率、税目

教育费附加以各单位和个人实际缴纳增值税、消费税税额的3%计征，地方教育附加以各单位和个人实际缴纳增值税、消费税税额的2%计征。

注：依法实际缴纳的增值税、消费税税额，是指纳税人依照增值税、消费税相关法律法规和税收政策规定计算的应当缴纳的两税税额（不含因进口货物或境外单位和个人向境内销售劳务、服务、无形资产缴纳的两税税额），加上增值税免抵税额，扣除直接减免的两税税额和期末留抵退税退还的增值税税额后的金额。

五、纳税义务发生时间

教育费附加、地方教育附加的纳税义务发生时间与增值税有关规定一致（按次、按月或按季）。纳税人只要发生缴纳增值税、消费税的纳税行为，同时缴纳教育费附加、地方教育附加的义务也发生了。

六、计算应纳税额

以纳税人实际缴纳的增值税、消费税的税额为计费依据，计算公式为：

应纳教育费附加=（实际缴纳的增值税+消费税）×3%

应纳地方教育附加=（实际缴纳的增值税+消费税）×2%

七、减免政策

自2016年2月1日起，将免征教育费附加和地方教育附加的范围，由按月纳税的月销售额或营业额不超过3万元（按季度纳税的季度销售额或营业额不超过9万元）的缴纳义务人，扩大到按月纳税的月销售额或营业额不超过10万元（按季度纳税的季度销售额或营业额不超过30万元）的缴纳义务人。

文件依据：《财政部　国家税务总局关于扩大有关政府性基金免征范围的通知》（财税〔2016〕12号）。

自2022年1月1日至2024年12月31日，由省、自治区、直辖市人民政府根据本地区实际情况，以及宏观调控需要确定，对增值税小规模纳税人、小型微利企业和个体工商户可以在50%的税额幅度内减征资源税、城市维护建设税、房产税、城镇土地使用税、印花税（不含证券交易印花税）、耕地占用税和教育费附加、地方教育附加。

文件依据：《财政部　税务总局关于进一步实施小微企业"六税两费"减免政策的公告》（财政部　税务总局公告2022年第10号）。

【例9-6】深圳市小规模纳税人A企业，2023年第一季度的销售额（不含税）为50万元，其中未开票收入（不含税）为10万元，开具减按1%征收率征收的增值税普通发票（不含税）10万元，开具适用3%征收率的增值税专用发票（不含税）30万元，A企业当期应缴纳教育费附加、地方教育附加分别为多少？

解析：A企业第一季度销售额合计收入为50万元，超过30万元，上述全部收入均需缴纳增值税，教育费附加、地方教育附加可根据财税〔2022〕10号公告的规定，减按50%征收。

A企业当期应纳增值税=200 000×1%+300 000×3%=11 000（元）

A企业当期应纳教育费附加=11 000×3%×50%=165（元）

A企业当期应纳地方教育附加=11 000×2%×50%=110（元）

八、纳税申报

在中华人民共和国境内缴纳增值税和消费税的单位和个人，应向税务机关办理教育费附加和地方教育附加纳税申报。

增值税小规模纳税人随增值税、消费税附征的教育费附加和地方教育附加，原则上实行按季申报。纳税人要求不实行按季申报的，由主管税务机关根据其应纳税额大小核定纳税期限。

纳费人申报缴纳增值税、消费税的同时，申报、缴纳教育费附加。

教育费附加由各地税务机关负责本辖区范围的征收。

纳费人不按规定期限缴纳教育费附加，需处以滞纳金和罚款的，由县、市人民政府规定。

海关进口产品征收的增值税、消费税，不征收教育费附加。

【政策依据9-4】《国家税务总局关于增值税 消费税与附加税费申报表整合有关事项的公告》（国家税务总局公告2021年第20号）规定，自2021年8月1日起，增值税、消费税分别与城市维护建设税、教育费附加、地方教育附加申报表整合，启用《增值税及附加税费申报表（一般纳税人适用）》《增值税及附加税费申报表（小规模纳税人适用）》《增值税及附加税费预缴表》及其附列资料和《消费税及附加税费申报表》（附件1-附件7）。

|第三节| 城市维护建设税、教育费附加和地方教育附加纳税申报表填报实验

一、实验目的和要求

实验目的：通过本实验操作，应熟练掌握相关税法理论和实际结合的方法，掌握城市维护建设税、教育费附加、地方教育附加的计算、申报表填写方法，为从事企业城市维护建设税、教育费附加、地方教育附加办税业务打下扎实的基础。

实验要求：实验前要充分学习《中华人民共和国城市维护建设税法》《中华人民共和国税收征收管理法》《征收教育费附加的暂行规定》《国务院关于进一步加大财政教育投入的意见》，理解相关城市维护建设税、教育费附加、地方教育附加规定，城市维护建设税、教育费附加、地方教育附加纳税申报表及其附列资料表内和表间逻辑关系，实验时务必认真熟悉实验内容和资料，过程中可以互相讨论和学习，要求独立完成申报表的填报实验。

实验流程如图9-1所示。

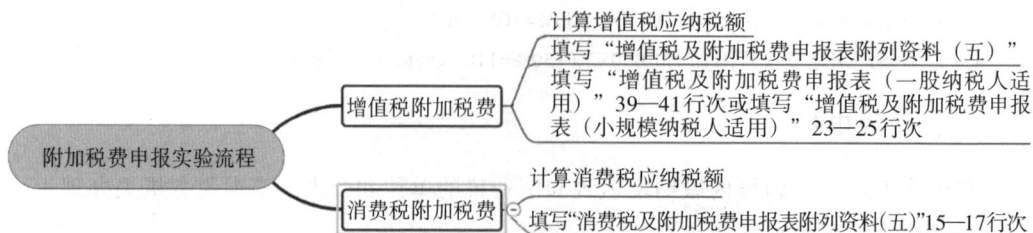

图9-1 附加税费申报实验流程

二、实验知识准备

1.在中华人民共和国境内缴纳增值税、消费税的单位和个人，应向税务机关办理城市维护建设税申报。

2.纳税人享受减税、免税待遇的，在减税、免税期间应当按照规定办理纳税申报。

3.根据《中华人民共和国城市维护建设税法》和《中华人民共和国税收征收管理法》的规定，纳税人所在地在市区的，税率为7%；纳税人所在地在县城、镇的，税率为5%；纳税人所在地不在市区、县城、县属镇的，税率为1%。

4.城市维护建设税应纳税额的计算公式：

应纳税额=（实际缴纳的增值税+消费税）×适用税率

5.教育费附加的计税依据是纳税人实际缴纳增值税、消费税的税额，附加费率为3%。

6.地方教育费附加以单位和个人实际缴纳的增值税、消费税的税额为计征依据，附加费率为2%。

7.填制"增值税及附加税费申报表（一般纳税人适用）""增值税及附加税费申报表（小规模纳税人适用）""增值税及附加税费预缴表"及其附列资料和"消费税及附加税费申报表"（附件1-附件7）。

三、实验内容和资料

（一）企业基本资料

北京白云酒业股份有限公司于2015年成立，是一般纳税人企业，经主管税务机关北京市开发区税务局核定该公司采用查账征收的方式按月申报缴纳增值税。纳税人所在地为市区，企业自行申报纳税。

公司名称：北京白云酒业股份有限公司；纳税人识别号：00188806ES17111MO4（或实训系统自行分配）；注册地址和电话：北京市房山区悦盛路116号，010-99623485；开户银行和账号：中国建设银行房山支行，61234123498766966；税款所属时期：2020年2月1日至2020年2月29日。

法定代表人：吴敏；财务负责人：唐芳；办税员：李彬。

主要经营范围：粮食白酒、黄酒的生产、加工、销售。

（二）涉税业务资料

以该公司当月的涉税业务为例，以仿真数据为载体进行列示，按照业务发生情况进行申报表填报。

（三）业务发生情况

公司本月实际缴纳增值税66 899.13元，缴纳消费税923 820.14元。

四、实验步骤

1.依据实训内容和资料，事先预习《中华人民共和国税收征收管理法》、《中华人民共和国城市维护建设税法》、《国务院关于征收教育费附加的暂行规定》（国发〔1986〕50号）、《财政部关于统一地方教育附加政策有关问题的通知》（财综〔2010〕98）等，熟悉应纳税额和应交税费的计算方法，按实际情况填写"应纳税额汇总计算表"。

2.城市维护建设税应纳税额=（增值税+消费税）×税率

$$=（66\ 899.13+923\ 820.14）×7\%=69\ 350.35（元）$$

3.教育费附加应纳税额=（增值税+消费税）×税率

$$=（66\ 899.13+923\ 820.14）×3\%=29\ 721.58（元）$$

4.地方教育附加应纳税额=（增值税+消费税）×税率

$$=（66\ 899.13+923\ 820.14）×2\%=19\ 814.39（元）$$

5.本期应补（退）税额合计数=69 350.35+29 721.58+19 814.39=118 886.32（元）

6.依据计算结果填写"增值税及附加税费申报表（一般纳税人适用）""增值税及附加税费预缴表"及其附列资料和"消费税及附加税费申报表"（附件1-附件7）。

五、实验结果

实训操作完成后，依次填写、提交或打印实验结果于"增值税及附加税费申报表（一般纳税人适用）"（见表9-1）、"增值税及附加税费预缴表"及其附列资料和"消费税及附加税费申报表"（附件1—附件7）

表9-1　　　　　　　　　增值税及附加税费申报表（一般纳税人适用）

附加税费	城市维护建设税本期应补（退）税额	39	69 350.35	—	—
	教育费附加本期应补（退）费额	40	29 721.58	—	—
	地方教育附加本期应补（退）费额	41	19 814.39	—	—
声明：此表是根据国家税收法律法规及相关规定填写的，本人（单位）对填报内容（及附带资料）的真实性、可靠性、完整性负责。 　　　　　　　　　　　　　　　　　　　纳税人（签章）：　　　年　月　日					
经办人： 经办人身份证号： 代理机构签章： 代理机构统一社会信用代码：			受理人： 受理税务机关（章）： 受理日期：　　年　月　日		

💠思考与练习

选择题

1.以下不属于我国城市维护建设税的纳税人的是（　　）。

A.国有企业

B. 外国企业

C. 股份制企业

D. 外商投资企业

2. 下列关于城市维护建设税的纳税地点的说法中，正确的有（　　　）。

A. 流动经营的单位和个人，按纳税人缴纳"二税"所在地缴纳

B. 代扣代缴增值税、消费税的，在委托方所在地缴纳

C. 纳税人销售不动产，在不动产所在地缴纳城建税

D. 流动经营的单位和个人，随"二税"在户籍地按适用税率缴纳

3. 下列关于教育费附加和地方教育附加相关规定的表述，错误的是（　　　）。

A. 教育费附加名义上是一种专项资金，但实质上具有税的性质

B. 地方教育附加的征收标准统一为单位和个人实际缴纳的增值税、消费税税额的2%

C. 对海关进口的产品征收的增值税、消费税，不征收教育费附加

D. 对出口产品退还增值税、消费税的，可以退还已征的教育费附加

第九章思政案例引导

第九章思考与练习参考答案

房产税纳税申报

本章导读

　　企业报税人员必须了解房产税的相关税务知识和法律法规要求，掌握房产税应纳税额的计算方法和纳税申报表的填写规则。

　　本章首先介绍房产税的定义和特点，对房产税的纳税义务人、征税范围、税率、税目、纳税义务发生时间、纳税申报的相关规定以及税收优惠等进行了介绍；其次介绍房产税的应纳税额的计算方法；最后设计了房产税纳税申报表填报实训实验，帮助学员全面了解和掌握房产税纳税申报的相关税务知识、程序和方法。

　　预习思考：企业房产税如何申报？房产税什么时候申报？

> **思政案例导入**
>
> 　　《中华人民共和国房产税暂行条例》(国发〔1986〕90号)第五条规定军队自用房地产免征房产税，你觉得这条税收优惠政策是否公平合理，为什么？

第一节　房产税基础知识

一、概念和特点

　　【**房产税**】是以房屋为征税对象，以房屋的计税余值或租金收入为计税依据，向产权所有人征收的一种财产税。

　　房产税属于财产税中的个别财产税，其征税对象只是房屋。

二、纳税义务人

房产税由产权所有人缴纳。产权属于全民所有的，由经营管理的单位缴纳。产权出典的，由承典人缴纳。产权所有人、承典人不在房产所在地的，或者产权未确定及租典纠纷未解决的，由房产代管人或者使用人缴纳。

三、征税范围

房产税课税范围，具体指开征房产税的地区。《中华人民共和国房产税暂行条例》规定：房产税在城市、县城、建制镇和工矿区征收。城市、县城、建制镇、工矿区的具体征税范围由各省、自治区、直辖市人民政府确定。

四、税率、税目

房产税依照房产原值一次减除10%至30%后的余值计算缴纳。具体减除幅度，由省、自治区、直辖市人民政府规定。

没有房产原值作为依据的，由房产所在地税务机关参考同类房产核定。

房产出租的，以房产租金收入为房产税的计税依据。

房产税的税率，依照房产余值计算缴纳的，税率为1.2%；依照房产租金收入计算缴纳的，税率为12%。

五、纳税义务发生时间

（1）纳税人将原有的房产用于生产经营，从生产经营之月起缴纳房产税；

（2）纳税人自行新建房屋用于生产经营，从建成之次月起缴纳房产税；

（3）纳税人委托施工企业建设的房屋，从办理验收手续之次月起缴纳房产税；

（4）纳税人购置新建商品房，自房屋交付使用之次月起缴纳房产税；

（5）纳税人购置存量房，自办理房屋权属转移、变更登记手续，房地产权属登记机关签发房屋权属证书之次月起缴纳房产税；

（6）纳税人出租、出借房产，自交付出租、出借房产之次月起缴纳房产税；

（7）房地产开发企业自用、出租、出借本企业建造的商品房，自房屋使用或交付之次月起缴纳房产税。

六、计算应纳税额

（一）从价计征

按照房产余值征税的，称为从价计征。

房产税依照房产原值一次减除10%～30%后的余值计算缴纳。

扣除比例由省、自治区、直辖市人民政府在税法规定的减除幅度内自行确定。这样规定，既有利于各地区根据本地情况，因地制宜地确定计税余值，又有利于平衡各地税收负担，简化计算手续，提高征管效率。

房产原值：应包括与房屋不可分割的各种附属设备或一般不单独计算价值的配套设施，主要有暖气、卫生、通风等，纳税人对原有房屋进行改建、扩建的，要相应增加房屋的原值。

从价计征是按房产的原值减除一定比例后的余值计征，其计算公式为：

应纳税额=应税房产原值×（1-扣除比例）×年税率（1.2%）

（二）从租计征

按照房产租金收入计征的，称为从租计征。房产出租的，以房产租金收入为房产税的计税依据。

关于房产税的计税注意事项：（1）房产出租的，以房产租金收入为房产税的计税依据。对投资联营的房产，在计征房产税时应予以区别对待。共担风险的，以房产余值作为计税依据，计征房产税；对收取固定收入的，应由出租方按租金收入计缴房产税。（2）对融资租赁房屋的情况，在计征房产税时应以房产余值计算征收，租赁期内房产税的纳税人，由当地税务机关根据实际情况确定。（3）新建房屋交付使用时，如中央空调设备已计算在房产原值之中，则房产原值应包括中央空调设备；旧房安装空调设备，一般都作单项固定资产入账，不应计入房产原值。

从租计征是按房产的租金收入计征，其计算公式为：

应纳税额=租金收入×12%

按个人出租住房的租金收入计征，其计算公式为：

应纳税额=房产租金收入×4%

七、税收优惠

（1）国家机关、人民团体、军队自用的房产免征房产税，但上述免税单位的出租房产不属于免税范围。

（2）由国家财政部门拨付事业经费的单位自用的房产免征房产税，但如学校的工厂、商店、招待所等应照章纳税。

（3）宗教寺庙、公园、名胜古迹自用的房产免征房产税，但经营用的房产不免税。

（4）个人所有非营业用的房产免征房产税，但个人拥有的营业用房或出租的房产，应照章纳税。

（5）对行使国家行政管理职能的中国人民银行总行所属分支机构自用的房产，免征房产税。

（6）从2001年1月1日起，对个人按市场价格出租的居民住房，用于居住的，可暂减按4%的税率征收房产税。

（7）经财政部批准免税的其他房产：

①老年服务机构自用的房产免税。

②损坏不堪使用的房屋和危险房屋，经有关部门鉴定，在停止使用后，可免征房

产税。

③ 纳税人因房屋大修导致连续停用半年以上的，在房屋大修期间免征房产税，免征税额由纳税人在申报缴纳房产税时自行计算扣除，并在申报表附表或"备注"栏中作相应说明。

④ 在基建工地为基建工地服务的各种工棚、材料棚、休息棚和办公室、食堂、茶炉房、汽车房等临时性房屋，在施工期间，一律免征房产税，但工程结束后，施工企业将这种临时性房屋交还或估价转让给基建单位的，应从基建单位接收的次月起，照章纳税。

⑤ 为鼓励利用地下人防设施，对其暂不征收房产税。

⑥ 从1988年1月1日起，对房管部门经租的居民住房，在房租调整改革之前收取租金偏低的，可暂缓征收房产税，对房管部门经租的其他非营业用房，是否给予照顾，由各省、自治区、直辖市根据当地具体情况按税收管理体制的规定办理。

⑦ 对高校后勤实体免征房产税。

⑧ 对非营利性的医疗机构、疾病控制机构和妇幼保健机构等卫生机构自用的房产，免征房产税。

⑨ 从2001年1月1日起，对按照政府规定价格出租的公有住房和廉租住房，包括企业和自收自支的事业单位向职工出租的单位自有住房，房管部门向居民出租的私有住房等，暂免征收房产税。

⑩ 对邮政部门坐落在城市、县城、建制镇、工矿区范围内的房产，应当依法征收房产税，对坐落在城市、县城、建制镇、工矿区范围以外的尚在县邮政局内核算的房产，在单位财务账中划分清楚的，从2001年1月1日起不再征收房产税。

⑪ 向居民供热并向居民收取采暖费的供热企业的生产用房，暂免征收房产税，这里的"供热企业"不包括从事热力生产但不直接向居民供热的企业。

八、纳税申报

产权所有人、经营管理单位、承典人、房产代管人或者使用人，依照税收法律、法规、规章及其他有关规定，在规定的纳税期限内，填报"城镇土地使用税房产税纳税申报表"等相关资料向税务机关进行纳税申报。

【政策依据10-1】《中华人民共和国税收征收管理法》第二十五条第一款规定：纳税人必须依照法律、行政法规规定或者税务机关依照法律、行政法规的规定确定的申报期限、申报内容如实办理纳税申报，报送纳税申报表、财务会计报表以及税务机关根据实际需要要求纳税人报送的其他纳税资料。

依照房产余值计算缴纳的房产税，按年计算，分上、下半年两期缴纳。上半年的申报缴纳期限为4月1日至15日，下半年的申报缴纳期限为10月1日至15日（遇法定节假日以休假日期满的次日为期限的最后一日；在期限内有连续3日以上法定休假日的，按休假日天数顺延）。为简化办税手续，纳税人也可选择于每年的4月1日至15日一次性申报缴纳全年应纳的房产税。依照房产租金收入计算缴纳的房产税，申报缴纳期限为取得租金收入后的次月1日至15日；取得租金收入时间滞后于合同约定付款日期的，申报缴纳期限为合同约定付款日期的次月1日至15日。纳税人在申报缴纳期限结束后新增的应税房产，纳税义务发生时间在5月至10月的，应当在下半年申报缴纳期限内缴纳当年应纳的房产税。纳税义务发生时间在11月至12月的，应当在纳税义务发生的当月申报缴纳当年应纳的房产税。

房产税由产权所有人缴纳。房屋产权属于全民所有的，由经营管理的单位缴纳。产权出典的，由承典人缴纳。产权所有人、承典人不在房产所在地的，或者产权未确定及租典纠纷未解决的，由房产代管人或者使用人缴纳。

纳税人在纳税期内没有应纳税款的，也应当按照规定办理申报纳税。纳税人享受减税、免税待遇的，在减税、免税期间应当按照规定办理申报纳税。

房产税纳税义务人在首次申报或税源信息变更时，应办理"综合税源信息报告"。

|第二节| 房产税纳税申报表填报实验

一、实验目的和要求

实验目的：通过本实验操作，熟练掌握相关税法理论和实际结合的方法，掌握房产税应税计算、房产税纳税申报表填写方法，为从事企业房产税办税业务打下扎实的基础。

实验要求：实验前要充分学习《中华人民共和国房产税暂行条例》，理解房产税相关规定、房产税纳税申报表及其附列资料表内和表间逻辑关系，实验时务必认真熟悉实验内容和资料，过程中可以互相讨论和学习，要求独立完成申报表的填报实验。

实验流程如图10-1所示。

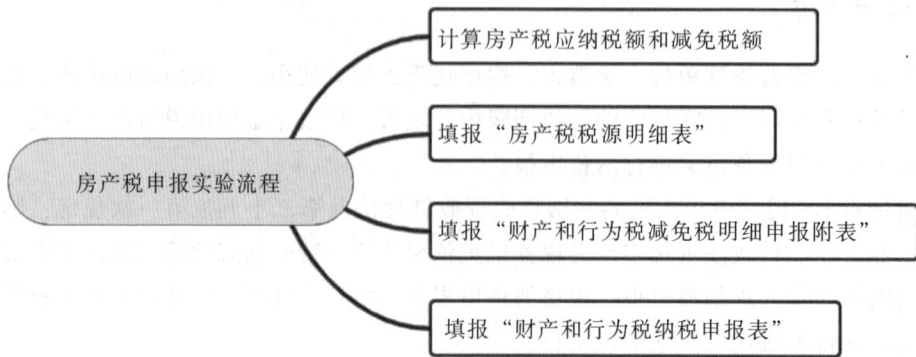

图10-1 房产税申报实验流程

二、实验知识准备

1.房产税在城市、县城、建制镇和工矿区征收。

2. 房产税由产权所有人缴纳。

3. 纳税人将原有房产用于生产经营，从生产经营之月起，缴纳房产税；纳税人自行新建房屋用于生产经营，从建成之次月起，缴纳房产税；纳税人委托施工企业建设的房屋，从办理验收手续之次月起，缴纳房产税；纳税人购置新建商品房，自房屋交付使用之次月起，缴纳房产税；纳税人购置存量房，自办理房屋权属转移、变更登记手续，房地产权属登记机关签发房屋权属证书之次月起，缴纳房产税；纳税人出租、出借房产，自交付出租、出借房产之次月起，缴纳房产税；房地产开发企业自用、出租、出借该企业建造的商品房，自房屋使用或交付之次月起，缴纳房产税。

4. 根据《财政部 国家税务总局关于教育税收政策的通知》（财税〔2004〕39号）第二条的规定，对国家拨付事业经费和企业办的各类学校、托儿所、幼儿园自用的房产、土地，免征房产税、城镇土地使用税。

5.《财政部 国家税务总局关于医疗卫生机构有关税收政策的通知》（财税〔2000〕42号）第二条第一款规定：对非营利性医疗机构自用的房产、土地，免征房产税、城镇土地使用税。营利性医疗机构取得的收入，按规定征收各项税收。但同时规定，为了支持营利性医疗机构的发展，对营利性医疗机构取得的收入，直接用于改善医疗卫生条件的，自其取得执业登记之日起，3年内给予下列优惠：营利性医疗机构自用的房产、土地，免征房产税、城镇土地使用税，3年免税期满后恢复征税。

三、实验内容和资料

（一）企业基本资料

北京白云酒业股份有限公司于2015年成立，是一般纳税人企业，经主管税务机关北京市开发区税务局核定该公司采用查账征收的方式按月申报缴纳房产税。纳税人所在地为市区，企业自行申报纳税，全年分12次缴纳，申报顺序按照房产编号依次填列。当地税务局规定扣除率为30%，从价计征税率为1.2%，从租计征税率为12%。从价计征房产税税源明细表仅就变化的内容进行填写。

公司名称：北京白云酒业股份有限公司；纳税人识别号：00188806ES17111MO4（或实训系统自行分配）；注册地址和电话：北京市房山区悦盛路116号，010-99623485；开户银行和账号：中国建设银行房山支行，61234123498766966；税款所属时期：2022年12月1日至2022年12月31日。

法定代表人：吴敏；财务负责人：唐芳；办税员：李彬。

主要经营范围：粮食白酒、黄酒的生产、加工、销售。

（二）涉税业务资料

以该公司当月的涉税业务为例，以仿真数据为载体进行列示，按照业务发生情况进行申报表填报。

（三）业务发生情况

1. 土地所在地为北京市房山区悦盛路116号，全年纳税12次，本企业所在地政府规定的扣除比例为30%。

2. 上期申报房产税原值（评估值）2 240万元，占用土地面积共计80 000平方米，期初的建筑面积为76 800平方米，房产编号为房产证京0102571，其中：①公司自办的幼儿园占地22 400平方米，建筑面积为18 800平方米，原值为696万元，并于上年投入使用。②公司自办的营利性职工医院占地49 600平方米，建筑面积为50 800平方米，原值为960万元，该房产为3年前投入使用。③公司扩建生产厂房，占地面积3 040平方米，耗资为264万元，该工业房产于上年9月投入使用。④公司新建工业仓库占地面积4 960平方米，建筑面积4 000平方米，原值为320万元，已建成。

3. 当月，该公司将一间工业生产厂房转让给广州市佳旺贸易有限公司（纳税人识别号020072154405837724），转让金380万元，原值250万元，共计800平方米。

4. 当月，收到北京市瑶城酒家有限公司（纳税人识别号911103345376545901）本月租金25 000元，租赁面积4 960平方米，原值320万元，出租期限为1年（1—12月），租金共计30万元。

四、实验步骤

1. 依据实训内容和资料，事先预习《中华人民共和国房产税暂行条例》，熟悉房产税计算方法，按实际情况填写"应纳税额汇总计算表"。

2. 学校、托儿所、幼儿园自用的房产免征房产税：

本期减免税额=房产原值×计税比例×适用税率÷12×（所属期止月份–所属期起月份+1）

$$=6\,960\,000×70\%×1.2\%÷12×（12-12+1）=4\,872.00（元）$$

3. 从价计征：扣除比例为30%，计税比例为70%，适用税率1.2%。

$$\text{从价计征房产税的本期应纳税额}=\sum\left(\text{房产原值}-\text{出租房产原值}\right)×\text{计税比例}×\text{税率}÷12×\left(\text{所属期止月份}-\text{所属期起月份}+1\right)$$

$$=（22\,400\,000-3\,200\,000）×70\%×1.2\%÷12×（12-12+1）=13\,440.00（元）$$

4. 本期应补（退）税额=本期应纳税额–本期减免税额=13 440-4 872=8 568.00（元）

5. $$\text{扩建房产从价计征房产税的本期应纳税额}=\sum\left(\text{房产原值}-\text{出租房产原值}\right)×\text{计税比例}×\text{税率}÷12×\left(\text{所属期止月份}-\text{所属期起月份}+1\right)$$

$$=2\,640\,000×70\%×1.2\%÷12×（12-12+1）=1\,848.00（元）$$

6. 从租计征：适用税率12%。

月租金收入=300 000÷12=25 000（元）

7. 本期应纳税额=25 000×12%=3 000（元）

五、实验结果

实训操作完成后，依次填写、提交或打印实验结果如下：

1. "应纳税额汇总计算表"（见表10-1）

表10-1

应纳税额汇总计算表

金额单位：元

一、从价计征房产税

序号	房产编号	房产原值	其中：出租房产原值	计税比例	税率	所属期起	所属期止	本期应纳税额	本期减免税额	本期已缴税额	本期应补（退）税额
1	—	22 400 000.00	3 200 000.00	70%	1.20%	2022-12-01	2022-12-31	13 440.00	4 872.00	0.00	8 568.00
2	—	2 640 000.00		70%	1.20%	2022-12-01	2022-12-31	1 848.00	0.00	0.00	1 848.00
合计	—	—	—	—	—	—	—	15 288.00	4 872.00	0.00	10 416.00

二、从租计征房产税

序号	本期申报租金收入	税率	本期应纳税额	本期减免税额	本期已缴税额	本期应补（退）税额
1	25 000.00	12.00%	3 000.00	0.00	0.00	3 000.00
合计	25 000.00	—	3 000.00	0.00	0.00	3 000.00

2. "房产税税源明细表"（见表10-2）

表10-2

房产税税源明细表

（一）从价计征房产税明细

*纳税人类型	产权所有人☑ 经营管理人☐ 承典人☐ 房屋代管人☐ 房屋使用人☐ 融资租赁承租人☐（必选）	所有权人纳税人识别号（统一社会信用代码）	0018806ES17111M04	所有权人名称	北京白云酒业股份有限公司
*房产编号	京0102571	房产名称			
不动产权证号		不动产单元码			
*房屋坐落地址（详细地址）	北京 省（自治区、直辖市）房山市 县（区）悦盛路 乡镇（街道）				（必填）
*房产所属主管税务所（科、分局）					
房屋所在土地编号					
*房产用途	工业☐ 商业及办公☐ 住房☑ 其他☐（必选）				

*房产取得时间	年 月				
纳税义务终止（权属转移☐ 其他☐）信息项变更（房产原值变更☐ 出租房产原值变更☐ 申报租金收入变更☐ 其他☐）税变更	变更类型			变更时间 年 月	
*建筑面积	25 040 000.00				
*房产原值					计税比例 70%

减免税部分

序号	减免性质代码和项目名称	减免起始月份	减免终止月份	减免起始时间	减免终止时间	减免税房产原值	月减免税金额
1	学校、托儿所、幼儿园自用	2022年12月	2022年12月	3 200 000.00		6 960 000.00	4 872.00
2							
3							

（二）从租计征房产税明细

*房产编号	京0102571	房产名称	
*房产所属主管税务所（科、分局）			
*房租方纳税人识别号（统一社会信用代码）	91110334537654590 1	承租方名称	北京市瑶城酒家有限公司
*出租面积	4 960平方米	*申报租金收入	3 000.00
*申报租金所属租赁期起	2022年12月1日	*申报租金所属租赁期止	2022年12月31日

减免税部分

序号	减免性质代码和项目名称	减免起始月份	减免终止月份	减免起始时间	减免终止时间	月减免税金收入	月减免税金额
1				年 月	年 月		
2							
3							

3. "财产和行为税纳税申报表"（见表10-3）

表10-3

财产和行为税纳税申报表

纳税人识别号（统一社会信用代码）：0018880GES1711M04

纳税人名称：北京白云酒业股份有限公司

金额单位：人民币元（列至角分）

序号	税种	税目	税款所属期起	税款所属期止	计税依据	税率	应纳税额	减免税额	已缴税额	应补（退）税额
1	房产税	自用类经营房屋	2022年12月1日	2022年12月31日	21 840 000.00	1.2‰	15 288.00	4 872.00	0.00	10 416.00
2	房产税	出租房屋	2022年12月1日	2022年12月31日	25 000.00	12‰	3 000.00	0.00	0.00	3 000.00
3										
4										
5										
6										
7										
8										
9										
10										
11	合计	—	—	—	—	—	18 288.00			18 288.00

声明：此表是根据国家税收法律法规及相关规定填写的，本人（单位）对填报内容（及附带资料）的真实性、可靠性、完整性负责。

纳税人（签章）：

年　月　日

经办人：

经办人身份证号：

代理机构签章：

代理机构统一社会信用代码：

受理人：

受理税务机关（章）：

受理日期：　年　月　日

🍁思考与练习

选择题

1.下列房产，免征房产税的是（　　）。

A.宗教寺庙中宗教人员的生活用房产

B.房地产开发企业出售前已出租的房产

C.继续使用的危险房产

D.公园中的影剧院房产

2.下列关于计征房产税的房产原值的说法，正确的是（　　）。

A.计征房产税的房产原值不包括电梯、升降梯

B.计征房产税的房产原值包括电力、电信、电缆导线

C.改建原有房屋的支出不影响计征房产税的房产原值

D.计征房产税的房产原值不包括会计上单独核算的中央空调

3.某城市广场经营公司为吸引租户，推出新租户免征房租政策。出租房产在免收租金期间的房产税应该（　　）。

A.不需要缴纳

B.由城市广场经营公司以同类房租为依据按规定计算缴纳

C.由城市广场经营公司以房产原值为依据按规定计算缴纳

D.由租户以房产原值为依据按规定计算缴纳

第十章思政案例引导

第十章思考与练习参考答案

城镇土地使用税纳税申报

本章导读

企业报税人员必须了解城镇土地使用税的相关税务知识和法律法规要求，掌握城镇土地使用税应纳税额的计算方法和纳税申报表的填写规则。

本章首先介绍城镇土地使用税的定义和特点，对城镇土地使用税的纳税义务人、征税范围、税率、税目、纳税义务发生时间、纳税申报的相关规定以及税收优惠、减免政策等进行了介绍；其次介绍城镇土地使用税的应纳税额的计算方法；最后设计了城镇土地使用税的纳税申报表填报实训实验，帮助学员全面了解和掌握城镇土地使用税纳税申报的相关税务知识、程序和方法。

预习思考：为什么我国要征收城镇土地使用税？国家征收城镇土地使用税的作用是什么？

> **思政案例导入**
>
> 某厂5年前购买100亩城镇土地，并按照土地使用证上的土地面积每年都在缴纳城镇土地使用税。
>
> 今年5月份，税务稽查部门发现该厂购买土地时，《土地使用权转让协议》中的土地面积比土地使用证上的土地面积多出1 000平方米，所以税务稽查部门按照就高原则，要求企业按照《土地使用权转让协议》上的约定面积补交5年来的城镇土地使用税及滞纳金。
>
> 该厂是否存在漏交城镇土地使用税的情形？城镇土地使用税缴纳依据是哪个面积？

|第一节| 城镇土地使用税基础知识

一、概念和特点

（一）城镇土地使用税的概念

【城镇土地使用税】是指国家在城市、县城、建制镇、工矿区范围内，对使用土地的单位和个人，以其实际占用的土地面积为计税依据，按照规定的税额计算征收的一种税。

开征城镇土地使用税，有利于通过经济手段，加强对土地的管理，变土地的无偿使用为有偿使用，促进合理、节约使用土地，提高土地使用效益；有利于适当调节不同地区、不同地段之间的土地级差收入，促进企业加强经济核算，理顺国家与土地使用者之间的分配关系。

（二）城镇土地使用税的特点

（1）对占用土地的行为征税；

（2）征税对象是土地；

（3）征税范围有所限定；

（4）实行差别幅度税额。

二、纳税义务人

（1）拥有土地使用权的单位和个人是纳税人；

（2）拥有土地使用权的单位和个人不在土地所在地的，其土地的实际使用人和代管人为纳税人；

（3）土地使用权未确定的或权属纠纷未解决的，其实际使用人为纳税人；

（4）土地使用权共有的，共有各方都是纳税人，由共有各方分别纳税。

三、征税范围

城市、县城、建制镇和工矿区的国家所有、集体所有的土地。

从2007年7月1日起，外商投资企业、外国企业和在华机构的用地也要征收城镇土地使用税。

四、税率、税目

城镇土地使用税适用地区幅度差别定额税率。

城镇土地使用税采用定额税率，即采用有差别的幅度税额。按大、中、小城市和县城、建制镇、工矿区分别规定每平方米城镇土地使用税年应纳税额。城镇土地使用税每平方米年税额标准具体规定如下：

（1）大城市 1.5～30 元；

（2）中等城市 1.2～24 元；

（3）小城市 0.9～18 元；

（4）县城、建制镇、工矿区 0.6～12 元。

五、纳税义务发生时间

（1）纳税人购置新建商品房，自房屋交付使用之次月起，缴纳城镇土地使用税；

（2）纳税人购置存量房，自办理房屋权属转移、变更登记手续，房地产权属登记机关签发房屋权属证书之次月起，缴纳城镇土地使用税；

（3）纳税人出租、出借房产，自交付出租、出借房产之次月起，缴纳城镇土地使用税；

（4）以出让或者转让方式有偿取得土地使用权的，应由受让方从合同约定交付土地时间的次月起缴纳城镇土地使用税，合同未约定交付土地时间的，由受让方从合同签订的次月起缴纳城镇土地使用税；

（5）纳税人新征用的耕地，自批准征用之日起满 1 年时，开始缴纳城镇土地使用税；

（6）纳税人新征用的非耕地，自批准征用次月起，缴纳城镇土地使用税。

六、计算应纳税额

以实际占用的土地面积为计税依据。

（1）凡有由省、自治区、直辖市人民政府确定的单位组织测定土地面积的，以测定的面积为准；

（2）尚未组织测量，但纳税人持有政府部门核发的土地使用证书的，以证书确认的土地面积为准；

（3）尚未核发出土地使用证书的，应由纳税人申报土地面积，据以纳税，待核发土地使用证以后再作调整。

注意：税务机关不能核定纳税人实际使用的土地面积。

城镇土地使用税根据实际使用土地的面积，按税法规定的单位税额缴纳。其计算公式如下：

应纳城镇土地使用税税额=应税土地的实际占用面积×适用单位税额

房产税、车船税和城镇土地使用税均采取按年征收，分期缴纳的方法。

七、税收优惠

主要有两大类优惠：国家预算收支单位的自用地免税；国有重点扶植项目免税。

（一）国家预算收支单位的自用地免税

（1）国家机关、人民团体、军队自用的土地，但如果是对外出租、经营用则还是要交城镇土地使用税。

（2）由财政部门拨付事业经费的单位自用的土地。

（3）宗教寺庙、公园、名胜古迹自用的土地，经营用地则不免税。

（4）市政街道、广场、绿化地带等公共用地。

（5）直接用于农、林、牧、渔业的生产用地。

（6）经批准开山填海整治的土地和改造的废弃土地，从使用的月份起免缴城镇土地使用税5年至10年。

（7）对非营利性医疗机构、疾病控制机构和妇幼保健机构等卫生机构自用的土地，免征城镇土地使用税，对营利性医疗机构自用的土地自2000年起免征城镇土地使用税3年。

（8）企业办的学校、医院、托儿所、幼儿园，其用地能与企业其他用地明确区分的，免征城镇土地使用税。

（9）免税单位无偿使用纳税单位的土地（如公安、海关等单位使用铁路、民航等单位的土地），免征城镇土地使用税；纳税单位无偿使用免税单位的土地，纳税单位应照章缴纳城镇土地使用税；纳税单位与免税单位共同使用、共有使用权的土地上的多层建筑，对纳税单位可按其占用的建筑面积占建筑总面积的比例计征城镇土地使用税。

（10）对行使国家行政管理职能的中国人民银行总行（含国家外汇管理局）所属分支机构自用的土地，免征城镇土地使用税。

（二）国家的重点扶植项目

（1）对企业的铁路专用线、公路等用地，在厂区以外，与社会公用地段未加隔离的，暂免征收城镇土地使用税。

（2）对企业厂区以外的公共绿化用地和向社会开放的公园用地，暂免征收城镇土地使用税。

（3）对水利设施及其管护用地（如水库库区、大坝、堤防、灌渠、泵站等用地），免征城镇土地使用税；其他用地，如生产、办公、生活用地，应照章征收城镇土地使用税。

（4）对林区的有林地、运材道、防火道、防火设施用地，免征城镇土地使用税；林业系统的森林公园、自然保护区，可比照公园免征城镇土地使用税。

（5）对高校后勤实体免征城镇土地使用税。

八、减免政策

下列土地由省、自治区、直辖市税务局确定减免城镇土地使用税：

（1）个人所有的居住房屋及院落用地；

（2）免税单位职工家属的宿舍用地；

（3）民政部门举办的安置残疾人占一定比例的福利工厂用地；

（4）集体和个人办的各类学校、医院、托儿所、幼儿园用地；

（5）房地产开发公司建造商品房的用地，原则上应按规定计征城镇土地使用税。

九、纳税申报

在城市、县城、建制镇、工矿区范围内使用土地的单位和个人应依照税收法律、法规、规章及其他有关规定，在规定的纳税期限内，填报"城镇土地使用税纳税申报表"及相关资料，向税务机关进行纳税申报，缴纳城镇土地使用税。

【政策依据11- 1】《中华人民共和国税收征收管理法》第二十五条第一款规定：纳税人必须依照法律、行政法规规定或者税务机关依照法律、行政法规的规定确定的申报期限、申报内容如实办理纳税申报，报送纳税申报表、财务会计报表以及税务机关根据实际需要要求纳税人报送的其他纳税资料。

【政策依据11-2】《中华人民共和国城镇土地使用税暂行条例》第一条规定：为了规范土地、房地产市场交易秩序，合理调节土地增值收益，维护国家权益，制定本条例。第二条规定：转让国有土地使用权、地上的建筑物及其附着物（以下简称转让房地产）并取得收入的单位和个人，为土地增值税的纳税义务人（以下简称纳税人），应当依照本条例缴纳土地增值税。第八条规定：有下列情形之一的，免征土地增值税：纳税人建造普通标准住宅出售，增值额未超过扣除项目金额20%的；因国家建设需要依法征用、收回的房地产。

城镇土地使用税按年计算，分上、下半年两期缴纳。上半年的申报缴纳期限为4月1日至15日，下半年的申报缴纳期限为10月1日至15日（遇法定节假日以休假日期满的次日为期限的最后一日；在期限内有连续3日以上法定休假日的，按休假日天数顺延）。为简化办税手续，纳税人也可选择于每年的4月1日至15日一次性申报缴纳全年应纳的城镇土地使用税。纳税人在申报缴纳期限结束后新增的应税房产和土地，纳税义务发生时间在5月至10月的，应当在下半年申报缴纳期限内缴纳当年应纳的城镇土地使用税。纳税义务发生时间在11月至12月的，应当在纳税义务发生的当月申报缴纳当年应纳的城镇土地使用税。

每一宗土地填写一张"城镇土地使用税房产税税源明细表"。同一宗土地跨两个土地等级的，按照不同等级分别填表。无不动产权证的，按照土地坐落地址分别填表。纳税人不得将多宗土地合并成一条记录填表。

纳税人在纳税期内没有应纳税款的，也应当按照规定办理申报纳税。纳税人享受减税、免税待遇的，在减税、免税期间应当按照规定办理申报纳税。

城镇土地使用税纳税义务人在首次申报或税源信息变更时，应办理"综合税源信息报告"。

|第二节| 城镇土地使用税纳税申报表填报实验

一、实验目的和要求

实验目的：通过本实验操作，熟练掌握相关税法理论和实际结合的方法，掌握城镇土地使用税应税计算、城镇土地使用税纳税申报表填写方法，为从事企业城镇土地使用税办税业务打下扎实的基础。

实验要求：实验前要充分学习《中华人民共和国城镇土地使用税暂行条例》，理解城镇土地使用税相关规定、"城镇土地使用税纳税申报表"及其附列资料表内和表间逻辑关系，实验时务必认真熟悉实验内容和资料，过程中可以互相讨论和学习，要求独立完成申报表的填报实验。

实验流程如图11-1所示。

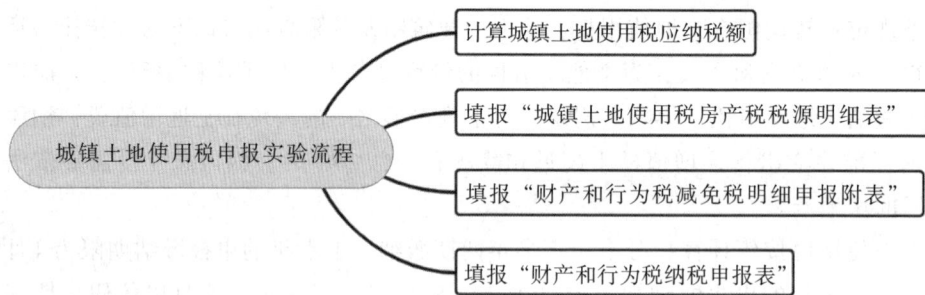

图11-1　城镇土地使用税申报实验流程

二、实验知识准备

1.在城市、县城、建制镇、工矿区范围内使用土地的单位和个人应依照税收法律、法规、规章及其他有关规定，在规定的纳税期限内填报"城镇土地使用税房产税纳税申报表"及相关资料，向税务机关进行纳税申报，缴纳城镇土地使用税。

2.每一宗土地填写一张"城镇土地使用税房产税税源明细表"。同一宗土地跨两个土地等级的，按照不同等级分别填表。无不动产权证的，按照土地坐落地址分别填表。纳税人不得将多宗土地合并成一条记录填表。

3.城镇土地使用税按年计算，分上、下半年两期缴纳。纳税人在纳税期内没有应纳税款的，也应当按照规定办理申报纳税。纳税人享受减税、免税待遇的，在减税、免税期间应当按照规定办理申报纳税。

4.城镇土地使用税纳税义务人在首次申报或税源信息变更时，应办理"综合税源信息报告"。

5.城镇土地使用税采用定额税率，即采用有幅度的差别税额。按大、中、小城市和县城、建制镇、工矿区分别规定每平方米城镇土地使用税年应纳税额。城镇土地使用税每平方米年税额标准具体规定如下：大城市 1.5 ~ 30 元；中等城市 1.2 ~ 24 元；小城市 0.9 ~ 18 元；县城、建制镇、工矿区 0.6 ~ 12 元。

6.城镇土地使用税的应纳税额的计算方法：

应纳税额=实际占用的土地面积×适用税额

三、实验内容和资料

（一）企业基本资料

北京白云酒业股份有限公司于 2015 年成立，是一般纳税人企业，经主管税务机关北京市开发区税务局核定该公司采用查账征收的方式按月申报缴纳增值税。纳税人所在地为市区，企业自行申报纳税，按年计算，全年一次缴纳。

公司名称：北京白云酒业股份有限公司；纳税人识别号：00188806ES17111MO4（或实训系统自行分配）；注册地址和电话：北京市房山区悦盛路 116 号，010-99623485；开户银行和账号：中国建设银行房山支行，61234123498766966；税款所属时期：2022 年第四季度。

法定代表人：吴敏；财务负责人：唐芳；办税员：李彬。

主要经营范围：粮食白酒、黄酒的生产、加工、销售。

（二）涉税业务资料

以该公司当月的涉税业务为例，以仿真数据为载体进行列示，按照业务发生情况进行申报表填报。

土地所在地均为北京市房山区，属于一级土地，且为大城市，适用税额为 7 元/平方米。

（三）业务发生情况

1.公司宗地的地号：010108102770GS00591。上期申报房产税原值（评估值）2 240 万元，占用土地面积共计 80 000 平方米，期初的建筑面积为 76 800 平方米，产权证编号为 01025771211，其中：①公司自办的幼儿园占地 22 400 平方米，建筑面积为 18 800 平方米，原值为 696 万元，并于上年 9 月投入使用。②公司自办的营利性职工医院占地 49 600 平方米，建筑面积为 50 800 平方米，原值为 960 万元，该房产为 3 年前投入使用。③公司扩建生产厂房，占地面积 3 040 平方米，建筑面积 3 200 平方米，原值为 264 万元，该工业房产为上年 9 月投入使用，宗地的地号：010108102770GS02751。④公司新建工业仓库占地面积 4 960 平方米，建筑面积 4 000 平方米，原值为 320 万元，已建成。

2.本月初，该公司将一间工业生产厂房（占地面积 1 000 平方米）转让给广州市佳旺贸易有限公司（纳税人识别号 02007215440583772439），转让金 150 万元（建房时，取得土地使用权所支付的金额为 15 万元，重置成本为 280 万，该厂房五成新，约定交付土地的时间为本月 20 日）。

3.10 月中旬，公司规模扩大、人数增多，新建了一栋员工宿舍楼（占地面积 800 平方米），已交付使用（宗地的地号：010108102770GS04621）。

四、实验步骤

1.依据实训内容和资料，事先预习《中华人民共和国城镇土地使用税暂行条例》，熟悉城镇土地使用税计算方法，按实际情况填写"应纳税额汇总计算表"。

2.土地总面积=80 000-1 000=79 000（平方米）

$$\text{本期应纳税额} = \sum \text{占用土地面积} \times \text{税额标准} \div 12 \times \left(\text{所属期止月份} - \text{所属期起月份} + 1\right)$$

$$=79\,000 \times 7 \div 12 \times (12-10+1) = 138\,250.00\text{（元）}$$

3.学校、托儿所、幼儿园自用土地免征城镇土地使用税

$$\text{本期减免税额} = \sum \text{减免税面积} \times \text{税额标准} \div 12 \times \left(\frac{\text{所属期止}}{\text{月份}} - \frac{\text{所属期起}}{\text{月份}} + 1\right)$$

$$=22\,400 \times 7 \div 12 \times (12-10+1) = 39\,200\text{（元）}$$

4.本期应补（退）税额=本期应纳税额-本期减免税额

$$=138\,250.00 - 39\,200.00 = 99\,050.00\text{（元）}$$

5.$\text{扩建厂房本期应纳税额} = \sum \text{占用土地面积} \times \text{税额标准} \div 12 \times \left(\frac{\text{所属期止}}{\text{月份}} - \frac{\text{所属期起}}{\text{月份}} + 1\right)$

$$=3\,040 \times 7 \div 12 \times (12-10+1) = 5\,320.00\text{（元）}$$

6.$\text{新建宿舍本期应纳税额} = \sum \text{占用土地面积} \times \text{税额标准} \div 12 \times \left(\frac{\text{所属期止}}{\text{月份}} - \frac{\text{所属期起}}{\text{月份}} + 1\right)$

$$=800 \times 7 \div 12 \times (12-10+1) = 1\,400.00\text{（元）}$$

7.本期应补（退）税额合计=99 050+5 320+1 400.00=105 770.00（元）

8.依据"城镇土地使用税纳税申报表"填表要求进行纳税申报表及附列资料表填写。

五、实验结果

实训操作完成后，依次填写、提交或打印实验结果如下：

1."应纳税额汇总计算表"（见表11-1）

2."城镇土地使用税税源明细表"（见表11-2、表11-3和表11-4）

表11-1　　　　　　　　　　　应纳税额汇总计算表

土地编号	宗地的地号	土地等级	税额标准（元/平方米）	土地总面积（平方米）	所属期起	所属期止	本期应纳税额（元）	本期减免税额（元）	本期已缴税额（元）	本期应补（退）税额（元）
	010108102770GS00591	一级	7.0	79 000.00	2022-10-01	2022-12-31	138 250.00	39 200.00	0.00	99 050.00
	010108102770GS02751	一级	7.0	3 040.00	2022-10-01	2022-12-31	5 320.00	0.00	0.00	5 320.00
	010108102770GS04621	一级	7.0	800.00	2022-11-01	2022-12-31	1 400.00	0.00	0.00	1 400.00
合计		—		82 840.00	—	—	144 970.00	39 200.00	0.00	105 770.00

城镇土地使用税税源明细表

表11-2

*纳税人类型	土地使用权人☑ 集体土地使用人☐ 无偿使用人☐ 代管人☐ 实际使用人☐（必选）	土地使用权人纳税人识别号（统一社会信用代码）0018806ES17111MO4	土地使用权人名称 北京白云酒业股份有限公司
*土地编号	01010810277OGS00591	土地名称	不动产权证号 0102577121I
不动产单元代码		宗地号	*土地性质 国有☐ 集体☐（必选）
*土地取得方式	划拨☐ 出让☑ 转让☐ 租赁☐ 其他☐（必选）	*土地用途	工业☐ 商业☐ 居住☐ 综合☐ 房地产开发企业的开发用地☐ 其他☐（必选）
*土地坐落地址（详细地址）	北京　省（自治区、直辖市） 房山市（区） 县（区） 悦盛路　乡镇（街道）（必填）		
*土地所属主管税务所（科、分局）			

变更类型	纳税义务终止（权属转移☐ 其他☐）信息项变更（土地面积变更☐ 土地等级变更☐ 税收变更☐ 其他☐）		变更时间 年 月
*土地取得时间 年　月	地价 79 000.00	*土地等级 一级	*税额标准 7.00
*占用土地面积 22 400平方米			减免起止时间

序号	减免性质代码和项目名称	减免起始月份（减免起始时间）	减免终止月份（减免终止时间）	减免土地面积	月减免税金额
1	10101401学校、托儿所、幼儿园自用土地免土地税	2022年10月	2022年12月	22 400平方米	39 200.00
2					
3					

减免税部分

城镇土地使用税税源明细表

表11-3

项目	内容	项目	内容	项目	内容
*纳税人类型	土地使用权人□ 集体土地使用人□ 无偿使用人□ 实际使用人□ 代管人□ （必选）	土地使用权人纳税人识别号（统一社会信用代码）	0018806ES17111MO4	土地使用权人名称	北京白云酒业股份有限公司
*土地编号	0101081O2770GS02751	土地名称		不动产权证号	
不动产单元代码		宗地号		*土地性质	国有□ 集体□ （必选）
*土地取得方式	划拨□ 出让□ 转让□ 租赁□ 其他□ （必选）	*土地用途	工业□ 商业□ 居住□ 综合□ 房地产开发企业的开发用地□ 其他□ （必选）		
*土地坐落地址（详细地址）	北京 省（自治区、直辖市）房山市 县（区）悦盛路 乡镇（街道）				（必填）
*土地所属主管税务所（科、分局）					
*土地取得时间	年 月	纳税义务终止（权属转移□ 其他□）土地面积变更□ 土地等级变更□ 减免税变更□ 其他□ 信息项变更		变更时间	年 月
变更类型	年 月	地价		*土地等级	一级
*占用土地面积	3 040.00			*税额标准	7.00
		减免税土地面积		月减免金额	

减免税部分	序号	减免性质代码和项目名称	减免起止时间		减免起止时间	月减免税额
			减免起始月份	减免终止月份		
			年 月	年 月		
	1					
	2					
	3					

表 11-4

城镇土地使用税税源明细表

*纳税人类型	土地使用权人口 集体土地使用人口 无偿使用人口 代管人口 实际使用人口（必选）	土地使用权人纳税人识别号（统一社会信用代码）00188806ES17111M04	土地使用权人名称 北京白云酒业股份有限公司	
*土地编号	0101081027700GS04621	不动产权证号		
不动产单元代码		土地名称		
*土地取得方式	划拨口 出让口 转让口 租赁口 其他口（必选）	宗地号	*土地性质 国有口 集体口（必选）	
*土地坐落地址（详细地址）	北京　省（自治区、直辖市）房山市（区）　县（区）悦盛路　乡镇（街道）	*土地用途 工业口 商业口 居住口 综合口 其他口 房地产开发企业的开发用地口（必选）		
*土地所属主管税务所（科、分局）			（必填）	
*土地取得时间	年　月	变更类型 纳税义务终止（权属转移口 其他口）信息项变更（土地面积变更口 土地等级变更口 其他口）	变更时间 年　月	
*占用土地面积	800.00	地价	*税额标准 一级 7.00	
		*土地等级		
减免税部分	序号	减免性质代码和项目名称	减免税土地面积	月减免税金额
			减免起止时间	
			减免起始月份 年　月	减免终止月份 年　月
	1			
	2			
	3			

3. "财产和行为税纳税申报表"（见表11-5）

表11-5

财产和行为税纳税申报表

纳税人识别号（统一社会信用代码）：0018880GES17111M04

金额单位：人民币元（列至角分）

纳税人名称：北京白云酒业股份有限公司

序号	税种	税目	税款所属期起	税款所属期止	计税依据	税率	应纳税额	减免税额	已缴税额	应补（退）税额
1	城镇土地使用税	010108102770GS00591	2022年10月1日	2022年12月31日	79 000.00	7.00	138 250.00	39 200.00	0.00	99 050.00
2	城镇土地使用税	010108102770GS02751	2022年10月1日	2022年12月31日	3 040.00	7.00	5 320.00	0.00	0.00	5 320.00
3	城镇土地使用税	010108102770GS04621	2022年11月1日	2022年12月31日	800.00	7.00	1 400.00	0.00	0.00	1 400.00
4										
5										
6										
7										
8										
9										
10										
11	合计	—	—	—	—	—	144 970.00	39 200.00	0.00	105 770.00

声明：此表是根据国家税收法律法规及相关规定填写的，本人（单位）对填报内容（及附带资料）的真实性、可靠性、完整性负责。

纳税人（签章）：　　　　年　月　日

经办人：

经办人身份证号：

代理机构签章：

代理机构统一社会信用代码：

受理人：

受理税务机关（章）：

受理日期：　　　年　月　日

🪷思考与练习

选择题

1.纳税人购置新建商品房，其城镇土地使用税纳税义务发生时间是（　　　　）。

A.房屋交付使用之次月

B.办理预售许可证之次月

C.房屋竣工备案之次月

D.办理不动产权属证书之次月

2.下列占用土地行为，免征城镇土地使用税的有（　　　　）。

A.市政街道占用土地

B.军队办公场所占用土地

C.种植业生产占用土地

D.城市市政广场占用土地

E.公园内饮食部占用土地

3.某大型制造企业土地使用权证书载明占地面积100万平方米，其中幼儿园占地2万平方米、企业厂区内道路和绿化占地5万平方米，其余为生产、办公用地。已知当地城镇土地使用税年税额为10元/平方米，2023年该企业应缴纳城镇土地使用税（　　　　）万元。

A.950　　　　　　　　B.980　　　　　　　　C.930　　　　　　　　D.1 000

第十一章思政案例引导　　　　　　　　第十一章思考与练习参考答案

车船税纳税申报

本章导读

企业报税人员必须了解车船税的相关税务知识和法律法规要求，掌握车船税应纳税额的计算方法和纳税申报表的填写规则。

本章首先介绍车船税的定义和特点，对车船税的纳税义务人、征税范围、税率、税目、纳税义务发生时间、纳税申报的相关规定以及税收优惠等进行了介绍；其次介绍车船税的应纳税额的计算方法；最后设计了车船税纳税申报表填报实训实验，帮助学员全面了解和掌握车船税纳税申报的相关税务知识、程序和方法。

预习思考：每年都交费但存在感极弱，车船税到底有什么用？

思政案例导入

2020年4月，财政部、国家税务总局、工业和信息化部联合发布公告，明确自2021年1月1日至2022年12月31日，对购置的纯电动汽车、插电式（含增程式）混合动力汽车、燃料电池商用车等新能源汽车免征车辆购置税。免征车辆购置税的新能源汽车，通过工业和信息化部、税务总局发布的《免征车辆购置税的新能源汽车车型目录》实施管理。2020年12月31日前已列入该目录的新能源汽车免征车辆购置税政策继续有效。为培育新的经济增长点、促进新能源汽车消费和绿色低碳发展，国务院常务会议决定延续实施新能源汽车免征车辆购置税政策至2023年年底，这是自2014年我国首次实施免征新能源汽车车辆购置税政策后第三次延续实施该政策。

这一系列的税收政策支持是否有必要，为什么？

|第一节| 车船税基础知识

一、概念和特点

(一) 车船税的概念

【车船税】是指在中华人民共和国境内的车辆、船舶的所有人或者管理人按照中华人民共和国车船税法应缴纳的一种税。

(二) 车船税的特点

车船税具有涉及面广、税源流动性强的特点,且纳税人多为个人,征管难度较大。

二、纳税义务人

车船税纳税义务人是指在中华人民共和国境内属于税法规定的车辆、船舶的"所有人或者管理人"。从事机动车第三者责任强制保险业务的"保险机构"为机动车车船税的扣缴义务人。

三、征税范围

车船税的征税范围是指在中华人民共和国境内属于车船税法所规定的应税车辆和船舶,具体包括:依法应当在车船登记管理部门登记的机动车辆和船舶;依法不需要在车船登记管理部门登记的在单位内部场所行驶或者作业的机动车辆和船舶。

(一) 车辆

(1) 依法应当在车船管理部门登记的机动车辆。

(2) 依法不需要在车船管理部门登记、在单位内部场所行驶或者作业的机动车辆。

车船管理部门是指公安、交通运输、农业、渔业、军队、武装警察部队等依法具有车船登记管理职能的部门;单位是指依照中国法律、行政法规规定,在中国境内成立的行政机关、企业、事业单位、社会团体以及其他组织。

(二) 船舶

船舶,包括机动船舶和非机动船舶。机动船舶指依靠燃料等能源作为动力运行的船舶,如客轮、货船、气垫船等;非机动船舶指依靠人力或者其他力量运行的船舶,如木船、帆船、舢板等。

四、税率、税目

车船税实行定额税率。定额税率,也称固定税额,是税率的一种特殊形式。定额税率计算简便,是适宜从量计征的税种。车船税的适用税额,依照车船税法所附的"车船税税目税额表"执行。车辆的具体适用税额由省、自治区、直辖市人民政府依照本法所附"车船税税目税额表"规定的税额幅度和国务院的规定确定。船舶的具体适用税额由国务院在车船税法所附"车船税税目税额表"规定的税额幅度内确定。

车船税采用定额税率,即对征税的车船规定单位固定税额。车船税确定税额总的原则是:非机动车船的税负轻于机动车船;人力车的税负轻于畜力车;小吨位船舶的税负轻于大吨位船舶。由于车辆与船舶的行驶情况不同,车船税的税额也有所不同(见表12-1)。

表12-1   车船税税目税额表

税目	车船税的计税单位	年基准税	备注
乘用车(按发动机汽缸容量(排气量)分档)1.0升(含)以下的	每辆	60元至360元	核定载客人数9人(含)以下
乘用车(按发动机汽缸容量(排气量)分档)1.0升以上至1.6升(含)的	每辆	300元至540元	核定载客人数9人(含)以下
乘用车(按发动机汽缸容量(排气量)分档)1.6升以上至2.0升(含)的	每辆	360元至660元	核定载客人数9人(含)以下
乘用车(按发动机汽缸容量(排气量)分档)2.0升以上至2.5升(含)的	每辆	660元至1 200元	核定载客人数9人(含)以下
乘用车(按发动机汽缸容量(排气量)分档)2.5升以上至3.0升(含)的	每辆	1 200元至2 400元	核定载客人数9人(含)以下
乘用车(按发动机汽缸容量(排气量)分档)3.0升以上至4.0升(含)的	每辆	2 400元至3 600元	核定载客人数9人(含)以下
乘用车(按发动机汽缸容量(排气量)分档)4.0升以上的	每辆	3 600元至5 400元	核定载客人数9人(含)以下
商用车——客车	每辆	480元至1 440元	核定载客人数9人以上,包括电车
商用车——货车	整备质量每吨	16元至120元	包括半挂牵引车、三轮汽车和低速载货汽车等
挂车	整备质量每吨	按照货车税额的50%计算	
其他车辆——专用作业车	整备质量每吨	16元至120元	不包括拖拉机
其他车辆——轮式专用机械车	整备质量每吨	16元至120元	不包括拖拉机
摩托车	每辆	36元至180元	
船舶——机动船舶	净吨位每吨	3元至6元	拖船、非机动驳船分别按照机动船舶税额的50%计算
船舶——游艇	艇身长度每米	600元至2 000元	无

《中华人民共和国车船税法》及《中华人民共和国车船税法实施条例》所涉及的整备质量、净吨位、艇身长度等计税单位，有尾数的一律按照含尾数的计税单位据实计算车船税应纳税额，计算得出的应纳税额小数点后超过两位的可四舍五入保留两位小数。

乘用车以车辆登记管理部门核发的机动车登记证书或者行驶证书所载的排气量毫升数确定税额区间。

《中华人民共和国车船税法》及《中华人民共和国车船税法实施条例》所涉及的排气量、整备质量、核定载客人数、净吨位、功率（千瓦或马力）、艇身长度，以车船登记管理部门核发的车船登记证书或者行驶证相应项目所载数据为准。

依法不需要办理登记、依法应当登记而未办理登记或者不能提供车船登记证书、行驶证的，以车船出厂合格证明或者进口凭证相应项目标注的技术参数、所载数据为准。

不能提供车船出厂合格证明或者进口凭证的，由主管税务机关参照国家相关标准核定，没有国家相关标准的，参照同类车船核定。

五、纳税义务发生时间

车船税纳税义务发生时间为取得车船所有权或者管理权的当月。

【政策依据12-1】《中华人民共和国车船税法实施条例》（中华人民共和国国务院令第611号）第十九条规定：购置的新车船，购置当年的应纳税额自纳税义务发生的当月起按月计算。已办理退税的被盗抢车船失而复得的，纳税人应当从公安机关出具相关证明的当月起计算缴纳车船税。

六、计算应纳税额

车船税的计税依据：以"辆数"为计税单位。载货（商用货车、专用作业车和轮式专用机械车）：以"整备质量吨位数"为计税单位。机动船舶、非机动驳船、拖船：以"净吨位数"为计税单位。游艇：以"艇身长度"为计税单位。

应纳税额计算的一般情形：

应纳税额=辆数（整备质量吨位数、净吨位数、艇身长度）×年基准税额

购置的新车船：

应纳税额=年基准税额÷12×应纳税月份数

车船税的税目分为5大类，包括乘用车、商用车、其他车辆、摩托车和船舶。

乘用车为核定载客人数9人（含）以下的车辆。

商用车包括客车和货车：客车为核定载客人数9人（含）以上的车辆（包括电车）；货车包括半挂牵引车、挂车、客货两用汽车、三轮汽车和低速载货汽车等。

其他车辆包括专用作业车和轮式专用机械车等（不包括拖拉机）。

船舶包括机动船舶、非机动驳船、拖船和游艇。

七、税收优惠

财政部、税务总局、工业和信息化部、交通运输部发布的《关于节能 新能源车船享受车船税优惠政策的通知》指出，对节能汽车减半征收车船税，对新能源车船免征车船税。

（一）对节能汽车，减半征收车船税

（1）减半征收车船税的节能乘用车应同时符合以下标准：

① 获得许可在中国境内销售的排量为1.6升以下（含1.6升）的燃用汽油、柴油的乘用车（含非插电式混合动力、双燃料和两用燃料乘用车）；

② 综合工况燃料消耗量应符合标准。

（2）减半征收车船税的节能商用车应同时符合以下标准：

① 获得许可在中国境内销售的燃用天然气、汽油、柴油的轻型和重型商用车（含非插电式混合动力、双燃料和两用燃料轻型和重型商用车）；

② 燃用汽油、柴油的轻型和重型商用车综合工况燃料消耗量应符合标准。

（二）对新能源车船，免征车船税

（1）免征车船税的新能源汽车是指纯电动商用车、插电式（含增程式）混合动力汽车、燃料电池商用车。纯电动乘用车和燃料电池乘用车不属于车船税征税范围，对其不征车船税。

（2）免征车船税的新能源汽车应同时符合以下标准：

① 获得许可在中国境内销售的纯电动商用车、插电式（含增程式）混合动力汽车、燃料电池商用车；

② 符合新能源汽车产品技术标准；

③ 通过新能源汽车专项检测，符合新能源汽车标准；

④ 新能源汽车生产企业或进口新能源汽车经销商在产品质量保证、产品一致性、售后服务、安全监测、动力电池回收利用等方面符合相关要求。

（3）免征车船税的新能源船舶应符合以下标准：

船舶的主推进动力装置为纯天然气发动机。发动机采用微量柴油引燃方式且引燃油热值占全部燃料总热值的比例不超过5%的，视同纯天然气发动机。

八、减免政策

（一）法定减免

（1）捕捞、养殖渔船，是指在渔业船舶登记管理部门登记为捕捞船或者养殖船的船舶，免征车船税。

（2）军队、武装警察部队专用的车船，是指按照规定在军队、武装警察部队车船管理部门登记，并领取军队、武警牌照的车船，免征车船税。

（3）警用车船，是指公安机关、国家安全机关、监狱和人民法院、人民检察院领取警用牌照的车辆和执行警务的专用船舶，免征车船税。

（4）依照法律规定应当予以免税的外国驻华使领馆、国际组织驻华代表机构及其有关人员的车船，免征车船税。

（5）对节约能源的车船，减半征收车船税，对使用新能源的车船，免征车船税。减半征收车船税的节约能源乘用车和商用车，免征车船税的使用新能源汽车均应符合规定的标准。

（6）省、自治区、直辖市人民政府根据当地实际情况，可以对公共交通车船、农村居民拥有并主要在农村地区使用的摩托车、三轮汽车和低速载货汽车定期减征或者免征车船税。

（二）特定减免

（1）经批准临时入境的外国车船和香港特别行政区、澳门特别行政区、台湾地区的车船，不征收车船税。

（2）按照规定缴纳船舶吨税的机动船舶，自车船税法实施之日起 5 年内免征车船税。

（3）依法不需要在车船登记管理部门登记的机场、港口、铁路站场内部行驶或作业的车船，自车船税法实施之日起 5 年内免征车船税。

九、纳税申报

应税车辆未被代收代缴车船税的，其所有人或者管理人应当填报"车船税纳税申报表"及相关资料，向主管税务机关办理车船税申报。

【政策依据12-2】《中华人民共和国税收征收管理法》第二十五条第一款规定：纳税人必须依照法律、行政法规规定或者税务机关依照法律、行政法规的规定确定的申报期限、申报内容如实办理纳税申报，报送纳税申报表、财务会计报表以及税务机关根据实际需要要求纳税人报送的其他纳税资料。

（1）车船税纳税义务发生时间为取得车船所有权或者管理权的当月。车船税按年申报缴纳。具体申报纳税期限由省、自治区、直辖市人民政府规定。

（2）从事机动车交通事故责任强制保险业务的保险机构作为扣缴义务人已代收代缴车船税的，纳税人不再向车辆登记地的主管税务机关申报缴纳车船税。

（3）对首次进行车船税纳税申报的纳税人，需要申报其全部车船的主附表信息。此后办理纳税申报时，如果纳税人的车船及相关信息未发生变化的，可不再填报信息，仅提供相关证件，由税务机关按上次申报信息生成申报表后，纳税人进行签章确认即可。对车船或纳税人有关信息发生变化的，纳税人仅就变化的内容进行填报。已获取第三方信息的地区，税务机关可将第三方信息导入纳税申报系统，直接生成申报表，由纳税人进行签章确认。

（4）符合税收优惠条件的纳税人，在减税、免税期间，应按规定办理纳税申报，填写申报表及其附表上的优惠栏目。

|第二节| 车船税纳税申报表填报实验

一、实验目的和要求

实验目的：通过本实验操作，学生应熟练掌握相关税法理论和实际结合的方法，掌握车船税应税计算、车船税纳税申报表填写方法，为从事企业车船税办税业务打下扎实的基础。

实验要求：实验前要充分学习《中华人民共和国车船税法》《中华人民共和国税收征收管理法》，理解车船税相关规定、车船税纳税申报表及其附列资料表内和表间逻辑关系，实验时务必认真熟悉实验内容和资料，过程中可以互相讨论和学习，要求独立完成申报表的填报实验。

实验流程如图12-1所示。

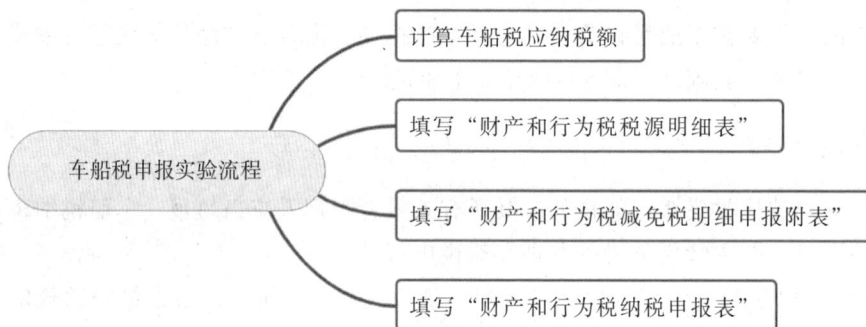

车船税申报实验流程
计算车船税应纳税额
填写"财产和行为税税源明细表"
填写"财产和行为税减免税明细申报附表"
填写"财产和行为税纳税申报表"

图12-1 车船税申报实验流程

二、实验知识准备

1. 应税车辆未被代收代缴车船税的，其所有人或者管理人应当填报"车船税纳税申报表"及相关资料，向主管税务机关办理车船税纳税申报。

2. 符合税收优惠条件的纳税人，在减税、免税期间，应按规定办理纳税申报，填写纳税申报表及其附表上的优惠栏目。

3. 车船税实行定额税率。定额税率，也称固定税额，是税率的一种特殊形式。定额税率计算简便，是适宜从量计征的税种。车船税的适用税额，依照车船税法所附的"车船税税目税额表"执行。

4. 车船税的计税依据：以"辆数"为计税单位。商用货车、专用作业车和轮式专用机械车：以"整备质量吨位数"为计税单位。机动船舶、非机动驳船、拖船：以"净吨位数"为计税单位；游艇：以"艇身长度"为计税单位。

5. 财政部发布的《关于节能/新能源车船享受车船税优惠政策的通知》指出，对节能汽车减半征收车船税；对新能源车船免征车船税。

三、实验内容和资料

（一）企业基本资料

北京白云酒业股份有限公司于2015年成立，是一般纳税人企业，经主管税务机关北京市开发区税务局核定该公司采用查账征收的方式按月申报缴纳增值税。纳税人所在地为市区，企业自行申报纳税，按年计算，全年一次缴纳。

公司名称：北京白云酒业股份有限公司；纳税人识别号：00188806ES17111MO4（或实训系统自行分配）；注册地址和电话：北京市房山区悦盛路116号，010-99623485；开户银行和账号：中国建设银行房山支行，61234123498766966；税款所属时期：2022年5月1日至2022年5月31日。

法定代表人：吴敏；财务负责人：唐芳；办税员：李彬。

主要经营范围：粮食白酒、黄酒的生产、加工、销售。

（二）涉税业务资料

以该公司当月的涉税业务为例，见表12-2实验资料表，以仿真数据为载体进行列示，按照业务发生情况进行申报表填报。

船名沪18油0571，登记号188715216652221，种类机动船，识别号CN2588721176212293，初次登记号码2900251，发证日期2022年5月7日，取得所有权日期2022年6月15日，建成日期2021年3月1日，主机种类内燃机，净吨位359，主机功率230千瓦，艇身长度（总长）35.61米。

注：纯电动新能源汽车免征车船税；符合标准（获得许可在中国境内销售的排量在1.6升及以下的燃用汽油、柴油的乘用车）的节约能源汽车减半征收车船税。型号为EQ12371的奇瑞牌客车属于纯电动新能源汽车（减免税证明号：231187210392151），吉利美日牌的VQ45FE客车属于节约能源汽车（减免税证明号：832201923721874）。

实验资料表见表12-2。

四、实验步骤

1. 依据实训内容和资料，事先预习《中华人民共和国车船税法》《中华人民共和国税收征收管理法》，熟悉应纳税额和应交税费的计算方法，按实际情况填写纳税申报表，并提供车主的身份证明、车辆的价格证明和合格证等相关资料，自购买之日或取得之日起60日内申报。

2. 依据"车船税税源明细表"填表要求进行资料表填写。

3. 依据"财产和行为税纳税申报表"填表要求申报应纳税额。

五、实验结果

实训操作完成后，依次填写、提交或打印实验结果如下：

1. "车船税税源明细表"（见表12-3）

2. "财产和行为税纳税申报表"（见表12-4）

表12-2

实验资料表

车牌	车架号	类型	型号	发动机号	登记日期	使用性质	燃料种类	排量	核定载客	整备质量	车基准税额	计量数量	应纳税额	减免额	实际应纳税额
京A7890	LJ32A908C8762601	大型客车	金旅	N55B30A	2022.5.8	营业客车	汽油	4.1	25	3	510	1	510		510
京A42514	LJ64A428C5276329	大型客车	奇瑞	EQ12371	2022.5.8	营业客车	纯电动	4.2	25	3	510	1	510	510	0
京A2599	LBVFR3508BSD34221	中型客车	宇通	921653B	2022.5.8	营业客车	汽油	3.2	15	2.5	480	1	480		480
京A96474	LGBF2BE02AR18739	小型客车	吉利	VQ45FE	2022.5.8	非营业客车	汽油	1.8	7	1.2	360	1	360	180	180
京A279U	WDBGP68C5YB231762	小型客车	丰田	272	2022.5.8	营业客车	汽油	1.6	8	1.1	300	1	300		300
京A63527	LGXCG7CF0F0754765	小型客车	吉利	MR25540	2022.5.8	非营业客车	汽油	1.5	5	1.1	300	1	300		300
京A67518	LFBCCAX66C76509	微型客车	吉利	367218P	2022.5.8	营业客车	汽油	1	4	1.1	60	1	60		60
京G48321	LFV2A21K04053021	载货汽车	东风	246977K	2022.5.8	营业货车	柴油	4.8	—	3.8	16	3.8	60.8		60.8
18871521665221	CN258872117621293	净吨位超过200吨不超过2000吨的机动船舶	沪18油0571		2022.5.7					359	3	359	1 077		1 077

车船税税源明细表

表12-3

纳税人识别号（统一社会信用代码）：0018806ES17111MO4

纳税人名称：北京白云酒业股份有限公司

体积单位：升；质量单位：吨；功率单位：千瓦；长度单位：米

车辆税源明细

序号	车牌号码	*车辆识别代码（车架号）	*车辆类型	车辆品牌	车辆型号	*车辆发票日期或注册登记日期	排（气）量	核定载客	整备质量	*单位税额	减免性质代码和项目名称	纳税义务终止时间
1	京A7890	LJ32A908C8762601	大型客车	金旅	N55B30A	2022.5.8	4.1	25	3	510		
2	京A42514	LJ64A428C5276329	大型客车	奇瑞	EQ12371	2022.5.8	4.2	25	3	510	12061001 节约能源、使用新能源车船减免车船税	
3	京A2599	LBVFR3508BSD34221	中型客车	宇通	921653B	2022.5.8	3.2	15	2.5	480		
4	京A96474	LGBF2BE02AR18739	小型客车	吉利	VQ45FE	2022.5.8	1.8	7	1.2	360	12061004 节约能源、使用新能源车船减免车船税	
5	京A279U	WDBGP68C5YB231762	小型客车	丰田	272	2022.5.8	1.6	8	1.1	300		
6	京A63527	LGXCG7CF0F0754765	小型客车	吉利	MR25540	2022.5.8	1.5	5	1.1	300		
7	京A67518	LFBCCAX66C76509	微型客车	吉利	367218P	2022.5.8	1	4	1.1	60		
8	京G48321	LFV2A21K04053021	载货汽车	东风	246977K	2022.5.8	4.8	—	3.8	16		

船舶税源明细

序号	船舶登记号	*船舶识别号	*船舶种类	*中文船名	初次登记号码	发证日期	船籍港	取得所有权日期	建成日期	净吨位	主机功率	艇身长度（总长）	*单位税额	减免性质代码和项目名称	纳税义务终止时间
1	18871521665 2221	CN25887211762 12293	净吨位超过200吨不超过2 000吨的机动船舶	沪18油 0571	2900251	2022.5.7		2022.6.15	2021.3.1	359	230	35.61	3		

表12-4

财产和行为税纳税申报表

税人识别号（统一社会信用代码）：0018 8806ES17111M04

纳税人名称：北京白云酒业股份有限公司

金额单位：人民币元（列至角分）

序号	税种	税目	税款所属期起	税款所属期止	计税依据	税率	应纳税额	减免税额	已缴税额	应补（退）税额
1	车船	京A7890	2022年5月1日	2022年5月31日	510.00	1	510.00	0.00	0.00	510.00
2	车船	京A42514	2022年5月1日	2022年5月31日	510.00	1	510.00	510.00	0.00	0.00
3	车船	京A2599	2022年5月1日	2022年5月31日	480.00	1	480.00	0.00	0.00	480.00
4	车船	京A96474	2022年5月1日	2022年5月31日	360.00	1	360.00	180.00	0.00	180.00
5	车船	京A279U	2022年5月1日	2022年5月31日	300.00	1	300.00	0.00	0.00	300.00
6	车船	京A63527	2022年5月1日	2022年5月31日	300.00	1	300.00	0.00	0.00	300.00
7	车船	京A67518	2022年5月1日	2022年5月31日	60.00	1	60.00	0.00	0.00	60.00
8	车船	京G48321	2022年5月1日	2022年5月31日	16.00	3.80	60.00	0.00	0.00	60.00
9	车船	18871521665221	2022年5月1日	2022年5月31日	3.00	359	1 077.00	0.00	0.00	1 077.00
10	合计	—	—	—	—	—	3 657.80	690.00	0.00	2 967.80

声明：此表是根据国家税收法律法规及相关规定填写的，本人（单位）对填报内容（及附带资料）的真实性、可靠性、完整性负责。

纳税人（签章）：　　　　　　年　月　日

经办人：

经办人身份证号：

代理机构签章：

代理机构统一社会信用代码：

受理人：

受理税务机关（章）：

受理日期：　　年　月　日

🌺思考与练习

选择题

1. 免征车船税的新能源船舶，应符合的标准是（　　）。

A. 船舶的主推进动力装置为燃料电池装置

B. 船舶的主推进动力装置为纯电力发动机

C. 船舶的主推进动力装置为混合动力装置

D. 船舶的主推进动力装置为纯天然气发动机

2. 下列车辆，免征车船税的有（　　）。

A. 燃用汽油乘用车

B. 插电式混合动力汽车

C. 燃料电池商用车

D. 燃用柴油重型商务车

E. 纯电动商用车

3. 下列应税车辆中，以"整备质量每吨"作为车船税计税单位的有（　　）。

A. 挂车

B. 商用货车

C. 商用客车

D. 乘用车

E. 专用作业车

第十二章思政案例引导　　　　　　　第十二章思考与练习参考答案

资源税纳税申报

本章导读

　　企业报税人员必须了解资源税的相关税务知识和法律法规要求，掌握资源税应纳税额的计算方法和纳税申报表的填写规则。

　　本章首先介绍资源税的定义和特点，对资源税的纳税义务人、征税范围、税率、税目、纳税义务发生时间、纳税申报的相关规定以及减免政策等进行了介绍；其次介绍资源税的应纳税额的计算方法；最后设计了资源税纳税申报表填报实训实验，帮助学员全面了解和掌握资源税纳税申报的相关税务知识、程序和方法。

　　预习思考1：国家为什么要征收资源税？

　　预习思考2：资源税多个税目同时申报，但发现其中一个税目申报错误，该如何处理？

> **思政案例导入**
>
> 　　《中华人民共和国资源税法》已由中华人民共和国第十三届全国人民代表大会常务委员会第十二次会议于2019年8月26日通过，于2020年9月1日起施行。
>
> 　　资源税"由规升法"有什么意义？

第一节　资源税基础知识

一、概念和特点

（一）资源税的概念

【资源税】是以各种应税自然资源为课税对象、为了调节资源级差收入并体现国有资源有偿使用而征收的一种税。资源税是对自然资源征税的税种的总称。

资源税在理论上可区分为对绝对矿租课征的一般资源税和对级差矿租课征的级差资源税，体现在税收政策上就叫作"普遍征收，级差调节"，即所有开采者开采的所有应税资源都应缴纳资源税，同时，开采中、优等资源的纳税人还要相应多缴纳一部分资源税。

（二）资源税的特点

1.征税范围较窄

自然资源是生产资料或生活资料的天然来源，它包括的范围很广，如矿产资源、土地资源、水资源、动植物资源等。目前，我国的资源税征税范围较窄，仅选择了部分级差收入差异较大、资源较为普遍、易于征收管理的矿产品和盐列入征税范围。随着我国经济的快速发展，对自然资源的合理利用和有效保护将越来越重要，因此，资源税的征税范围应逐步扩大。我国资源税目前的征税范围包括矿产品和盐两大类。

2.实行差别税额从量征收

我国现行资源税实行从量定额征收，一方面税收收入不受产品价格、成本和利润变化的影响，能够稳定财政收入；另一方面有利于促进资源开采企业降低成本，提高经济效益。同时，资源税按照"资源条件好、收入多的多征，资源条件差、收入少的少征"的原则，根据矿产资源等级分别确定不同的税额，以有效地调节资源级差收入。

3.实行源泉课征

不论采掘或生产单位是否属于独立核算，资源税均规定在采掘或生产地源泉控制征收，这样既照顾了采掘地的利益，又避免了税款的流失。这与其他税种由独立核算的单位统一缴纳不同。

二、纳税义务人

在中华人民共和国领域和中华人民共和国管辖的其他海域开发应税资源的单位和个人，为资源税的纳税人。

三、征税范围

应税资源的具体范围，由"资源税税目税率表"确定，包括能源矿产、金属矿产、非金属矿产、水气矿产、盐5类。

四、税率、税目

资源税的税目、税率，依照"资源税税目税率表"执行。

"资源税税目税率表"中规定实行幅度税率的，其具体适用税率由省、自治区、直辖市人民政府统筹考虑该应税资源的品位、开采条件以及对生态环境的影响等情况，在"资源税税目税率表"规定的税率幅度内提出，报同级人民代表大会常务委员会决定，并报全国人民代表大会常务委员会和国务院备案。"资源税税目税率表"中规定征税对象为原矿或者选矿的，应当分别确定具体适用税率。

资源税按照"资源税税目税率表"实行从价计征或者从量计征。

"资源税税目税率表"中规定可以选择实行从价计征或者从量计征的，具体计征方式由省、自治区、直辖市人民政府提出，报同级人民代表大会常务委员会决定，并报全国人民代表大会常务委员会和国务院备案。

实行从价计征的，应纳税额按照应税资源产品（以下称应税产品）的销售额乘以具体适用税率计算。实行从量计征的，应纳税额按照应税产品的销售数量乘以具体适用税率计算。

应税产品为矿产品的，包括原矿和选矿产品。

纳税人开采或者生产不同税目应税产品的，应当分别核算不同税目应税产品的销售额或者销售数量；未分别核算或者不能准确提供不同税目应税产品的销售额或者销售数量的，从高适用税率。

纳税人开采或者生产应税产品自用的，应当依照本法规定缴纳资源税；但是，自用于连续生产应税产品的，不缴纳资源税。

"资源税税目税率表"见表13-1。

表13-1　　　　　　　　　　　资源税税目税率表

税　目			征税对象	税　率
能源矿产	原油		原矿	6%
	天然气、页岩气、天然气水合物		原矿	6%
	煤		原矿或者选矿	2%~10%
	煤成（层）气		原矿	1%~2%
	铀、钍		原矿	4%
	油页岩、油砂、天然沥青、石煤		原矿或者选矿	1%~4%
	地热		原矿	1%~20%或者每立方米1~30元
金属矿产	黑色金属	铁、锰、铬、钒、钛	原矿或者选矿	1%~9%
	有色金属	铜、铅、锌、锡、镍、锑、镁、钴、铋、汞	原矿或者选矿	2%~10%
		铝土矿	原矿或者选矿	2%~9%
		钨	选矿	6.5%
		钼	选矿	8%
		金、银	原矿或者选矿	2%~6%
		铂、钯、钌、锇、铱、铑	原矿或者选矿	5%~10%
		轻稀土	选矿	7%~12%
		中重稀土	选矿	20%
		铍、锂、锆、锶、铷、铯、铌、钽、锗、镓、铟、铊、铪、铼、镉、硒、碲	原矿或者选矿	2%~10%

税 目			征税对象	税 率
非金属矿产	矿物类	高岭土	原矿或者选矿	1%~6%
		石灰岩	原矿或者选矿	1%~6%或者每吨（或者每立方米）1~10元
		磷	原矿或者选矿	3%~8%
		石墨	原矿或者选矿	3%~12%
		萤石、硫铁矿、自然硫	原矿或者选矿	1%~8%
		天然石英砂、脉石英、粉石英、水晶、工业用金刚石、冰洲石、蓝晶石、硅线石（矽线石）、长石、滑石、刚玉、菱镁矿、颜料矿物、天然碱、芒硝、钠硝石、明矾石、砷、硼、碘、溴、膨润土、硅藻土、陶瓷土、耐火黏土、铁矾土、凹凸棒石黏土、海泡石黏土、伊利石黏土、累托石黏土	原矿或者选矿	1%~12%
		叶蜡石、硅灰石、透辉石、珍珠岩、云母、沸石、重晶石、毒重石、方解石、蛭石、透闪石、工业用电气石、白垩、石棉、蓝石棉、红柱石、石榴子石、石膏	原矿或者选矿	2%~12%
		其他黏土（铸型用黏土、砖瓦用黏土、陶粒用黏土、水泥配料用黏土、水泥配料用红土、水泥配料用黄土、水泥配料用泥岩、保温材料用黏土）	原矿或者选矿	1%~5%或者每吨（或者每立方米）0.1~5元
	岩石类	大理岩、花岗岩、白云岩、石英岩、砂岩、辉绿岩、安山岩、闪长岩、板岩、玄武岩、片麻岩、角闪岩、页岩、浮石、凝灰岩、黑曜岩、霞石正长岩、蛇纹岩、麦饭石、泥灰岩、含钾岩石、含钾砂页岩、天然油石、橄榄岩、松脂岩、粗面岩、辉长岩、辉石岩、正长岩、火山灰、火山渣、泥炭	原矿或者选矿	1%~10%
		砂石	原矿或者选矿	1%~5%或者每吨（或者每立方米）0.1~5元
	宝玉石类	宝石、玉石、宝石级金刚石、玛瑙、黄玉、碧玺	原矿或者选矿	4%~20%
水气矿产		二氧化碳气、硫化氢气、氦气、氡气	原矿	2%~5%
		矿泉水	原矿	1%~20%或者每立方米1~30元
盐		钠盐、钾盐、镁盐、锂盐	选矿	3%~15%
		天然卤水	原矿	3%~15%或者每吨（或者每立方米）1~10元
		海盐		2%~5%

五、纳税义务发生时间

资源税纳税义务发生时间是纳税人发生资源税应税行为后应当承担纳税义务的起始时间。现行规定是：纳税人销售应税产品，其纳税义务发生时间为收讫销售款或者取得索取销售款凭据的当天；自产自用应税产品，其纳税义务发生时间为移送使用的当天。对以下情况还做了具体规定：

（1）纳税人销售应税产品，其纳税义务发生时间分为三种情况：

① 纳税人采取分期收款结算方式的，其纳税义务发生时间，为销售合同规定的收款日期的当天；

② 纳税人采取预收货款结算方式的，其纳税义务发生时间，为发出应税产品的当天；

③ 纳税人采取其他结算方式的，其纳税义务发生时间，为收讫销售款或者取得索取销售款凭据的当天。

（2）纳税人自产自用应税产品的纳税义务发生时间，为移送使用应税产品的当天。

（3）扣缴义务人代扣代缴税款的纳税义务发生时间，为支付货款的当天。

六、计算应纳税额

资源税分为从价计征、从量计征两种：

从价计征：应纳税额=应税销售额×比例税率

从量计征：应纳税额=应税销售数量×定额税率

七、减免政策

依据《中华人民共和国资源税法》第六条的规定，有下列情形之一的，免征资源税：

（1）开采原油以及在油田范围内运输原油过程中用于加热的原油、天然气；

（2）煤炭开采企业因安全生产需要抽采的煤成（层）气。

有下列情形之一的，减征资源税：

（1）从低丰度油气田开采的原油、天然气，减征20%资源税；

（2）高含硫天然气、三次采油和从深水油气田开采的原油、天然气，减征30%资源税；

（3）稠油、高凝油减征40%资源税；

（4）从衰竭期矿山开采的矿产品，减征30%资源税。

根据国民经济和社会发展需要，国务院对有利于促进资源节约集约利用、保护环境等情形可以规定免征或者减征资源税，报全国人民代表大会常务委员会备案。

依据《中华人民共和国资源税法》第七条的规定，有下列情形之一的，省、自治区、直辖市可以决定免征或者减征资源税：

（1）纳税人开采或者生产应税产品过程中，因意外事故或者自然灾害等原因遭受重大损失；

（2）纳税人开采共伴生矿、低品位矿、尾矿。

前款规定的免征或者减征资源税的具体办法，由省、自治区、直辖市人民政府提出，报同级人民代表大会常务委员会决定，并报全国人民代表大会常务委员会和国务院备案。

关于资源税的计税注意事项：

注意事项1：现行资源税计税依据是指纳税人应税产品的销售数量和自用数量。具体规定为：纳税人开采或者生产应税产品销售的，以销售数量为课税数量；纳税人开采或者生产应税产品自用的，以自用数量为课税数量。另外，对一些情况还做了以下具体规定：（1）纳税人不能准确提供应税产品销售数量或移送使用数量的，以应税产品的产量或主管税务机关确定的折算比换算成的数量为课税数量。（2）原油中的稠油、高凝油与稀油划分不清或不易划分的，一律按原油的数量课税。（3）煤炭，对于连续加工前无法正确计算原煤移送使用量的，可按加工产品的综合回收率，将加工产品实际销售量和自用量折算成原煤数量作为课税数量。以原煤入洗为例，洗煤这一加工产品的综合回收率是这样计算的：综合回收率=（原煤入洗后的等级品数量÷入洗的原煤数量）×100%；洗煤的课税数量=洗煤的销量、自用量之和÷综合回收率。原煤入洗后的等级品包括洗精煤、洗混煤、中煤、煤泥、洗块煤、洗末煤等。（4）金属和非金属矿产品原矿，因无法准确掌握纳税人移送使用原矿数量的，可将其精矿按选矿比折算成原矿数量作为课税数量，选矿比=耗用的原矿数量÷精矿数量。（5）纳税人以自产的液体盐加工固体盐，按固体盐税额征税，以加工的固体盐的数量为课税数量。纳税人以外购的液体盐加工固体盐，其加工固体盐所耗用液体盐的已纳税额准予抵扣。

注意事项2：资源税以应税产品的销售数量或自用数量作为课税数量。由于对盐征税的品目既有固体盐，又有液体盐，而且液体盐与固体盐之间可以相互转化。为确保对盐征收资源税的不重不漏，根据现行税法有关规定，应按如下不同情况分别确定盐的课税数量：（1）纳税人生产并销售液体盐的，以液体盐的销量为课税数量。（2）纳税人以其生产的液体盐连续加工碱等产品（固体盐除外）销售或自用的，以液体盐的移送使用数量为课税数量；如果没有液体盐移送使用量记录或记录不清、不准的，应将加工的碱等产品按单位耗盐系数折算为液体盐的数量作为课税数量。（3）纳税人以其生产的液体盐再加工为固体盐销售或自用，以固体盐的数量为课税数量（液体盐不再征税）；纳税人以外购液体盐加工固体盐销售或自用，以固体盐的数量为课税数量，但在计算固体盐应纳税额时，液体盐的已纳税额可从中抵扣。（4）纳税人利用盐资源直接生产海盐原盐、湖盐原盐、井矿盐等固体盐销售或自用，以固体盐的销售或自产自用量为课税数量；以上述固体盐连续加工粉洗盐、粉精盐、精制盐等再制盐或者用于连续加工酸碱、制革等产品，应按单位加工产品（再制盐、碱等）耗盐系数折算为固体盐的数量为课税数量。再制盐的耗盐系数是指单位再制盐的数量与其耗用的原料盐数量的比例。例如，如果1吨粉洗盐、粉精盐、精制盐分别需要耗用1.1、1.2、1.5吨的海盐原盐，那么，粉洗盐、粉精盐、精制盐的耗盐系数分别是1∶1.1、1∶1.2、1∶1.5。这种情况下海盐原盐课税数量的计算公式为：海盐原盐的课税数量=加工的粉洗盐、粉精盐、精制盐等再制盐数量÷耗盐系数。湖盐原盐、井矿盐等再制盐的课税数量的计算同海盐原盐。

八、纳税申报

在中华人民共和国领域和中华人民共和国管辖的其他海域开发应税资源的单位和个人，为资源税的纳税义务人，应当依照规定缴纳资源税。

【政策依据13-1】《中华人民共和国税收征收管理法》第二十五条第一款规定：纳税人必须依照法律、行政法规规定或者税务机关依照法律、行政法规的规定确定的申报期限、申报内容如实办理纳税申报，报送纳税申报表、财务会计报表以及税务机关根据实际需要要求纳税人报送的其他纳税资料。

【政策依据13-2】《中华人民共和国资源税法》第一条规定：在中华人民共和国领域和中华人民共和国管辖的其他海域开发应税资源的单位和个人，为资源税的纳税人，应当依照本法规定缴纳资源税。

纳税人未按照规定的期限办理纳税申报和报送纳税资料的，将影响纳税信用评价结果，并依照《中华人民共和国税收征收管理法》的有关规定承担相应法律责任。

资源税按月或者按季申报缴纳；不能按固定期限计算缴纳的，可以按次申报缴纳。

纳税人按月或者按季申报缴纳的，应当自月度或者季度终了之日起15日内，向税务机关办理纳税申报并缴纳税款；按次申报缴纳的，应当自纳税义务发生之日起15日内，向税务机关办理纳税申报并缴纳税款。

符合税收优惠条件的纳税人，在减税、免税期间，应按规定办理纳税申报，填写申报表及其附表上的优惠栏目。

|第二节| 资源税纳税申报表填报实验

一、实验目的和要求

实验目的：通过本实验操作，熟练掌握相关税法理论和实际结合的方法，掌握资源税应税计算、资源税纳税申报表填写方法，为从事企业资源税办税业务打下扎实的基础。

实验要求：实验前要充分学习《中华人民共和国资源税法》，理解资源税相关规定、"资源税税源明细表""财产和行为税纳税申报表"表内和表间逻辑关系，实验时务必认真熟悉实验内容和资料，过程中可以互相讨论和学习，要求独立完成申报表的填报实验。

实验流程如图13-1所示。

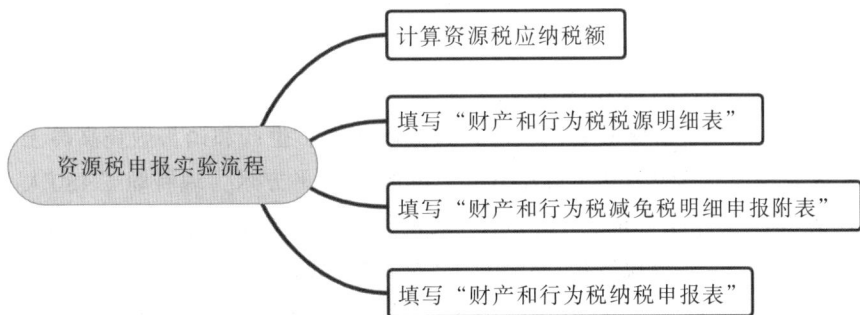

图13-1　资源税申报实验流程

二、实验知识准备

1. 在中华人民共和国领域和中华人民共和国管辖的其他海域开发应税资源的单位和个人，为资源税的纳税义务人，应当依照规定缴纳资源税。

2. 符合税收优惠条件的纳税人，在减税、免税期间，应按规定办理纳税申报，填写申报表及其附表上的优惠栏目。

3. 资源税现行税额采用了分级核定的办法。资源税依照应税产品的品种或类别共设有5个税目和若干个子目，并规定了相应的定额税率（简称税额）。

4. 现行资源税计税依据是指纳税人应税产品的销售数量和自用数量。具体是这样规定的：纳税人开采或者生产应税产品销售的，以销售数量为课税数量；纳税人开采或者生产应税产品自用的，以自用数量为课税数量。

5. 纳税人销售自采原矿加工的精矿，应将精矿的销售额折算为原矿的销售额缴纳资源税。换算比或折算率原则上应通过原矿售价、精矿售价和选矿比计算，也可通过原矿销售额、加工环节平均成本和利润计算。

6. 纳税人以自采原煤直接或者经洗选加工后连续生产焦炭、煤气、煤化工、电力及其他煤炭深加工产品的，视同销售，在原煤或洗选煤移送环节缴纳资源税。

7. 煤炭开采地与洗选、核算地不在同一行政区域（县级以上）的，在煤炭开采地缴纳资源税。

8. 《中华人民共和国资源税法》有下列情形之一的，免征资源税：（1）开采原油以及在油田范围内运输原油过程中用于加热的原油、天然气；（2）煤炭开采企业因安全生产需要抽采的煤成（层）气。有下列情形之一的，减征资源税：（1）从低丰度油气田开采的原油、天然气，减征20%资源税；（2）高含硫天然气、三次采油和从深水油气田开采的原油、天然气，减征30%资源税；（3）稠油、高凝油减征40%资源税；（4）从衰竭期矿山开采的矿产品，减征30%资源税。

三、实验内容和资料

（一）企业基本资料

山西新军矿产品公司于2018年成立，是一般纳税人企业，坐落在山西省朔州市平鲁区井坪镇6号，是一家以煤矿固废煤矸石为原料研发、生产和销售煅烧高岭土的国家高新技术企业。注册资金9 760万元人民币，占地20万平方米，现有职工180人，其中技术研发人员50人。年生产能力12万吨。经税务机关核准按月自行申报缴纳资源税，出口货物采用"免、抵、退税"法。代销产品及委托代销采用视同买断方式。

公司名称：山西新军矿产品公司；纳税人识别号：65267849HJ87763ZX8（或实训系统自行分配）；注册地址和电话：山西省朔州市平鲁区井坪镇6号，0349-60762024；开户银行和账号：中国建设银行平鲁区支行，61233421643352666；税款所属时期：当月1日至当月31日。

法定代表人：王军；财务负责人：贺国庆；办税员：毛献华。

（二）涉税业务资料

以该公司当月的涉税业务为例，以仿真数据为载体进行列示，按照业务发生情况进行申报表填报。

（三）业务发生情况

1.公司销售一批原煤和原油，开具增值税专用发票（如图13-2所示），取得销售收入78 000.00元（不含税），已发货出库。

图13-2 增值税专用发票

2.公司销售一批洗选煤，给予10%的折扣，开具增值税专用发票（如图13-3所示），取得销售收入56 250.00元（不含税），已发货出库。

	增值税专用发票教学版						发票代码：1100000001 发票号码：00093614 开票日期：2020年02月05日 校验码：

机器编号：499098897922

购买方	名称：山西太远钢铁有限公司 纳税人识别号：432667428424954413 地址、电话：山西省朔州市经济开发区15号0349-52718362 开户行及账号：山西省朔州市经济开发区中国建设银行3456578317 427902130	密码区	03-/9/+/9527991>8>-392<>1/6+ <386149*69-/4+1/<54-*425+9-2 0666+0+-2-4643-4>//375--+/-0 33<695830-01+46-037>2206*8>/

货物或应税劳务、服务名称	规格型号	单位	数量	单价（不含税）	金额（不含税）	税率	税额
*煤炭*洗选煤		吨	250	250	62500.00	13%	8125.00
*煤炭*洗选煤					-6250.00	13%	-812.50
合计					¥56250.00		¥7312.50

价税合计（大写）	⊗陆万叁仟伍佰陆拾贰圆伍角整	（小写）¥63562.50

销售方	名称：山西新军矿产品公司 纳税人识别号：65267849HJ87763ZX8 地址、电话：山西省朔州市平鲁区井坪镇6号0349-60762024 开户行及账号：中国建设银行平鲁支行6123342164335 2666	备注

*收款人：毛献华　　　*复核：贺国庆　　　*开票人：谢军　　　*销货单位：（章）

图13-3　增值税专用发票

3.公司销售一批天然气和煤矿生产天然气，开具增值税专用发票（如图13-4所示），取得销售收入32 500.00元（不含税），已发货出库。

	增值税专用发票教学版						发票代码：1100000001 发票号码：00093607 开票日期：2020年02月21日 校验码：

机器编号：499098897922

购买方	名称：太原市天然气有限公司 纳税人识别号：553267328843123892 地址、电话：太原市朝阳区21号0349-37629182 开户行及账号：太原市朝阳区中国建设银行6125323443388642121	密码区	03-/9/+/9527991>8>-392<>1/6+ <386149*69-/4+1/<54-*425+9-2 0666+0+-2-4643-4>//375--+/-0 33<695830-01+46-037>2206*8>/

货物或应税劳务、服务名称	规格型号	单位	数量	单价（不含税）	金额（不含税）	税率	税额
*天然气*天然气		立方米	5000	2.5	12500.00	9%	1125.00
*煤层气*煤矿生产天然气		立方米	8000	2.5	20000.00	9%	1800.00
合计					¥32500.00		¥2925.00

价税合计（大写）	⊗叁万伍仟肆佰贰拾伍圆整	（小写）¥35425.00

销售方	名称：山西新军矿产品公司 纳税人识别号：65267849HJ87763ZX8 地址、电话：山西省朔州市平鲁区井坪镇6号0349-60762024 开户行及账号：中国建设银行平鲁支行6123342164335 2666	备注

*收款人：毛献华　　　*复核：贺国庆　　　*开票人：谢军　　　*销货单位：（章）

图13-4　增值税专用发票

4.公司购进液体盐一批，全部用于加工固体盐，价值6 300元（不含税），取得增值税专用发票（如图13-5所示），已入库。

机器编号：499098897922		增值税专用发票教学版				发票代码：1100000001 发票号码：00093991 开票日期：2020年02月05日 校验码：		
购买方	名称：　山西新军矿产品公司 纳税人识别号：65267849HJ87763ZX819 地址、电话：山西省朔州市平鲁区井坪镇6号0349-60762024 开户行及账号：中国建设银行平鲁区支行61233421643352666				密码区	03-/9/+/9527991>8>-392<>1/6+ <386149*69-/4+1/<54-*425+9-2 0666+0+-2-4643-4>//375--+/-0 33<695830-01+46-037>2206*8>/		
货物或应税劳务、服务名称		规格型号	单位	数量	单价(不含税)	金额(不含税)	税率	税额
*原盐*液体盐			吨	100	70	7000.00	13%	910.00
*原盐*液体盐						-700.00	13%	-91.00
合计						￥6300.00		￥819.00
价税合计（大写）		⊗柒仟壹佰壹拾玖圆整				（小写）　￥7119.00		
销售方	名称：　山西盐业股份有限公司 纳税人识别号：01809760BO73537NE939 地址、电话：太原市中山西路33号0349-22187622 开户行及账号：太原市中山西路中国建设银行6332424690008566326				备注			
*收款人：张翔		*复核：王海洋			*开票人：龙刚		*销货单位：（章）	

图13-5　增值税专用发票

5.公司销售一批固体盐70 400.00元（不含税），开具增值税专用发票（如图13-6所示），该批固体盐已全部耗用。

机器编号：499098897922		增值税专用发票教学版				发票代码：1100000001 发票号码：00093611 开票日期：2020年02月21日 校验码：		
购买方	名称：　山西盐业股份有限公司 纳税人识别号：32437922942103320 地址、电话：太原市中山西路33号0349-43992021 开户行及账号：太原市中山西路中国建设银行6332424690008566326				密码区	03-/9/+/9527991>8>-392<>1/6+ <386149*69-/4+1/<54-*425+9-2 0666+0+-2-4643-4>//375--+/-0 33<695830-01+46-037>2206*8>/		
货物或应税劳务、服务名称		规格型号	单位	数量	单价(不含税)	金额(不含税)	税率	税额
*原盐*固体盐			吨	80	880	70400.00	13%	9152.00
合计						￥70400.00		￥9152.00
价税合计（大写）		⊗柒万玖仟伍佰伍拾贰圆整				（小写）　￥79552.00		
销售方	名称：　山西新军矿产品公司 纳税人识别号：65267849HJ87763ZX8 地址、电话：山西省朔州市平鲁区井坪镇6号 开户行及账号：中国建设银行平鲁区支行61233421643352666				备注			
*收款人：毛献华		*复核：贺国庆			*开票人：谢军		*销货单位：（章）	

图13-6　增值税专用发票

6.公司销售一批铅锌矿精矿、锰矿石精矿、锡矿石精矿、铁矿石精矿，开具增值税专用发票（如图13-7所示），取得销售收入57 500.00元（不含税），已发货出库。

图13-7　增值税专用发票

7.公司销售一批铜矿石原矿和铜矿石精矿，开具增值税专用发票（如图13-8所示），取得销售收入84 000.00元（不含税），已发货出库。

图13-8　增值税专用发票

8.公司生产车间使用自产矿产品原油一批，价值36 000.00元，已领用出库，图13-9为内部使用专用凭证。

内部使用专用凭证　　　NO 21027451

使用部门：生产一车间　　　　　　　　　　　　2020 年02月23 日

名称	规格	单位	数量	单价	金额									备注
					百	十	万	千	百	十	元	角	分	
原油		吨	20	1800			3	6	0	0	0	0	0	此原油用于加热、修井用
合计人民币（大写）叁万陆仟元整					¥	3	6	0	0	0	0	0	0	

总经理意见：同意　　　　　　　　　　　财务经理意见：同意

部门主管：朱俊明　　　　　送货人：兰梅　　　　　收货人：孙鹏

第三联记账联

图13-9　内部使用专用凭证

9.公司自用自产矿产品天然气，价值2 500.00元，图13-10为内部使用专用凭证。

内部使用专用凭证　　　NO 21027452

使用部门：办公室　　　　　　　　　　　　　2020 年02月23 日

名称	规格	单位	数量	单价	金额									备注
					百	十	万	千	百	十	元	角	分	
天然气		立方米	1000	2.5				2	5	0	0	0	0	此天然气用于职工宿舍
合计人民币（大写）贰仟伍佰元整						¥	2	5	0	0	0	0		

总经理意见：同意　　　　　　　　　　　财务经理意见：同意

部门主管：赵鸣　　　　　送货人：兰梅　　　　　收货人：孙鹏

第三联记账联

图13-10　内部使用专用凭证

四、实验步骤

1.依据实训内容和资料，事先预习《中华人民共和国资源税法》，熟悉资源税计算方法。

2.煤炭——原煤视同原矿类税目，折算率和平均选矿比为1，原矿销售额=48 000元，原矿销售量=300吨。

原煤本期应纳税额=原煤销售额×适用税率=48 000×8%=3 840（元）

3.原油——加热修井用油免征资源税。

原油视同原矿类税目，折算率和平均选矿比为1，原矿销售额=30 000+36 000=66 000（元），原矿销售量=20+20=40（吨）。

原油本期应纳税额=计税销售额×适用税率=66 000×6%=3 960（元）

原油（加热修井用油免征资源税）本期减免税额=36 000×6%=2 160（元）

原油本期应补（退）税额=本期应纳税额−本期减免税额=3 960−2 160=1 800（元）

4.天然气——煤矿生产天然气免征资源税。

天然气视同原矿类税目，折算率和平均选矿比为1，原矿销售额=12 500+2 500=15 000（元），原矿销售量=5 000+1 000=6 000（立方米）。

天然气本期应纳税额=销售额×适用税率=15 000×6%=900（元）

5.井矿盐视同原矿类税目，折算率和平均选矿比为1，购进液态盐进行加工，允许扣减购进金额。井矿盐视同原矿类税目，原矿销售额=70 400元，原矿销售量=80吨。

井矿盐加工允许扣减购进金额=70 400−6 300=64 100（元）

井矿盐本期应纳税额=64 100×6%=3 846（元）

6.煤炭——洗选煤，折算率为0.8，平均选矿比为1.36，视同精矿销售，应将原矿销售额和销售数量换算为精矿计算。

洗选煤原矿销售额=56 250元，精矿销售额=56 250×0.8=45 000（元）。

洗选煤原矿销售量=250吨，精矿销售量=250÷1.36=183.82（吨）。

洗选煤原矿本期应纳税额=洗选煤销售额×适用税率=45 000×8%=3 600（元）

7.铅锌矿——铅锌精矿，平均选矿比为1。

铅锌矿精矿销售额=28 000元，精矿销售量=100吨。

铅锌矿精矿本期应纳税额=销售额×适用税率=28 000×3%=840（元）

8.锰矿——锰精矿，折算率和平均选矿比为1。

锰矿精矿销售额=15 000元，精矿销售量=50吨。

锰矿精矿本期应纳税额=销售额×适用税率=15 000×4.5%=675（元）

9.锡矿——锡精矿，平均选矿比为1。

锡矿精矿销售额=9 500元，精矿销售量=50吨。

锡矿精矿本期应纳税额=销售额×适用税率=9 500×2%=190（元）

10.铁矿——铁精矿，折算率为2.15，平均选矿比为4。

铁矿原矿销售额=5 000元，换算为精矿销售额=5 000×2.15=10 750（元）

铁矿原矿销售量=50吨，计税销售量=50÷4=12.50（吨）。

铁矿原矿本期应纳税额=计税销售额×适用税率=10 750×1.5%=161.25（元）

铁矿原矿减按规定税额标准的40%征收资源税=161.25×60%=96.75（元）

铁矿原矿本期应补（退）税额=本期应纳税额−本期减免税额=161.25−96.75=64.50（元）

11. 铜矿——铜矿石，折算率为1.4，平均选矿比为2。

铜矿石原矿销售额=40 000元，换算为精矿销售额=40 000×1.4=56 000（元）。

铜矿石原矿销售量=500吨，计税销售量=500÷2=250（吨）。

铜矿——铜矿石原矿本期应纳税额=销售额×适用税率=56 000×2%=1 120（元）

12. 铜矿石——铜精矿，平均选矿比为1。

铜精矿销售额=44 000元，铜精矿销售量=80吨。

铜矿——铜精矿本期应纳税额=销售额×适用税率=44 000×2%=880（元）

按实际情况填写"应纳税额汇总计算表"。

13. 依据资源税纳税申报表填表要求进行纳税申报表及附列资料表填写。

五、实验结果

实训操作完成后，依次填写、提交或打印实验结果如下：

1. "应纳税额汇总计算表"（见表13-2）

表13-2 　　　　　应纳税额汇总计算表　　　　　金额单位：元至角分

栏次	征收品目	征收子目	销售量	销售额	小计	折算率	适用税率或实际征收率	本期应纳税额	小计	减征比例	本期减免税额	减免性质代码	本期已缴税额	本期应补（退）税额
			1	2	3	4	5	6	7	8	9=7×8	10	11	12=7-9-11
1	煤炭	原煤	300.00	48 000.00		1.00	8.0%	3 840.00			0.00		0.00	3 840.00
2	原油		20.00	30 000.00		1.00	6%	1 800.00			0.00		0.00	
			20.00	36 000.00	66 000.00	1.00	6%	2 160.00	3 960.00		2 160.00	06064007 免征	0.00	1 800.00
3	天然气		5 000.00	12 500.00		1.00	6.0%	750.00			0.00		0.00	
			1 000.00	2 500.00	35 000.00	1.00	6.0%	150.00	2 100.00		0.00		0.00	900.00
			8 000.00	20 000.00		1.00	6.0%	1 200.00			1 200.00	06129905 免征		
4	井矿盐	井矿盐原矿	80.00	70 400.00		1.00	6.0%				0.00		0.00	
			100.00	6 300.00	64 100.00	1.00	6.0%	3 846.00	3 846.00		0.00	液态盐（允许扣减购进金额）	0.00	3 846.00
5	煤炭	洗选煤	183.82	56 250.00	45 000.00	0.80	8.0%	3 600.00			0.00		0.00	3 600.00
6	铅锌矿	铅锌精矿	100.00	28 000.00		1.00	3.0%	840.00			0.00		0.00	840.00
7	锰矿	锰精矿	50.00	15 000.00		1.00	4.5%	675.00			0.00		0.00	675.00
8	锡矿	锡精矿	50.00	9 500.00		1.00	2.0%	190.00			0.00		0.00	190.00
9	铁矿	铁精矿	12.50	5 000.00	10 750.00	2.15	1.5%	161.25		60%	96.75	06064008 按税额40%征收	0.00	64.50
10	铜矿	铜矿石	250.00	40 000.00	56 000.00	1.40	2.0%	1 120.00			0.00		0.00	1 120.00
11	铜矿	铜精矿	80.00	44 000.00		1.00	2.0%	880.00			0.00		0.00	880.00

2. "资源税税源明细表"（见表13-3）

表13-3

税款所属期限：自2022年2月1日至2022年2月28日
纳税人识别号（统一社会信用代码）：65267849HJ87763ZX8
纳税人名称：山西新军矿产品公司

资源税税源明细表

金额单位：人民币元（列至角分）

序号	税目	子目	计量单位	销售数量	准予扣减的外购应税产品购进数量	计税销售数量	销售额	准予扣除的运杂费	准予扣减的外购应税产品购进金额	计税销售额
							申报计算明细			
1	2		3	4	5	6=4-5	7	8	9	10=7-8-9
1	煤	原矿	吨	300.00	0	300.00	48 000.00	0	0	48 000.00
2	原油	原矿	吨	20.00	0	20.00	30 000.00	0	0	30 000.00
		原矿	吨	20.00	0	20.00	36 000.00	0	0	36 000.00
3	天然气	原矿	立方米	15 000.00	0	15 000.00	12 500.00	0	0	12 500.00
		原矿	立方米	1 000.00	0	1 000.00	2 500.00	0	0	2 500.00
		原矿	立方米	8 000.00	0	8 000.00	20 000.00	0	0	20 000.00
4	盐	海盐	吨	80.00	0	80.00	70 400.00	0	0	70 400.00
		选矿	吨	100.00	0	100.00	6 300.00	0	0	6 300.00
5	煤	选矿	吨	183.82	0	183.82	56 250.00	0	0	56 250.00
6	铅锌矿	选矿	吨	100.00	0	100.00	28 000.00	0	0	28 000.00
7	锰矿	选矿	吨	50.00	0	50.00	15 000.00	0	0	15 000.00
8	锡矿	选矿	吨	50.00	0	50.00	9 500.00	0	0	9 500.00
9	铁矿	选矿	吨	12.50	0	12.50	5 000.00	0	0	5 000.00
10	铜矿	原矿	吨	250.00	0	250.00	40 000.00	0	0	40 000.00
11	铜矿	选矿	吨	80.00	0	80.00	44 000.00	0	0	44 000.00
合计				7 146.32		7 146.32	401 350.00			401 350.00

续表

减免税计算明细

序号	税目 1	子目 2	关免性质代码和项目名称 3	计量单位 4	减免税销售数量 5	减免税销售额 6	适用税率 7	减征比例 8	本期减免税额 9①=5×7×8 9②=6×7×8
1	原油	原矿	06064007 充填开采煤炭减征资源税	吨	20.00	36 000.00	6%		2 160.00
2	天然气	原矿	06129905 加热修井用油免征资源税	立方米	8 000.00	20 000.00	6%		1 200.00
3	铁矿	选矿	06064008 铁矿石资源税由减按定额标准的80%征收调整为减按规定税额标准的40%征收	吨	12.50	10 750.00	1.5%	6%	96.75
合计						66 750.00			3 456.75

3. "财产和行为税纳税申报表" (见表13-4)

表13-4

纳税人识别号 (统一社会信用代码): 0018806ES17111MO4

纳税人名称: 北京白云酒业股份有限公司

财产和行为税纳税申报表

金额单位: 人民币元 (列至角分)

序号	税种	税目	税款所属期起	税款所属期止	计税依据	税率	应纳税额	减免税额	已缴税额	应补(退)税额
1	资源税	煤	2022年2月1日	2022年2月28日	48 000.00	8.0%	3 840.00	0.00		3 840.00
2	资源税	原油	2022年2月1日	2022年2月28日	66 000.00	6.0%	3 960.00	2 160.00		1 800.00
3	资源税	原油	2022年2月1日	2022年2月28日	36 000.00	6.0%	2 160.00	0.00		2 160.00
4	资源税	天然气	2022年2月1日	2022年2月28日	12 500.00	6.0%	750.00	0.00		750.00
5	资源税	天然气	2022年2月1日	2022年2月28日	2 500.00	6.0%	150.00	0.00		150.00
6	资源税	天然气	2022年2月1日	2022年2月28日	20 000.00	6.0%	1 200.00	0.00		1 200.00
7	资源税	盐	2022年2月1日	2022年2月28日	64 100.00	6.0%	3 846.00	0.00		3 846.00
9	资源税	煤	2022年2月1日	2022年2月28日	45 000.00	8.0%	3 600.00	0.00		3 600.00
10	资源税	铅锌矿	2022年2月1日	2022年2月28日	28 000.00	3.0%	840.00	0.00		840.00
11	资源税	锰矿	2022年2月1日	2022年2月28日	15 000.00	4.5%	675.00	0.00		675.00
12	资源税	锡矿	2022年2月1日	2022年2月28日	9 500.00	2.0%	190.00	0.00		190.00
13	资源税	铁矿	2022年2月1日	2022年2月28日	10 750.00	1.5%	161.25	96.75		64.50
14	资源税	铜矿	2022年2月1日	2022年2月28日	56 000.00	2.0%	1 120.00	0.00		1 120.00
15	资源税	铜矿	2022年2月1日	2022年2月28日	44 000.00	2.0%	880.00	0.00		880.00
16	合计	—	—	—	—	—	23 372.25	2 256.75		21 115.50

声明: 此表是根据国家税收法律法规及相关规定填写的, 本人 (单位) 对填报内容 (及附带资料) 的真实性、可靠性、完整性负责。

纳税人 (签章):　　　　　年　月　日

受理人:	
受理税务机关 (章):	
受理日期:　　年　月　日	

经办人:

经办人身份证号:

代理机构签章:

代理机构统一社会信用代码:

思考与练习

选择题

1. 根据代扣代缴资源税的规定，下列说法正确的是（　　）。

A. 非矿山企业收购未税矿产品，不代扣代缴资源税

B. 个体工商户收购未税矿产品，不代扣代缴资源税

C. 独立矿山收购未税矿产品，按照本单位应税产品税额、税率标准扣缴资源税

D. 联合企业收购未税矿产品，按照税务机关核定的应税产品税额、税率标准扣缴资源税

2. 下列关于资源税的说法中，正确的是（　　）。

A. 将自采的原煤加工为洗选煤销售，在加工环节缴纳资源税

B. 将自采的铁原矿加工为铁选矿，视同销售铁原矿缴纳资源税

C. 将自采的原油连续生产汽油，不缴纳资源税

D. 将自采的铜原矿加工为铜选矿进行投资，视同销售铜选矿缴纳资源税

3. 甲煤矿2023年3月销售原煤取得不含税销售额2 400万元；将自产的原煤与外购的原煤混合加工为选煤并在本月全部对外销售，取得不含税销售额1 520万元，外购该批原煤取得增值税专用发票注明金额800万元、税额104万元。甲煤矿所在地与外购原煤所在地原煤资源税税率均为7%，选煤资源税税率均为5%，甲煤矿本月应缴纳资源税（　　）万元。

A.218.40   B.188.00   C.204.00   D.244.00

第十三章思政案例引导

第十三章思考与练习参考答案

土地增值税纳税申报

本章导读

　　企业报税人员必须了解土地增值税的相关税务知识和法律法规要求，掌握土地增值税应纳税额的计算方法和纳税申报表的填写规则。

　　本章首先介绍土地增值税的定义和特点，对土地增值税的纳税义务人、征税范围、税率、税目、纳税义务发生时间、纳税申报的相关规定以及优惠政策等进行了介绍；其次介绍土地增值税的应纳税额的计算方法；最后设计了土地增值税纳税申报表填报实训实验，帮助学员全面了解和掌握土地增值税纳税申报的相关税务知识、程序和方法。

　　预习思考：增值税和土地增值税有什么区别？各自申报的方式和流程是怎样的？

> **思政案例导入**
>
> 　　自2021年6月1日起，纳税人申报缴纳城镇土地使用税、房产税、车船税、印花税、耕地占用税、资源税、土地增值税、契税、环境保护税、烟叶税中一个或多个税种时，使用"财产和行为税纳税申报表"。"十税合并"实际上是指将上述10种税种合并到一起进行申报。
>
> 　　"十税合并"申报后，土地增值税有什么变化？

第一节　土地增值税基础知识

一、概念和特点

（一）土地增值税的概念

【**土地增值税**】是指转让国有土地使用权、地上的建筑物及其附着物并取得收入的单位和个人，以转让所取得的收入，包括货币收入、实物收入和其他收入减去法定扣除项目金额后的增值额为计税依据，向国家缴纳的一种税收，不包括以继承、赠与方式无偿转让房地产的行为。纳税人为转让国有土地使用权及地上建筑物和其他附着物产权并取得收入的单位和个人。

（二）土地增值税的特点

与其他税种相比，土地增值税具有以下4个特点：

1.以转让房地产的增值额为计税依据

土地增值税的增值额是以征税对象的全部销售收入额扣除与其相关的成本、费用、税金及其他项目金额后的余额，与增值税的增值额有所不同。

2.征税面比较广

凡在我国境内转让房地产并取得收入的单位和个人，除税法规定免税的外，均应依照《中华人民共和国土地增值税暂行条例》的规定，缴纳土地增值税。换言之，凡发生应税行为的单位和个人，不论其经济性质，也不分内、外资企业或中、外籍人员，无论专营或兼营房地产业务，均有缴纳土地增值税的义务。

3.实行超率累进税率

土地增值税的税率是以转让房地产增值率的高低为依据来确认的，按照累进原则设计，实行分级计税。增值率高的，税率高，多纳税；增值率低的，税率低，少纳税。

4.实行按次征收

土地增值税在房地产发生转让的环节，实行按次征收，每发生一次转让行为，就应根据每次取得的增值额征一次税。

二、纳税义务人

土地增值税的纳税人为转让国有土地使用权、地上建筑物及其附着物并取得收入的单位和个人，包括内外资企业、行政事业单位、中外籍个人等。

三、征税范围

（一）一般规定

（1）土地增值税只对"转让"国有土地使用权的行为征税，对"出让"国有土地使用权的行为不征税。

（2）土地增值税既对转让国有土地使用权的行为征税，也对转让地上建筑物及其他附着物产权的行为征税。

（3）土地增值税只对"有偿转让"的房地产征税，对以"继承、赠与"等方式无偿转让的房地产，不予征税。不予征收土地增值税的行为主要包括两种：①房产所有人、土地使用人将房产、土地使用权赠与"直系亲属或者承担直接赡养义务人"。②房产所有人、土地使用人通过中国境内非营利的社会团体、国家机关将房屋产权、土地使用权赠与教育、民政和其他社会福利、公益事业。

（二）特殊规定

（1）以房地产进行投资、联营。以房地产进行投资、联营的一方以土地作价入股进行投资或者作为联营条件，免征收土地增值税。其中，如果投资、联营的企业从事房地产开发，或者房地产开发企业以其建造的商品房进行投资、联营的就不能暂免征税。

（2）房地产开发企业将开发的房产转为自用或者用于出租等商业用途，如果产权没有发生转移，不征收土地增值税。

（3）房地产的互换，由于发生了房产转移，因此属于土地增值税的征税范围。但是对于个人之间互换自有居住用房的行为，经过当地税务机关审核，可以免征土地增值税。

（4）合作建房，对于一方出地，另一方出资金，双方合作建房，建成后按比例分房自用的，暂免征收土地增值税；但建成后转让的，应征收土地增值税。

（5）房地产的出租，指房产所有者或土地使用者，将房产或土地使用权租赁给承租人使用，由承租人向出租人支付租金的行为。房地产企业虽然取得了收入，但没有发生房产产权、土地使用权的转让，因此，不属于土地增值税的征税范围。

（6）房地产的抵押，指房产所有者或土地使用者作为债务人或第三人向债权人提供不动产作为清偿债务的担保而不转移权属的法律行为。这种情况下房产的产权、土地使用权在抵押期间并没有发生权属的变更，因此对房地产的抵押，在抵押期间不征收土地增值税。

（7）企业兼并转让房地产，在企业兼并中，对被兼并企业将房地产转让到兼并企业中的，免征收土地增值税。

（8）房地产的代建行为，是指房地产开发公司代客户进行房地产的开发，开发完成后向客户收取代建收入的行为。对于房地产开发公司而言，虽然取得了收入，但没有发生房地产权属的转移，其收入属于劳务收入性质，故不在土地增值税征税范围。

（9）房地产的重新评估，按照财政部门的规定，国有企业在清产核资时对房地产进行重新评估而产生的评估增值，因其既没有发生房地产权属的转移，房产产权、土地使用权人也未取得收入，所以不属于土地增值税征税范围。

（10）土地使用者处置土地使用权，土地使用者转让、抵押或置换土地，无论其是否取得了该土地的使用权属证书，无论其在转让、抵押或置换土地过程中是否与对方当事人办理了土地使用权属证书变更登记手续，只要土地使用者享有占用、使用收益或处分该土地的权利，具有合同等证据表明其实质转让、抵押或置换了土地并取得了相应的经济利益，土地使用者及其对方当事人就应当依照税法规定缴纳土地增值税和契税等。

四、税率、税目

土地增值税是以转让房地产取得的收入，减除法定扣除项目金额后的增值额作为计税依据，并按照四级超率累进税率进行征收（见表14-1）。

表14-1　　　　　　　　　　　　　　　土地增值税税率表

级数	计税依据	适用税率	速算扣除率（系数）
1	增值额未超过扣除项目金额50%的部分	30%	0
2	增值额超过扣除项目金额50%、未超过扣除项目金额100%的部分	40%	5%
3	增值额超过扣除项目金额100%、未超过扣除项目金额200%的部分	50%	15%
4	增值额超过扣除项目金额200%的部分	60%	35%

注：纳税人建造普通标准住宅出售的，增值额未超过扣除项目金额20%的，免征土地增值税。

五、纳税义务发生时间

土地增值税纳税义务发生时间为房地产转让合同签订之日。以下通过非正常方式转让房地产土地增值税纳税义务发生时间如下：

（1）已签订房地产转让合同，原房产因种种原因迟迟未能过户，后因有关问题解决后再办理房产转移登记，土地增值税纳税义务发生时间以签订房地产转让合同时间为准。

（2）法院在进行民事判决、民事裁定、民事调解过程中，判决或裁定房地产所有权转移，土地增值税纳税义务发生时间以判决书、裁定书、民事调解书确定的权属转移时间为准。

（3）依法设立的仲裁机构裁决房地产权属转移，土地增值税纳税义务发生时间以仲裁书明确的权属转移时间为准。

（4）房地产所有人委托拍卖行拍卖，拍卖成交后双方按照拍卖成交确认书签订房地产转让合同，土地增值税纳税义务发生时间以签订房地产转让合同时间为准。

六、计算应纳税额

应纳税额=增值额×适用税率-扣除项目金额×速算扣除系数

公式中的"增值额"为纳税人转让房地产所取得的收入减除扣除项目金额后的余额。纳税人转让房地产所取得的收入，包括货币收入、实物收入和其他收入。

（一）计算增值额的扣除项目

（1）取得土地使用权所支付的金额；

（2）开发土地的成本、费用；

（3）新建房及配套设施的成本、费用，或者旧房及建筑物的评估价格；

（4）与转让房地产有关的税金；

（5）财政部规定的其他扣除项目。

（二）土地增值税实行四级超率累进税率

（1）增值额未超过扣除项目金额50%的部分，税率为30%；

（2）增值额超过扣除项目金额50%、未超过扣除项目金额100%的部分，税率为40%；

（3）增值额超过扣除项目金额100%、未超过扣除项目金额200%的部分，税率为50%；

（4）增值额超过扣除项目金额200%的部分，税率为60%。

上面所列四级超率累进税率，每级"增值额未超过扣除项目金额"的比例，均包括本比例数。

（三）土地增值税简便算法

计算土地增值税税额，可按增值额乘以适用的税率减去扣除项目金额乘以速算扣除系数的简便方法计算，具体公式如下：

（1）增值额未超过扣除项目金额50%，土地增值税税额=增值额×30%。

（2）增值额超过扣除项目金额50%、未超过100%，土地增值税税额=增值额×40%－扣除项目金额×5%。

（3）增值额超过扣除项目金额100%、未超过200%，土地增值税税额=增值额×50%－扣除项目金额×15%。

（4）增值额超过扣除项目金额200%，土地增值税税额=增值额×60%－扣除项目金额×35%。

公式中的5%、15%、35%为速算扣除系数。

七、税收优惠

（一）免征土地增值税

（1）有下列情形之一的，免征土地增值税：

① 纳税人建造普通标准住宅出售，增值额未超过扣除项目金额20%；

② 因国家建设需要依法征用、收回的房地产。

（2）转让房地产免税。《中华人民共和国土地增值税暂行条例实施细则》第十一条规定：因城市规划、国家建设的需要而搬迁，由纳税人自行转让原房地产的，经税务机关审核，免征土地增值税。

（3）转让自用住房免税。《中华人民共和国土地增值税暂行条例实施细则》第十二条规定：个人因工作调动或改善居住条件而转让原自用住房，经向税务机关申报核准，凡居住满5年及以上的，免征土地增值税；居住满3年未满5年的，减半征收土地增值税。

（4）合作建自用房免税。《财政部 国家税务总局关于土地增值税一些具体问题规定的通知》（财税字〔1995〕48号）规定：对于一方出地，一方出资金，双方合作建房，建成后按比例分房自用的，暂免征收土地增值税。

（5）互换房地产免税。《财政部 国家税务总局关于土地增值税一些具体问题规定的通知》（财税字〔1995〕48号）规定：对个人之间互换自有居住用房地产的，经当地税务机关核实，可以免征土地增值税。

（6）个人转让普通住宅免税。《财政部 国家税务总局关于调整房地产市场若干税收政策的通知》（财税字〔1999〕210号）规定：从1999年8月1日起，对居民个人拥有的普通住宅，在其转让时暂免征收土地增值税。

（7）赠与房地产不征税。《财政部 国家税务总局关于土地增值税一些具体问题规定的通知》（财税字〔1995〕48号）规定：房产所有人、土地使用权所有人将房屋产权、土地使用权赠与直系亲属或承担直接赡养义务人的，不征收土地增值税。

（8）房产捐赠不征税。《财政部 国家税务总局关于土地增值税一些具体问题规定的通知》（财税字〔1995〕48号）规定：房产所有人、土地使用权所有人通过中国境内非营利的社会团体、国家机关将房屋产权、土地使用权赠与教育、民政和其他社会福利、公益事业的，不征收土地增值税。

（9）资产管理公司转让房地产免税。《财政部 国家税务总局关于中国信达等4家金融资产管理公司税收政策问题的通知》（财税〔2001〕10号）规定：对中国信达、华融、长城和东方4家资产管理公司及其分支机构，自成立之日起，公司处置不良资产，转让房地产取得的收入，免征土地增值税。

（10）被撤销金融机构清偿债务免税。《财政部 国家税务总局关于被撤销金融机构有关税收政策问题的通知》（财税〔2003〕141号）规定：从《金融机构撤销条例》生效之日起，对被撤销的金融机构及其分支机构（不包括所属企业）财产用于清偿债务时，免征其转让货物、不动产、无形资产、有价证券、票据等应缴纳的土地增值税。

（11）资产处置免税。《财政部 国家税务总局关于中国东方资产管理公司处置港澳国际（集团）有限公司有关资产税收政策问题的通知》（财税〔2003〕212号）规定：对中国东方资产管理公司接收港澳国际（集团）有限公司的资产以及利用该资产从事融资租赁业务应缴纳的土地增值税，予以免征。对港澳国际（集团）有限公司及其内地公司和香港8家子公司在中国境内的资产，在清理和被处置时，免征应缴纳的土地增值税。

（12）产权未转移不征收土地增值税。《国家税务总局关于房地产开发企业土地增值税清算管理有关问题的通知》（国税发〔2006〕187号）规定：对房地产开发企业将开发的部分房地产转为企业自用或用于出租等商业用途时，如果产权未发生转移，不征收土地增值税，在税款清算时不列收入，不扣除相应的成本和费用。

（13）转让旧住房及建筑物扣除项目的规定。对单位转让旧住房及建筑物，既没有评估价格，又不能提供购房发票的，按转让收入的80%至95%作为扣除项目金额计征土地增值税，具体比例由各省辖市确定，并报省财政厅、省税务局备案。

（14）廉租住房、经济适用住房符合规定的，免征土地增值税。《财政部 国家税务总局关于廉租住房、经济适用住房和住房租赁有关税收政策的通知》（财税〔2008〕24号）规定：对企事业单位、社会团体以及其他组织转让旧房作为廉租住房、经济适用住房房源且增值额未超过扣除项目金额20%的，免征土地增值税。

（15）灾后重建安居房建设转让免征土地增值税。《财政部 海关总署 国家税务总局关于支持汶川地震灾后恢复重建有关税收政策问题的通知》（财税〔2008〕104号）规定：对政府为受灾居民组织建设的安居房建设用地免征城镇土地使用税，转让时免征土地增值税。

（16）个人销售住房暂免征收土地增值税。《财政部 国家税务总局关于调整房地产交易环节税收政策的通知》（财税〔2008〕137号）规定：自2008年11月1日起，对个人销售住房暂免征收土地增值税。

（17）房地产开发企业进行土地增值税清算后，补缴税款暂时有困难的，经批准可以延期缴纳。

（18）对三项国际综合运动会组委会的收入免税。《财政部　海关总署　国家税务总局关于第16届亚洲运动会等三项国际综合运动会税收政策的通知》（财税〔2009〕94号）规定：自2008年1月1日起，对亚运会组织委员会、大运会执行局和大冬会组织委员会赛后出让资产取得的收入，免征应缴纳的土地增值税。

（19）对企事业单位、社会团体以及其他组织转让旧房作为公共租赁住房房源的，且增值额未超过扣除项目金额20%的，免征土地增值税。享受该税收优惠政策的公共租赁住房是指纳入省、自治区、直辖市、计划单列市人民政府及新疆生产建设兵团批准的公共租赁住房发展规划和年度计划，并按照《关于加快发展公共租赁住房的指导意见》（建保〔2010〕87号）和市、县人民政府制定的具体管理办法进行管理的公共租赁住房。

（二）税项扣除

1.法定税项扣除

下列项目准予纳税人在计算土地增值税时扣除：

（1）取得土地使用权所支付的金额，即纳税人为取得土地使用权所支付的地价款和按国家统一规定缴纳的有关费用。

（2）开发土地和新建房及配套设施的成本。它是指纳税人房地产开发项目实际发生的成本，具体包括：土地征用及拆迁补偿费、前期工程费、建筑安装工程费、基础设施费、公共配套设施费、开发间接费用。

（3）开发土地和新建房及配套设施的费用。它包括与房地产开发项目有关的销售费用、管理费用和财务费用。财务费用中的利息支出，按不超过商业银行同类同期贷款利率计算金额，据实扣除。其他房地产开发费用，按土地使用权支付金额及房地产开发项目实际发生的成本两项之和金额的5%计算扣除。

（4）旧房及建筑物的评估价格。它是指由税务机关确认的房地产评估机构评定的重置成本价乘以成新度折扣率后的价格。

（5）与转让房地产有关的税金。它是指转让房地产时缴纳的城市维护建设税、印花税及教育费附加。

（6）财政部规定的其他扣除项目。

2.代收费用扣除

《财政部　国家税务总局关于土地增值税一些具体问题规定的通知》（财税字〔1995〕48号）规定：对县级及县级以上人民政府要求房地产开发企业在售房时代收的各项费用，其代收费用计入房价向购买方一并收取的，可作为转让房地产收入计税，并在计算扣除项目金额时予以扣除，但不得作为加计20%扣除的基数。

3.地价款和税费扣除

《财政部　国家税务总局关于土地增值税一些具体问题规定的通知》（财税字〔1995〕48号）规定：对转让旧房的，应按房屋及建筑物的评估价格、取得土地使用权所支付的地价款和按国家统一规定缴纳的有关费用以及在转让环节缴纳的税金，作为扣除项目金额，计征土地增值税。对取得土地使用权时未支付地价款或不能提供已支付地价款凭据的，不允许扣除取得土地使用权所支付的金额。

4.评估费用扣除

《财政部 国家税务总局关于土地增值税一些具体问题规定的通知》（财税字〔1995〕48号）规定：对纳税人转让旧房及建筑物所支付的评估费用，允许在计算增值额时予以扣除。

八、纳税申报

土地增值税的纳税人应在转让房地产合同签订后的7日内，到房地产所在地主管税务机关办理纳税申报，并向税务机关提交房屋及建筑物产权、土地使用权证书，土地使用权转让、房产买卖合同，房地产评估报告及其他与转让房地产有关的资料。纳税人因经常发生房地产转让而难以在每次转让后申报的，经税务机关审核同意后，可以定期进行纳税申报，具体期限由税务机关根据情况确定。

【**政策依据14-1**】《中华人民共和国税收征收管理法》第二十五条第一款规定：纳税人必须依照法律、行政法规规定或者税务机关依照法律、行政法规的规定确定的申报期限、申报内容如实办理纳税申报，报送纳税申报表、财务会计报表以及税务机关根据实际需要要求纳税人报送的其他纳税资料。

【**政策依据14-2**】《中华人民共和国土地增值税暂行条例》第六条规定：计算增值额的扣除项目包括：取得土地使用权所支付的金额；开发土地的成本、费用；新建房及配套设施的成本、费用，或者旧房及建筑物的评估价格；与转让房地产有关的税金；财政部规定的其他扣除项目。

【**政策依据14-3**】《中华人民共和国土地增值税暂行条例实施细则》第七条规定：条例第六条所列的计算增值额的扣除项目，具体为：（1）取得土地使用权所支付的金额，是指纳税人为取得土地使用权所支付的地价款和按国家统一规定缴纳的有关费用。（2）开发土地和新建房及配套设施（以下简称房增开发）的成本，是指纳税人房地产开发项目实际发生的成本（以下简称房增开发成本），包括土地征用及拆迁补偿费、前期工程费、建筑安装工程费、基础设施费、公共配套设施费、开发间接费用。土地征用及拆迁补偿费，包括土地征用费、耕地占用税、劳动力安置费及有关地上、地下附着物拆迁补偿的净支出、安置动迁用房支出等。前期工程费，包括规划、设计、项目可行性研究和水文、地质、勘察、测绘、"三通一平"等支出。建筑安装工程费，是指以出包方式支付给承包单位的建筑安装工程费，以自营方式发生的建筑安装工程费。基础设施费，包括开发小区内道路、供水、供电、供气、排污、排洪、通信、照明、环卫、绿化等工程发生的支出。公共配套设施费，包括不能有偿转让的开发小区内公共配套设施发生的支出。开发间接费用，是指直接组织、管理开发项目发生的费用，包括工资、职工福利费、折旧费、修理费、办公费、水电费、劳动保护费、周转房摊销等。（3）开发土地和新建房及配套设施的费用（以下简称房地产开发费用），是指与房地产开发项目有关的销售费用、管理费用、财务费用。财务费用中的利息支出，凡能够按转让房地产项目计算分摊并提供金融机构证明的，允许据实扣除，但最高不能超过按商业银行同类同期贷款利率计算的金额。其他房地产开发费用，按本条（1）、（2）项规定计算的金额之和的5%以内计算扣除。凡不能按转让房地产项目计算分摊利息支出或不能提供金融机构证明的，房地产开发费用按本条（1）、（2）项规定计算的金额之和的10%以内计算扣除。上述计算扣除的具体比例，由各省、自治区、直辖市人民政府规定。（4）旧房及建筑物的评估价格，是指在转让已使用的房屋及建筑物时，由政府批准设立的房地产评估机构评定的重置成本价乘以成新度折扣率后的价格。评估价格须经当地税务机关确认。（5）与转让房地产有关的税金，是指在转让房地产时缴纳的城市维护建设税、印花税。因转让房地产缴纳的教育费附加，也可视同税金予以扣除。（6）根据条例第六条的规定，对从事房地产开发的纳税人可按本条（1）、（2）项规定计算的金额之和，加计20%扣除。

纳税人应在自转让房地产合同签订之日起7日内，到房地产所在地主管税务机关办理纳税申报，并在税务机关核定的期限内缴纳土地增值税。

房地产所在地，是指房地产的坐落地。纳税人转让的房地产坐落在两个或两个以上地区的，应按房地产所在地分别申报纳税。纳税人因经常发生房地产转让而难以在每次转让后申报的，经税务机关审核同意后，可以定期进行纳税申报，具体期限由税务机关根据情况确定。纳税人按照税务机关核定的税额及规定的期限缴纳土地增值税。

纳税人在纳税期内没有应纳税款的，也应当按照规定办理纳税申报。纳税人享受减税、免税待遇的，在减税、免税期间应当按照规定办理纳税申报。

| 第二节 |　从事房地产开发的纳税人土地增值税纳税申报表填报实验

一、实验目的和要求

实验目的：通过本实验操作，熟练掌握相关税法理论和实际结合的方法，掌握土地增值税应税计算，"土地增值税纳税申报表"填写方法，为从事企业土地增值税办税业务打下扎实的基础。

实验要求：实验前要充分学习《中华人民共和国土地增值税暂行条例》，理解土地增值税相关规定、"土地增值税税源明细表""财产和行为税纳税申报表"表内和表间逻辑关系，实验时务必认真熟悉实验内容和资料，过程中可以互相讨论和学习，要求独立完成申报表的填报实验。

实验流程如图14-1所示。

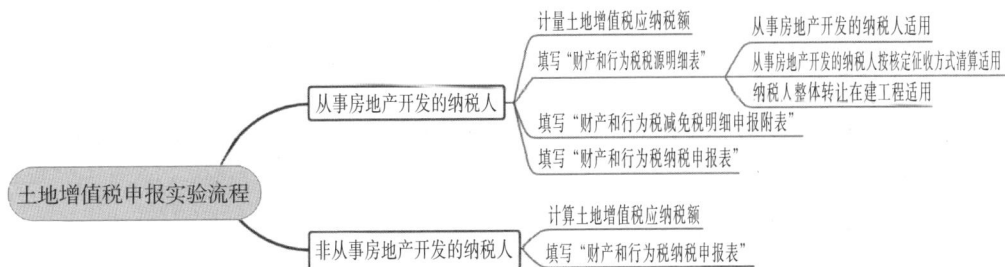

图14-1　土地增值税申报实验流程

二、实验知识准备

1.土地增值税是以转让房地产取得的收入，减除法定扣除项目金额后的增值额作为计税依据，并按照四级超率累进税率进行征收。

2.转让国有土地使用权、地上的建筑物及其附着物并取得收入的单位和个人，填写"土地增值税税源明细表""财产和行为税纳税申报表"，并向税务机关提交相关资料，在税务机关核定的期限内缴纳土地增值税。

3.纳税人在纳税期内没有应纳税款的，也应当按照规定办理纳税申报。纳税人享受减税、免税待遇的，在减税、免税期间应当按照规定办理纳税申报。

4.根据《中华人民共和国土地增值税暂行条例实施细则》的规定，纳税人能够按转让房地产项目计算分摊利息支出，并能提供金融机构的贷款证明的，其允许扣除的房地产开发费用为：利息+（取得土地使用权所支付的金额+房地产开发成本）×5%以内。纳税人不能按转让房地产项目计算分摊利息支出或不能提供金融机构贷款证明的，其允许扣除的房地产开发费用为：（取得土地使用权所支付的金额+房地产开发成本）×10%以内。

（注：利息最高不能超过按商业银行同类同期贷款利率计算的金额）

5.土地增值税加计扣除20%的基数是取得土地使用权支付的金额和房地产开发成本之和，且只有转让新建房的时候才允许加计扣除，对于转让旧房是不允许加计扣除的。加计扣除费用=（取得土地使用权所支付的金额+房地产开发成本）×20%。

三、实验内容和资料

（一）企业基本资料

北京市超越房地产有限责任公司坐落在北京市海淀区24号，是一家房地产公司，主要经营一级房地产开发，二级房产买卖。企业土地增值税实施按开发项目申报缴纳土地增值税。财务费用中的利息支出，能够按转让房地产项目计算分摊并提供金融机构贷款证明，允许据实扣除。其他房地产开发费用扣除比例为5%。

公司名称：北京市超越房地产有限责任公司；纳税人识别号：010120359808000285（或实训系统自行分配）；注册地址和电话：北京市房山区悦盛路51号，010-99623485；开户银行和账号：中国建设银行房山支行，62236122233300081；税款所属时期：2022年5月1日至2022年5月31日。

法定代表人：黄开名；会计主管：罗方；会计：刘延。

（二）涉税业务资料

以该公司当月的涉税业务为例，以仿真数据为载体进行列示，按照业务发生情况进行申报表填报。

（三）业务发生情况

1.根据《北京市地方税务局 北京市住房和城乡建设委员会关于进一步做好房地产市场调控工作有关税收问题的公告》（北京市地方税务局 北京市住房和城乡建设委员会

公告2013年第3号）的规定，自2013年3月31日起，房地产开发企业按照政策规定销售各类保障性住房取得的收入，暂不预征土地增值税。

保障性住房是指各级人民政府或者指定经营单位回购的廉租住房、公共租赁住房，以及按照政策规定向特定对象销售的经济适用住房、限价商品房（含比照经济适用住房、限价商品房管理）等具有保障性质的各类住房。

房地产开发企业销售新办理预售许可和现房销售备案的商品房取得的收入，按照预计增值率实行2%至8%的幅度预征率。预计增值率≤50%，预征率为2%；50%＜预计增值率≤100%，预征率为3%；100%＜预计增值率≤200%，预征率为5%；200%＜预计增值率，预征率为8%。预计增值率匡算公式：（拟售价格×预售面积−项目成本）÷项目成本×100%。项目成本=（土地成本+建安成本）×（1+间接费用率）。间接费用率暂为30%。

容积率小于1.0的房地产开发项目，最低按照销售收入的5%预征土地增值税。

2. 此前企业已为该项目预缴土地增值税1 800 000元。

3. 本清算期内，企业该房产转让项目采用一般计税方法，转让项目时实际缴纳的城市维护建设税为42 000元，实际缴纳的教育费附加为18 000元。

4. 企业土地使用权转让项目情况：项目名称为盛天明和，项目编号32112599，地址为北京市房山区悦盛路121号，土地使用权受让合同号6545211，受让时间为2022年5月，房地产转让合同名称为盛天明和02，建设项目起讫时间为2019年5月1日至2022年5月1日，总预算成本35 000 000元，单位成本1 200元，开发土地总面积28 000平方米，开发建筑总体面积22 000平方米，可供销售建筑总面积20 000平方米，转让土地面积15 000平方米，转让建筑面积12 000平方米，转让合同签订日期2022年6月1日，合同所载转让金额24 400 000元，房产类型子目为普通住宅商品房。

5. 企业房产转让项目成本利润情况：收入102 000 000元，取得土地使用权所支付费用5 880 000元，房地产开发成本18 686 400元（其中：土地征用及拆迁补偿费2 944 000元，前期工程费1 720 000元，建筑安装工程费7 160 000元，基础设施费1 492 800元，公共配套设施费2 276 000元，开发间接费用3 093 600元），房地产开发费6 302 400元（财务费用1 632 000元，其中：利息支出1 600 000元；管理费用365 440元；销售费用1 016 000元），利润71 131 200元。

四、实验步骤

1. 依据实训内容和资料，事先预习《中华人民共和国土地增值税暂行条例》，熟悉土地增值税计算方法，按实际情况填写"应纳税额汇总计算表"。确定应税销售额时，要注意可以扣除承受土地使用权而支付的土地出让金，但不能扣除因承受土地使用权而支付的土地使用权转让价款。

2. 纳税人能按转让房地产开发费用项目计算分摊利息支出，并能提供金融机构贷款证明，允许扣除的房地产开发费用=利息+（取得土地使用权所支付的金额+房地产开发成本）×5%=1 600 000+（5 880 000+18 686 400）×5%=2 828 320.00（元）。

3. 从事房地产开发的纳税人转让新建房可加计扣除金额=（取得土地使用权所支付的金额+房地产开发成本）×20%=（5 880 000+18 686 400）×20%=4 913 280.00（元）。

4. 依据"土地增值税税源明细表""财产和行为税纳税申报表"要求进行纳税申报表填写。

五、实验结果

实训操作完成后，依次填写、提交或打印实验结果如下：

1. "土地增值税税源明细表"（见表14-2）

2. "财产和行为税纳税申报表"（见表14-3）

表14-2　　　　　　　　　　　　　　土地增值税税源明细表

税款所属期限：自2022年5月1日至2022年5月31日

纳税人识别号（统一社会信用代码）：010120359808000285

纳税人名称：北京市超越房地产有限责任公司　金额单位：人民币元（列至角分）；面积单位：平方米

土地增值税项目登记表（从事房地产开发的纳税人适用）			
项目名称	盛天明和02	项目地址	北京市房山区悦盛路121号
土地使用权受让（行政划拨）合同号		受让（行政划拨）时间	
6545211		2022年5月	
建设项目起讫时间	2019年5月1日至2022年5月1日	总预算成本	35 000 000元	单位预算成本	1 200元
项目详细坐落地点	北京市房山区悦盛路121号				
开发土地总面积	28 000	开发建筑总面积	22 000	房地产转让合同名称	
转让次序	转让土地面积（按次填写）	转让建筑面积（按次填写）		转让合同签订日期（按次填写）	
第1次	15 000	12 000		2022年6月1日	
第2次					
⋮					
备注					
土地增值税申报计算及减免信息					
申报类型：					
1.从事房地产开发的纳税人预缴适用□					
2.从事房地产开发的纳税人清算适用☑					
3.从事房地产开发的纳税人按核定征收方式清算适用□					
4.纳税人整体转让在建工程适用□					
5.从事房地产开发的纳税人清算后尾盘销售适用□					
6.转让旧房及建筑物的纳税人适用□					
7.转让旧房及建筑物的纳税人核定征收适用□					
项目名称	盛天明和	项目编码	32112599		
项目地址	北京市房山区悦盛路121号				
项目总可售面积	20 000	自用和出租面积			
已售面积	12 000	其中：普通住宅已售面积	12 000	其中：非普通住宅已售面积	其中：其他类型房地产已售面积
清算时已售面积	12 000	清算后剩余可售面积		8 000	

申报类型	项目		序号	金额			
				普通住宅	非普通住宅	其他类型房地产	总额
1.从事房地产开发的纳税人预缴适用	一、房产类型子目		1				—
	二、应税收入		2=3+4+5				
	1.货币收入		3				
	2.实物收入及其他收入		4				
	3.视同销售收入		5				
	三、预征率（%）		6				
2.从事房地产开发的纳税人清算适用 3.从事房地产开发的纳税人按核定征收方式清算适用 4.纳税人整体转让在建工程适用	一、转让房地产收入总额		1=2+3+4	102 000 000	0.00	0.00	102 000 000
	1.货币收入		2	102 000 000	0.00	0.00	102 000 000
	2.实物收入及其他收入		3				
	3.视同销售收入		4				
	二、扣除项目金额合计		5=6+7+14+17+21+22	38 670 400	0.00	0.00	38 670 400
	1.取得土地使用权所支付的金额		6	5 880 000	0.00	0.00	5 880 000
	2.房地产开发成本		7=8+9+10+11+12+13	18 686 400	0.00	0.00	18 686 400
	其中：土地征用及拆迁补偿费		8	2 944 000	0.00	0.00	2 944 000
	前期工程费		9	1 720 000	0.00	0.00	1 720 000
	建筑安装工程费		10	7 160 000	0.00	0.00	7 160 000
	基础设施费		11	1 492 800	0.00	0.00	1 492 800
	公共配套设施费		12	2 276 000	0.00	0.00	2 276 000
	开发间接费用		13	3 093 600	0.00	0.00	3 093 600
	3.房地产开发费用		14=15+16	6 302 400	0.00	0.00	6 302 400
	其中：利息支出		15	1 600 000	0.00	0.00	1 600 000
	其他房地产开发费用		16	4 702 400	0.00	0.00	4 702 400
	4.与转让房地产有关的税金等		17=18+19	60 000	0.00	0.00	60 000
	其中：城市维护建设税		18	42 000			42 000
	教育费附加		19	18 000			18 000
	5.财政部规定的其他扣除项目		20	7 741 600	0.00	0.00	7 741 600
	6.代收费用（纳税人整体转让在建工程不填此项）		21	0	0.00	0.00	0
	三、增值额		22=1-5	63 329 600	0.00	0.00	63 329 600
	四、增值额与扣除项目金额之比（%）		23=22÷5	164%	0.00%	0.00%	164%
	五、适用税率（核定征收率）（%）		24	50%	0.00%	0.00%	—
	六、速算扣除系数（%）		25	15%	0.00%	0.00%	—
	七、减免税额		26=28+30+32				
	其中：减免税（1）	减免性质代码和项目名称（1）	27				
		减免税额（1）	28				
	减免税（2）	减免性质代码和项目名称（2）	29				
		减免税额（2）	30				
	减免税（3）	减免性质代码和项目名称（3）	31				
		减免税额（3）	32				

表 14-3

财产和行为税纳税申报表

纳税人识别号（统一社会信用代码）：01012035980800285

纳税人名称：北京市超越房地产有限责任公司

金额单位：人民币元（列至角分）

序号	税种	税目	税款所属期起	税款所属期止	计税依据	税率	应纳税额	减免税额	已缴税额	应补（退）税额
1	土地增值税	普通住宅（清算）	2022年5月1日	2022年5月31日	63 329 600.00	50%	31 664 800.00	5 800 560.00	1 800 000.00	24 064 240.00
2										
3										
4										
5										
6										
7										
9										
10										

声明：此表是根据国家税收法律法规及相关规定填写的，本人（单位）对填报内容（及附带资料）的真实性、可靠性、完整性负责。

纳税人（签章）：　　　　　年　月　日

经办人：

经办人身份证号：

代理机构签章：

代理机构统一社会信用代码：

受理人：

受理税务机关（章）：

受理日期：　　年　月　日

|第三节| 非从事房地产开发的纳税人土地增值税纳税申报表填报实验

一、实验目的和要求

实验目的：通过本实验操作，熟练掌握相关税法理论和实际结合的方法，掌握土地增值税应税计算，土地增值税纳税申报表填写方法，为从事企业土地增值税办税业务打下扎实的基础。

实验要求：实验前要充分学习《中华人民共和国土地增值税暂行条例》《中华人民共和国土地增值税暂行条例实施细则》，理解土地增值税相关规定、"土地增值税税源明细表""财产和行为税纳税申报表"表内和表间逻辑关系，实验时务必认真熟悉实验内容和资料，过程中可以互相讨论和学习，要求独立完成申报表的填报实验。

实验流程如图14-2所示。

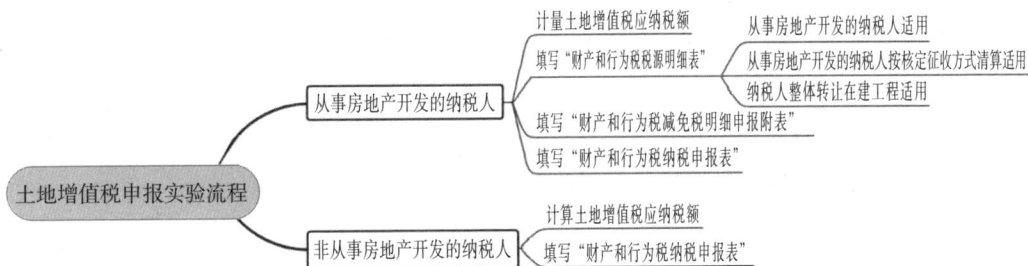

图14-2　土地增值税申报实验流程

二、实验知识准备

1.土地增值税是以转让房地产取得的收入，减除法定扣除项目金额后的增值额作为计税依据，并按照四级超率累进税率进行征收。

2.转让国有土地使用权、地上的建筑物及其附着物并取得收入的单位和个人，填写"土地增值税税源明细表""财产和行为税纳税申报表"，并向税务机关提交相关资料，在税务机关核定的期限内缴纳土地增值税。

3.纳税人在纳税期内没有应纳税款的，也应当按照规定办理纳税申报。纳税人享受减税、免税待遇的，在减税、免税期间应当按照规定办理纳税申报。

4.纳税人建设普通住宅出售的，增值额未超过扣除金额20%的，免征土地增值税。

5.根据税法规定，出售旧房及建筑物的，应按评估价格计算扣除项目的金额。由政府批准设立的房地产评估机构评定的房地产重置成本价乘以成新度折扣率的价格，适用于旧房地产的估价计算公式为：旧房地产评估价格=房地产重新购建价格×成新度折扣率。

三、实验内容和资料

（一）企业基本资料

北京白云酒业股份有限公司于2015年成立，是一般纳税人，经主管税务机关北京市开发区税务局核定该公司采用查账征收的方式按月申报缴纳增值税。纳税人所在地为市区，企业自行申报纳税，其中本月应纳增值税和消费税合计数为600 000元，城市维护建设税是按增值税和消费税的7%缴纳，教育费附加是按增值税和消费税的3%缴纳，印花税按产权转让合同所载金额的0.0005贴花。

公司名称：北京白云酒业股份有限公司；纳税人识别号：00188806ES17111MO4（或实训系统自行分配）；注册地址和电话：北京市房山区悦盛路116号，010-99623485；开户银行和账号：中国建设银行房山支行，61234123498766966；税款所属时期：当月1日至当月31日。

法定代表人：吴敏；财务负责人：唐芳；办税员：李彬。

（二）涉税业务资料

以该公司当月的涉税业务为例，以仿真数据为载体进行列示，按照业务发生情况进行申报表填报（土地增值税四级超率累进税率表见表14-4）。

表14-4 **土地增值税四级超率累进税率表**

级数	增值额与扣除项目金额的比率	税率（%）	速算扣除系数（%）
1	不超过50%的部分	30	0
2	超过50%~100%的部分	40	5
3	超过100%~200%部分	50	15
4	超过200%的部分	60	35

（三）业务发生情况

1. 土地（一级土地）所在地为北京市房山区悦盛路116号。

2. 当月，该公司将800平方米的一间工业生产厂房转让给广州市佳旺贸易有限公司（纳税人识别号02007215440583772439），转让厂房取得收入4 800 000元，本次转让适用一般计税方法计算增值税，以取得的全部价款和价外费用为销售额。该厂房建成时间为2018年5月25日，取得土地使用权所支付的金额为48万元；旧房重置成本为560万元，经评估，该厂房评估费用为12 000元，成新度折扣率为40%。

四、实验步骤

1. 依据实训内容和资料，事先预习《中华人民共和国土地增值税暂行条例实施细则》，熟悉土地增值税计算方法。确定应税销售额时，要注意可以扣除承受土地使用权而支付的土地出让金，但不能扣除因承受土地使用权而支付的土地使用权转让价款。

2. 转让金4 800 000元，货币收入为4 800 000元。

3. 评估费用为12 000元。

4. 取得土地使用权所支付的金额为480 000元。

5. 旧房及建筑物的重置成本价为5 600 000元。

6. 旧房及建筑物的评估价格=旧房及建筑物的重置成本价×成新度折扣率=5 600 000×40%=2 240 000（元）。

7. 本月应纳增值税和消费税合计数为600 000元。

8. 城市维护建设税=600 000×7%=42 000（元）。

9. 印花税=4 800 000×0.0005=2 400（元）。

10. 教育费附加=600 000×3%=18 000（元）。

11. 与转让房地产有关的税费=城市维护建设税+印花税+教育费附加=42 000+2 400+18 000=62 400（元）。

12. 扣除项目合计=转让土地使用权所支付金额+旧房及建筑物的评估价格+评估费+与转让房地产有关的税金=480 000+2 240 000+12 000+62 400=2 794 400（元）。

13. 增值额=货币收入−扣除项目合计=4 800 000−2 794 400=2 005 600（元）。

14. 增值额与扣除项目金额之比=2 005 600÷2 794 400×100%=71.77%。

15. 应缴土地增值税税额=2 005 600×40%−2 794 400×5%=802 240−139 720=662 520（元）。

16. 应补（退）土地增值税税额为662 520元。

17. 依据土地增值税纳税申报表填表要求进行纳税申报表及附列资料表填写。

五、实验结果

实训操作完成后，依次填写、提交或打印实验结果如下：

1. "土地增值税税源明细表"（见表14-5）

2. "财产和行为税纳税申报表"（见表14-6）

表14-5   **土地增值税税源明细表**

税款所属期限：自2022年5月1日至2022年5月31日

纳税人识别号（统一社会信用代码）：00188806ES17111MO4

纳税人名称：北京白云酒业股份有限公司   金额单位：人民币元（列至角分）；面积单位：平方米

土地增值税项目登记表（从事房地产开发的纳税人适用）				
项目名称			项目地址	
土地使用权受让（行政划拨）合同号			受让（行政划拨）时间	
建设项目起讫时间		总预算成本	单位预算成本	
项目详细坐落地点	北京市房山区悦盛路121号			
开发土地总面积		开发建筑总面积	房地产转让合同名称	
转让次序	转让土地面积（按次填写）	转让建筑面积（按次填写）	转让合同签订日期（按次填写）	
第1次				
第2次				
⋮				
备注				
土地增值税申报计算及减免信息				
申报类型：				
1.从事房地产开发的纳税人预缴适用□				
2.从事房地产开发的纳税人清算适用□				
3.从事房地产开发的纳税人按核定征收方式清算适用□				
4.纳税人整体转让在建工程适用□				
5.从事房地产开发的纳税人清算后尾盘销售适用□				
6.转让旧房及建筑物的纳税人适用□				
7.转让旧房及建筑物的纳税人核定征收适用□				
项目名称	盛天明和		项目编码	
项目地址	北京市房山区悦盛路121号			
项目总可售面积		自用和出租面积		
已售面积	其中：普通住宅已售面积	其中：非普通住宅已售面积	其中：其他类型房地产已售面积	
清算时已售面积		清算后剩余可售面积		

6.转让旧房及建筑物的纳税人适用 7.转让旧房及建筑物的纳税人核定征收适用	一、转让房地产收入总额	1=2+3+4	4 800 000.00
	1.货币收入	2	4 800 000.00
	2.实物收入	3	
	3.其他收入	4	
	二、扣除项目金额合计	（1）5=6+7+10+15 （2）5=11+12+14+15	2 794 400.00
	（1）提供评估价格		
	1.取得土地使用权所支付的金额	6	480 000.00
	2.旧房及建筑物的评估价格	7=8×9	2 240 000.00
	其中：旧房及建筑物的重置成本价	8	5 600 000.00
	成新度折扣率	9	40%
	3.评估费用	10	12 000.00
	（2）提供购房发票		
	1.购房发票金额	11	
	2.发票加计扣除金额	12=11×5%×13	
	其中：房产实际持有年数	13	
	3.购房契税	14	
	4.与转让房地产有关的税金等	15=16+17+18+19	62 400.00
	其中：营业税	16	
	城市维护建设税	17	42 000.00
	印花税	18	2 400.00
	教育费附加	19	18 000.00
	三、增值额	20=1-5	2 005 600.00
	四、增值额与扣除项目金额之比（%）	21=20÷5	71.77%
	五、适用税率（核定征收率）（%）	22	40%
	六、速算扣除系数（%）	23	5%
	七、减免税额	24=26+28+30	
	其中：减免税（1）| 减免性质代码和项目名称（1）| 25	
		减免税额（1）| 26	
	减免税（2）| 减免性质代码和项目名称（2）| 27	
		减免税额（2）| 28	
	减免税（3）| 减免性质代码和项目名称（3）| 29	
		减免税额（3）| 30	

表 14-6

财产和行为税纳税申报表

纳税人识别号（统一社会信用代码）：0018806ES1711M04

纳税人名称：北京白云酒业股份有限公司

金额单位：人民币元（列至角分）

序号	税种	税目	税款所属期起	税款所属期止	计税依据	税率	应纳税额	减免税额	已缴税额	应补（退）税额
1	土地增值税	转让旧房及建筑物	2022年5月1日	2022年5月31日	2 005 600.00	40%	802 240.00	139 720.00		662 520.00
2										
3										
4										
5										
6										
7										
8										
9										

声明：此表是根据国家税收法律法规及相关规定填写的，本人（单位）对填报内容（及附带资料）的真实性、可靠性、完整性负责。

纳税人（签章）：　　　　年　月　日

经办人：
经办人身份证号：
代理机构签章：
代理机构统一社会信用代码：

受理人：
受理税务机关（章）：
受理日期：　　年　月　日

🌸思考与练习

选择题

1.关于土地增值税的清算，下列说法错误的是（　　）。

A.已全额开具商品房销售发票的，按照发票所载金额确认收入

B.未全额开具商品房销售发票的，按照销售合同所载金额及其他收益确认收入

C.未开具商品房销售发票的，按照实际收取金额确认收入

D.销售合同所载商品房面积与实际测量面积不一致并在清算前已补或退房款的，在计算土地增值税时应予调整

2.下列经济活动中，需要缴纳土地增值税的是（　　）。

A.甲、乙公司相互交换房产产权用于办公

B.丙某转让其个人拥有的非唯一且不满五年的住房

C.丁公司由有限公司整体变更为股份公司时发生的房产评估增值

D.戊公司通过中国青少年发展基金会向某市文化宫捐赠房产一套用于青少年美术作品展览室

3.某房地产开发公司为增值税一般纳税人，自2018至2020年开发M地块的房地产项目，可售建筑面积80 000平方米，2020年6月竣工验收并开始销售，截至2021年4月已销售72 000平方米，剩余可售建筑面积用于出租。该项目土地成本20 000万元，开发成本15 000万元，开发费用10 000万元（其中利息支出不能提供金融机构贷款证明），与转让房地产有关的税金782万元。开发费用扣除比例为10%。该公司对M地块的房地产项目进行土地增值税清算时，允许扣除项目金额（　　）万元。

A.35 432　　　　　B.41 732　　　　　C.39 282　　　　　D.40 157

第十四章思政案例引导

第十四章思考与练习参考答案